Praktischer Garten-Ratgeber

von Gärtner Pötschke

Praktischer Garten-Ratgeber

von Gärtner Pötschke

Compact Verlag

Abbildungen: Gärtner Pötschke OHG, Kaarst,
Orbis Bildagentur, München

Unter Mitarbeit von Dipl.-Ing. Ingrid Schegk
Redaktion: Bernhard Serexhe
Umschlaggestaltung: Inga Koch

ISBN 3-8174-2113-3
2121137

Inhalt

Einleitung

Die Pflege des eigenen Gartens gehört zu den schönsten, gesündesten und gleichzeitig nützlichsten Tätigkeiten des Menschen. Auch die liebevolle Beschäftigung mit den vielfältigen heimischen oder exotischen Zimmer- und Balkonpflanzen bringt uns der Natur ein Stückchen näher, stimmt uns froh und zufrieden und trägt darüber hinaus sogar zu einem gesünderen Raumklima bei.

Jedoch – mit liebevoller Betrachtung der Pflanzen allein ist es sicherlich nicht getan, wenn sie prächtig wachsen und gedeihen sollen. Erst die richtige Pflege – von der Wahl des besten Standortes über ausreichende Nährstoffgaben bis hin zum rechtzeitigen Eingreifen bei eventuellen Krankheiten – führt zum ersehnten gärtnerischen Erfolg.

Der neue, umfassende Garten-Ratgeber von Gärtner Pötschke gibt jedem Pflanzenliebhaber und Gartenfreund erprobten gärtnerischen Rat in allen Fragen der Pflanzen- und Gartenpflege: Über 4 500 praktische Gartentips wurden zusammengetragen und so aufbereitet, daß jeder Ratsuchende *sofort auf einen Griff* die gewünschte Information findet.

So werden dem Pflanzenfreund – ob „Anfänger" oder fortgeschrittener Hobby-Gärtner – nicht allein jahrzehntelange Erfahrung und gärtnerisches Know-how leichtverständlich vermittelt; er besitzt gleichzeitig ein modernes Handbuch, das in seiner Anwenderfreundlichkeit den Ansprüchen der heutigen Zeit voll gerecht wird.

Natürlich sind die hier zusammengestellten Tips nach umweltfreundlichen Gesichtspunkten ausgewählt; biologischen Mitteln und Methoden wird immer der Vorzug gegeben, solange sie die gewünschte Wirkung erzielen. Auch wer seinen Garten „biologisch“ bewirtschaften will, findet daher in diesem Garten-Handbuch viele nützliche Tips und Hinweise – teils noch aus „Großmutters“ Erfahrungsschatz, teils aber auch auf neuen Experimenten und Erkenntnissen beruhend.

Der „Praktische Garten-Ratgeber von Gärtner Pötschke“ ist nach den Standorten der Pflanzen in vier wesentliche Hauptkapitel aufgeteilt: *„Zimmerpflanzen“*, *„Balkon- und Terrassenpflanzen“*, *„Ziergarten“* und *„Nutzgarten“*.

Jedes dieser vier Kapitel enthält zunächst das nötige gärtnerische Grundwissen: über Bodenverbesserung, Planung und Anlage des Nutz- oder Ziergartens, über passende Pflanzgefäße oder fachgerechtes Ein- und Umtopfen von Zimmerpflanzen, über Unkraut- und Schädlingsbekämpfung und weiteres „gärtnerisches Grund-Rüstzeug“.

Anschließend sind die Hauptkapitel nach Pflanzengruppen unterteilt. Hier werden die einzelnen Pflanzen (jeweils von A–Z geordnet) genau beschrieben. Als Suchwort gilt immer der gebräuchlichste deutsche Pflanzenname (in Grenzfällen kann man das Register zu Rate ziehen; auch der botanische Artname dient dem zweifelsfreien Erkennen der Pflanze).

Die Texte in den grünen „Kästen“ enthalten auf einen Blick die wichtigsten Informationen über die wesentlichen Eigenschaften einer Pflanze: Wuchshöhe und Wuchsform, Blütenfarbe, Blütezeit, Standortbedürfnisse, Aussaat- und Erntezeit sowie jeweils den deutschen und lateinischen Familiennamen. Diese Kurzinformationen sind vor allem sehr nützlich bei der Auswahl einer Pflanze; allgemeine Angaben, etwa über das Ursprungsland oder die Geschichte einer Art, findet der Pflanzenliebhaber in dem anschließenden Kurztext.

Die eigentlich praktischen Informationen aber sind in Form von kurzen, prägnanten „Tips“ zusammengefaßt: *Aussaat-* und *Pflanztips, Standort-, Pflege-* und *Erntetips,* deutlich durch Symbole gekennzeichnet, enthalten kurz und bündig alle praktischen Anweisungen, die der Hobby-Gärtner für das gesunde Wachsen und Gedeihen seiner Pflanzen braucht.

„Der grüne Kniff®", ein weiterer, besonders interessanter Tip, vermittelt sozusagen das Geheimwissen gärtnerischer Erfahrung: Anregungen, Erleichterungen, Vorsichtsmaßnahmen, Tricks und Erfahrungswerte, die aus langjähriger gärtnerischer Praxis erwachsen sind.

„Der Pflanzendoktor" schließlich steht mit Rat und Tat zur Seite, wenn es um die Vorbeugung, Vermeidung und Bekämpfung von Pflanzenkrankheiten oder Schädlingen geht. Zuerst wird immer die umweltfreundlichste Möglichkeit genannt – „härtere" Mittel kommen nur dann zum Einsatz, wenn biologische Methoden nichts mehr ausrichten bzw. durch die Ausbreitung des Befalls bedeutender Schaden angerichtet würde.

Zwei weitere nützliche Kapitel am Schluß dieses Garten-Ratgebers erhöhen noch seinen praktischen Wert:

„Der praktische Gartenkalender" enthält auf einen Blick die wichtigsten Aussaat-, Pflanz- und Erntezeiten sowie die in den einzelnen Monaten des Jahres notwendigen Pflegearbeiten.

Das *„Kleine Lexikon der Pflanzenkrankheiten und Schädlinge"* beschreibt die Erkennungsmerkmale und Vorbeugemaßnahmen, die Verhinderung und wirksame Bekämpfung der häufigsten Pflanzenkrankheiten und Gartenschädlinge. Auch hier haben die umweltfreundlichen Maßnahmen Vorrang.

Zum Kennenlernen vieler neuer Pflanzen ist der „Praktische Garten-Ratgeber von Gärtner Pötschke" mit rund 900 farbigen Abbildungen und einfarbigen Zeichnungen, informativen Übersichten und Skizzen ausgestattet.

Zimmerpflanzen

Die richtige Pflege der Zimmerpflanzen

Die Pflege schöner Pflanzen ist seit vielen hundert Jahren eine der interessantesten Beschäftigungen des Menschen. Auch wer keinen Garten besitzt, kann sich an der Schönheit selbst gepflegter Pflanzen erfreuen.
Neben den vielen bei uns heimischen Pflanzen bereichert heute eine große Fülle an winterharten, ausländischen Pflanzenarten und gezüchteten Sorten die Pflanzenwelt in unseren Gärten. Darüber hinaus finden viele schöne Pflanzen, die in unserem Klima im Garten nicht gedeihen könnten, in unseren Wohnräumen gute Lebensbedingungen. Hier können sie sich zu unserer Freude prächtig entwickeln und tragen so zur lebendigen »Atmosphäre« unserer Wohnungen bei.
In letzter Zeit hat die Zimmergärtnerei durch Erkenntnisse und Trends im Bereich Wohnung und Bauen einige neue Schwerpunkte bekommen:

- Durch eine energiebewußtere Lebensweise werden manche Räume, z.B. Flure, Treppenhäuser oder Schlafzimmer, weniger geheizt und stellen so gute Winterstandorte für eine Vielzahl von Zimmerpflanzen dar, die die höheren Temperaturen der stärker beheizten Wohnräume nicht vertragen.
- Für Pflanzenkenner und -sammler werden, neben den bisher so beliebten wärmebedürftigen Pflanzengruppen wie Bromelien oder Orchideen, die sogenannten Kalthauspflanzen immer interessanter.
- In engem Zusammenhang mit einem verstärkten Energiebewußtsein steht auch die derzeit so große Beliebtheit der Glasarchitektur, insbesondere des Wintergartens. Einmal als ein dem Wohnraum vorgelagerter Speicher für Sonnenwärme (verglaste Balkone, Windfänge, Veranden), ein andermal als ein bei Bedarf geheizter Wohnraum. Hierdurch bekommen die Zimmerpflanzen neue Lebensbereiche und der Zimmergärtner neue Aufgabengebiete: Große und kletternde Pflanzenarten rücken stärker ins allgemeine Interesse.

Grundvoraussetzung für erfolgreiche Zimmergärtnerei ist, genau wie bei der Gartenpflege, eine sorgfältige Auseinandersetzung mit den jeweiligen Bedürfnissen der einzelnen Pflanze. Schon beim Kauf der Pflanze sollte man sich genau nach ihrem Namen und ihrer Herkunft erkundigen. Für eine Unterscheidung der vielen verschiedenen Pflanzen ist der botanische (lateinische) Name ausschlaggebend. Er setzt sich aus einem Gattungsnamen, z.B. *Passiflora* für Passionsblume, und einem Artnamen, z.B. *Passiflora coerulea* für Blaue Passionsblume, zusammen. Die Kenntnis dieser beiden Namen ist für den Pflanzenliebhaber wichtig, da auch unterschiedliche Arten ein und derselben Gattung verschiedene Lebensweisen bevorzugen können. Allein die deutschen Pflanzennamen helfen

meist nicht viel weiter, da sie oft von Gegend zu Gegend unterschiedlich sind und zum größten Teil ziemlich willkürlich erfunden wurden.
Ganz allgemein sind vor allem drei Regeln bei der Zimmerpflanzenpflege zu beachten:
- Jede Zimmerpflanze braucht einen Standort, an dem sie die für sie günstigen Licht- und Temperaturverhältnisse findet.
- Zum guten Gedeihen benötigt die Pflanze weiter Wasser und Dünger. Es ist für ihr Wohlergehen besonders wichtig, daß sie stets richtig gegossen wird. In diesem Zusammenhang spielen die Qualität, der Säuregrad und die Temperatur des Wassers sowie die Zusammensetzung des Düngers eine große Rolle.
- Auch die richtige Pflanzerde und die Wahl eines passenden Pflanzgefäßes sind von Bedeutung.

Licht, Temperatur, Wasser, Dünger, Pflanzerde und das Pflanzgefäß beeinflussen Wachstum, Alter und Vermehrung der Pflanzen sowie auch ihre Anfälligkeit gegenüber Krankheiten und Schädlingen.

Licht: Die Energiequelle der Pflanzen

Licht ist für jede Pflanze lebensnotwendig. Nur unter seinem energiereichen Einfluß kann die Pflanze aus den ihr zur Verfügung stehenden Nährstoffen, außerdem aus der Luft und dem Wasser, die für ihr Gedeihen notwendigen Kohlehydrate aufbauen. Bei diesem Vorgang, der Photosynthese genannt wird, wird am Tag das in der Luft enthaltene Kohlendioxyd umgewandelt und gleichzeitig Sauerstoff freigegeben. In der Nacht, wenn normalerweise kein Licht zur Verfügung steht, atmet die Pflanze ganz normal, d.h. sie verbraucht Sauerstoff und gibt Kohlendioxyd ab, wie auch Mensch und Tier. Die für diese Lebensvorgänge der Pflanze (Assimilation = Photosynthese und Atmung) wichtigsten Organe sind die Blätter.

Pflegetip:
- Staub oder Schmutz auf den Blättern beeinträchtigen die Lebensvorgänge der Pflanzen. Unter freiem Himmel werden die Blätter regelmäßig durch Regenfälle gereinigt. Im Zimmer müssen sie von Zeit zu Zeit abgewaschen werden. Das Wasser sollte dazu etwa handwarm, keinesfalls jedoch zu warm sein. Die Reinigung kann auch unter der Dusche, in der Badewanne oder auch im warmen Sommerregen erfolgen. Kalter Regen hingegen bedeutet einen schädlichen Schock für die Pflanzen.

Die benötigte Lichtmenge bekommt die Pflanze im Zimmer meist nur direkt am Fenster. Allerdings sind die Lichtansprüche der einzelnen Pflanzenarten, je nach Herkunft und natürlichem Standort, unterschiedlich. Manche Arten sind stärkerer Sonnenbestrahlung angepaßt und schützen sich durch bläuliche oder graue Blattfärbung, einen wachsartigen Überzug und speicherfähige Blätter vor zu starker Verdunstung und Austrocknung (z.B. sukkulente Pflanzen). Andere, in Urwäldern beheimatete Arten, die am Boden wachsen, kommen mit weniger Licht aus.
Bekommt eine Pflanze zu wenig Licht, dann werden ihre Triebe lang, dünn und blaß, und die beschriebenen Lichtschutzeigenschaften mancher Pflanzen verschwinden allmählich. Hellgefleckte Arten (wie z.B. die Dieffenbachie) oder buntblättrige Arten (wie z.B. Buntnessel) haben weniger

Blattgrün als durchgehend grüne Pflanzen. Daher brauchen sie besonders viel Licht. Bei zu geringer Lichtzufuhr verschwindet die Blattzeichnung im Laufe der Zeit, und die Pflanzen werden grün.

Steht den Zimmerpflanzen kein oder zu wenig Sonnenlicht zur Verfügung, so muß künstliches Licht Ersatz bieten. Normale Glühbirnen liefern jedoch keine ausreichende Lichtintensität. Als Lichtquellen eignen sich allenfalls Leuchtstoffröhren, besser aber noch spezielle Quecksilberdampflampen.

Pflegetip:

- Zimmerpflanzen passen sich an die jeweilige Richtung, aus der das Licht kommt, an. Ein Verdrehen der Töpfe, z.B. um die dem Licht zugewandten Blüten im Zimmer zu sehen, kann den Pflanzen schaden. Müssen die Pflanzen einmal umgeräumt werden, so hilft ein Markierungsstrich am Topf, sie wieder in die richtige Stellung zum Licht zu drehen.
- Hinter südgerichteten Fenstern kann die Einwirkung der Sonne durch das Fensterglas so stark erhöht werden, daß die Sonne den Pflanzen großen Schaden zufügt. Für solche Standorte sind nur ganz wenige Pflanzen geeignet.

Warm- und Kalthauspflanzen und ihr Standort

Die Herkunft einer jeden Pflanze steht auch mit ihren Temperaturansprüchen in engstem Zusammenhang.

- **Warmhauspflanzen**

Tropische Pflanzen leben in ihrer Heimat in einem stets gleichbleibenden, feuchtwarmen Klima. Sie gedeihen in beheizten Räumen mit ausreichender Luftfeuchtigkeit besonders gut. Allerdings kann sich für manche Arten ein nächtlicher Temperaturabfall unter 18° C äußerst schlecht auswirken.

- **Kalthauspflanzen**

Subtropische Arten vertragen nächtliche Temperatursenkungen entsprechend ihrer Herkunft wesentlich besser. Allerdings benötigen einige von ihnen eine Winterruhe bei Temperaturen teilweise unter 10° C. Diese Winterruhe fördert bei vielen dieser Pflanzen die Blütenbildung. Zusätzlich sollte bei niederen Temperaturen die Luftfeuchtigkeit gering sein.
Solche Überwinterungsbedingungen bieten beispielsweise ein trockener, heller Kellerraum, ein Treppenhaus oder ein kühles Gewächshaus bzw. ein kühler Wintergarten.
Zu den Kalthauspflanzen gehören auch viele Arten, die als traditionelle Kübelpflanzen gelten, wie z.B. der Oleander. Diese Pflanzen, die in der warmen Jahreszeit vor dem Haus, im Garten, auf dem Balkon oder der Terrasse stehen, werden im folgenden Kapitel behandelt.

Die Einteilung in Warmhauspflanzen (im folgenden durch das Symbol Ⓦ wiedergegeben) und Kalthauspflanzen (Symbol Ⓚ) hilft, die Pflanzen nach ihren natürlichen Grundbedürfnissen ganz grob zu unterscheiden. Man sollte sie jedoch nicht zu »eng« sehen: Kein Pflanzenfreund soll hierdurch veranlaßt werden, seine prächtig gedeihenden Zimmerpflanzen umzustellen, möglicherweise in Räume, in denen er sie kaum sieht. Viele der aufgeführten Kalthauspflanzen gedeihen nämlich auch ganzjährig bei normaler Zimmertemperatur gut, wenn sie ausreichend gegossen werden und hell genug stehen.

Luftfeuchtigkeit und Gießwasser

Der für die Pflanze wichtige Wassergehalt der Luft, die Luftfeuchtigkeit, wurde bereits kurz angesprochen. In den meisten Fällen gilt die Regel: *»Hohe Temperaturen – hohe Luftfeuchtigkeit, niedrige Temperaturen – niedrige Luftfeuchtigkeit«.* Um die Luftfeuchtigkeit zu erhöhen, nützt das Sprühen mit einem Zerstäuber meist nur wenig, weil eine so erzeugte Feuchtigkeit in der Luft nicht lange vorhält.
Neben der Luftfeuchtigkeit spielt natürlich das Wasser, das die Wurzeln der Pflanzen aufnehmen, die entscheidende Rolle. Auch bezüglich ihrer Wasseraufnahme durch die Wurzeln unterscheiden sich die Pflanzenarten ganz erheblich.
Verständlicherweise muß in stärker geheizten Räumen häufiger gegossen werden als in kühlen Räumen. Auch regelmäßig gegossene Pflanzen können vertrocknen, wenn die Wassermenge so gering ist, daß das gesamte Wasser verdunstet, bevor es die Wurzeln aufnehmen können.
Wie oft allerdings jede einzelne Pflanze gegossen werden muß, kann nur von Fall zu Fall entschieden werden. Hierfür gelten zwei Regeln:

- Außer einigen wenigen Arten (z.B. Kakteen, Sansevierien) dürfen Topfpflanzen niemals vollkommen trokken werden. Die zarten Wurzelspitzen, mit denen die Pflanzen Wasser und Nahrung aufnehmen, trocknen sonst ein.

- Andererseits benötigen die Pflanzenwurzeln außer dem Wasser auch Sauerstoff, d.h. sie vertragen keine Staunässe. Hier bilden Sumpfpflanzen (wie z.B. das Zypergras) die äußerst seltene Ausnahme. In der Regel aber bewirkt Staunässe Fäulnis an den Wurzelspitzen und verhindert somit Nahrungs- und Wasseraufnahme. Längere Zeit im Untersatz oder Übertopf stehendes Wasser sollte stets abgegossen werden.

Alle Pflanzen bevorzugen einen ausgeglichenen Wasserhaushalt im Wurzelballen. Starke Schwankungen vermeidet man durch ganz regelmäßige Wassergaben. Steht eine Pflanze welk im tropfnassen Erdreich, so ist sie »vergossen« worden und muß sofort umgepflanzt werden. Man sollte daher besser jeden Tag prüfen, ob die einzelne Pflanze Wasser braucht.

Pflanzen, die eine Winterruhe benötigen, vor allem die Kalthauspflanzen also, werden in dieser Zeit nur sehr sparsam gegossen. Hierdurch werden Kälte- und Fäulnisschäden am Wurzelballen verhindert.

Pflegetip:

- *Fingerprobe:* Um zu prüfen, ob der Topfballen gegossen werden muß, drückt man einen Finger mindestens 1 cm tief in die Erde.
- *Klopfprobe:* Auch durch Klopfen an den Topf kann der Wassergehalt kontrolliert werden: Klingt der Topf hohl, fehlt Wasser.
- Sollte der Topfballen einmal völlig ausgetrocknet sein, so muß er sofort so lange ins Wasser getaucht werden, bis keine Luftbläschen mehr aufsteigen.
- Müssen die Pflanzen einige Tage ohne Gießen aushalten, so beugt eine »Moospackung« gegen Austrocknen vor. Dazu werden die Pflanzen etwa 1 Stunde ins Wasser gestellt, bis sich der Ballen vollgesaugt hat. Danach werden Moospolster auf die Topfränder gesetzt, und die Untersetzer werden mit Wasser gefüllt. So vorbereitet, stellt man die Pflanzen an einen Platz, wo sie nicht der vollen Sonnenbestrahlung ausgesetzt sind.
- Um die Luftfeuchtigkeit zu erhöhen, stellt man die Blumentöpfe auf eine flache, mit Kies gefüllte Schale auf der Fensterbank. Der Kies sollte immer gut feucht gehalten werden.
- Beim Gießen sollte niemals Wasser über die Blätter rinnen, weil nasse Blätter an der Sonne leicht verbrennen können. Rauhblättrige Pflanzen (wie z.B. Usambaraveilchen) bekommen Flecken, wenn das Gießwasser auf die Blätter gegossen wird.

Neben der Wassermenge sind auch Wasserqualität und Wassertemperatur für das Wohlbefinden der Pflanzen entscheidend:

Bei extrem hartem, d.h. kalkhaltigem Leitungswasser können manche Pflanzen (z.B. Azaleen, Kamelien) nicht gedeihen. Hier ist eine »Enthärtung« des Wassers notwendig. In den meisten Fällen hilft es schon, das Wasser vor dem Gießen abzukochen. Darüber hinaus gibt es auch spezielle Wasserenthärtungsmittel, die dem Leitungswasser beigefügt werden und im Pflanzengeschäft erhältlich sind. Ein einfaches Hausmittel besteht darin, in das Gießwasser ein Päckchen mit Torfmull hineinzulegen.

Regenwasser ist nur dann als Gießwasser gut geeignet, wenn der Grad der Luftverschmutzung in der jeweiligen Gegend nicht zu Bedenken Anlaß gibt. In jedem Fall sollte man es erst eine Weile regnen lassen, bevor man das Gießwasser in einem Gefäß sammelt. Die Luft enthält nach dem Abregnen weniger Schadstoffe.

Gießwasser bekommt den Pflanzen am besten, wenn es eine Temperatur von etwa 20° C hat. Es sollte also immer leicht angewärmt werden.

Pflegetip:

- Am besten füllt man jeweils nach dem Gießen das Gießgefäß gleich wieder mit Wasser und stellt es auf die Fensterbank über der Heizung.
- Im Sommer wird das Wasser im Freien aufbewahrt und von der Sonne erwärmt.
- Das Schöpfbecken und die Wassertonne, aus denen der Gemüsegarten bewässert wird, kommen auch den Zimmerpflanzen zugute.

Dünger: Die Nährstoffe der Pflanzen

Eine Topfpflanze kann in dem kleinen Erdreich eines Blumentopfes nicht genügend Nahrung finden. Sie muß deshalb regelmäßig mit einem guten Blumendünger, in dem alle lebenswichtigen Nährstoffe enthalten sind, versorgt werden.

Man unterscheidet organische Dünger und Mineraldünger. Letztere werden auch als Kunstdünger bezeichnet. Der Unterschied zwischen beiden Düngerarten besteht darin, daß im organischen Dünger die Nährstoffe, die der Pflanze im Mineraldünger direkt, d.h. sofort verfügbar, verabreicht werden, noch in natürlichen Ausgangsstoffen gebunden vorliegen. Sie werden erst nach ihrer Zersetzung für die Pflanze verwertbar. Organische Dünger wirken also verzögert, während mineralische Dünger sofort wirken.

Im Fachhandel können fertige Blumendünger bezogen werden. Sie enthalten alle von den Pflanzen benötigten Nährstoffe in der richtigen Zusammensetzung und in gut aufnehmbarer Form. Diese Blumendünger sollten nur nach den auf den Verpackungen aufgedruckten Vorschriften verwendet werden. Dann können mit ihnen keine Fehler gemacht werden. Für bestimmte Arten hält der Fachhandel Spezialdünger bereit.

Für Zimmerpflanzen reichen organische Dünger nicht immer aus. Sicherer und schneller wirken gute Standarddünger auf mineralischer oder mineralisch-organischer Basis. Die Gebrauchsanleitung auf der Düngerpackung muß in jedem Fall genau eingehalten werden.

Großblättrige und starkwüchsige Pflanzen brauchen mehr Dünger als die »Hungerkünstler« unter den Zimmerpflanzen, wie z.B. die Kakteen und die Dickblattgewächse. Dasselbe gilt ja auch für die Gießwassermenge.

Die drei wichtigsten im Dünger enthaltenen Nährstoffe sind: Stickstoff (N), Phosphor (P) und Kalium (K).

Stickstoff bewirkt Blattwachstum. Er wird zur Bildung der grünen Pflanzenteile benötigt. Fehlt Stickstoff, so werden die Blätter gelb, und die Pflanze kümmert. Bei zu viel Stickstoff kann das Pflanzengewebe instabil und schwammig werden. Die Pflanze ist dann besonders anfällig für Schädlinge aller Art. Ebenfalls läßt die Blühfreudigkeit nach.

Phosphor ist zur Bildung der Blüten und Früchte äußerst wichtig. Fehlt Phosphor, so kommt das Wachstum der Blätter und Wurzeln zum Stillstand, und Blüten und Früchte können nicht gebildet werden.

Kalium stärkt die Stabilität und die Widerstandskraft der Pflanze.

Für die Düngung von Zimmerpflanzen verwendet man sogenannte »Volldünger«, die in den meisten Blumen- und Pflanzengeschäften erhältlich sind. Für bestimmte Arten, so z.B. für Moorbeetpflanzen oder für Kakteen,

Aloe arborescens

benötigt man einen Spezialdünger, dessen Zusammensetzung genau auf die Bedürfnisse der Pflanzen abgestimmt ist.

Pflegetip:

- Pflanzen mit einem trockenen Topfballen dürfen niemals gedüngt werden! Sie müssen immer vorher gegossen werden.
- Frisch verpflanzte Topfpflanzen werden erst nach 4 Wochen zum erstenmal gedüngt. Meist sind sie dann wieder richtig angewachsen.
- Pflanzen, die zur Winterruhe kühl gestellt wurden, sollten gar nicht oder nur sehr mäßig gedüngt werden.
- Düngelösung, die versehentlich auf die Blätter getropft ist, muß sofort abgebraust werden. Wenn dies nicht geschieht, so entstehen meistens Brennflecken.

Pflanzerde: Der Nährboden der Pflanzen

Das Wohlbefinden der Zimmerpflanzen hängt ganz wesentlich von der Erde im Blumentopf ab. Die Pflanzerde ist der Nährboden der Pflanzen, in dem Gießwasser und Dünger aufgenommen werden.

Einige Eigenschaften sind dafür besonders wichtig:

- Für eine gute Durchlüftung des Wurzelballens muß die Pflanzerde ausreichend locker sein. Sie sollte sich auch durch Gießen nicht zu leicht verdichten.
- Gleichzeitig muß die Erde eine gute Wasserhaltefähigkeit aufweisen. Sie muß also einen ausreichend großen Anteil an Humus enthalten, der das Wasser im Topfballen bindet.

Die im Handel erhältlichen Pflanzerden erfüllen meistens die beschriebenen Anforderungen. Sie werden aus den richtigen Bestandteilen zusammengemischt und mit Nährsalzen oder Langzeitdüngern angereichert. Diese im Handel erhältlichen *Fertigerden* können beim Umtopfen für fast alle Pflanzen verwendet werden. Nur für einige Pflanzenarten, so z.B. für Moorbeetpflanzen oder Kakteen, werden Spezialerden angeboten, die genau auf die Bedürfnisse dieser Pflanzen abgestimmt sind.

Für Aussaat und Stecklinge gibt es spezielle Erdmischungen (z.B. Fertigerde P, Torfkultursubstrat 1), die eine niedrigere Düngerkonzentration haben, mit der die jungen Pflänzchen besser gedeihen.

Der in den Fertigerden enthaltene Torf besitzt ein sehr gutes und ausdauerndes Wasserspeichervermögen und kann darüber hinaus kalkhaltigem Wasser die Härte nehmen. Trocknet jedoch eine sehr torfhaltige Erde einmal völlig aus, so ist sie nur schwer

wieder zu befeuchten. Gießen hilft dann nicht mehr, das Wasser fließt einfach hindurch. Nur bei längerem Eintauchen ins Wasser saugt sich der Ballen wieder voll.
In jüngerer Zeit werden mehr und mehr Produkte angeboten, die z.B. aus zerkleinerten Rindenabfällen der Holzverarbeitung oder aus Kompost hergestellt werden und ähnliche Vorzüge wie Torf haben. Hierdurch wird der Torfabbau vermindert, und eine Verwendung solcher Rinden- und Kompostsubstrate trägt zum Schutz der selten gewordenen Hochmoorgebiete mit ihrer sehr speziellen Pflanzen- und Tierwelt bei. Wo es möglich ist, sollte man daher in Zukunft zugunsten solcher Erdmischungen auf Torf verzichten.

Das richtige Pflanzgefäß

Als Pflanzgefäß für Zimmerpflanzen eignet sich der herkömmliche Blumentopf aus porösem, unglasiertem Ton nach wie vor am besten. Plastiktöpfe haben demgegenüber den Vorteil, daß sie keine Algen ansetzen und dadurch sauberer bleiben; sie haben jedoch eine wesentlich geringere Standfestigkeit.
Tonblumentöpfe gibt es in der üblichen Normalform, aber auch als flachere Halbschale (»Azaleenschale«) und in einem etwas höherem Format (»Palmentopf«). Neben diesen drei Standardformen werden eine Fülle von mehr oder weniger verzierten Tongefäßen in Schalen- oder Kastenform angeboten. Neue Tongefäße

sollen vor ihrer Verwendung eine Nacht lang ins Wasser gelegt werden. Bei einer Verwendung von gebrauchten Töpfen ist eine gründliche Säuberung (z.B. mit Essigwasser) empfehlenswert. Zwischen Pflanztopf und Übertopf sollte stets reichlich Luftraum bleiben.
Es ist nicht ratsam, mehrere Pflanzen zusammen in ein Gefäß zu pflanzen. Ihre Wurzeln bedrängen sich gegenseitig, und schließlich setzt sich die stärkste Pflanze durch und nimmt den anderen die Nährstoffe weg.
Für Epiphyten, das sind Pflanzen, die in ihrer Heimat auf Bäumen wurzeln, benötigt man nur kleine, mit sehr luftiger Pflanzerde gefüllte Töpfe. Besser noch eignen sich kleine Kästen aus Holzlatten oder ein spezieller »Epiphytenstamm«.

Pflegetip:
Durch kleine Tricks kann man die hübschen Übertöpfe auf der Fensterbank »pflanzenfreundlicher« gestalten:

- Weil überschüssiges Gießwasser aus dem Übertopf nicht ganz so leicht abgegossen werden kann wie aus einem Untersatz, sollte der Blumentopf im Übertopf auf zwei kleinen Hölzchen stehen.
- Man kann auch eine Schicht Kies oder Blähton in den Übertopf geben, den Tontopf daraufstellen und den Zwischenraum mit lockerer Pflanzerde auffüllen, die immer gut feucht gehalten wird. Auf diese Weise bleibt der Wurzelballen warm und trocknet nicht so schnell aus. Ebenfalls wird durch diese Dränageschicht gefährliche Staunässe im Topf vermieden. So »ummantelt«, fühlen sich die Pflanzen wohler.

Genau wie die oberirdischen Pflanzenteile, der Sproß und die Blätter, wächst auch die Wurzel der Zimmerpflanze. Deshalb wird nach einer gewissen Zeit jeder Topf zu klein.
Das Umtopfen der Zimmerpflanzen stellt einen festen Bestandteil im Pflegeplan dar. Der richtige Zeitpunkt dafür liegt im Frühjahr oder im Frühsommer, wenn die Winterruhe der Pflanzen abgeschlossen ist und der Neuaustrieb noch nicht begonnen hat. In dieser Zeit wachsen die Pflanzen am willigsten wieder an.
Wie oft eine Pflanze umgetopft werden muß, ist von Art zu Art verschieden. Man sollte den neuen Topf nicht zu groß wählen. In der Regel ist es ratsam, die Topfgröße in kleinen Schritten zu steigern und dafür öfter umzutopfen.

Pflegetip:
Das Umtopfen erfolgt am zweckmäßigsten nach folgenden sechs Arbeitsschritten:

- *Austopfen*

Vor dem Umtopfen muß die Pflanze gründlich gewässert werden. Dann wird der Wurzelballen vorsichtig aus dem alten Topf gelöst. Manchmal sitzt die Pflanze so fest, daß man sich kleiner Hilfen bedienen muß:
Die Pflanze wird mit einer Hand gehalten, während der Topf umgekehrt auf eine Tischkante aufgestoßen wird. Wachsen bereits große Wurzeln aus dem Abflußloch, so muß man den Topf vorsichtig zerschlagen. Die Scherben können dann zum Abdecken des Abflußlochs verwendet werden. Plastiktöpfe werden vorsichtig aufgeschnitten.

- *Wurzelballen lockern*

Die obere Erdschicht des Topfballens ist meist sauer oder mit Moos bewachsen. Sie wird entfernt, der Wurzelballen wird dann behutsam gelockert. Gesunde Wurzeln sind hellbraun, die feinen Wurzelspitzen sind weiß. Sieht

der Ballen so aus, dann kann man ihn getrost in den nächst größeren Topf setzen.
Es kann aber auch vorkommen, daß die Wurzelspitzen braun und leicht faulig sind (z.B. bei einer Schädigung durch Staunässe). Solche Stellen sollten entfernt werden. Unter Umständen wird die Pflanze danach in denselben oder sogar in einen kleineren Topf gesetzt. Muß man viele Wurzeln entfernen, so schneidet man auch die oberen Pflanzenteile ein wenig zurück.

- *Vorbereiten des Topfs*

In den neuen Topf wird auf das Abflußloch eine Tonscherbe oder ein flacher Stein gelegt. Man kann auch eine durchlässige Schicht aus Kies oder Blähton im unteren Teil des Topfes einfüllen. Dies ist bei allen Flachwurzlern sinnvoll, die schon im alten Topf die unterste Erdschicht nicht durchwurzelt haben. In der Regel aber reicht eine Tonscherbe aus.
Nun wird eine Schicht Erde eingefüllt. Dabei sollte beachtet werden, daß die Pflanze in ihrem neuen Topf etwa genauso hoch stehen muß wie im alten.

- *Eintopfen*

Der Wurzelballen wird in der entsprechenden Höhe im neuen Topf gehalten. Beim Einfüllen der Blumenerde sollte zwischen Topfrand und Ballenoberfläche immer ein ausreichender Gießrand frei bleiben.

- *Andrücken*

Den Topf einige Male kräftig auf den Arbeitstisch aufstoßen, damit die Erde sich setzt. Zusätzlich sollte man die Pflanze andrücken.

- *Angießen*

Die frisch eingetopfte Pflanze wird angegossen und in den ersten Tagen nach dem Umpflanzen warm und schattig gehalten und vor Zugluft geschützt.

Wachstum, Alter und Vermehrung

Zu starkes Wachstum mancher Zimmerpflanzen kann für den Zimmergärtner zum Problem werden. Die mögliche, erreichbare Größe der jeweiligen Art sollte man daher schon bei der Anschaffung berücksichtigen. Bei den meisten Pflanzen ist ein sachgemäßer Rückschnitt möglich. Allerdings sollte niemals plötzlich eine Radikalmaßnahme erfolgen! Regelmäßige, behutsame Eingriffe werden weit besser vertragen. Ein richtig durchgeführter Schnitt kann sogar die Wuchsform verbessern. Die Schnittstellen sollten immer direkt über dem Blattansatz oder den Verzweigungsstellen liegen.

Pflegetip:

- Bei manchen Pflanzenarten können an den Schnittstellen große, offene Wunden entstehen. Dies ist besonders bei Milchsaft führenden Arten, wie z.B. den Wolfsmilchgewächsen, der Fall. Solche Stellen bestreut man mit Holzkohlestaub.

Einfacher ist es, das Wachstum kletternder Arten in den Griff zu bekommen. Dafür eignet sich ein stabiles Rankspalier an einer Wand oder an der Fensterleibung.
Besonders schön lassen sich Kletterpflanzen im Wintergarten ziehen. Allerdings muß man darauf achten, daß die Blätter nahe an den Glasscheiben bei starker Sonneneinstrahlung nicht verbrennen. Eine sommerliche Beschattung des Glasbaus von außen ist nicht allein aus diesem Grund sinnvoll.
Auch hängende Pflanzen lassen sich gut unterbringen. Dabei muß stets bedacht werden, daß die Pflanze in der Nähe der Zimmerdecke oder an der

Eintopfen

1. Gießrand
2. alter Ballen
3. frische Erde
4. Tonscherbe

Kletter- und Hängepflanzen

Wand neben dem Fenster oft nicht mehr ausreichend Licht bekommt. Helle Plätze für Hängepflanzen finden sich in der Fensternische, in hellen Treppenhäusern, aber auch auf Möbeln in Fensternähe.

Kletternde oder hängende Zimmerpflanzen vertragen den Rückschnitt meist gut. Manche Arten sollten nach der winterlichen Ruhezeit regelmäßig etwas zurückgeschnitten werden.

In der Regel erreichen nur richtig gepflegte Zimmerpflanzen ihre mögliche Größe und ihr tatsächlich mögliches Alter. Viele der einjährigen Zimmerpflanzen werden zu schnell »ausgemustert« und weggeworfen. Sie könnten bei guter Pflege oft länger leben und ihre Besitzer mit neuen Blüten erfreuen.

Einige Arten können ausgesprochen alt werden, so z.B. Wachsblumen, die unter günstigen Umständen ein Alter von 60 Jahren und mehr erreichen können. Um die Lebensdauer der Pflanzen zu erhöhen, muß man ihre Ansprüche genau berücksichtigen. Das gilt besonders für die Pflege nach der Blütezeit und für die Überwinterung.

Mancher Zimmergärtner möchte sich nicht darauf beschränken, seine Pflanzen im Blumenladen oder Gartencenter zu kaufen. Früher oder später wird er versuchen, seine Pflanzen selbst zu vermehren. In den meisten Fällen ist eine Vermehrung durch Stecklinge, Kindel, Brutknollen oder durch Teilung einfacher als ein Aussäen der Pflanzen.

Pflanztip:

• Stecklinge

Von den meisten Zimmerpflanzen kann man problemlos Stecklinge, umgangssprachlich auch Ableger genannt, abnehmen, die sich dann bewurzeln. Meist verwendet man hierfür Seitentriebe. Bei einigen Pflanzen, wie z.B. Usambaraveilchen, Bogenhanf oder Begonien, eignen sich auch die Blätter für die Vermehrung (Blattstecklinge).

Besonders sicher bewurzeln sich Stecklinge, wenn man sie in einen Topf mit guter Pflanzerde steckt und darüber eine Plastikfolie stülpt.

• Teilung

Noch einfacher ist die Teilung des Wurzelballens, die sich bei manchen Pflanzen als Vermehrungsmethode anbietet. Die Teile müssen lediglich eingetopft werden.

• Kindel und Brutknollen

Eine Reihe von Pflanzen bilden sogenannte Kindel aus, das sind kleine fertige Tochterpflänzchen. In Einzelfällen entsteht das Kindel sogar auf dem Blatt, z.B. beim Brutblatt. Dieses kleine Pflänzchen kann vorsichtig abgelöst und eingepflanzt werden.

Bei Zwiebel- und Knollenpflanzen lassen sich dementsprechend Nebenzwiebeln oder -knollen abtrennen.

Auch die Aufzucht aus Samen ist bei vielen Zimmerpflanzen sehr einfach. In der Regel sind gleichmäßige Wärme und Feuchtigkeit die wichtigsten Voraussetzungen zum Gelingen der Anzucht. Manche Arten benötigen allerdings spezielle Keimtemperaturen. Beheizbare, kleine Zimmergewächshäuser können bei der Aufzucht der Pflanzen sehr hilfreich sein. Oft reichen jedoch schon eine über die Samen gespannte Folie oder eine darübergelegte Glasscheibe aus.

Sind die Sämlinge kräftig genug, so werden sie in kleine Torftöpfchen »pikiert«. Darin bilden sie einen festen Wurzelballen aus.

Der grüne Kniff:

• Bei der Anzucht der Samen unter feuchtwarmen Bedingungen besteht die Gefahr, daß die Pflanzerde zu naß ist und sich Schimmel bildet. Um dies zu verhindern, kann man sich eines einfachen Mittels bedienen: Die Pflanzerde wird vor der Aussaat mit einer Chinosollösung überbraust. Chinosol ist in Tablettenform in jeder Drogerie erhältlich und für die Sämlinge gut verträglich. Das Mittel ist auch anwendbar, wenn sich in der Aussaat Faulstellen zeigen.

Nach der Keimung sollte man die Sämlinge unbedingt lüften.

Blattstecklinge

Acalypha hispida

Anzucht unter Glasscheibe

Krankheiten und Schädlinge

Eine richtig gepflegte Zimmerpflanze hat die besten Voraussetzungen, gesund zu bleiben. Kränkeln die Pflanzen, so kann dies die unterschiedlichsten Gründe haben. Nicht immer sind Krankheiten oder tierische Schädlinge dafür verantwortlich. Sehr häufig ist ein Pflegefehler die Ursache:

Der Pflanzendoktor:

- Die Pflanze wird falsch gegossen, sie leidet unter andauernder Staunässe oder ständiger Austrocknung.
- Der Standort ist nicht hell genug. Pflanzen sollten immer direktes Licht bekommen. Schon neben dem Fenster kann die Lichtintensität unzureichend sein.
- In vielen Fällen ist Nährstoffmangel die Ursache für kränkelnde Pflanzen.
- Die Pflanze wurde zu stark gedüngt. Überdüngung ist auch oft die Ursache mangelhafter Entwicklung.

Die Übersicht auf Seite 27 beschreibt die Erkennungsmerkmale und die richtigen Hilfsmaßnahmen für diese vier typischen Pflegefehler.

Auch bei sachgemäßer Pflege können Zimmerpflanzen gelegentlich von tierischen Schädlingen heimgesucht werden. Oft werden diese mit befallenen Pflanzen eingeschleppt. Zugluft und Trockenheit wirken fördernd.
Die häufigsten Schädlinge sind Blatt-, Schild- und Wolläuse, weiße Fliegen und Spinnmilben (Rote Spinne) an den oberirdischen Pflanzenteilen, Springschwänze und Trauermükken im Wurzelbereich. Bei der Bekämpfung tierischer Schädlinge gelten folgende Regeln:

Der Pflanzendoktor:

- Zimmerpflanzen sollten stets auf den Befall von Schädlingen hin beobachtet werden. Rechtzeitig begonnene Bekämpfungsmaßnahmen sind immer am erfolgreichsten.
- Alle Bekämpfungsmaßnahmen müssen wiederholt durchgeführt werden.
- Bei chemischen Schädlingsbekämpfungsmitteln (Pestiziden) muß die Gebrauchsanleitung genauestens befolgt werden. Eine zu hohe Dosierung kann der Pflanze, aber auch Mensch und Tier schaden. Zu geringe Dosierungen fördern die Widerstandsfähigkeit der Schädlinge.
- Befallene Pflanzen sollten sofort von gesunden Pflanzen getrennt werden.
- Sehr stark befallene Pflanzen werden am besten vernichtet.
- Bei einem Einsatz von Schädlingsbekämpfungsmitteln aus Spraydosen muß beim Sprühen ein Mindestabstand von 30 cm zur Pflanze eingehalten werden. Das hierbei austretende Treibgas könnte im anderen Falle die Pflanze durch einen Kälteschock schädigen. Einige Pflanzen vertragen bestimmte Schädlingsbekämpfungsmittel nicht. Dies ist jedoch immer auf den Packungen vermerkt.

Die Übersicht auf Seite 28 beschreibt die wichtigsten Schädlingsarten und ihre Bekämpfung.
Es werden auch einfache »Hausmittel« vorgeschlagen. Leider haben die »biologischen Maßnahmen« ihre Grenzen. Das Absammeln der Schädlinge ist zu Beginn des Befalls eine wirksame Maßnahme, scheidet aber bei stärkerem Befall verständlicherweise aus.

Pflegefehler – Erkennungsmerkmale und Hilfsmaßnahmen

Erkennungsmerkmale: Pflanze welkt, obgleich die Erde naß ist. Beim Austopfen kann festgestellt werden, daß die Wurzeln braun und faul sind.
Ursache: Die Pflanze wurde »vergossen«. Der Wurzelbereich leidet unter Luftmangel.
Maßnahmen: Alle faulen Wurzeln werden sorgfältig entfernt, fleischige Wurzeln mit Holzkohlenstaub bestäubt. Die Pflanze bekommt neue Erde, aber keinen größeren Topf und wird nur mäßig gegossen, bis sie wieder neues Wachstum zeigt. Wenn möglich, sollte man ihr Unterwärme geben.

Erkennungsmerkmale: Die Pflanze hat einen vollkommen trockenen Erdballen, wird zunehmend gelb und verliert teilweise die Blätter. Beim Austopfen kann man erkennen, daß die Wurzelspitzen eingetrocknet und braun sind.
Ursache: Die Pflanze ist im Begriff, zu vertrocknen. Sie wurde nicht ausreichend gegossen.
Maßnahmen: Die Pflanze wird in einen Eimer mit Wasser gestellt, bis keine Luftblasen mehr aufsteigen. Vollkommen trockene Ballen nehmen häufig schwer wieder Wasser auf und bleiben trotz wiederholten Gießens trocken. Nachdem sich der Ballen wieder voll Wasser gesaugt hat, hält man die Pflanze zwar gleichmäßig feucht, gießt aber nicht zu viel, da die beschädigten Wurzelspitzen nur im begrenzten Maß Wasser aufnehmen können.

Erkennungsmerkmale: Die Blattränder werden gelb, die Pflanze beginnt zu welken.
Ursache: Die Pflanze wurde überdüngt. Die Wurzelspitzen wurden durch die zu hohe Salzkonzentration »verbrannt«. Besonders stark wirkt sich Überdüngung aus, wenn der Pflanze Unterwärme fehlt und der Wurzelbereich zu kalt steht. Der Wassertransport nach oben wird dadurch erschwert, und die Salzkonzentration in den Blättern steigt an.
Maßnahmen: Überdüngte Pflanzen werden einige Stunden in lauwarmes Wasser gestellt und kräftig gegossen. Dabei muß für guten Abfluß des Gießwassers gesorgt werden, damit die Düngesalze weitgehend ausgewaschen werden. Danach sollte man vorsichtig, aber gleichmäßig gießen, bis sich Wurzeln und Sproß wieder erholt haben.

Erkennungsmerkmale: Die gesamten Blätter färben sich gleichmäßig gelb, die Pflanze wächst mangelhaft.
Ursache: Die Pflanze ist »hungrig«. Ihr fehlen lebensnotwendige Nährstoffe.
Maßnahmen: Hier kann eine regelmäßige, richtig durchgeführte und wohldosierte Düngung helfen.

Erkennungsmerkmale: Die Pflanze bekommt lange und dünne Triebe, Blätter und Sproß sind blaßgrün und wirken durchscheinend.
Ursache: Der Standort ist ungeeignet. Die Pflanze leidet unter Lichtmangel.
Maßnahmen: »Vergeilte« Pflanzen benötigen einen günstigeren, hellen Platz. Sie dürfen aber niemals sofort der vollen Sonne ausgesetzt werden. Die »verweichlichten« Blätter würden verbrennen. Ein heller, aber nicht sonniger Standort ist zur Erholung geeignet.

Tierische Schädlinge der Zimmerpflanzen und ihre Bekämpfung

Schädlingsart	Erkennungsmerkmale	Bekämpfung
1. an Sproß und Blättern		
Blattläuse	Blattläuse sind grüne bis dunkelbraune Insekten, die sich in der Regel sehr rasch vermehren. Sie befallen überwiegend weiche Pflanzenteile. Ein gutes Erkennungszeichen ist die klebrige Ausscheidung der Läuse auf den Blättern, der sogenannte Honigtau. Häufig haben trocken und zugig stehende oder überdüngte Pflanzen unter Läusen zu leiden.	Absammeln bei schwachem Befall, Einsatz von Marienkäfern und Marienkäferlarven, stark verdünnter Spiritus, Schmierseifenlösung (2%ig) – Spiritus und Seifenlösung werden mit Pinsel auf Läuse aufgebracht; mehrmalige Anwendung eines insektentötenden Mittels.
Schildläuse	Schildläuse haben einen braunen, ovalen, relativ stabilen Panzer, der auf der Pflanze wie eine kleine Warze aussieht. Sie sind sehr schwer zu bekämpfen und äußerst hartnäckig.	Entfernen der Läuse mit Stäbchen o. ä. bei schwachem Befall, Wurm- oder Adlerfarnbrühe, mehrmalige Anwendung eines Spezialmittels.
Wolläuse	Wolläuse sind leicht an einer weißen Schutzschicht, die wie ein kleiner Wattebausch wirkt, erkennbar. Sie sind den Schildläusen sehr nahe verwandt.	Brennspiritus 1:1 mit Wasser
Weiße Fliege	Weiße Fliegen sind bis zu 2 mm große, fliegende Insekten, die besonders an Buntnesseln und Weihnachtssterne, Fuchsien und Fleißige Lieschen verbreitet sind. Wärme und Trockenheit fördern die Vermehrung der weißen Fliege.	Abfangen der Fliegen, sofort wenn Befall festgestellt wird; auch chemische Bekämpfungsmittel wirken hier oft unbefriedigend, Behandlung wiederholen.
Spinnmilbe (Rote Spinne)	Spinnmilben sind schwer erkennbar, da sie überwiegend die Blattunterseite befallen. An den geschädigten Stellen bilden die Pflanzen korkiges Gewebe. Trocken stehende und schlecht gedüngte Pflanzen sind am anfälligsten gegenüber Spinnmilben.	Bei starkem Befall mit insektentötenden Mitteln bekämpfen.
2. im Wurzelbereich		Pflanzen mit Schädlingen im Wurzelballen umtopfen und dabei die alte Erde restlos abschütteln, die Wurzeln in lauwarmem Wasser abwaschen.
Springschwänze	Springschwänze sind blasse, bis zu 3 mm große Lebewesen, die in sehr feuchten Wurzelballen vorkommen können, meist aber unschädlich sind. Die Fähigkeit, in die Höhe zu schnellen, gab ihnen ihren Namen.	Wenn möglich, Pflanze trokkener halten.
Trauermücken	Die kleinen schwarzen Trauermücken und ihre ca. einen halben Zentimeter langen weißen Maden werden überwiegend durch Torf verbreitet. Sie bevorzugen feuchte, saure Substrate. Besonders schädlich sind sie für sukkulente Pflanzen und Orchideen.	Wenn möglich, Pflanzen trokkener halten, bei Sukkulenten möglichst auf Torf verzichten.

Neben den tierischen Schädlingen gibt es eine Reihe von Krankheiten, die Zimmerpflanzen schädigen können. Meist sind Pilze, seltener auch Bakterien oder Viren die Ursache. Weder für Bakterien noch für Viruskrankheiten gibt es eindeutige Erkennungsmerkmale. Ein Kümmern der Pflanze, gelbe oder mißgebildete Blätter können Zeichen für eine Erkrankung sein. Erkrankte Pflanzenteile oder Pflanzen werden am besten gleich vernichtet, bevor die Krankheit sich ausbreitet. Oft helfen Blattläuse, gefährliche Viruskrankheiten zu übertragen. Bei Blattlausbefall ist also immer Aufmerksamkeit geboten.

Viel einfacher ist die Bekämpfung von Pilzkrankheiten. Sehr oft deuten sie auf zu hohe Feuchtigkeit und damit auch einen ungeeigneten Standort oder falsche Pflege hin. Die häufigsten Pilzkrankheiten und ihre Bekämpfung beschreibt die folgende Übersicht.

Billbergia

Amaryllis

Pilzkrankheiten

- **Grauschimmel:** Blätter werden grau und schimmelig oder bräunlich – faulig.
- **Mehltau:** Blätter überlaufen grau, zeigen weißen, mehligen Belag, werden gelblich mit Schimmelflecken auf der Unterseite.
- **Rost:** Orangefarbene bis braune, z. T. erhabene Flecken auf den Blättern, Blätter auf der Oberseite gelb, braune Flecken auf der Unterseite.

Bekämpfung:

- Bessere Standortwahl, für Durchlüftung sorgen.
- Sorgfältigere Pflege, beim Gießen Blätter nicht benetzen, nicht zuviel Feuchtigkeit.
- Beschädigte Pflanzenteile entfernen, Pflanze isolieren.
- Bestäuben mit Holzkohlestaub; bei Mehltau sollte ein Schwefelmittel angewendet werden.
- Bepinseln mit Ackerschachtelhalm- oder Rainfarnbrühe
- Bei starkem Befall pilztötendes Mittel (Schwefelpräparate).

Blattlaus

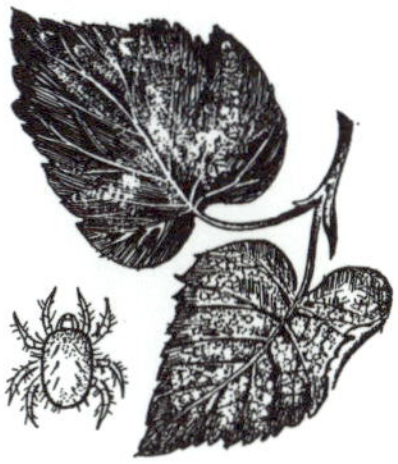

Wollaus

Spezialgebiete der Zimmergärtnerei

Hydrokultur

Hydrokultur bedeutet erdelose Pflanzenhaltung. Das Prinzip der Hydrokultur ist folgendes: Die Pflanzen stehen nicht in einer belebten (organischen) Erdmischung, in der durch Zersetzungsvorgänge Nährstoffe für sie frei werden, sondern in einem unbelebten Füllmaterial, das ihnen lediglich mechanischen Halt gibt. Ihre Nahrung beziehen Hydrokulturpflanzen aus einer Nährlösung (Dünger + Wasser). Das Hauptziel ist es, den Pflegeaufwand zu verringern. Diese Art der Pflanzenkultur wird vor allem dort angewendet, wo sich niemand täglich um die Pflanzen kümmern kann, z.B. in Cafés, Hotelhallen, Arztpraxen, Büros oder Hallenschwimmbädern.

Einrichtung der Hydrokultur:
Möchte man Zimmerpflanzen in Hydrokultur halten, benötigt man dazu:
- Übertöpfe (kleine Tischgefäße oder Großgefäße für den Boden)
- Kulturtöpfe
- Wasserstandsanzeiger
- Düngerlösung und Füllmaterial.

Füllmaterial: Blähton

An Übertöpfen bzw. großen Pflanzbecken bietet der Fachhandel eine reiche Auswahl. Auch die Pflanzwanne im geschlossenen Blumenfenster eignet sich für Hydrokultur. Wichtig dabei sind absolute Wasserundurchlässigkeit und eine gewisse Mindestinnenhöhe (10 cm bei Tischgefäßen, 21 cm bei Großgefäßen).

Der Kulturtopf aus Plastik oder Styropor hat Löcher oder Schlitze und bei Tischgefäßen im Boden eine Aussparung für eine »Düngerbatterie« sowie eine Haltevorrichtung für den Wasserstandsanzeiger.
Der Wasserstandsanzeiger besteht aus einem mit einer Höchst- und einer Mindestmarke versehenen Plastikrohr, in dem ein Markierungsstab auf einem Schwimmer den Wasserstand anzeigt. Für Großgefäße benötigt man zusätzlich ein Absaugrohr zum Austauschen der Nährlösung und eine Bodenplatte zur Befestigung.
Als Füllmaterial eignen sich Blähton (Tonkügelchen), Bimskies, Blähschiefer oder Polystyrolflocken. Die Pflanzen setzt man in die mit diesem Füllmaterial gefüllten Kulturtöpfe. Diese wiederum werden im Übergefäß in Füllmaterial »eingefüttert«. Danach wird Wasser bzw. Nährlösung aufgefüllt, bis der Wasserstandsanzeiger auf der Höchstmarke steht. Man kann zum Füllen Leitungswasser verwenden, aber nur wenn es nicht zu »hart« ist: Als Dünger eignet sich ein Flüssigdünger für Hydrokultur oder ein Langzeitdünger, den man auf das Füllmaterial streut und mit dem Gießwasser einschwemmt oder in das Absaugrohr füllt.

- **Pflanzen für die Hydrokultur:**

Nicht alle Pflanzen eignen sich für Hydrokultur (vgl. die Liste auf S. 31): Pflanzen, die eine strenge Winterruhe bei niedrigen Temperaturen und we-

nig Wasser benötigen (Kalthauspflanzen, vgl. S. 16) scheiden aus. Nur wenige Kalthauspflanzen kommen daher in Frage.
Von den Blütenpflanzen werden hauptsächlich Dauerblüher verwendet, die wenig Arbeit machen. Auch sollten die Pflanzen möglichst von Anfang an auf diese Kulturform eingestellt worden sein und Wasserwurzeln entwickelt haben. In Erde gezogene Pflanzen können nur schwierig auf Hydrokultur umgestellt werden.

Standorttip:

- Am besten eignen sich helle, aber nicht vollsonnige Plätze für das Aufstellen eines Hydrokulturgefäßes, z.B. vor Nord-, NW- oder NO-Fenstern.
- Für die meisten tropischen Pflanzen, die an ganzjährig gleiche Tageslängen angepaßt sind, sollte man nach Möglichkeit unsere kurzen Wintertage durch Kunstlicht auf ca. 11 Stunden verlängern.
- Die Raumtemperatur sollte ganzjährig zwischen 17 u. 20° C betragen.

Pflegetip:

- Gegossen wird alle 2 – 4 Wochen je nach Raumtemperatur und Verdunstungsmenge. Hierbei ist es wichtig, den Wasserstand immer ganz absinken zu lassen. Man sollte das Pflanzgefäß dann 2 – 3 Tage ohne Wasser stehen lassen, damit die Wurzeln nicht unter Sauerstoffmangel leiden müssen und die Pflanzen hierdurch Schaden nehmen.
- Flüssigdünger verabreicht man bei jedem dritten Gießvorgang, also alle 6 – 12 Wochen, Langzeitdünger zweimal im Jahr.
- Ein Wasser- oder Nährlösungwechsel ist nur bei schlechten Standortbedingungen, jeweils zum Zeitpunkt der Düngung notwendig.

Hydrokultur – Auswahl der wichtigsten geeigneten Pflanzen

Ananas *(Ananas comosus)*
Aralie *(Fatsia japonica)*
Baumfreund *(Philodendron-Arten)*
Bergpalme *(Chamaedorea elegans)*
Birkenfeige *(Ficus benjamina)*
Blattbegonie *(Begonia masoniana)*
Bogenhanf *(Sansevieria-Arten)*
Clivie *(Clivia miniata)*
Dieffenbachie *(Dieffenbachia-Arten)*
Drachenbaum *(Dracaena-Arten)*
Efeu *(Hedera helix)*
Efeuaralie *(x Fatshedera)*
Efeutute *(Epipremnum aureum)*
Fensterblatt *(Monstera deliciosa)*
Fiederaralie *(Polyscias balfouriana)*
Fingeraralie *(Dizygotheca elegantissima)*
Flamingoblume *(Anthurium scherzeranum)*
Geweihfarn *(Platycerium bifuscatum)*
Grünlilie *(Chlorophytum comosum)*
Gummibaum *(Ficus elastica)*
Hibiskus *(Hibiscus rosa-sinensis)*
Kletterfeige *(Ficus pumila)*
Klimme *(Cissus antarctica, rhombifolia)*
Kokospalme *(Microcoelum weddelianum)*
Lanzenrosette *(Aechmea fasciata)*
Schefflere *(Schefflera actinophylla)*
Usambaraveilchen *(Saintpaulia ionantha)*
Versteckblüte *(Chryptanthus bivittatus, bromelioides)*
Vriesie *(Vriesia-Arten)*
Wachsblume *(Hoya carnosa, bella)*
Weihnachtsstern *(Euphorbia pulcherrima)*
Zimmerhafer *(Billbergia nutans)*
Zwergpfeffer *(Peperomia-Arten)*
Zypergras *(Cyperus alternifolius)*

Blumenzwiebeltreiberei

An grauen Wintertagen, wenn draußen alle Pflanzen vom Schnee bedeckt sind und auch viele Zimmerpflanzen Winterruhe halten, bereitet das Antreiben verschiedenster Blumenzwiebeln im Zimmer besondere Freude und bringt schon ein bißchen Frühling ins Haus.

Beachtet man die Ansprüche der jeweiligen Zwiebelart, gelingt die Blumenzwiebeltreiberei bestimmt. Die folgende Übersicht beschreibt, wie es gemacht wird, doch einige Regeln gelten auch ganz allgemein:

- Zwiebeln besorgt man sich im September oder Oktober, so daß sie spätestens im Oktober eingesetzt sind (Ausnahme: Glücksklee).

Tulpen

Treibhyazinthen

- Man sollte gründlich gereinigte, gebrauchte oder 2 Tage lang gewässerte, neue Töpfe und gute, lockere Gartenerde oder lang genug abgelagerte Komposterde, mit etwas Sand vermischt, verwenden (Ausnahme Weihnachtsnarzissen: reiner Sand oder Kies).
- Von den gepflanzten Zwiebeln oder Knollen muß immer noch eine Spitze aus der Erde herausschauen.
- Treibzwiebeln müssen immer gründlich gegossen werden, sonst bleiben die Blüten stecken.
- Temperaturschwankungen sollten möglichst vermieden werden. Kühl gestellte Pflanzen blühen länger!
- Einmal getriebene Zwiebeln pflanzt man in den Garten. Sie eignen sich nicht wieder zur Treiberei.

Blumenzwiebeltreiberei im Zimmer

Hyazinthe *(Hyazinthus orientalis)*

- Die Hyazinthe kann man im Glas (Hyazinthengläser gibt es zu kaufen) oder im Topf treiben.
- Glastreiberei: Man füllt das Glas bis an die Verengung mit Wasser, setzt die Zwiebel in die dafür vorgesehene Schale (2 mm Abstand zwischen Wasserspiegel und Zwiebel!) und stellt das Glas in einen trockenen, luftigen, dunklen und kühlen (unter 13 °C) Kellerraum, bis der untere Teil des Glases voll Wurzeln ist (nach ca. 6-8 Wochen).
- Ab und zu wird kontrolliert, ob das Wasser noch klar ist. Trübes Wasser wird erneuert und ein Holzkohlestückchen beigefügt. Bei Schimmel wendet man Chinosollösung an.
- Die bewurzelte Zwiebel wird in ein helles, kühles (ca. 18 °C) Zimmer gestellt. Auf das Glas stülpt man ein Papierhütchen zum Abdunkeln der Triebe (wenn der Kellerraum nicht dunkel genug ist, setzt man dort schon ein Hütchen auf). Wenn die Triebe das Hütchen heben, nimmt man es weg.
- Topftreiberei: Zur Bewurzelung werden die Zwiebeln in Töpfe gesetzt. Die Töpfe vergräbt man von Sand umgeben im Garten und füllt Erde darauf. Als Frostschutz verwendet man Laub. Man kann die Töpfe auch in ein Kistchen mit Torfmull einsenken und in den Keller stellen. Nach dem Herausnehmen gießt man die Zwiebeln an.
- Für die Treiberei von Weihnachtshyazinthen muß man sich besonders präparierte Zwiebeln besorgen.

Krokus *(Crocus vernus-, flavus-Hybriden)*

- Zur Bewurzelung werden Krokusse in Schalen oder Spezialtöpfe mit seitlichen Löchern gesetzt, in den dunklen, kühlen Keller gestellt oder im Garten vergraben (vgl. Hyazinthe!).
- Nach der Bewurzelung – etwa ab Mitte Januar – stellt man die Töpfe zum Antreiben in kühle Zimmer (12-15 °C) und gießt gründlich.
- Blühende Krokusse müssen unbedingt kühl gehalten werden, sonst verblühen sie innerhalb weniger Stunden.

Lilien *(asiatische Hybriden)*

- Lilien werden im Herbst oder erst im Spätwinter getopft und niemals vor Mitte Februar angetrieben, weil vorher die Lichtmenge noch nicht ausreicht.
- Im Topf sollte man eine Dränageschicht aus Kies vorsehen.
- Zum Antreiben stellt man die lichthungrigen Pflanzen hell und kühl (12-15 °C).

Maiglöckchen *(Convallaria maialis)*

- Zur Treiberei von Maiglöckchen besorgt man sich im Herbst sogenannte »Eiskeime«, die im Kühlhaus künstlich zurückgehalten wurden. Sie treiben sofort, wenn sie warm (18-20 °C) und feucht gehalten werden.
- Die langen Wurzeln kürzt man etwas ein und setzt etwa 10 Keime in einen Topf mit Sand-Torf-Gemisch.
- Bis sich die Glöckchen zeigen, hält man die Keime dunkel.
- Man muß reichlich – am besten zweimal täglich – gießen!

Narzissen *(Narcissus-Sorten)*

- Die Zwiebeln der Weihnachtsnarzissen pflanzt man 8 Wochen vor Weihnachten in eine Schale mit Sand oder Kies (die Hälfte der Zwiebel schaut heraus) und stellt sie gleich ans Fenster.
- Man muß die Zwiebeln unbedingt gut feucht halten.
- Die Wurzelbildung beginnt erst, wenn sich ein grüner Trieb zeigt. Heben sich die Zwiebeln dabei etwas aus dem Sand, drückt man sie wieder an und füllt Sand nach.
- Treibnarzissen können wie Hyazinthen im Topf getrieben werden.

Tulpen *(Tulipa-Sorten)*

- Zur Treiberei verwendet man am besten frühe, niedrige, einfache oder auch gefüllte Sorten.
- Man pflanzt 3-5 Zwiebeln in eine Schale mit lockerer, ungedüngter Gartenerde (Spitze schaut heraus), gießt sie an und stellt sie im Keller oder Garten auf (vgl. Hyazinthe, Krokus).
- Ab Januar holt man sie in ein kühles Zimmer und treibt sie an. Dabei sollte man regelmäßig gründlich gießen.

Hyanzinthentreiberei im Glas

Krokusse im Spezialgefäß

Keimsproßkultur

Wer seine Ernährung um einen sehr gesunden Bestandteil bereichern möchte, sollte schmackhaft zubereitete Keimsprossen, die man innerhalb von wenigen Tagen selbst im Zimmer heranziehen kann, mit auf den täglichen Speisezettel setzen. Der hohe Wert der kleinen Keime für den menschlichen Körper ist leicht erklärbar:
Jedes Samenkorn enthält zahlreiche Reservestoffe, die bei der Keimung rasch in sehr wichtige Nährstoffe umgewandelt werden. Junge Keimlinge von Getreidekörnern, Bohnen o.ä. sind damit noch wertvollere Nahrung als die jeweiligen Samen selbst. Die Anzucht von Keimlingen ist einfach und dauert, je nach vorherrschender Temperatur und Samenart, zwischen 2 und 7 Tage.

Man kann dazu ein großes Einmachglas verwenden. Nachdem man die Samen hineingestreut und Wasser darübergegossen hat, überspannt man das Glas mit einem Sieb, einem feinen Gitter oder Stoffnetz. So kann man das Wasser immer wieder abgießen, ohne die Samen dabei herauszuschwemmen.
Anfangs läßt man die Samen eine Weile im Wasser quellen, bevor man es abgießt. Ab dem zweiten Tag spült man sie ein- bis zweimal täglich durch und schüttet das Wasser danach restlos ab. In der Zwischenzeit sollte man das Glas mit der Öffnung nach unten, leicht schräggestellt, lagern. So bleibt kein Wasser im Glas stehen, trotzdem aber herrscht eine hohe Luftfeuchte.
Nach wenigen Tagen schon haben sich Würzelchen, Sprossen und Blättchen entwickelt, die man mit Öl, Essig, Salz und Pfeffer ähnlich wie Sala-

Samenart	Keimdauer bis zur Ernte	Hinweis/Besonderheiten
Alfalfa (Luzerne)	3–5 Tage	überaus ergiebig
Bockshornklee	5–8 Tage	rechtzeitig ernten, schmeckt sonst bitter
Bohnen (vgl. Lunja und Mungo)		Vorsicht! Nur bestimmte Bohnenarten eignen sich problemlos für die Keimsproßkultur, manche enthalten hohe Blausäureanteile!
Kresse	7 Tage	Anzucht auf Papier oder Watte, im Glas nicht zu feucht halten.
Leinsamen	7 Tage	siehe Kresse
Linse	3–6 Tage	anfangs ca. 12 Stunden lang einweichen
Lunja	5–6 Tage	wird fälschlich als Soja bezeichnet, vor Keimung einweichen und – bei größeren Mengen – überbrühen
Mungo	4–6 Tage	erbsenähnlich, sonst siehe Lunja
Senf	7 Tage	Kultur wie bei Kresse; schmeckt sehr scharf, vorsichtig dosieren
Sprießkornweizen	2–3 Tage	bei vielen Getreidearten weißer Flaum an Würzelchen, den man leicht mit Schimmel verwechseln kann

te zubereiten oder auch kochen kann. Für schleimige Samen (Kresse, Leinsamen) eignet sich diese Methode weniger gut, da die Keimlinge leicht im Glas verkleben. Man streut sie besser auf Papiertücher oder Watte in ein flaches Schälchen, das man gleichmäßig feucht hält. Bald schon erreichen die Keimlinge eine Höhe von einigen Zentimetern, so daß man sie abschneiden kann. Die Würzelchen kann man bei dieser Methode nicht mehr verwenden. Sie sind bereits mit dem Tuch verwachsen und werden weggeworfen.

Besonders leicht fällt der Einstieg in die Keimsproßkultur, wenn man sich ein komplettes Keimsproß-Set besorgt. Ein solches Set besteht aus zwei Plastikschalen mit geschlitzten Deckeln und mehreren Samenproben. In den Schalen ist das Vorquellen und das tägliche Befeuchten sehr einfach.

Die perfekteste Lösung besteht in der Verwendung eines Keimapparats, den man sich ebenfalls im Fachhandel besorgen kann: In aufeinandergesetzten Schalen läuft das oben eingefüllte Wasser in Röhrchen nach unten und sorgt für ganz gleichmäßige Befeuchtung.

Zum Schluß noch einige Tips:

- Man sollte die Keimboxen oder -schalen an einen hellen, aber nicht vollsonnigen Platz stellen.
- Bei ca. 20° C keimen die Samen am schnellsten.
- Zum Befeuchten verwendet man lauwarmes Wasser.
- Besonders wichtig ist ein ganz regelmäßiges Durchspülen und ein sorgfältiges Abgießen des Wassers.
- Die zur Keimsproßkultur am besten geeigneten Samenarten stellt die auf Seite 34 zusammengestellte Übersicht vor.

Die schönsten Zimmerpflanzen von A–Z

Auf den folgenden Seiten sind die schönsten und wichtigsten Zimmerpflanzen in der Reihenfolge von A-Z zusammengestellt. Die den Pflanzennamen nachgestellten Kästen enthalten Angaben über die Wuchsform, die Blütenfarbe, die jeweils günstigsten Standorte und eventuelle besondere Bedürfnisse. Am Ende des Kastens finden Sie den deutschen und den lateinischen Familiennamen der genannten Pflanze.

Allamande

(Allamanda cathartica)

Rankende Blütenpflanze: gelb; sonniger bis absonniger, heller Standort, Ⓦ Hundsgiftgewächse *(Apocynaceae)*

Die großblütige Allamanda aus Brasilien fällt unter den Topfpflanzen als besonders schöne Rankpflanze auf. Es werden stark- und schwachwüchsigere Formen in Blumenläden angeboten.

Alpenveilchen

Standorttip:

- Die Allamande braucht viel Licht und gedeiht bei normaler Zimmertemperatur. Vor praller Sonneneinstrahlung muß man sie allerdings schützen.

Pflegetip:

- In ihrer Hauptwachstumszeit von April bis Oktober braucht die Rankpflanze viel Wasser und Dünger. Auch für Besprühen ist sie sehr dankbar.
- Im Winter empfiehlt es sich, die Pflanze ein wenig trockener zu halten.

Alpenveilchen *(Cyclamen)*

Blütenpflanze, langlebig, auch Schnittblume, in vielen Farben und Formen; absonniger, kühler Standort, Ⓚ Primelgewächse *(Primulaceae)*

Eine altbekannte, sehr geschätzte Blütenpflanze, die es in zahlreichen Sorten zu kaufen gibt. Die Zwergformen sind besonders beliebt und anspruchslos.

Standorttip:

- Alpenveilchen lieben einen hellen und kühlen, nicht sonnigen Standort.

Pflegetip:

- Man sollte Alpenveilchen regelmäßig gießen. Trockenheit vertragen sie schlecht.
- Beim Gießen darf kein Wasser in den Blatt- und Knospenansatz rinnen, weil dadurch Fäulnis gefördert wird.
- Wichtig ist, alle abgeblühten Blüten und alle gelben Blätter auszuzupfen. Zurückbleibende Stümpfe würden

leicht faulen. Dies ist auch bei einer Verwendung als Schnittblume zu berücksichtigen.

- Oft werden Alpenveilchen nach der Blüte weggeworfen. Man kann aber viele Jahre an ihnen Freude haben: Nach der Blüte sollte langsam weniger gegossen werden. Ab Mitte Mai können die Töpfe an einem schattigen Platz im Garten ins Erdreich eingesenkt werden. Sobald sich nach dem Sommerurlaub im Garten neue Knospen zeigen, wird wieder regelmäßig gegossen und gedüngt.
- Beginnt die Pflanze zu treiben, so wird sie in lockere, humusreiche Lauberde umgetopft und ins Haus geholt.

Cyclamen

Hippeastrum

Amaryllis, Ritterstern

(Hippeastrum)

Zwiebelpflanze, langlebig, Blütenpflanze: weiß, rosa, rot, orange, lachs, gestreift; absonniger Standort. Amaryllisgewächse *(Amaryllidaceae)*

Die Amaryllis kommt aus dem tropischen Südamerika. Auch eine kleinblütigere Amaryllisart (H. gracilis) in Weiß- und verschiedenen Rot- und Rosatönen ist im Handel. Man kann fertig eingetopfte Amaryllen kaufen. Häufiger werden sie jedoch als Zwiebeln angeboten.

Um lange Freude an der auffälligen Zwiebelpflanze zu haben, ist eine sorgfältige Pflege, angefangen bei der sachgemäßen Pflanzung der Zwiebel, wichtig. Es werden mehr und mehr präparierte Amaryllen im Handel angeboten, deren Wachstumsrhythmus zeitlich etwas anders verläuft. Beschreibungen findet man immer auf den Packungen. Sie sollten unbedingt beachtet werden.

Pflanztip:

- Der Topf darf keinesfalls zu groß sein. Zwischen Topfrand und Zwiebel sollte nicht mehr als ein Finger breit Platz sein.
- Die Amaryllis bevorzugt eine Erdmischung aus lockerer Komposterde, der etwas Torf und Sand zugesetzt werden kann.

- Vor dem Eintopfen werden die eingetrockneten Wurzeln vom Zwiebelboden entfernt.
- Beim Einpflanzen sollten die fleischigen Wurzeln vorsichtig in den Topf gedreht und dabei möglichst nicht geknickt werden.
- Die eingetopfte Zwiebel muß etwa ein Drittel aus der Erde ragen. Sie wird dann gut angegossen.

Standorttip:

- Die frisch eingetopfte Zwiebel braucht einen warmen Platz, am besten auf einem breiten Fensterbrett über der Heizung. Unterwärme bekommt ihr gut. Während der Blüte sollte man sie am besten an einen kühleren Platz stellen.

Pflegetip:

- Erst wenn die Knospe etwa eine Handbreit aus der Zwiebel ausgetrieben ist, beginnt man die Amaryllis regelmäßig zu gießen. Die Blätter sprießen nach der Knospe. Sowie sich das Laub gebildet hat, wird einmal wöchentlich gedüngt.
- Ganz besonders wichtig ist eine sorgsame Pflege nach der Blüte. In dieser Zeit sammelt die Pflanze Nährstoffvorräte für ihre Ruhezeit und bildet die Knospenanlage für das kommende Jahr aus.
- Den Sommer kann die Amaryllis an einem leicht schattigen Platz im Garten verbringen.
- Erst ab August sollte man aufhören zu düngen und langsam weniger gießen.
- Im September sollte man die Amaryllis wieder ins Haus holen.
- Ab Oktober bleibt die Amaryllis vollkommen trocken. Ab Januar wird sie in der oben beschriebenen Form wieder angetrieben. Das gelb gewordene Laub wird dann mit einem scharfen Messer abgeschnitten.

Vriesea

Ananasgewächse, Bromelien *(Bromeliaceae)*

Teils epiphytisch, mehrjährig, zum Teil Blütenpflanzen; absonniger bis halbschattiger Standort, Ⓦ

Eine interessante Familie mit insgesamt mehr als 2000 Arten sind die Bromelien. In letzter Zeit werden sie mehr und mehr zu begehrten Liebhaberpflanzen.

Ananas comosus

Die bei uns bekannten Arten leben überwiegend epiphytisch, d.h. sie wachsen als Aufsitzer auf Ästen großer Bäume. Die meisten Ananasgewächse kommen aus dem tropischen und subtropischen Amerika. Ihre Wurzeln sind nur schwach ausgebildet, sie dienen nur zum Festhalten. Die Blätter bilden eine Rosette, in deren Mitte eine Vertiefung, die sogenannte »Zisterne« entsteht, in der sich Wasser sammeln kann.
Zu den Bromelien gehören eine ganze Reihe sehr beliebter Zimmerpflanzen, die in ihren Pflegeansprüchen einander sehr ähnlich sind.

Ananasgewächse (Bromeliaceae)

Art	Kurzbeschreibung	Standorttip	Pflegetip	Spezielles
Ananas (Ananas) Arten: Echte Ananas (A. comosus) Zierananas (A. bracteatus)	Bodenbewohner, kein Epiphyt, Blattrosette, meist mit weißbuntem Laub im Handel	absonnig, 18 bis 20°C, höhere Luftfeuchte	durchlässige Erde	Vermehrung: Blattschopf von Ananasfrucht abschneiden und bewurzeln
Lanzenrosette (Aechmea) bekannteste Art: A. fasciata	weitausladende, graue Blattrosette, lange haltbarer, rosafarbener Blütenstand	hell, absonnig, 18°C und mehr, höhere Luftfeuchte	immer Wasser in der »Zisterne« (Regenwasser!)	Kindelbildung
Neoregelie (Neoregelia) wichtigste Art: N. carolinae »Tricolor«	glänzendgrüne Blattrosette mit weißen Streifen, rosa überhaucht, rote Herzblätter, violette Blüte	hell, absonnig, Sommer: mehr als 20°C, Winter: 15 bis 18°C, höhere Luftfeuchte	leichte Winterruhe!, ähnlich Lanzenrosette	Kindelbildung
Vriesie (Vriesea) wichtige Arten: V. gigantea, V. hieroglyphica, V. splendens, Hybriden	Rosette mit hell oder dunkel gezeichneten Blättern, unscheinbare oder gelbe oder leuchtend rote Blütenschäfte	halbschattiger Platz, Zimmertemperatur, hohe Luftfeuchte	Ernährung über »Zisterne« – stets gefüllt halten! (Regenwasser)	Kindelbildung
Zimmerhafer (Billbergia) wichtigste Art: B. nutans	Bodenbewohner, kein Epiphyt, Blattrosette mit bogig überhängender Blütenähre, auffallend rosa gefärbte Hochblätter	heller, absonniger Platz, 16–18°C	sehr anspruchslos, pflegeleichteste Bromelie	überreiche Kindelbildung, Vermehrung durch Teilung möglich
Guzmanie (Guzmania) z. B. G. minor	Blattrosette mit leuchtend roter Mitte, Blütenstände in der Mitte der roten, orangefarbenen oder gelben Rosette	halbschattiger Standort, hohe Temperaturen, hohe Luftfeuchtigkeit	eignet sich für Epiphytenstamm	
Nestrosette (Nidularium) N. fulgens, wichtigste Art: N. innocentii	flache Rosette mit dunkelroten bis violetten Blättern und roten Herzblättern, weiße Blütenstände	halbschattiger Standort, hohe Temperaturen, hohe Luftfeuchte	eignet sich für Epiphytenstamm	
Tillandsie (Tillandsia) z. B. T. lindenii, T. cyanea	Rosetten aus dunkelgrünen Blättern, breiter, flach gedrückter Schaft, aus dem die Blüten treiben	absonniger, halbschattiger Standort, hohe Temperaturen, hohe Luftfeuchte	eignet sich für Epiphytenstamm	zahlreiche Kindel
Versteckblüte, Erdstern (Cryptanthus), viele Arten: C. bivittatus, C. bromelioides usw.	Bodenbewohner, kein Epiphyt, kleine, stengellose, gezeichnete Rosette, weiße, unscheinbare Blüte	hell, absonnig, hohe Temperaturen, hohe Luftfeuchte	eignet sich für Epiphytenstamm	Kindelbildung

Aralie *(Fatsia japonica)*

Blattpflanze, langlebig; absonniger bis halbschattiger Standort, robust, Ⓚ Araliengewächse *(Araliaceae)*

Die aus Japan stammende Aralie ist als anspruchslose und dekorative Zimmerpflanze seit langem bekannt und beliebt.

Standorttip:

● Aralien lieben einen kühlen und hellen, aber nicht sonnigen Standort. Sie gedeihen sogar noch an schattigen Plätzen.

Pflegetip:

● Aralien brauchen viel Feuchtigkeit, weil die großen Blätter viel Wasser verdunsten.

● Man sollte die Aralie häufig abbrausen oder hin und wieder die Blätter mit klarem, lauwarmem Wasser abwaschen.

Fatsia japonica

● Der hohe Nährstoffbedarf der starkwüchsigen Pflanze erfordert eine wöchentliche Düngung.

● Wichtig ist es, Aralien rechtzeitig umzutopfen. Ihr dichtes Wurzelwerk braucht einen geräumigen Topf. Die Pflanzerde muß kräftig und lehmhaltig sein.

Der grüne Kniff:

● Die Aralie kann einfach aus Samen oder auch durch Stecklinge vermehrt werden.

Der Pflanzendoktor:

● Ein zu warmer und zu trockener Standort fördert zusammen mit einem zu trockenen Ballen bei Aralien den Schädlingsbefall. Sie werden so sehr leicht ein Opfer von Schild-, Woll- und anderen Läusen. Zugluft und Trockenheit begünstigen auch das Auftreten der Roten Spinne. Werden die Schädlinge rechtzeitig bekämpft, können die Pflanzen meist gerettet werden. Von stark befallenen Pflanzen sollte man sich trennen, bevor der Befall sich auf andere Pflanzen überträgt.

Azalee *(Rhododendron indicum)*

Kleiner Strauch, auch als Hochstämmchen angeboten, Blütenpflanze: weiß, rosa, rot (November bis Mai); absonniger Standort, anspruchslos, Ⓚ Heidekrautgewächse *(Ericaceae)*

Die als Topfpflanzen verwendeten Sorten haben ganz ähnliche Ansprüche wie die Rhododendren und Azaleen im Garten und sehen den verwandten Arten sehr ähnlich: Es sind kleine Sträucher mit einem ausgesprochen flachen Wurzelwerk, mit grünen, glänzenden, länglich-ovalen

Rhododendron

Blättern und einer Vielzahl von gefüllten oder einfachen Blüten.

Standorttip:

- Will man Azaleen im nächsten Winter wieder zum Blühen bringen, so sollte man sie hell und kühl stellen.
- Nach den Eisheiligen senkt man die Töpfe an einem hellen, aber nicht sonnigen Platz im Garten in die Erde ein. Die warmen Sommertemperaturen werden zur Ausbildung der Blütenknospen benötigt.
- Wenn man die Pflanze im Herbst ins Haus geholt hat, stellt man sie weiterhin kühl und luftig.
- Erst kurz vor der Blüte vertragen Azaleen wieder höhere Temperaturen.
- An einem Standort nicht direkt am Fenster kann man sich länger an der Blüte erfreuen.

Pflegetip:

- Der Wurzelballen sollte gleichmäßig feucht gehalten werden. Auch während des Sommerurlaubs im Garten ist es wichtig, die Azalee regelmäßig zu gießen. Ab und zu kann man ihren ganzen Ballen ins Wasser stellen, bis er sich vollgesaugt hat.
- In Gegenden mit kalkreichem Wasser sollte man als Gießwasser ausschließlich Regenwasser oder abgekochtes Wasser verwenden.
- Azaleen benötigen eine konstante Luftfeuchtigkeit und sollten daher an warmen Tagen mit handwarmem Wasser überspritzt werden.

Wässern des eingetrockneten Ballens

- Bis Mitte Juli wird am besten mit einer schwachen Düngerlösung eines kalkfreien Spezialdüngers gedüngt.
- Azaleen sollten in der Regel einmal jährlich umgetopft werden. Sie brauchen lockere, humushaltige und saure Pflanzerde, z.B. Torfmull, Rindenkompost oder Nadelstreu. Bei dieser Art von Pflanzerde darf der Ballen nie ganz austrocknen, da er sonst sehr schwer wieder Wasser aufnimmt.
- Nach der Blüte ist der richtige Zeitpunkt für einen Rückschnitt.

Rhododendron

Baumwolle *(Gossypium)*

Strauchartig, einjährig, Blüten- und Fruchtschmuck: Früchte mit wattigen Samen; sonniger Standort, Ⓦ Malvengewächse *(Malvaceae)*

Mit ihren wolligen Fruchtständen ist die Baumwolle eine interessante Topfpflanze, die recht einfach aus Samen gezogen werden kann.

Standorttip:

- Die Topfbaumwolle liebt einen sonnigen, warmen und luftigen Standort.

Aussaat-/Pflanztip:

- Die Anzucht der Baumwolle ist einfach: Im Februar oder März werden die Samen in eine spezielle Aussaaterde ausgesät.
- Bei Temperaturen um 20 Grad Celsius und konstanter Feuchtigkeit keimen die Samen sehr rasch. Die Keimlinge werden vereinzelt und später in ausreichend große Töpfe gesetzt.
- Die Baumwollsamen behalten 3 – 4 Jahre lang ihre Keimkraft.

Pflegetip:

- Die Baumwolle braucht viel Wasser und ausreichend Dünger. Nur gut genährte Pflanzen tragen gleichzeitig Blüten und Früchte.

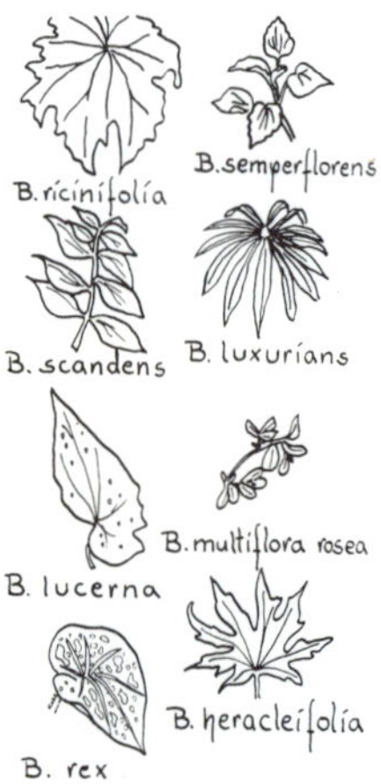

Begonienarten

Begonia »Luzerna«

Begonie *(Begonia)*

Blatt- und Blütenpflanzen: weiß, rosa, rot, orange, gelb; absonniger bis halbschattiger Standort, Ⓦ Schiefblattgewächse *(Begoniaceae)*

Die Begonien zählen zu den bekanntesten und beliebtesten Topfpflanzen überhaupt. Man kann die außerordentlich vielgestaltige Gattung in Blatt- und Blütenbegonien einteilen: Unter den Blattbegonien gibt es besonders großwüchsige Vertreter (B. metallica), buntlaubige (B. rex – Hybriden), sehr blühwillige, strauchartige (B. luzerna – Hybriden) und hängende Formen.

Die wichtigsten Blütenbegonien für das Zimmer sind die Elatior-Begonien, die es mit einfachen, halbgefüllten oder gefüllten Blüten in vielen leuchtenden Farben gibt. Früher waren auch die einfach blühenden, weißen oder rosafarbenen Lorraine-Begonien sehr beliebt, die heute fast nur noch in der Weihnachtszeit angeboten werden. Blatt- und Blütenbegonien sind sich in ihren Ansprüchen sehr ähnlich.

Standorttip:

- Begonien lieben absonnige bis halbschattige Plätze mit ausreichend hoher Luftfeuchte. Sie gedeihen gut bei normaler Zimmertemperatur. Viele Arten können auch in kühleren Räumen stehen. Besonders den Blütenbegonien bekommen niedrigere Temperaturen gut.

Pflegetip:

- Begonien brauchen möglichst gleichmäßige Feuchtigkeit. Blütenbegonien dürfen nie zu feucht gehalten werden.
- Man sollte besonders bei Blütenbegonien abgeblühte Blüten und welke Blätter entfernen, bevor sie faulen und Krankheits- oder Pilzherde bilden können.

Der grüne Kniff:

- Blattbegonien kann man leicht durch Stecklinge vermehren. Bei buntlaubigen Sorten nimmt man dazu Blattstecklinge der allerschönsten Pflanzen mit den markantesten Blattfärbungen und -zeichnungen.
- Bei Hängebegonien sollte man immer mehrere Stecklinge in einen nicht zu großen Topf zusammenstecken, damit die Ampelpflanze schön üppig wächst.

Der Pflanzendoktor:

- Bekommen die Begonien häßliche, trockene Blattränder, so leiden sie unter zu trockener, zu warmer Luft und sollten möglichst umgestellt werden.
- Treten an buntlaubigen Sorten Spinnmilben auf, so ist das ebenfalls meist ein Zeichen von zu trockener Luft.
- Begonien sind relativ anfällig gegen Mehltau. Bei einem Befall hat oft auch eine Anwendung pilztötender Mittel kaum noch Erfolg! Man sollte sich besser rechtzeitig von befallenen Pflanzen trennen, bevor sie andere Zimmerpflanzen anstecken (nicht auf den Kompost, sondern in die Mülltonne!).

Begonia maculata

Birkenfeige
(Ficus benjamina)

Blattpflanze, baumartig, langlebig; heller Standort, Ⓦ Maulbeergewächse *(Moraceae)*

Die Birkenfeige ist wegen ihres lockeren, eleganten Wuchses ein besonders beliebter Vertreter der Zimmerfeigen. Neben den grünblättrigen Sorten gibt es auch solche mit weißgrün gezeichnetem Laub, die etwas anspruchsvoller sind als die grünen Sorten.

Standorttip:
- Die Birkenfeige ist eine ideale Pflanze für helle, große und durchschnittlich beheizte Wohnräume. Sie kann sehr schnell stattliche Höhen erreichen und braucht ausreichend Platz und Licht (keine direkte Sonneneinstrahlung).

Pflegetip:
- Gießt und düngt man die Birkenfeige regelmäßig, so dankt sie das mit starkem Wachstum.

Der grüne Kniff:
- Die Birkenfeige wirft im Winter häufig einen Teil ihrer Blätter ab. Dies ist eine Folge von Lichtmangel und kein Grund zur Besorgnis.

Blaues Lieschen
(Exacum affinae)

Blütenpflanze, einjährig: blau und weiß (Mai – Oktober), auffallender Duft; absonniger Standort, anspruchslos, Ⓚ Enziangewächse *(Gentianaceae)*

Das Blaue Lieschen ist eine einjährige, krautige Pflanze und hat ovale Blätter und blaue, gut duftende Blüten. Im Herbst nach der Blüte stirbt es ab.

Standorttip:
- Der Standort des Blauen Lieschens sollte hell, kühl und luftig sein.
- In warmen, regenarmen Sommern eignet sich die reich blühende Pflanze auch für das Freiland.

Aussaattip:
- Blaue Lieschen können im Februar oder März neu ausgesät werden.

Blutblume, Elefantenohr *(Haemanthus)*

Blütenpflanze: rot, weiß, langlebige Zwiebelpflanze; sonniger bis absonniger, heller Standort. Amaryllisgewächse *(Amaryllidaceae)*

Aus Südafrika kommen die Blutblume (H. katharinae) und das Elefantenohr (H. albiflos), das auch Lebendes Buch genannt wird. Das Elefantenohr mit seinen dicken, fleischigen Blättern und seiner Blüte, die aus einem dicken Büschel weißer Staubfäden besteht, gehört zu den anspruchslosesten Zimmerpflanzen überhaupt.
Die schöne Blutblume, die sich durch weniger fleischige Blätter und ihre große rote Blütenkugel vom Elefantenohr unterscheidet, ist etwas empfindlicher. Meist ist sie als Zwiebel im Handel erhältlich.

Standorttip:
- Elefantenohr und Blutblume möchten hell stehen. Das Elefantenohr verträgt auch trockene Zimmerluft gut, während die Blutblume eine etwas höhere Luftfeuchtigkeit bevorzugt.
- Die Blutblume ist insgesamt wär-

Haemanthus katharinae

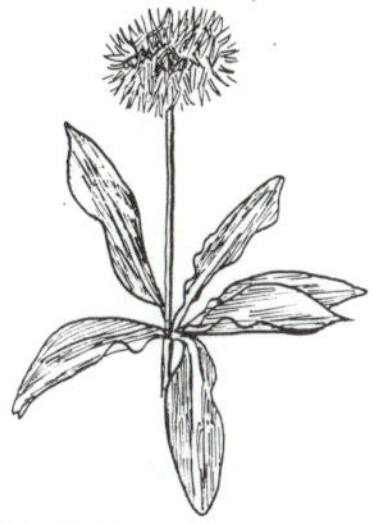

Blutblume

mebedürftiger als das Elefantenohr, das sich in kühleren Räumen sehr wohl fühlt.

Pflanztip:

- Bekommt man die Blutblume als Zwiebel, so topft man sie in lockeres, humushaltiges Erdgemisch. Sie schaut dabei zur Hälfte aus der Pflanzerde heraus. Die Wurzeln werden fest angedrückt. Solange, bis sich der Trieb und neue Wurzeln gebildet haben, sollte nur vorsichtig gegossen werden.

Pflegetip:

- Blutblume und Elefantenohr benötigen eine winterliche Ruhepause, in der sie nur so viel gegossen werden, daß sie nicht alle Blätter verlieren.
- Zur Förderung der Blühfreudigkeit sollte man das Elefantenohr nur alle 2 bis 3 Jahre umtopfen. Die Blutblume wird dagegen in den ersten Jahren jährlich umgepflanzt, sobald sich der neue Trieb zeigt und die alten Blätter abgestoßen werden. Lehmhaltige, lockere Erde eignet sich besonders gut.

Elephantenohr

Der grüne Kniff:

- Die Vermehrung des Elefantenohrs ist interessant: Schneidet man eines der fleischigen Blätter ab und legt es auf Sand, so entstehen nach einigen Wochen an der Wunde kleine Tochterpflanzen. Diese können vorsichtig abgelöst und aufgezogen werden.

Bogenhanf *(Sansevieria)*

Blattpflanze, leicht sukkulent; sonniger Standort, äußerst anspruchslos, Ⓚ Ⓦ Agavengewächse *(Agavaceae)*

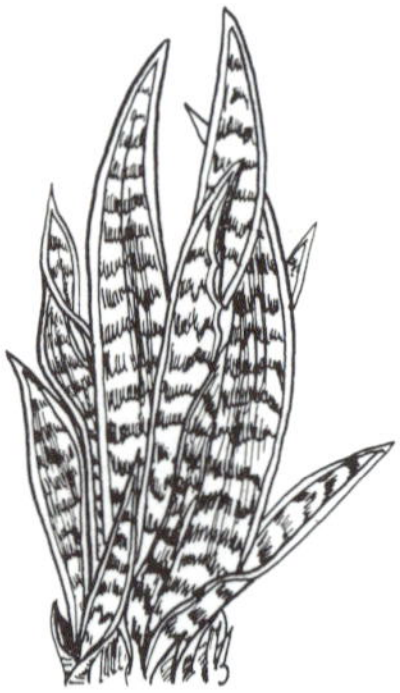

Bogenhanf

Unter den zahlreichen Bogenhanfarten ist die S. trifasciata die bekannteste. Ihre harten, wachsartig überzogenen Blätter sind lang und schmal und laufen spitz zu. Am häufigsten sieht man die Pflanze als Sorte mit gelbgerandeten Blättern. Daneben gibt es noch die niedrig bleibende Sansevierie Hahnii, die eine trichterförmige Blattrosette bildet. Der Bogenhanf gehört zu den anspruchslosesten und pflegeleichtesten Zimmerpflanzen überhaupt. Er eignet sich für nahezu alle Standorte.

Standorttip:

- Der Bogenhanf liebt volle Sonne und warme, trockene Luft. Solche Verhältnisse ertragen sonst nur wenige Zimmerpflanzen. Der Bogenhanf fühlt sich sogar auf einem südgerichteten, vollsonnigen Fensterbrett über der Zentralheizung wohl.
- Auch an kühleren, schattigeren Standorten gedeiht die robuste Pflanze. Allerdings verliert sie dann ihre charakteristische Blattzeichnung. Sie wächst dem Licht entgegen und ihre Blätter werden nach einiger Zeit länger und dünner.

Pflegetip:

- Der anspruchslose Bogenhanf kommt gut ein paar Tage ohne Wasser und Dünger aus.
- Sehr empfindlich reagiert der Bogenhanf gegen Staunässe, vor allem dann, wenn die Temperaturen niedrig sind. Die Blätter faulen dann regelrecht ab.

Bougainvillea

Bougainvillee
(Bougainvillea)

Kletternde Blütenpflanze: lila (April – Juli); sonniger Standort, anspruchsvoll. Wunderblumengewächse *(Nyctaginaceae)*

Die Bougainvilleen sind reich blühende, starkwüchsige, meist dornige Kletterpflanzen. Ihre kräftig lila gefärbten Hochblätter wirken wie Blüten. Die wirklichen gelblichen Blüten dagegen sind klein und unscheinbar. Die pastellfarben und die cremeweißblühenden Sorten sind erheblich anspruchsvoller.

Standorttip:

- Bougainvilleen können bei niedrigen Temperaturen überwintern. Im Frühjahr werden sie in ein wärmeres Zimmer gestellt.

Pflegetip:

- In der warmen Jahreszeit sollte man Bougainvilleen regelmäßig gießen und düngen.

- Im Winter brauchen die »ruhenden« Kletterpflanzen nur wenig Wasser.
- Bougainvilleen vertragen auch einen kräftigen Rückschnitt.

Brunfelsie
(Brunfelsia pauciflora)

Blütenpflanze, lila (Winter und Frühjahr); sonniger bis absonniger Standort, Ⓦ Nachtschattengewächse *(Solanaceae)*

Den Winter über bis lange ins Frühjahr hinein erfreuen die Brunfelsien den Blumenfreund mit ihren zahlreichen Blüten. Es gibt unterschiedliche groß- und kleinblütige Sorten.

Standorttip:
- Die Brunfelsie gedeiht gut bei Zimmertemperatur. Vor direkter Sonnenbestrahlung muß man sie schützen.
- Ein kühler und luftiger Standort im Herbst fördert reiche Blütenbildung.

Pflegetip:
- Der etwas sparrig wachsenden Pflanze bekommt ein leichter Rückschnitt nach der Blüte recht gut.

Brunfelsia

Buntnessel *(Coleus)*

Blattpflanze, buntblättrig, einjährig; sonniger Standort, anspruchslos, Ⓚ Lippenblütler *(Labiatae)*

Die Buntnesseln mit ihren auffälligen, rot-, braun-, gelb- und grüngemusterten, nesselähnlichen Blättern sind außerordentlich anspruchslose Zimmerpflanzen.

Buntnessel

Standorttip:
- Buntnesseln lieben pralle Sonne und gedeihen auch gut im Freien. Im Zimmer sollte der Standort unbedingt luftig sein.
- An zu dunklen Plätzen verlieren die Buntnesseln ihre typische Blattzeichnung.

Aussaat-/Pflanztip:
- Die Aussaat der einjährigen Pflanzen erfolgt möglichst im zeitigen Frühjahr.
- Sobald die Sämlinge kräftig genug sind, werden sie pikiert.

Pflegetip:
- Buntnesseln sind sehr anspruchslos. Sie brauchen lediglich immer ausreichend Wasser, vor allem an sonnigen Plätzen im Garten.
- Möchte man den ganzen Sommer kräftig gefärbte, niedrig wachsende Pflanzen behalten, empfiehlt es sich, die kleinen, unscheinbaren, blauen Blüten schon im Knospenzustand abzukneifen.

Der grüne Kniff:
- Buntnesseln können auch sehr leicht aus Stecklingen vermehrt werden, die man mit einem scharfen Messer kurz unter einer Blattachsel abschneidet. In einem Torf-Sand-Gemisch unter einem Glas bewurzeln sie rasch.

Buntwurz, Kaladie

(Caladium)

Blattpflanze, buntlaubig, Knollen; absonniger, heller Standort, anspruchsvoll, Ⓦ Aronstabgewächse *(Araceae)*

In der Zeit von Mai – August kann man Buntwurz oder Kaladie in Blumengeschäften kaufen. Sie gehört mit zu den schönsten tropischen Blattpflanzen für gleichmäßig warme Standorte im Zimmer. Die bekanntesten Sorten (C. – Bicolor-Hybriden) haben breite, annähernd pfeilförmige, rosafarbene oder rosa-weiß gezeichnete, grüngeaderte Blätter. Die kleinblättrigen, weißgefleckten Kaladien (C. humboldtii) sind seltener im Handel.

Standorttip:

- Buntwurz braucht einen hellen, gleichmäßig warmen Platz. Vor Sonne sollte man sie schützen.

Pflegetip:

- Als tropische Pflanze braucht die Kaladie viel Wasser und eine wöchentliche Düngung. Für höhere Luftfeuchte ist sie dankbar. Nie direkt auf die Blätter sprühen, dies bekommt der Kaladie nicht.
- Ab September stellt man die Düngung ein und gießt allmählich weniger. Die Blätter der Knollenpflanze sterben dann ab. Die Knollen bewahrt man über den Winter in völlig trockener Erde auf. Im Februar oder März werden sie frisch eingetopft, wieder etwas wärmer gestellt und angetrieben.

Der grüne Kniff:

- Die Blätter der Buntwurz halten sich auch in Blumengebinden recht lange.

Calathea

(Calathea)

Blattpflanzen mit auffälligen Blattzeichnungen; halbschattiger bis schattiger Standort, Ⓦ Marantengewächse *(Marantaceae)*

Eng miteinander verwandt sind die Calathea (wichtigste Art: C. litzei) und die Maranten (Maranta bicolor). Die meisten Sorten sind recht niedrig und haben eiförmige, hellgrün, dunkelgrün oder braungrün gezeichnete oder gefleckte Blätter. Bei vielen Sorten ist die Blattunterseite rot gefärbt. Die Calathea ist empfindlicher als die Marante. Besonders gilt das für die Art C. crocata, die als einzige durch wunderschöne gelbe Blüten auffällt.

Standorttip:

- Calatheen und Maranten sind Bodenpflanzen des tropischen Urwalds und möchten daher nicht an der Sonne stehen. Sie gehören an einen leicht schattigen, warmen Platz (Zimmertemperatur) und lieben etwas höhere Luftfeuchtigkeit.
- Auch ein kurzzeitiger Temperaturabfall, z.B. nachts, wird recht gut vertragen.

Pflegetip:

- Zum guten Gedeihen brauchen die Marantengewächse regelmäßige Feuchtigkeit und durchlässige Erde (Gemisch aus groben Erden und brokkigem Torf).

Calla

(Zantedeschia)

Blütenpflanze, Knollenpflanze: weiß, gelb, rosa; sonniger bis absonniger Standort, Ⓚ Aronstabgewächse *(Araceae)*

Zantedeschia elliottiana

Die Calla stammt aus den Sümpfen Südafrikas. Die langgestielten, großen Blätter sind bei der gelben Sorte (Z. elliottiana) weiß gesprenkelt. Die weiße Calla (Z. aethiopica) zählt seit langem zu den traditionellen Zimmerpflanzen.

Standorttip:

- Im Sommer gedeiht die Calla im Zimmer sowie auch an einem geschützten Platz im Garten gut.

Pflanztip:

- Kann man die Calla nicht fertig eingetopft kaufen, sondern nur als Knolle, so muß diese sehr flach gesteckt werden. Zu tief gepflanzte Knollen bringen nur Blätter hervor.
- Die Pflanzerde sollte humusreich und lehmhaltig sein.

Pflegetip:

- Da in ihrer Heimat die Sümpfe im Sommer austrocknen, verlangt auch die Zimmer-Calla nach der Blüte eine vollkommene Ruhezeit, während der weniger gegossen und nicht mehr gedüngt wird.
- Im zeitigen Frühjahr sollte man die Sumpfpflanze in reichlich große Töpfe umtopfen.

Calla

Der grüne Kniff:

- Die Calla bildet Kindel, d.h. kleine Jungpflanzen, die man beim Umtopfen abteilen und gesondert einpflanzen kann.

Der Pflanzendoktor:

- Wenn die Blattstiele zu lang werden und knicken, so ist dies eine Folge von Lichtmangel.

Senecio

Cinerarie, Aschenblume *(Senecio)*

Blütenpflanze, einjährig: weiß, blau, rosa, rot, purpur, zweifarbig (Frühjahr und Frühsommer); absonniger Standort, anspruchslos, Ⓚ Korbblütler *(Compositae)*

Cinerarie

Die Cinerarie ist eine anspruchslose Zimmerpflanze, die man im Frühjahr als knospige Pflanze in großer Auswahl kaufen kann.

Standorttip:

- Der beste Standort für die Cinerarie ist ein heller, aber nicht sonniger und keinesfalls zu warmer, sehr luftiger Platz.

Pflegetip:

- Aschenblumen brauchen regelmäßig ausreichend Wasser.

Der Pflanzendoktor:

- Aus gutem Grund wird die Cinerarie im Volksmund auch als Läuseblume bezeichnet: Sie wird tatsächlich sehr leicht ein Opfer von Blattläusen. Ein kühler und luftiger Standort, verbunden mit regelmäßigem und reichlichem Gießen, kann am allerbesten der Läuseplage vorbeugen.

Christusdorn

(Euphorbia milii)

Blütenpflanze, sehr langlebig, je nach Sorte: rot, hellgelb, gelb; sonniger Standort, besonders anspruchslos, Ⓚ Ⓦ Wolfsmilchgewächse *(Euphorbiaceae)*

Der Christusdorn gehört zur Gruppe der sukkulenten Wolfsmilcharten und verdient durch seine Anspruchslosigkeit und seine hervorragende Eignung sowie seine große Beliebtheit als Zimmerpflanze besondere Beachtung. Manche Sorten haben kletternde, etwa fingerdicke, dornige Zweige. Nur an den jungen Trieben stehen die ovalen Blätter und die zahlreichen Blüten, die eigentlich gefärbte Hochblätter sind. Die wirklichen Blüten sind sehr klein und sitzen in der Mitte des Hochblattpaares.

Standorttip:

- Der Christusdorn ist eine der wenigen Zimmerpflanzen, die sich für vollbesonnte Südfenster eignen. Trockene, warme Zimmerluft verträgt er bestens.

Pflegetip:

- Während der Sommermonate sollte der Christusdorn regelmäßig, aber nie zu reichlich gegossen werden. Zeitweise Trockenheit verkraftet er gut, auch wenn er dann manchmal die Blätter abwirft. Dasselbe passiert bei einem Standortwechsel, z.B. bei einer neugekauften Pflanze.
- Ältere Pflanzen sollte man regelmäßig etwas zurückschneiden, damit sie sich verzweigen und nicht zu sparrig werden.

Der grüne Kniff:

- Zur Vermehrung verwendet man verholzte Triebe. Man sollte sie unmittelbar nach dem Abschneiden ins Wasser stellen, damit sie nicht ihren gesamten Milchsaft verlieren. Danach pflanzt man sie in reichlich mit Sand vermischte Erde. Bis zur Bewurzelung sollte man die Stecklinge nicht der vollen Sonne aussetzen.

Clivie, Riemenblatt

(Clivia miniata)

Blütenpflanze, langlebig: orange bis hellrot, in Dolden (Februar bis Mai); absonniger Standort, anspruchslos, Amaryllisgewächse *(Amaryllidaceae)*

Die Clivie, auch Riemenblatt genannt, ist eine bekannte und sehr beliebte Zimmerpflanze. Aus der Mitte ihrer langen, schmalen, glatten, dunkelgrünen Blätter schiebt sich der lange Blütenstiel mit einer großen Dolde aus prächtigen, orange-roten Einzelblüten.

Standorttip:

- Die Clivie sollte hell stehen, aber vor direkter Sonne geschützt werden.

Clivia

- Im Winter liebt sie einen kühlen Standort.

Pflegetip:

- Die Clivie muß gleichmäßig feucht gehalten werden. Ab Februar wird gedüngt. Nach der Blüte stellt man die Düngung ein.
- Nach der Blüte braucht die Pflanze eine vierwöchige Ruhezeit, in der sie nur wenig gegossen und nicht gedüngt wird. Sie darf jedoch nicht völlig austrocknen.
- Wenn der Topf zu eng geworden ist, pflanzt man die Clivie am besten unmittelbar nach der Blüte um. Die Wurzeln sollten dabei sehr vorsichtig behandelt werden. Durchlässige, lehmhaltige Erde liebt die Clivia besonders.

Clivie

Der Pflanzendoktor:

- Es kann vorkommen, daß sich der Blütenschaft der Clivie beim Treiben nicht weiterentwickelt. Daran können ein zu dunkler Standort oder Trockenheit schuld sein.

Dieffenbachie
(Dieffenbachia)

Blattpflanze, interessant gezeichnete Blätter; absonniger Standort, Ⓦ Aronstabgewächse *(Araceae)*

Dieffenbachien sind großblättrige Blattpflanzen mit hellen Flecken oder Zeichnungen auf der ovalen Blattfläche.
Eine sehr robuste Art ist die D. maculata (= picta) aus Brasilien. Ihre wuchtige Verwandte D. amoena beeindruckt vor allem durch ihren stattlichen Wuchs.
Bei Überempfindlichkeit kann der Blattsaft Reizungen der Haut hervorrufen.

Standorttip:

- Dieffenbachien brauchen helle, warme Standorte. Bei normaler Zimmertemperatur und ausreichender Feuchtigkeit gedeihen sie auch an einem hellen Platz im Raum, nicht direkt am Fenster.

Pflegetip:

- Dieffenbachien entwickeln ihre ganze Pracht erst, wenn sie ausreichend und regelmäßig gedüngt und gegossen werden.

Dipladenie, Trichterblüte *(Dipladenia)*

Zierliche blühende Kletterpflanze: rosa (Juni – September); absonniger Standort, anspruchsvoll, Ⓦ Hundsgiftgewächse *(Apocynaceae)*

Mit ihren glänzenden, eiförmigen Blättern und den außen rosa, innen gelb gefärbten Blüten gehören die Dipladenien zu den weniger bekannten, aber besonders schönen kletternden Zimmerpflanzen. Leider sind sie relativ anspruchsvoll.

Standorttip:

- Dipladenien benötigen einen hellen und warmen Standort. Die Temperaturen sollten auch im Winter oder nachts nie unter 13° C sinken.

Pflegetip:

- Die Wurzel der Dipladenie bleibt verhältnismäßig klein. Man sollte daher regelmäßig, aber nicht zu reichlich gießen und eine durchlässige Blumenerde wählen.
- Eine Dränage aus Tonscherben im Topf beugt gefährlicher Staunässe zusätzlich vor.

Dracaena

Drachenbaum *(Dracaena)*

Langlebige Blattpflanze, teils stammbildend; absonniger bis halbschattiger, heller Standort, Ⓦ Agavengewächse *(Agavaceae)*

Drachenbäume sind in ihrer Erscheinungsform außerordentlich vielgestaltig. Es gibt sehr zierliche ebenso wie recht wuchtige Formen mit grünen, weiß- und rotgezeichneten Blättern.

Standorttip:

- Drachenbäume bevorzugen helle bis halbschattige, warme Plätze.
- Die buntgezeichneten Drachenbaumformen sind im allgemeinen empfindlicher als die grünen Arten.

Pflegetip:

- Besonders im Sommer sollte man Drachenbäume ausreichend gießen und einmal wöchentlich düngen. Ab Herbst wird seltener gedüngt.
- Drachenbäume vertragen keinen Temperaturabfall unter 5° C. Hierauf sollte man auch achten, wenn man Dracaenen im Winter einkauft: Die Pflanze muß für den Transport nach Hause gut eingepackt werden.

Der grüne Kniff:

- Drachenbäume sind äußerst empfindlich gegen Pflanzenspray, in dem Treibgas enthalten ist (Spraydosen).

Drehfrucht *(Streptocarpus)*

Blütenpflanze, meist einjährig: in vielen bunten Farben (Mai – Oktober); absonniger bis halbschattiger Standort, Gesneriengewächse *(Gesneriaceae)*

Die Drehfrucht-Hybriden, die mit ihren rauhen, in unsymmetrischen Rosetten stehenden Blättern und den trichter- bis glockenförmigen Blüten den Gloxinien ähneln, sind beliebte und hübsche Topfpflanzen, die man vorwiegend im Frühjahr und Sommer kaufen kann. Meist werden sie jedes Jahr neu angeschafft, obwohl man sie eigentlich weiter pflegen kann.

Standorttip:

- Die Drehfruchtsorten brauchen leicht schattige, aber ausreichend helle Plätze im warmen Zimmer, vertragen aber auch etwas niedrigere Temperaturen.

Pflegetip:

- Wie alle Gesneriengewächse sollte man die Drehfrucht sorgfältig gießen, so daß kein Wasser in die Blattrosette läuft. Wasser verursacht Flecken und kann Fäulnis hervorrufen.

Efeu *(Hedera helix)*

Rank- und Kletterpflanze, langlebig; schattiger Standort, anspruchslos, Araliengewächse *(Araliaceae)*

Der Zimmerefeu stammt von der winterharten Art Hedera helix ab. Seine typische Blattform ist dreilappig. Es existieren aber eine Vielzahl von Züchtungen mit anders geformten und auch hell gefleckten Blättern.

Standorttip:

- Der Efeu gedeiht gut in schattigen und kühlen Zimmerecken. Volle Sonne verträgt er nicht.

Pflegetip:

- Der Efeu ist sehr bescheiden. Eine wöchentliche Düngung bekommt ihm gut. Steht er im Winter kühl, so sollte er nicht mehr gedüngt werden.

Die Ranke mit einem Kiesel beschweren

Der grüne Kniff:

- Die Vermehrung des Efeus ist denkbar einfach: Eine Ranke, die noch an der Pflanze sitzt, wird auf die Erde gelegt und gut feucht gehalten. Es bilden sich dann rasch an jeder Blattachsel Wurzeln, und die

Ranke kann von der Mutterpflanze abgetrennt und in einzelne Stücke auseinandergeschnitten werden. Man sollte dabei immer kurz unter einer Blattachsel schneiden, damit jedes Pflänzchen am unteren Ende eingepflanzt werden kann.

● Am besten pflanzt man jeweils drei Jungpflanzen in einen Topf zusammen. So bilden sich schnell üppige und gut verzweigte Pflanzen.

Efeutute

Fatshedera

Efeuaralie *(x Fatshedera)*

Blattpflanze, langlebig, aufrecht wachsend; absonniger bis halbschattiger Standort, anspruchslos, Ⓚ Araliengewächse *(Araliaceae)*

Efeuaralie

Die Efeuaralie entstand aus einer Kreuzung der Aralie mit dem Efeu. Sie ist der verwandten Aralie sehr ähnlich und ebenso wuchsfreudig wie diese.

Standorttip:

● Die Efeuaralie ist weniger wärmeempfindlich als die Aralie und eignet sich besser für geheizte Zimmer.

Pflegetip:

● Die Pflegeansprüche entsprechen weitgehend denen der Aralie. Die Efeuaralie ist insgesamt anspruchsloser und noch pflegeleichter als ihre »Mutter«.

Efeutute *(Epipremnum)*

Rank- und Kletterpflanze, weißgrün gezeichnete Blätter; absonniger Standort, anspruchslos, Ⓦ Aronstabgewächse *(Araceae)*

Die Efeutute ist eine sehr bescheidene Kletter- und auch Ampelpflanze. In ihrem Aussehen und in ihren Ansprüchen ist sie dem kletternden Philodendron (Philodendron scandens) sehr ähnlich.

Standorttip:

● Die Efeutute benötigt einen hellen, aber nicht sonnigen Standort bei nor-

Epipremnum

maler Zimmertemperatur. An einem zu dunklen Standort verlieren die Blätter ihre interessante Zeichnung.

Pflegetip:

- Der Topfballen sollte stets gleichmäßig feucht sein.
- Ab und zu sollte man die Blätter der Kletter- oder Hängepflanze gründlich abbrausen.
- Im Sommer einmal wöchentlich düngen.

Nephrolepis

Farne *(Filices)*

Blattpflanzen, absonniger bis schattiger Standort, Ⓦ einige Sorten sind Ⓚ

Farne sind blütenlose Pflanzen, die sich durch Sporen vermehren. Diese Sporen sitzen als kleine braune Körnchen an der Blattunterseite.

Die bekanntesten und verbreitetsten Farnarten sind der Schwert- oder Nierenschuppenfarn (Nephrolepis exaltata), den es in verschiedenen Formen mit gekräuselten Fiederblättern gibt, und der Nest- oder Streifenfarn (Asplenium nidus) mit seinen großen, glatten Blättern. Daneben finden der beliebte Rippenfarn (Blechnum gibbum), die interessante Hirschzunge (Phyllitis scolopendrium), der rundblättrige Pellefarn (Pellaea rotundifolia) und der Saum- oder Flügelfarn (Pteris cretica) Verwendung als Zimmerpflanzen.

Besonders schöne, aber auch recht anspruchsvolle Farnarten sind der Frauenhaarfarn (Adianthum raddianum), dessen zartgefiederte Wedel als Schnittgrün in Sträußen auffallen, und der lichtbedürftige Geweihfarn (Platycerium bifuscatum) mit seinen hirschgeweihähnlichen Blättern.

Standorttip:

- Das Lichtbedürfnis der Farne wird oft falsch eingeschätzt. Die Pflanzen werden vielfach zu dunkel gestellt! Farne mögen zwar keine Sonne, aber sie brauchen trotzdem ausreichend Licht, um gedeihen zu können. Der lichthungrigste Farn ist der Geweihfarn. Er braucht einen besonders hellen Platz. Lediglich direkte Sonneneinstrahlung auf die Blätter sollte vermieden werden.

Asplenium nidus

● Die tropischen Farne lieben Wärme. Sie gedeihen am besten bei gleichmäßiger Zimmertemperatur. Einige Arten können auch in kühleren Räumen stehen, z.B. der Pelle- und der Saumfarn, dessen weiß-bunte Sorten allerdings wieder wärmebedürftiger sind.
● Sehr wichtig für das gute Gedeihen der Farne ist eine ausreichend hohe Luftfeuchtigkeit.

Pflegetip:

● Farne werden immer gleichmäßig feucht gehalten. Staunässe muß man dabei sorgfältig vermeiden! Zusätzlich sollte man wenigstens die anspruchsvolleren Arten regelmäßig besprühen.
● In der Regel kommen Farne mit ziemlich kleinen Töpfen aus. Die Pflanzerde muß durchlässig und humusreich sein.
● Den epiphytischen Geweihfarn kann man auch gut in einem kleinen, luftigen Kästchen aus Holzlatten aufhängen. Man muß aber trotzdem für reichlich Nährstoffe und Feuchtigkeit sorgen.

Platycerium

Der Pflanzendoktor:

● Zu trockene Luft kann bei nahezu allen Farnarten einen Befall durch Schildläuse fördern. Bei glattblättrigen Arten, wie z.B. dem Nestfarn, kann man versuchen, die Läuse abzuwaschen. Bei stärkerem Befall nützt eine Bekämpfung nichts mehr. Man sollte sich lieber von den Pflanzen trennen und für mögliche Nachfolger bessere Bedingungen schaffen (höhere Luftfeuchtigkeit).
● Noch ein wichtiger Hinweis: Die Sporen auf der Blattunterseite werden oft mit Läusen verwechselt. Man sollte immer genau prüfen, ob es sich wirklich um Schädlinge handelt.

Fensterblatt

(Monstera deliciosa)

Robuste Blattpflanze; absonniger bis schattiger Standort, anspruchslos, Aronstabgewächse *(Araceae)*

Das Fensterblatt wird häufig mit dem Philodendron verwechselt. Die großen, sattgrünen Blätter sind gelocht und tief geschlitzt. Am Stamm entstehen zahlreiche Luftwurzeln.

Standorttip:

● Das Fensterblatt bevorzugt helle, nicht sonnige Standorte, gedeiht aber auch an weniger hellen Plätzen. Die Blätter haben dann allerdings weit weniger Löcher und Schlitze.
● Bei normaler Zimmertemperatur gedeiht die große Pflanze am besten.

Pflegetip:

● Das Fensterblatt möchte stets reichlich gegossen werden. Gegen Staunässe ist es allerdings äußerst empfindlich.

Monstera deliciosa

- Wöchentliche Düngungen während der Wachstumszeit im Sommer tragen zum kräftigen Wachstum bei.
- Hin und wieder sollte man die großen Blätter, auf denen sich viel Staub absetzen kann, mit handwarmem Wasser gründlich abwaschen.

Der Pflanzendoktor:

- Werden die Blätter gelb, fleckig, oder bekommen sie Korkwucherungen, so kann das ein Zeichen von Trockenheit, Staunässe oder Nährstoffmangel sein.
- Spinnmilben treten besonders dann auf, wenn die Pflanze zu sonnig und trocken steht.

Der grüne Kniff:

- Die unteren Luftwurzeln können beim Umtopfen zu normalen Wurzeln umfunktioniert werden. Hierdurch bekommt die Pflanze mehr Nährstoffe und Halt.

Fensterblatt

Fingeraralie

(Dizygotheca elegantissima)

Blattpflanze mit zierlichem Laub; schattiger Standort, anspruchsvoll, Araliengewächse *(Araliaceae)*

Die aus den Tropen stammende Fingeraralie hat interessant geformte, rötlich-grüne Blätter. Ihr eleganter Aufbau macht sie zu einer besonders dekorativen Zimmerpflanze. Sie ist jedoch sehr anspruchsvoll.

Standorttip:

- Die Fingeraralie verträgt auf keinen Fall direkte Sonnenbestrahlung. An einem hellen Platz im Raum wächst sie gut.

Pflegetip:

- Fingeraralien sollten regelmäßig reichlich gegossen und während der Wachstumszeit im Sommer einmal wöchentlich gedüngt werden.

Der Pflanzendoktor:

- Fingeraralien leiden häufig unter Schildläusen und Spinnmilben. Im Anfangsstadium kann eine Bekämpfung noch Erfolg versprechen. Von stark befallenen Pflanzen sollte man sich schnellstens trennen.

Flamingoblume

(Anthurium scherzerianum)

Blütenpflanze: weiß, orange, rot, marmoriert; absonniger Standort, anspruchsvoll, Aronstabgewächse *(Araceae)*

Die wächsern wirkende, eindrucksvolle weiße, orangefarbene oder rote Blüte der Flamingoblume ist eigentlich nur ein farbiges Hochblatt, eine Scheinblüte. In der Mitte trägt diese Scheinblüte einen gelben oder weißen gebogenen Kolben mit den tatsächlichen Blüten. Die Flamingoblume stellt gehobene Ansprüche an den Zimmergärtner und erfordert sorgfältige Pflege, die sie mit reicher Blüte belohnt.

Standorttip:

- Flamingoblumen lieben helle, aber nicht sonnige, warme Plätze.
- Besonders wichtig ist eine gleichbleibend hohe Luftfeuchtigkeit.

Pflegetip:

- Zum Gießen sollte nur Regenwasser bzw. abgekochtes Wasser verwendet werden.
- Von Frühjahr bis September wird wöchentlich einmal gedüngt.

Der Pflanzendoktor:

- Auf trockene Luft und zu niedrige Temperaturen reagiert die anspruchsvolle Urwaldpflanze mit gelben Blättern. Man sollte dann rasch einen besseren Standort finden.

Anthurium scherzerianum

Flammendes Käthchen

(Kalanchoe blossfeldiana)

Leicht sukkulente Blütenpflanze, einjährig: rot, auch weiße, gelbe, orangefarbene und violette Sorten; absonniger Standort. Dickblattgewächse *(Crassulaceae)*

Das Flammende Käthchen ist eine reich blühende Zimmerpflanze mit geringen Platzansprüchen. Sie ist das ganze Jahr über in Blumengeschäften zu erhalten und wird meistens nach der Blüte nicht weiter gepflegt.

Standorttip:

- Flammende Käthchen brauchen helle Standorte. Sie gedeihen in kühlen, aber auch in wärmeren Räumen gut.

Pflegetip:

- Wie viele Sukkulenten wollen die Flammenden Käthchen nicht zu reichlich gegossen werden.

Gardenie

(Gardenia jasminoides)

Blütenpflanze: weiß, gefüllt, stark duftend; absonniger, heller Standort, anspruchsvoll, (W) Krappgewächse *(Rubiaceae)*

Die Gardenie ist ein kleiner Blütenstrauch, der der Kamelie recht ähnlich sieht. Die aus China kommende Pflanze ist in verschiedenen Sorten erhältlich. Ihre Pflege erfordert etwas Sorgfalt.

Standorttip:

- Die Gardenie liebt helle Plätze ohne direkte Sonnenbestrahlung. Sie gedeiht gut bei Zimmertemperatur.

Gardenia jasminoides

- Besonders schlecht bekommen der Gardenie »kalte Füße«, d.h. ein nasser, zu kühler Topfballen.
- Pflanzen, die gerade Knospen haben, stellt man am besten ein wenig kühler, aber auch unbedingt hell.

Pflegetip:

- Die Gardenie hat ganz ähnliche Ansprüche wie alle Moorbeetpflanzen: Zur Düngung sollte man nur kalkarme Spezialdünger (z.B. Azaleendünger) verwenden; zum Umtopfen saure, torfhaltige Erdmischungen.
- Für regelmäßiges Besprühen der Blätter ist die Gardenie – vor allem in wärmeren Zimmern – sehr dankbar.

Der Pflanzendoktor:

- Steht die Gardenie zu kalt, so daß der Ballen auskühlt, so verfärben sich die Blätter leicht gelb.
- Bei sehr trockener Luft und drükkender Wärme leidet die Gardenie häufig an Spinnmilben-, Läuse- oder Blasenfußbefall. Zusammengerollte und abgefallene Blätter zeigen die Schädlinge an. Vorbeugend sollte man immer für etwas Frischluft (nicht zu kalt!) sorgen.

Aphelandra squarrosa

Glanzkölbchen, Aphelandre
(Aphelandra squarrosa)

Blütenpflanze: gelb, auffällige Blattzeichnung; halbschattiger Standort, Ⓦ Bärenklaugewächse *(Acanthaceae)*

Die in Blumenläden angebotenen Sorten des Glanzkölbchens wirken allein schon durch ihre dunkelgrünen, silbrigweiß geaderten Blätter. Die dicke, kräftig gelbe Blütenähre fällt dazu besonders auf. Auch nach der Blüte ist das Glanzkölbchen eine interessante Blattpflanze.

Standorttip:

- Aphelandren gehören an leicht schattige Plätze in warme Zimmer. Ausreichende Helligkeit ist für die Blütenbildung notwendig.

Pflegetip:

- Das Glanzkölbchen muß gut ernährt werden: Zusätzlich zum regelmäßigen Gießen sollte man einmal wöchentlich düngen.

Der grüne Kniff:

- Die Pflanze möchte nicht enggedrängt mit anderen Pflanzen zusammen stehen! Rückt man sie ein wenig auseinander, so können sich die Blätter schöner entfalten.

Der Pflanzendoktor:

- Aphelandren sind anfällig gegen Schildläuse. Man sollte die Pflanzen ab und zu daraufhin absuchen, um gegebenenfalls rechtzeitig etwas gegen die Schädlinge tun zu können.

Gliederkakteen: Weihnachtskaktus
(Schlumbergera),

Osterkaktus
(Rhipsalidopsis)

Kakteen mit blattähnlichen, hängenden Trieben, Blütenpflanzen: unterschiedlichste Rosa- und Rottöne, immer neue Züchtungen, Weihnachtskaktus (Dezember bis Februar), Osterkaktus (Frühjahr); absonniger bis halbschattiger Standort. Kakteen *(Cactaceae)*

Die Glieder- oder Blattkakteen leben in den tropischen Urwäldern Brasiliens.
Der Weihnachts- und der Osterkaktus sind wegen ihrer reichen Blüte sehr beliebte Zimmerpflanzen. Neben den normalen, leicht hängenden Topfpflanzen werden auch Hochstämmchen angeboten. Diese sind auf stammbildende Kakteen veredelt.

Standorttip:

- Wichtig für eine reiche Blüte der Gliederkakteen ist ein nicht zu warmer Platz in der Zeit vor der Blüte: Osterkakteen werden den Winter über, Weihnachtskakteen im Herbst kühler gestellt (nicht unter 10° C!). Den Osterkaktus kann man im Frühjahr ins normal geheizte Zimmer holen, den Weihnachtskaktus entsprechend später im November.

- Pralle Sonne und stauende Nässe vertragen Gliederkakteen nicht. Sie möchten hell, aber absonnig und luftig stehen.

Pflegetip:

- Während der Wachstumszeit im Sommer und während der Blüte brauchen die Gliederkakteen reichlich Wasser und Dünger. Man verwendet möglichst abgekochtes Wasser und normalen Volldünger, keinen Kakteendünger.
- Nach der Blüte brauchen die Gliederkakteen eine Ruhezeit von etwa 4 Wochen, in der sie nur sparsam gegossen und nicht gedüngt werden. Auch in der Zeit vor der Blüte, wenn die Pflanzen kühl stehen, gießt man nur sparsam. Blattkakteen dürfen jedoch nie völlig trocken stehen!
- Der richtige Zeitpunkt für das Umtopfen ist nach der Blüte. Hierzu ist Fertigerde gut geeignet.

Schlumbergera

Rhipsalidopsis

Der grüne Kniff:

- Das Vermehren der Gliederkakteen durch »Gliederstecklinge« ist sehr leicht: Man bricht dazu Teilstücke der gegliederten, blattartigen Triebe ab. Jedes Teilstück sollte aus mehreren Einzelgliedern bestehen. Diese Stecklinge kann man sogar ohne weiteres im Briefumschlag verschicken, wenn man schöne Sorten tauschen möchte.

Der Pflanzendoktor:

- Bei Gliederkakteen können gelegentlich Pilzkrankheiten auftreten. Sie werden meist eingeschleppt und bringen die Pflanze zum Welken und Absterben. Man kann sie mit speziellen Pilzpräparaten recht erfolgreich bekämpfen.
- Zeigen sich auf den blattähnlichen Trieben Flecken oder verfärbte Gruben oder Mulden, so ist vermutlich eine Viruskrankheit daran schuld. Sie kann sogar zu verwachsenen Blüten führen. Diese Krankheit ist für andere Pflanzen ansteckend. Man sollte sich daher schleunigst von den befallenen Exemplaren trennen.

Weihnachtskaktus

Glockenblume

(Campanula fragilis u. C. isophylla)

Rankende Blütenpflanze: weiß, blau (Juni – September); sonniger bis absonniger Standort, anspruchslos, Glockenblumengewächse *(Campanulaceae)*

Die Glockenblume ist als Zimmerpflanze leider selten geworden. In letzter Zeit wird die hübsche, reich blühende Ampel- oder Spalierpflanze wieder häufiger angeboten.

Standorttip:

- Glockenblumen bevorzugen helle, luftige und kühle Standorte. Sie kommen auch mit niedrigen Wintertemperaturen gut zurecht.

Pflegetip:

- Im Winter wird die Glockenblume nur sparsam gegossen.
- Während der Blütezeit sollte man die abgeblühten Blüten immer gleich entfernen. Hierdurch wird die Pflanze zur verstärkten Blütenbildung angeregt.

Gloxinie *(Sinningia)*

Blütenpflanze: weiß, blau, rot, purpur, violett, zweifarbig (Mai bis August); absonniger Standort, Gesneriengewächse *(Gesneriaceae)*

Gloxinie

Gloxinien haben annähernd runde bis ovale Blätter, die rauh behaart sind. Sie bringen zahlreiche aufrechtstehende, glockenförmige, große Blüten hervor. Auch Sorten mit zweifarbigen Blüten sind im Handel.

Meist kauft man den Sommerblüher kurz vor Aufbrechen der Knospen und wirft ihn nach der Blütezeit weg. Als Knollenpflanze ist die Gloxinie aber bei richtiger Pflege mehrjährig. Gloxinienknollen werden im zeitigen Frühjahr angeboten.

Sinningia

Standorttip:

- Gloxinien gedeihen am besten an einem hellen, aber nicht sonnigen Standort, bei normaler Zimmertemperatur und in etwas feuchter Luft.

Pflanztip:

- Die Knollen werden ganz flach in eine lockere, humusreiche Erdmischung gesteckt. Dabei ist zu beachten, daß die Oberseite eine Vertiefung aufweist, aus der sich die Triebe entwickeln. Die Unterseite ist glatt und gewölbt.
- Die frischgepflanzte Knolle wird gleichmäßig leicht feucht gehalten.

Pflegetip:

- Beim Gießen der Pflanzen sollte man unbedingt darauf achten, daß die Blätter nicht benetzt werden. Wasser und vor allem Düngerlösung verursachen Flecken auf den behaarten Blättern.
- Nach der Blüte wird die Gloxinie langsam weniger gegossen, damit sie

sich in Ruhe zurückziehen kann. Das Laub wird dann gelb und stirbt ab. Verringert man die Wassergabe abrupt, so trocknet die Knolle ein und stirbt ab.

● Den Winter über bis Februar oder März werden die Gloxinienknollen trocken aufbewahrt. Im Frühjahr topft man sie wieder ein und treibt sie an.

Grünlilie, Graslilie

(Chlorophytum comosum)

Unverwüstliche Blattpflanze, unscheinbare Blüten: weiß (ganzjährig); sonniger bis halbschattiger Standort, für warme und kühlere Plätze geeignet, anspruchslos. Liliengewächse *(Liliaceae)*

Die Grünlilie besteht aus einem dichten Bündel schmaler, langer Blätter und hat fleischige, weiße Wurzeln. Ihre kleinen, weißen Blütensterne sitzen an langen Stielen. Grünlilien gehören zu den anspruchslosesten und dankbarsten Zimmerpflanzen.

Chlorophytum comosum

Standorttip:

● Grünlilien stellen keine Ansprüche an Lichtangebot und Wärme.

Pflegetip:

● Man sollte die anspruchslose Pflanze nicht zu feucht halten.

● Bei regelmäßiger Düngung wächst die Grünlilie besonders üppig.

● Grünlilien sollten relativ häufig umgetopft werden. Ihre dicken Wurzeln füllen in kurzer Zeit den Topf völlig aus und können ihn sogar sprengen.

Der grüne Kniff:

● Zur Vermehrung der Grünlilie werden die am Ende der Ausläufer sitzenden Kindel eingepflanzt und warm und feucht gehalten.

Gummibaum

(Ficus elastica)

Baumartige, langlebige Blattpflanze; absonniger Standort, anspruchslos, Ⓦ Maulbeerbaumgewächse *(Moraceae)*

Neben verschiedenen Züchtungen mit weißbunten Blättern wird im allgemeinen die Sorte »Decora« angeboten. Sie hat breite, dunkelgrüne Blätter und ist robuster und stattlicher als die Ausgangsart.

Nahe Verwandte unseres Gummibaums sind die etwas anspruchsvollere Geigenfeige (F. lyrata) mit ihren unregelmäßig geformten, hellgrünen Blättern und die Art. F. deltoida, die wegen ihres reichen Fruchtbesatzes viele Liebhaber findet.

Standorttip:

● Der Gummibaum benötigt einen hellen, aber nicht voll sonnigen

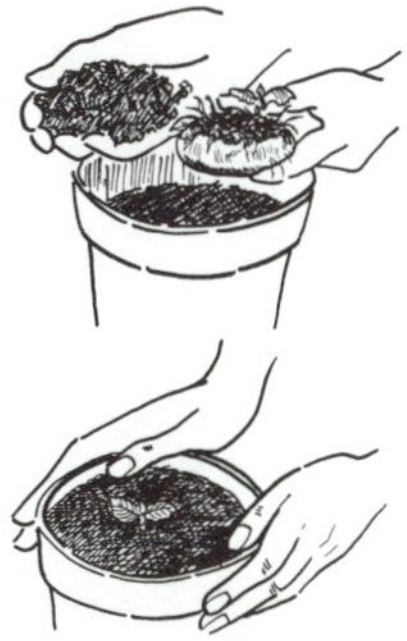

Eintopfen der Gloxinienknolle

Aufbewahren der Gloxinienknollen

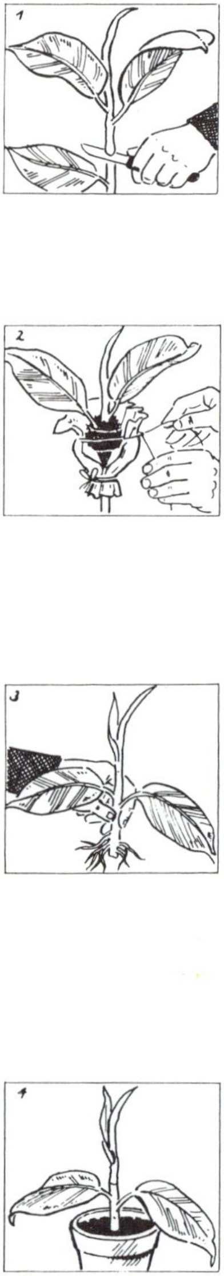

Abmoosen eines Gummibaums

Standort. Direkte Sonneneinstrahlung verträgt er nicht.

- Am besten gedeihen Gummibäume bei normaler Zimmertemperatur.

Pflegetip:

- Besonders wichtig bei der Pflege der stattlichen Zimmerpflanze ist, daß sie gleichmäßig mit Wasser versorgt wird. Trockenheit wirkt sich genauso negativ aus wie Nässe.
- Im Sommer sollte man den Gummibaum einmal wöchentlich düngen.
- Bei niedrigen Temperaturen sollte besonders vorsichtig gegossen werden.
- Die großen Blätter verschmutzen und verstauben schnell. Daher müssen die Pflanzen hin und wieder mit klarem, lauwarmem Wasser abgewaschen werden.
- Wächst einem der Gummibaum über den Kopf, so kann man ihn abschneiden. Die Wunde, aus der Milchsaft austritt, wird mit Holzkohlepulver bestäubt. Auch ein heißes, aufgedrücktes Messer bringt den Milchsaft zum Gerinnen.

Ficus lyrata

Der Pflanzendoktor:

- Flecken am Blattrand oder auf den Blättern sind eine Folge von Wachstumsstörungen, die verschiedene Ursachen haben können: Ungünstige Lichtverhältnisse, Nährstoffmangel oder stauende Nässe.
- Als Schädling kann dem Gummibaum der Blasenfuß (Thrips) gefährlich werden. Beim Gummibaum ist er an silbrig schimmernden Blättern zu erkennen. Hier sollte ein insektentötendes Mittel eingesetzt werden.

Henne mit Küken

(Tolmiea menziesii)

Blattpflanze, interessante Kindelbildung; halbschattiger bis schattiger Standort, Ⓚ Steinbrechgewächse *(Saxifragaceae)*

Vor allem die außergewöhnliche Kindelbildung macht die Tolmiea zu einer sehr interessanten Topfpflanze und verhilft ihr zu einer Vielzahl phantasievoller Namen (Mutter mit Kind, Kind im Schoß). Am Grund der Blätter entstehen fertige Tochterpflänzchen.

Standorttip:

- »Henne mit Küken« brauchen einen kühlen und schattigen Platz. Sie bewohnten ursprünglich nordamerikanische Wälder.

Der grüne Kniff:

- Die Kindel der Pflanze lassen sich gut im Wasser bewurzeln. Man kann sie auch an der Mutterpflanze lassen und auf das Erdreich in einen vorbereiteten Topf legen. Sobald sich dort die Wurzeln gebildet haben, trennt man das Tochterpflänzchen vorsichtig von der Mutterpflanze oder schneidet das gesamte Mutterblatt ab.

Hibiscus rosa-sinensis

Hibiskus, Roseneibisch

(Hibiscus rosa – sinensis)

Blütenpflanze, langlebig: weiß, gelb, orange, rosa, rot, gefüllte, halbgefüllte und einfache Blüten (Mai – Oktober); sonniger und absonniger Standort. Malvengewächse *(Malvaceae)*

Der Hibiskus kommt aus subtropischen und tropischen Gebieten. Täglich zeigt er Erblühen und Vergehen seiner auffallend schönen Blüten.

Standorttip:

• Der Hibiskus braucht einen hellen, warmen, aber doch luftigen Standort. Im Gegensatz zu den meisten anderen Zimmerpflanzen gedeiht er auch gut an einem vollsonnigen Fenster, muß dort jedoch öfter gegossen werden.

Hibiskus

Pflegetip:

• Der Hibiskus quittiert einen Standortwechsel (z.B. beim Neukauf) häufig mit einem Abwerfen seiner Knospen, die sich aber schnell wieder neu bilden.

- Im Sommer trinkt der Hibiskus außerordentlich viel. Er sollte reichlich, aber gleichmäßig gegossen werden (Staunässe vermeiden).
- Wenn der Topf zu eng wird, sollte man umtopfen.
- Die etwas sparrige Wuchsform mancher Sorten kann durch einen regelmäßigen, nicht zu starken Schnitt korrigiert werden.

Hortensie

Der Pflanzendoktor:

- Wenn der Hibiskus zu trocken steht, kann er leicht von Läusen befallen werden. Hier sollte sofort mit einem insektentötenden Mittel eingegriffen werden.
- Temperaturen unter 15° C verträgt der Hibiskus schlecht.

Hibiscus rosa-sinensis

Hortensie

(Hydrangea macrophylla)

Strauchige Blütenpflanze, die später als Kübelpflanze Verwendung findet: creme-weiß, rosarot, in Dolden (Mai – September, bei Neukauf meist früher); halbschattiger Standort, Ⓚ Steinbrechgewächse *(Saxifragaceae)*

Im Frühjahr zu festlichen Anlässen wie Kommunion, Konfirmation oder zu Ostern bekommt man häufig Hortensien im Topf geschenkt. Ihre Blütenbälle kann man bei den rosafarbenen Sorten durch spezielle Kulturmaßnahmen (Erdmischungen) blau färben. Dies ist jedoch im allgemeinen nur im großen Rahmen und nicht bei einzelnen Topfpflanzen durchführbar.

Hortensien eignen sich nur zu Anfang als Zimmerpflanzen. Auf die Dauer werden sie für die meisten Räume zu groß. Man kann sie aber gut in Kübel oder in den Garten pflanzen und viele Jahre Freude an der reich blühenden Pflanze haben.

Standorttip:

- Hortensien benötigen einen kühlen, halbschattigen Standort.
- Nach der Blüte sollten die starkwüchsigen Pflanzen ins Freiland gepflanzt werden.
- In Kübel gepflanzte Hortensien überwintert man ab Ende Oktober im kühlen Keller. Da die Pflanzen ihr Laub restlos abwerfen, kann der Raum völlig dunkel sein. Ab Februar sollten sie wieder hell und etwas wärmer gestellt werden, um den Austrieb zu fördern.

Pflegetip:

- Hortensien wollen reichlich mit Wasser versorgt werden. Vor allem in

Hydrangea macrophylla

Blüte stehende Sträucher trinken ungemein viel. Wiederholtes Trockenstehen schadet ihnen sehr.

- Bei extrem kalkhaltigem Leitungswasser ist es besser, Regenwasser oder abgekochtes Wasser zu verwenden.
- Auch im Winter dürfen Hortensien nicht völlig trocken werden. Ab Februar beginnt man reichlich zu gießen und bis Ende August wöchentlich einmal zu düngen (Spezialdünger für Moorbeetpflanzen).
- Die Pflanzerde für die kalkfeindliche Pflanze muß sauer, also reichlich mit Torf oder Rindensubstrat versetzt sein.
- Pflanzt man Hortensien nach der Blüte in den Garten, so benötigen sie in Gegenden mit rauherem Klima und kalten Wintern einen ausreichenden Winterschutz. Dazu sollte man sie mit Stroh oder Tannenreisig bedecken. Der Winterschutz bleibt wenigstens bis Ende März über der Pflanze, um die Knospenanlagen in den Triebspitzen vor Frost zu schützen. Oft erfrieren nur diese, und die Pflanze blüht nicht mehr. Auch ein unsachgemäßer Rückschnitt hat solche Folgen.

Der grüne Kniff:

- Blaugefärbte Hortensien bleiben nur in eisenhaltiger oder mooriger Erde blau.

Der Pflanzendoktor:

- Hortensien fallen nur selten Schädlingen oder Krankheiten zum Opfer. Gelbe Blätter sind durch Staunässe oder zu kalkhaltigen Boden bedingt.

Kaffeestrauch

(Coffea arabica)

Interessante Blüten- und Fruchtpflanze, Blüten: weiß, Duft; Samen: Kaffeebohnen; absonniger, heller Standort, Krappgewächse *(Rubiaceae)*

Die Zwergform des echten Kaffeestrauchs, der heute in den Kaffeeanbaugebieten der ganzen Welt kultiviert wird, kann besonders gut als Topfpflanze im Zimmer gehalten werden. Schon dreijährige Pflanzen können blühen und fruchten.

Standorttip:

- Der Kaffeestrauch liebt helle Plätze ohne direkte Sonnenbestrahlung und gleichmäßige Zimmerwärme.

Aussaattip:

- Die Aufzucht des Kaffeestrauchs aus Samen ist einfach. Man muß vor allem für Wärme und Feuchtigkeit sorgen. Die Keimlinge wachsen recht langsam, ein wenig Geduld ist daher angeraten!

Pflegetip:

- Im Sommer sollte man den Kaffeestrauch gründlich gießen und düngen, im Winter hält man ihn ein wenig trockener.

Kakteen *(Cactaceen)*

Bekannteste Gruppe der sukkulenten Pflanzen, langlebig, Blüten: alle Farben außer blau (Sommer, Ausnahme: Gliederkakteen); sonniger Standort, kühle Überwinterung, überwiegend anspruchslos.

Kaum eine andere Pflanzenfamilie begeistert so viele Liebhaber und Sammler wie die der Kakteen.

Die Pflege der stacheligen Wüstenbewohner ist recht einfach. Berücksichtigt man ihre Hauptansprüche, die sich aus ihrer Herkunft ergeben, so danken sie es mit kräftigem Wachstum und ihren farbenfrohen Blüten.

Alle Kakteenarten stammen aus Amerika. Dort bewohnen sie Wüsten, Gebirge und in wenigen Ausnahmen auch die tropischen Urwälder. Heute sind Kakteen nahezu auf der ganzen Welt verbreitet.

Die tropischen Gliederkakteen müssen im Urwald niemals lange Trokkenperioden und starke Sonnenstrahlung ertragen. Deshalb unterscheiden sie sich in Aussehen und Ansprüchen ganz wesentlich von ihren Verwandten aus der Wüste und werden in einem eigenen Abschnitt behandelt.

Der Körperbau der Wüsten- oder Gebirgsbewohner ist an extreme Bedingungen angepaßt: Der Sproß, der bei anderen Pflanzen Stamm- oder Haupttrieb sein kann, ist stark verdickt, kugelig oder säulenförmig und hat die Fähigkeit, über lange Zeit Wasser zu speichern.

Allen Kakteenarten gemeinsam sind, neben den Stacheln, ihre herrlichen Blüten. Außer blau kommen nahezu alle Farbschattierungen vor. Die bekanntesten Kakteenarten sind der kugelige Buckelkaktus (Notocactus), der Feigenkaktus (Opuntia) mit seinen großen flachen Trieben, auf denen kleine Stachelbüschel sitzen, das säulenförmige Greisenhaupt (Cephalocereus) mit seinem weißen Haarschopf, der große Igelkaktus (Echinocactus), die zahlreichen Säulenkaktusarten (Cereus-Arten) und der Wollkaktus (Eriocactus).

Zu den besonders anspruchslosen Kakteen gehören der Warzenkaktus (Mamillaria), die kleine kugelige Lobivie (Lobivia) und die außergewöhnlich dankbare Rebutie (Rebutia), die häufig zweimal innerhalb eines Sommers blüht.

Selenicereus

Eine wirkliche Königin unter den Kakteen ist die kletternde »Königin der Nacht« (Selenicereus) mit ihren dünnen, langen Trieben. Zu ihrem klangvollen Namen verhalfen ihr die riesigen, orange-weiß gefärbten Blüten, die nur eine Nacht lang blühen und am Morgen schon wieder verwelkt sind.

Standorttip:

- Kakteen lieben Sonne. Man kann sie sehr gut am Südfenster, aber auch am Ost- oder Westfenster halten.
- Besonders wichtig ist es, immer ausreichend zu lüften, aber ohne Zugluft entstehen zu lassen! Hiergegen sind alle Kakteen empfindlich.
- Möchte man seine Kakteen ab Ende Mai ins Freie stellen, so sollte man die Töpfe in ein Kistchen mit Torfmull, Sand oder Kies einsenken. Zusätzlich ist ein Regenschutz notwendig.
- Den Winter über benötigen alle Kakteen einen hellen und kühlen Platz. Man kann sie beispielsweise am Südfenster in nicht beheizten Räumen oder in einem hellen Treppenhaus aufstellen. Möchte man die Kakteen in einem beheizten Zimmer überwintern, so sollten es wenigstens Räume sein, die nachts abkühlen.

Aussaat-/Pflanztip:

- Kakteensamen bekommt man in nahezu jedem großen Blumengeschäft oder in der Samenhandlung. Die Aussaat ist so einfach, daß sie jeder Kakteenfreund ruhig probieren sollte.
- Der beste Zeitpunkt für die Aussaat liegt im Frühjahr. Man sät in ein spezielles, für die Anzucht geeignetes Torfkultursubstrat, das mit einer dünnen Schicht aus gewaschenem Quarzsand abgedeckt wird.
- Weil eng aneinander stehende Kakteensämlinge schneller wachsen, sollte man die Samenkörner relativ dicht streuen. Danach werden sie gut angedrückt, aber nicht mit Erde überdeckt.
- Um die Aussaat gründlich zu befeuchten, wird die ganze Saatschale ins Wasser gestellt, bis sich die Erde vollgesogen hat. Beim Gießen von oben würde man die Samen verschwemmen.
- Zur Keimung brauchen die Samen Wärme. Man stellt die Saatschale mit einer Glasscheibe bedeckt an einem ausreichend warmen, aber nicht sonnigen Fenster auf. In der Natur keimen die Samen ja auch im Schatten der großen »Mutterpflanzen«.
- Frühestens 12 Wochen nachdem die Keimlinge zum ersten Mal sichtbar wurden, werden sie vereinzelt. Sie werden jetzt in spezielle Kakteenerde gesetzt. Die vereinzelten Sämlinge sollten recht eng stehen. Dabei gilt die Regel: Pflanzenabstand = Größe des Sämlings! So dicht gesetzte Jungkakteen wachsen am schnellsten.

Pflegetip:

- Kräftiges Wachstum und reiche Blüte der Kakteen können durch strenge Winterruhe sehr gefördert werden. In der Wüste und Steppe folgen ja auch lange Trockenperioden und Regenzeiten aufeinander. Auch ohne eine solche Ruhepause gehen die Kakteen nicht ein. Sie kommen aber dann nicht zum Blühen. Während der Ruhepause läßt man die Kakteen die meiste Zeit fast völlig trocken stehen und gießt nur gerade soviel, daß die Körper nicht runzelig werden (etwa einmal pro Monat). Zu reichliches Gießen kann an kühlen Plätzen schnell gefährlich werden: Die Pflanzen beginnen dann zu faulen.

- Im Sommer, während ihrer Blüte- und Wachstumszeit, brauchen Kakteen ausreichend Wasser. Man sollte mindestens einmal pro Woche gießen. Zum Gießen darf man kein zu hartes Wasser verwenden. Staunässe muß natürlich sorgfältig vermieden werden.
- Manche Kakteenarten, z.B. das Greisenhaupt, werden im Sommer gerne mit Wasser überbraust oder besprüht (kein hartes Wasser verwenden!).
- Eine Düngung während der Sommermonate bekommt den blühenden Kakteen immer gut. Allerdings sollte man einen speziellen *Kakteendünger* verwenden, den man in jedem guten Blumengeschäft erhält. Er ist im Hinblick auf die besonderen Nährstoffbedürfnisse von Kakteen zusammengestellt.
- In der Regel werden Kakteen alle 2 Jahre umgetopft. Am besten verwendet man dazu Kakteenspezialerde, die fertig gemischt im Handel erhältlich ist. Daß man zum Umtopfen Handschuhe benötigt, versteht sich von selbst. Besonders gefährlich sind die Opuntien, die durch ihre breiten Sproßteile zum Anfassen mit der bloßen Hand verleiten. Ihre winzigen Stacheln (Fachausdruck: Glochidien) dringen sofort in die Haut ein und sind nur ganz schwierig wieder zu entfernen.

Der Pflanzendoktor:

- Um einem Auftreten von Pilzbefall bei der Kakteenaussaat vorzubeugen, kann man Pflanzgefäße, Erde und Samen vor der Aussaat mit chinolinhaltigen Mitteln desinfizieren (in jeder Apotheke erhältlich).
- Nach der lichtarmen Winterzeit können sich Kakteen im Frühjahr leicht einen Sonnenbrand holen. Man sollte sie sehr vorsichtig an die volle Sonnenbestrahlung gewöhnen.
- Kakteenfäule tritt eigentlich nur unter ungünstigen Bedingungen auf, z.B. wenn die Pflanze im Winter zu kalt und zu naß gehalten wird.
- Sehr häufig machen Schild- oder Wolläuse den Kakteen zu schaffen. Bei Trockenheit und Zugluft tritt außerdem recht oft die Spinnmilbe auf. Sie muß mit Spezialmitteln bekämpft werden.

Kamelie *(Camellia japonica)*

Strauchartige Blütenpflanze: weiß, rosa, rot, einfache und gefüllte Formen (Dezember bis April); absonniger bis halbschattiger Standort, Liebhaberpflanze, Ⓚ Teegewächse *(Theaceae)*

Die Blütenknospen der faszinierend schönen Blütenpflanzen entstehen bei warmen Sommertemperaturen, während zu ihrer Weiterentwicklung niedrigere Temperaturen notwendig sind. Pflanzenliebhaber sollten sich durch die relativ hohen Ansprüche der Kamelie nicht zu leicht abschrekken lassen. Überaus edle Blüten belohnen alle Bemühungen. Die Kamelie gilt unter den Liebhabern nicht umsonst als die wohl schönste Zimmerpflanze.

Camellia japonica

Standorttip:

- In den Sommermonaten während ihrer Wachstumszeit und nach der Beendigung der Blüte sollte man die Kamelie an einem halbschattigen, luftigen, aber nicht zu kalten Platz im Garten ins Erdreich einsenken.
- Ab Herbst sollte die Kamelie an einem kühlen, hellen Ort im Hause stehen.

Pflegetip:

- Ab April wird die Kamelie reichlich gegossen und sparsam gedüngt. Ab August stellt man die Düngung ein.
- Besonders wichtig ist, daß das Gießwasser kalkfrei ist. Man verwendet also am besten Regenwasser oder abgekochtes Wasser.
- Es reicht aus, die Kamelie etwa alle 3 Jahre umzutopfen. Eine bestens geeignete Erdmischung besteht beispielsweise aus Heideerde oder Nadelwalderde, die mit Torf oder einem Rindenprodukt vermischt wurde. Geeignete Erdmischungen können natürlich auch im Fachhandel besorgt werden.

Katzenschwanz

(Acalypha)

Blütenpflanze, auch buntlaubige Blattpflanze (A. hispida): lange, rosa Kätzchen; absonniger, heller Standort, Wolfsmilchgewächse *(Euphorbiaceae)*

Neben den zahlreichen buntlaubigen Acalyphasorten (A.-wilkesiana-Hybriden), deren Blätter rosarot oder orange gerandet oder rot gefleckt sind, fällt die Art A. hispida besonders durch ihre katzenschwanzartigen Blüten auf.

Standorttip:

- Die aus den Tropen stammende Acalypha möchte hell und bei nicht zu trockener Luft möglichst gleichmäßig warm stehen.

Pflegetip:

- Die Acalypha hat einen hohen Nährstoffbedarf und sollte einmal wöchentlich gedüngt werden.
- Um bei den buntlaubigen Arten besonders schön verzweigte und gefärbte Pflanzen zu bekommen, kann man die Acalypha ab und zu ein wenig stutzen oder ihre Triebspitzen abzwicken. Die jungen Blätter sind besonders hübsch.

Keulenlilie

(Cordyline terminalis)

Blattpflanze, buntlaubige Sorten, auch blühwillig: weiße Rispen; absonniger bis halbschattiger Standort, Agavengewächse *(Agavaceae)*

Neben den bekannten Kübelpflanzen gibt es auch eine tropische Keulenlilienart, die sich gut als Topfpflanze für warme Zimmer eignet. Am schönsten und bekanntesten sind die Sorten mit rötlich oder rosa gefärbten Blättern.

Standorttip:

- Die Keulenlilie braucht einen hellen, aber niemals vollsonnigen Platz in einem möglichst gleichmäßig warmen Zimmer.

Pflegetip:

- Keulenlilien brauchen stets ausreichend Feuchtigkeit, besonders an warmen Plätzen.

Kletterfeige

(Ficus pumila)

Kletternde Blattpflanze, langlebig; halbschattiger Standort, mittlere Ansprüche, Maulbeergewächse *(Moraceae)*

Die in China, Japan und Australien beheimatete Kletterfeige ist eine Verwandte unseres Gummibaums. Ihre kleinen, herzförmigen Blätter sind bei der Jungpflanze sehr dünn. Im hohen Alter sieht die Pflanze völlig anders aus: Die weißblättrige Art F. radicans (= sagittata) hat längere, schmale Blätter mit weißem Rand. Sie ist empfindlicher und wärmebedürftiger als die grünblättrige Art.

Standorttip:

- Die Kletterfeige möchte einen halbschattigen, gleichmäßig temperierten Standort.

Pflegetip:

- Man sollte die Kletterfeige gleichmäßig und ausreichend gießen. Sie kann sehr leicht vertrocknen. Im Sommer einmal wöchentlich düngen, im Herbst seltener.

Klimme, Russischer Wein *(Cissus)*

Kletternde Blattpflanze, langlebig; absonniger bis halbschattiger Standort, anspruchslos, Ⓚ Weinrebengewächse *(Vitaceae)*

Klimmen sind anspruchslose Kletterer, die als Zimmerpflanzen überaus beliebt sind. Ihre ursprüngliche Heimat sind die subtropischen und tropischen Klimazonen. Am bekanntesten sind die australische Känguruhklimme (C.antarctica) mit ihren annähernd herzförmigen Blättern an rötlich behaarten Ranken, der südafrikanische Königswein (C.rhombifolia = Rhoicissus rhomboides), der dreilappige Blätter besitzt, die südafrikanische Kapklimme (Rhoicissus capensis = C.capensis) und schließlich die kleine, aus Südamerika stammende Weinart C. striata, die sich gut als Ampelpflanze eignet. Die buntblättrige Klimme (C.discolor) aus Java ist eine wärmeliebende, anspruchsvollere Verwandte.

Cissus antarctica

Standorttip:

- Die Klimmenarten bevorzugen mittlere Lichtverhältnisse, also Plätze ohne direkte Sonnenbestrahlung, die aber auch nicht zu dunkel sind.
- Klimmen gedeihen bei normaler Zimmertemperatur ebenso wie in kühlen Räumen.

Columnea

Kolumnee *(Columnea)*

Strauchartige oder krautige Kletter- oder Hängepflanze, langlebig, Blütenpflanze: hellrot (Frühjahr); absonniger Standort, Ⓦ Gesneriengewächse *(Gesneriaceae)*

In ihrer Heimat, den tropischen Urwäldern Amerikas, leben manche Kolumneenarten epiphytisch auf Bäumen oder auch in Felsspalten.
Die hängenden oder kletternden Triebe sind ganz regelmäßig mit kleinen, mehr oder weniger rauh behaarten Blättern besetzt, die sich immer paarweise gegenüberstehen. Durch ihre zahlreichen, scharlachroten Röhrenblüten gehören die Kolumneen zu den

allerschönsten Zimmerkletterern und Ampelpflanzen.

Standorttip:

- Kolumneen eignen sich für helle, zimmerwarme Standorte.
- Den Winter über sollte die Pflanze kühler (nie unter 8° C) stehen, bis sie zu blühen beginnt.

Pflegetip:

- Während der Wachstumszeit werden Kolumneen regelmäßig gegossen und gedüngt. Kolumneen sind sehr empfindlich gegen Staunässe.
- Genau wie bei anderen rauhblättrigen Pflanzen sollte man nie Gießwasser auf die Blätter spritzen, weil es dort Flecken verursacht.
- Kolumneen benötigen saure, humusreiche, lockere und durchlässige Blumenerde. Als Pflanzgefäß sind etwas flachere Töpfe ideal.

Korallenkirsche

(Solanum pseudocapsicum)

Strauchartige Blütenpflanze, einjährig: weiß (Juni – Juli), Früchte: gelb, rot, orange, giftig!; sonniger Standort, Ⓚ Nachtschattengewächse *(Solanaceae)*

Die aus den Subtropen stammende Korallenblume hat länglich-ovale Blätter und blüht relativ unscheinbar weiß. Richtige Pflege belohnt sie mit vielen, bis zu 2 cm großen, gelb, orange oder hellrot gefärbten Früchten. Zierpaprika (*Capsicum annuum*) stellt die gleichen Ansprüche wie das Korallenbäumchen, die auffallenden Früchte sind jedoch ungiftig.

Standorttip:

- Die Korallenblume verträgt auch einen halbschattigen Standort.

Aussaat-/Pflanztip:

- Korallenblumen werden im März oder April ausgesät.
- Hält man die Aussaat gleichmäßig warm (20° C) und feucht, so keimt sie nach 3 Wochen.
- Jungpflanzen werden in humusreiche Erde gesetzt und gedüngt, sobald sie angewachsen sind.

Pflegetip:

- Die Korallenblume stellt keine besonderen Pflegeansprüche.

Der grüne Kniff:

- Die Früchte der Korallenblume sind unbekömmlich. Sind Kinder im Haus, so sollte man aufpassen, daß sie diese verlockend aussehenden Beeren nicht essen.

Stephanotis floribunda

Kranzschlinge

(Stephanotis floribunda)

Kletternde Blütenpflanze, langlebig: weiß (Mai – September), auffallender Duft; absonniger Standort, anspruchsvoll. Seidenpflanzengewächse *(Asclepiadaceae)*

Die Kranzschlinge hat länglich ovale, ledrige Blätter und Dolden aus weißen, stark duftenden Blüten. An Spalieren gezogen, kann sie rasch das ganze Blumenfenster einranken.

Standorttip:

- Die Kranzschlinge liebt helle Plätze ohne direkte Sonneneinstrahlung, besonders während ihrer Wachstums- und Blütephase vom Frühling bis zum Herbst.
- Im Winter sollte die Kletterpflanze eine Ruhezeit bei niedrigen Temperaturen einhalten. Diese Wachstumspause fördert die Anlagen für eine reiche Blütenbildung im nächsten Jahr.

Pflegetip:

- Kranzschlingen sollte man von Mai bis September reichlich gießen und düngen. Das Gießen darf man auch während der Ruhepause nicht ganz einstellen. Der Ballen bleibt am besten immer ein wenig feucht.
- Bei jungen Pflanzen ist wichtig, daß sie jährlich umgetopft werden. Ein zu enger Topf bremst das Wachstum. Durch häufiges Umtopfen dagegen wird die Pflanze gewissermaßen angetrieben. Je stärker die Kranzschlinge wächst, desto reicher blüht sie auch. Ein wenig Sand in der Pflanzerde ist für sie vorteilhaft.

Kroton, Wunderstrauch

(Codiaeum variegatum)

Blattpflanze, buntlaubig, bis 1 m und mehr; sonniger bis absonniger Standort, Ⓦ Wolfsmilchgewächse *(Euphorbiaceae)*

Codiaeum

Die in leuchtenden Grün-, Rot-, Gelb-, Orange-, Braun- und Purpurtönen gezeichneten Blätter machen den Kroton zu einer besonders auffälligen Zimmerpflanze. Es gibt viele Sorten in verschiedenen Blattfärbungen, -musterungen und -formen.

Standorttip:

- Der Kroton braucht viel Licht und Wärme. Nur an sehr hellen Plätzen zeigen seine Blätter die typischen, leuchtend gefärbten Zeichnungen.
- Solange Luft- und Ballenfeuchtigkeit ausreichend hoch sind, macht auch kurzzeitige Hitze dem Kroton nichts aus.

Pflegetip:

- Zusätzlich zum regelmäßigen Gießen sollte man die tropische Pflanze häufig besprühen und gelegentlich ihre Blätter abwaschen. Im Sommer einmal wöchentlich düngen.

Der Pflanzendoktor:

- An zu kühlen Plätzen oder auch bei zu trockener Luft kann der Kroton seine Blätter verlieren. Man sollte dann rasch einen wärmeren Platz aussuchen, bzw. für ausreichend Luftfeuchtigkeit sorgen.
- Kroton wird sehr leicht von Schildläusen befallen, die möglichst rasch mit einem insektentötenden Mittel bekämpft werden müssen.

Lebende Steine *(Lithops)*

Nur wenige Zentimeter große, sukkulente Pflanzen, Blüte: weiß, gelb (Spätsommer), Duft; sonniger Standort, kühle Überwinterung. Mittagsblumengewächse *(Aizoaceae)*

Die niedlichen Lebenden Steine sind hauptsächlich in Südafrika verbreitet. Ihre echten Steinen zum Verwechseln ähnlich sehenden Körper sind eigentlich zwei verwachsene Blätter.

Standorttip:

- Die Lebenden Steine möchten den Sommer über sonnig und warm, im Winter hell und kühl stehen.

Pflegetip:

- Während der sommerlichen Wachstumszeit sollte man die Lebenden Steine immer ein wenig feucht halten. Während der kühlen Überwinterung darf man jedoch nur sehr sparsam gießen.
- Die Pflanzerde für die kleinen Sukkulenten sollte sehr durchlässig und ein wenig humushaltig sein.

Der grüne Kniff:

- Zieht man die Lebenden Steine aus Samen, so sollte man sie ähnlich wie Kakteen nach der Vereinzelung recht dicht setzen.

Leuchterblume

(Ceropegia woodii)

Kletternde und hängende Blattpflanze, langlebig, auch blühwillig: blau/violett (ganzjährig); für alle Standorte geeignet, anspruchslos. Seidenpflanzengewächse *(Asclepiadaceae)*

Die dünnen, hängenden Stengel mit ihren kleinen nierenförmigen, hell gemaserten Blättern und violetten, eigenartig flaschenförmigen, bis zu 2 cm großen Blütenkelchen machen die Leuchterblume zu einer äußerst ansprechenden Ampelpflanze.

Standorttip:

- Die Leuchterblume gedeiht auch bei geringerer Lichtintensität gut und eignet sich gleichermaßen für kühle und warme Räume.

Pflegetip:

- Man sollte Leuchterblumen nie zu feucht halten und ihnen eine durchlässige Pflanzerde geben.

Der grüne Kniff:

- Die Vermehrung der Leuchterblume aus Stecklingen oder den zahlreich gebildeten Luftknollen gelingt problemlos.

Madagaskarpalme, Klumpfuß *(Pachypodium)*

Stammsukkulente Blattpflanze, langlebig; sonniger bis absonniger Standort, Hundsgiftgewächse *(Apocynaceae)*

Der Name Madagaskarpalme ist irreführend: Die Pachypodiumarten sind keine Palmen, sondern stammsukkulente, aufrecht wachsende Pflanzen. Ihre dicken Stämme sind mit zahlreichen Stacheln bestückt. Im obersten Stammteil entspringt ein Schopf aus länglichen Blättern.

Standorttip:

- Madagaskarpalmen benötigen sonnige und helle Plätze sowie Wintertemperaturen zwischen 12 und 15 Grad Celsius.

Der Pflanzendoktor:

- Die Madagaskarpalme bekommt leicht schwarze Blattspitzen. Dies ist vermutlich eine Folge von Lichtmangel.

Mimose *(Mimosa pudica)*

Strauchartige Blattpflanze, einjährig, auch Blüten: rosa (Juli – September); sonniger bis absonniger Standort, Schmetterlingsblütler *(Leguminosae)*

Die Mimose wird meist als einjährige Pflanze gezogen. Ihre gefiederten Blätter klappen bei der geringsten Berührung fächerartig zusammen und machen die Mimose, die auch »Rührmich-nicht-an« und »Schamhafte Sinnpflanze« genannt wird, so zu einer besonders interessanten Pflanze. Ihre Blüten sind kleine, duftige Kugeln aus rosafarbenen Staubfäden.

Mimose

Standorttip:

- Mimosen sollten in hellen, warmen Zimmern gehalten werden.
- Gegen Zugluft und Rauch ist die Mimose sehr empfindlich. In Räumen, in denen geraucht wird, kümmert sie und geht ein.

Aussaat-/Pflanztip:

- Drei bis fünf Samenkörner werden

Mimosa pudica

jeweils in einen Topf mit einer sehr lockeren, leichten Erdmischung gelegt und warm und feucht gehalten.

- Nach 2 – 3 Wochen erscheinen die Pflänzchen, die man, sobald sie kräftig genug sind, in lockere Mistbeeterde mit etwas Sand pikiert.
- Für die Aufzucht der Jungpflanzen ist eine möglichst gleichbleibende Temperatur wichtig.

Pflegetip:

- Mimosen benötigen nur kleine Töpfe. In zu großen Gefäßen versauert die Erde leichter und schadet dadurch den Pflanzen.

Moose und Polsterpflanzen

Polsterbildende Pflanzen, teils kriechend, nur wenige Zentimeter hoch; absonniger, heller Standort, Ⓦ

Als Bodendecker in größeren Pflanzgefäßen oder auch dort, wo nur wenig Platz zur Verfügung steht, finden Moose und Polsterpflanzen schöne Verwendung. Eine unverwüstliche, kriechende, zierliche Polsterpflanze ist z.B. der beliebte Bubikopf (Soleirolia = Helxine soleirolii, Nesselgewächse – Urticaceae), der in Korsika und Sardinien wild vorkommt.

Besonders hübsch sieht die Korallenbeere (Nertera granadensis, Krappgewächse – Rubiaceae) im Schmuck ihrer hellroten, kugelrunden Beeren aus. Die wichtigsten Moose für das Zimmer sind die vielen unterschiedlichen Mooskrautarten (Selaginella, Mooskrautgewächse – Selaginellaceae). Ein besonders interessanter Vertreter

Selaginella

ist die falsche »Rose von Jericho« (S. lepidophylla), auch Auferstehungspflanze genannt, die bei Trockenheit braun wird und sich zusammenrollt, sich aber im Wasser rasch wieder entfaltet und grün und frisch wird. Genauso verhält sich auch die »echte« Rose von Jericho (Anastatica hierochuntica).

Standorttip:

- Moosen bekommt direkte Sonnenbestrahlung überhaupt nicht gut. Sie brauchen helle, kühle Plätze mit etwas höherer Luftfeuchtigkeit und gedeihen besser, wenn ausreichend Frischluft vorhanden ist.

Pflegetip:

- Man sollte die Moose immer gleichmäßig feucht halten. Die Korallenbeere verträgt zu kalkreiches Wasser schlecht. Besonders anspruchslos dagegen ist der Bubikopf.
- Die Pflanzerde für die Moose ist humusreich, durchlässig und – für Selaginella und Nertera – am besten leicht sauer.
- Verwendet man die Moose als Bodendecker unter größeren Pflanzen, so sollte man darauf achten, daß sie keiner Tropfnässe ausgesetzt sind.

Der grüne Kniff:

- Die Polster der Korallenbeere und vor allem des Bubikopfs lassen sich ganz leicht teilen.

Myrte *(Myrtus communis)*

Strauchartige Blatt- und Blütenpflanze, langlebig, Blüten: weiß (Juni – September); sonniger bis absonniger Standort, ⌂ Myrtengewächse *(Myrtaceae)*

Der dichte Myrtenstrauch hat kleine spitzovale Blättchen, die einen herrlichen Duft abgeben, wenn man sie zwischen den Fingern zerreibt. Die Myrte hat wunderschöne, zierliche weiße Blüten. Die Myrte ist wohl eine der ältesten Zimmerpflanzen und wird schon seit Jahrhunderten als Brautschmuck verwendet.

Myrte

Standorttip:

- Die Brautmyrte liebt helle, kühle und luftige Plätze.
- Den Sommer sollte die Mittelmeerpflanze im Freien verbringen können.
- Im Winter bevorzugt die Myrte niedrige Temperaturen. Man stellt sie daher am besten in einen hellen, kalten, aber frostfreien Flur oder auf einen geschlossenen, verglasten Balkon.

Pflegetip:

- Myrten sollten stets sorgfältig gegossen werden. Sie benötigen gleichmäßige Bodenfeuchte und vertragen weder Trockenheit noch Staunässe.
- Eine wöchentliche maßvolle Düngung während der Sommermonate bekommt der Myrte gut.
- Die Wurzel des kleinen Strauchs verträgt Störungen schlecht. Man sollte daher möglichst selten umtopfen.
- Frühzeitig gestutzte Pflanzen verzweigen sich besser. Daher sollte man die Spitzen wenigstens alle zwei Jahre etwas zurückschneiden.

Der grüne Kniff:

- Myrten werden durch Stecklinge vermehrt. Man schneidet dazu eine Triebspitze kurz unter der Blattachsel ab. Der Trieb sollte nicht mehr weich, aber auch noch nicht verholzt sein. Der Steckling wird dann in ein Sand-Torf-Gemisch gesteckt und unter einem Glas warm und feucht gehalten. Nach etwa drei Wochen bilden sich die ersten Wurzeln.
- Die schnittverträglichen Sträuchlein kann man kunstvoll stutzen oder bogenförmig ziehen. Auch Hochstämmchen sehen sehr hübsch aus.

Orchideen *(Orchidaceae)*

Blütenpflanzen, teils epiphytisch: in vielen bunten Farben und Zeichnungen, häufig Duft; absonniger bis halbschattiger Standort. Liebhaberpflanzen.

Seit über 200 Jahren werden Orchideen von Pflanzenliebhabern gesammelt und gepflegt. Die Orchideenhaltung gilt allgemein als schönes, aber schwieriges Hobby. Die Welt der Orchideen ist jedoch durchaus auch dem weniger spezialisierten Pflanzenfreund zugänglich. Es gibt eine ganze Reihe von recht pflegeleichten Arten, die man gut im Zimmer halten kann.
Dazu gehören insbesondere bestimmte Arten des Frauenschuhs (Paphiopedilum), der Zahnzunge (Odontoglossum), der Phalaenopsis und der Kambria sowie die kleinen Formen von Cymbidium. Auch einige Orchideenarten, die man an besonders geschützten Stellen im Garten halten kann, eignen sich für die Topfkultur, wie z.B. die Tibetorchidee (Pleione formosanum) und die Japanorchidee (Bletilla striata).
Trotz vieler Gemeinsamkeiten gibt es auch bei den Orchideen Unterschiede in den Standort- und Pflegeansprüchen. Am besten erkundigt man sich beim Kauf der Pflanze nochmals genau danach.

Standorttip:

- Viele Orchideen leben epiphytisch auf großen Bäumen, um näher am Licht zu sein; sie sind sehr lichtbedürftig. Andere Arten dagegen wachsen auf dem Boden und bevorzugen eher schattige Plätze. Auch lichthungrige Arten vertragen keine direkte Sonnenbestrahlung durch die Fensterscheibe.
- Die Orchideenarten lassen sich in drei Gruppen einteilen:
- Die wärmebedürftigsten Orchideen lieben hohe Temperaturen. Auch in der Nacht sollte es nie stark abkühlen. Orchideen sollten aber nie über der Heizung stehen.
- Die hier genannten Arten gedeihen bei ganz normaler Zimmertemperatur. Im Winter oder nachts können die Temperaturen auch geringfügig niedriger sein.
- Für kühlere Räume eignet sich die dritte Gruppe. Dazu gehört z.B. die Zahnzunge.
- Alle Orchideen lieben höhere Luftfeuchtigkeit. Deshalb sollte man sie vor allem im Sommer regelmäßig mit angewärmtem Wasser besprühen.
- Der Platz für die Orchideen sollte immer luftig sein. Herrscht muffiges Klima, so fühlen sich die Pflanzen nicht wohl. Besonders frischluftbedürftig sind die kühler stehenden Arten. Zugluft allerdings vertragen alle Orchideen ausgesprochen schlecht.

Pflegetip:

- Zum Gießen von Orchideen darf kein hartes, kalkreiches Wasser verwendet werden. Man kocht also das Gießwasser am besten vorher ab. Gegossen werden sollte immer erst dann, wenn die Erde anfängt auszutrocknen. Im Winter gießt man sparsamer.
- Orchideen werden von März bis Oktober gedüngt; manche Arten auch darüber hinaus, je nach ihrer Blütezeit. Man verwendet dazu bei jedem dritten Gießen einen speziellen Orchideendünger in der vom Hersteller angegebenen Menge.
- Orchideen werden umgetopft, sobald der Topf zu klein oder die Erde verrottet ist (etwa alle 2 bis 3 Jahre). Die beste Zeit dazu ist im Frühjahr, wenn der neue Trieb erscheint. Meist reichen ziemlich kleine Töpfe aus.

Paphiopedilum

• Als Pflanzerde verwendet man spezielle Orchideenmischungen aus dem Fachhandel oder lockere Torf- oder Rindenmischungen. Damit die Erde auch luftig genug ist, kann man Styromull (Styroporkügelchen) oder ähnliches hinzufügen.

• Beim Umtopfen werden alle faulen oder abgestorbenen Wurzeln sorgfältig entfernt.

Der Pflanzendoktor:

• Beachtet man die Standort- und Pflegeansprüche genau und sorgt man vor allem immer für ausreichend Frischluft ohne Zug, so sind in der Regel keine Schädlinge oder Krankheiten bei Orchideen zu erwarten.

Palmen *(Palmae)*

Stammbildende Blattpflanzen, baumartig, langlebig, im Alter großwüchsig; absonniger bis halbschattiger Standort, Ⓦ und Ⓚ

Phoenixpalme

Es gibt etwa 1200 Palmenarten, von denen sich einige vortrefflich als Zimmerpflanzen eignen.
Palmen waren zu Beginn unseres Jahrhunderts sehr in Mode (Jugendstil). In letzter Zeit erfreuen sie sich in Wohnräumen und besonders in Wintergärten wieder großer Beliebtheit.
Besonders häufig und gut für die Haltung im Zimmer geeignete Palmen-

arten sind die Bergpalme (Chamaedorea elegans), die immer beliebter werdende Betelnußpalme (Areca cathechu), die Kentia- oder Lord-Howe-Palme (Howeia belmoreana, forsterana), die kleine und die große Kokospalme (Microcoelum, Cocos), die Phoenix- oder Dattelpalmen (Phoenix-Arten), die besonders anspruchslose Stecken- oder Rutenpalme (Rhapis excelsa, humilis), die Washingtonie (Washingtonia filifera, robusta) und die Fächer- oder Zwergpalme (Chamaerops humilis). Man sollte sich jedoch von den deutschen Planzennamen nicht verwirren lassen! Längst nicht alles, was den Namen »Palme« trägt, ist auch tatsächlich eine. Manche Palmen, wie z.B. die Schuster-, die Madagaskar- oder die Yuccapalmen tragen ihren Namen völlig zu unrecht. Sie gehören in andere Pflanzenfamilien und haben mit den Palmen nur den Namen gemeinsam.

Kentiapalme

Standorttip:

- Palmen bevorzugen absonnige bis halbschattige Plätze. Sie können gut im Raum, vom Fenster abgerückt, aufgestellt werden, wenn es nicht allzu dunkel ist. Die meisten Palmenarten gedeihen gut bei Zimmertemperatur. Ältere Pflanzen können in der Regel auch in kühleren Räumen stehen. Die anspruchsvolle kleine Kokospalme (Microcoelum weddelianum) liebt möglichst gleichbleibende Wärme.
- Manche Palmenarten eignen sich gut als Kübelpflanzen, die den Sommer über auf der Terrasse stehen und dann kühl überwintert werden. Einige vertragen auch volle Sonne gut. Zu dieser Gruppe gehören vor allem die Kanarische Dattelpalme (Phoenix canariensis), die Steckenpalme und die Washingtonie.

Phoenix

Pflegetip:

- Alle Palmen möchten gleichbleibende Ballenfeuchte ohne Trockenheit und ohne Staunässe.
- Die richtige Pflanzerde für Palmen ist durchlässig und nährstoffreich. Normaler Fertigerde setzt man etwas Sand und, vor allem bei größeren Pflanzen, immer etwas Lehm zu. In der Regel reicht es aus, die Palmen alle 3 bis 4 Jahre umzutopfen.

Der Pflanzendoktor:

- Volle Sonne kann braune Flecken auf den Palmenblättern verursachen. Pflanzen, die man den Sommer über ins Freie stellen will, sollte man sehr behutsam an die Lichtverhältnisse draußen gewöhnen.
- Braune Blattspitzen sind bei Palmen eine natürliche Erscheinung. Man kann dagegen ein wenig vorbeugen, indem man die Blätter regelmäßig mit klarem, handwarmen Wasser abwäscht oder abbraust.
- Die häufigsten Schädlinge an Palmen sind Woll- oder Schildläuse und Spinnmilben. Bei der Bekämpfung muß man sehr gründlich vorgehen, weil die Schädlinge in den Blattwinkeln und Faltungen versteckt sitzen.

Chamaedorea

• Bei kühler Überwinterung kann es in seltenen Fällen zu Pilzbefall kommen. Durch sparsames Gießen und ausreichend Frischluft kann man gut dagegen vorbeugen.

Pantoffelblume

(Calceolaria)

Krautige Blütenpflanze, einjährig: gelb, orange, braun, rot, zweifarbig, gefleckt und getigert (Februar bis Juli); absonniger Standort, Ⓚ Braunwurzgewächse *(Scrophulariaceae)*

Die aus den Subtropen stammende Pantoffelblume fällt durch ihre vielen, aufgeblasen wirkenden, pantoffelähnlichen Blüten auf. Nach dem Verblühen wird die Pflanze meistens weggeworfen.

Standorttip:

• Pantoffelblumen sollten hell und kühl stehen. An zu warmen Plätzen verliert die Pflanze ihre Festigkeit und die Blüten ihre Zeichnung. Zuviel Wärme verkürzt auch die Blühdauer.

Pflegetip:

• Die Pantoffelblume sollte nicht zu feucht gehalten werden.

Pantoffelblume

Passionsblume

(Passiflora coerulea)

Kletternde Blütenpflanze, langlebig: weiß-blau (Juni – Oktober), Frucht: eiförmige Passionsfrucht; sonniger Standort, Ⓚ Passionsblumengewächse *(Passifloraceae)*

Durch ihre faszinierend aussehenden, kurzlebigen Blüten, denen man beim Öffnen zusehen kann, begeistern die interessanten Kletterpflanzen viele Pflanzenliebhaber. Unter den verschiedenen Arten sieht man am häufigsten die relativ einfach zu pflegende Blaue Passionsblume. Sie hat reinweiße Blütenblätter und einen leuchtend blauen Strahlenkranz.

Standorttip:

• Die Blaue Passionsblume liebt einen hellen, sonnigen Platz. Im Winter sollte man die schöne Kletterpflanze realtiv kühl stellen.

Aussaat-/Pflanztip:

• Passionsblumen können auch relativ einfach aus Samen gezogen werden. Dazu sind gleichmäßige Wärme und Feuchtigkeit notwendig. Die Samen, die im Frühjahr ausgesät werden, keimen nach 3 – 4 Wochen. Den Jungpflanzen sollte man kräftige, lehmhaltige Kompost- oder Mistbeeterde geben. In der Regel blühen sie im zweiten Jahr zum ersten Mal.

• Die Pflanze kann auch durch Stecklinge vermehrt werden.

Blüte der Blauen Passionsblume

Passiflora coerulea

Pflegetip:

- Am wichtigsten für eine reiche Blüte der Blauen Passionsblume ist eine richtige Pflege im Winter: An ihrem kühlen Platz wird sie, anders als im Sommer, nur sparsam gegossen. Ein Großteil der Blätter wird gelb und fällt ab. Erst im Frühjahr beginnt man wieder gleichmäßig zu gießen und zu düngen.
- Sobald die Pflanze im Frühjahr neu austreibt, sollte man ihre Ranken auf 3 Augen zurückschneiden.

Philodendron

(Philodendron)

Strauchartige Blattpflanze, auch kletternde Arten, auch blühfähig: weiß, rot, gelb; halbschattiger bis schattiger Standort, Ⓦ Aronstabgewächse *(Araceae)*

Die etwa 250 im tropischen Amerika beheimateten Philodendronarten haben die verschiedensten Formen.
Empfehlenswert sind beispielsweise die aufrecht wachsende Art P. selloum mit ihren riesigen, gelappten Blättern und P. erubescens mit pfeilförmigen bis länglich-herzförmigen Blättern, sowie die Arten P. panduriformae und P. laciniatum. Zu den wohl bekanntesten und anspruchslosesten Blattpflanzen im Zimmer zählt die Art P. scandens, eine zierliche Ampel- und Kletterpflanze mit kleinen, herzförmigen Blättern.
Philodendren können auch blühen! Besonders kletternde Exemplare zeigen, wenn man viel Glück hat, je nach ihrer Art weiße, gelbe oder rote Blüten.

Standorttip:

- Der Philodendron gedeiht auch gut in schlecht belichteten Zimmerecken, die für viele andere Pflanzen zu dunkel sind.
- Gleichmäßig zimmerwarme Plätze sind für die Philodendren am geeignetsten. Die Räume dürfen aber ruhig

Philodendron

auch etwas kühler sein, vorausgesetzt, sie sind nicht zugig. Gegen Zugluft ist der Philodendron ziemlich empfindlich.

Pflegetip:

- Bei ausreichender Ernährung, d.h. gleichmäßigen Wassergaben und Düngung von April bis September, sind die Philodendren dankbare Zimmerpflanzen, die keine allzu großen Pflegeansprüche stellen.
- Ab und zu sollte man die großen Blätter abwaschen.
- Umgetopft wird der Philodendron etwa alle 2 – 3 Jahre in nährstoffreiche, lockere und sehr durchlässige Erde.

Der Pflanzendoktor:

- Bei trockener Luft und an zugigen Plätzen werden die Philodendren leicht von Schildläusen und roter Spinne befallen.

Primel *(Primula)*

Krautige Blütenpflanze, einjährig: in vielen bunten Farben; absonniger Standort, Ⓚ Primelgewächse *(Primulaceae)*

Die Primel zählt mit zu den ältesten Zimmerpflanzen und erfreut sich großer Beliebtheit. Vor allem drei aus China stammende Arten sind als Zimmerpflanzen von Bedeutung: Die zierliche, duftende Fliederprimel (P. malacoides), die Chinesenprimel (P. sinensis) und die Becherprimel (P. obconica). Die drüsige Blattbehaarung der Becherprimel enthält einen Stoff, auf den viele Menschen allergisch mit Hautausschlag reagieren.

Standorttip:

- Die Primel scheut volle Sonne und möchte kühl stehen. Darüber hinaus darf die Luft nicht zu trocken sein.

Pflegetip:

- Primeln sollte man immer gut feucht halten.
- Alle drei genannten Primelarten lieben kräftige, lehmhaltige Erde.

Fliederprimel

Der Pflanzendoktor:

- In warmen Räumen mit sehr trockener Luft bekommen Primeln leicht braune Blätter. Man sollte die Pflanzen sofort kühler stellen, sonst verblühen sie sehr schnell.

Primula

Chinesenprimel

Ruhmeslilie, Gloriose *(Gloriosa)*

Blütenpflanze, rankend: rot, gelb (Juli – September); zieht im Winter ein; sonniger bis absonniger Standort, Ⓦ Liliengewächse *(Liliaceae)*

Becherprimel

Die Ruhmes- oder Prachtlilie ist eine auffällige tropische Schlingpflanze mit besonders großen Blüten. Am bekanntesten ist die rotblühende G. rothschildiana. Die Arten G. superba (gelbrot) und G. lutea (gelb) werden seltener angeboten. Ruhmeslilien gibt es fertig getopft vorwiegend im Juli zu kaufen. Man kann sich auch im Frühjahr die Knollen besorgen.

Standorttip:

- Zum guten Gedeihen braucht die Gloriose volles Licht und Zimmerwärme.

Schiefteller

Pflegetip:

- Nach der Blüte benötigt die Ruhmeslilie eine Ruhezeit. Man gießt allmählich weniger und hört schließlich ganz damit auf. Das Laub stirbt dann ab. Die Knollen werden den Winter über ganz trocken aufbewahrt.
- Im Februar legt man die länglichen, gebogenen Knollen waagerecht in eine lockere Erdmischung und treibt sie an.
- Man sollte die Pflanzen einmal wöchentlich düngen.
- Die neuen Triebe bekommen bald einen Stützstab.

Der grüne Kniff:

- Die Vermehrung der Prachtlilie ist kinderleicht. Man braucht die Knollen lediglich vorsichtig zu zerteilen und getrennt einzutopfen. Besonders gut geht das bei Pflanzen, die schon einige Jahre alt sind.

Schefflere

Schefflere
(Schefflera actinophylla)

Baumartige Blattpflanze, langlebig; absonniger Standort, Araliengewächse *(Araliaceae)*

Die Schefflere, auch Strahlenaralie genannt, ist in Australien beheimatet. Ihre handähnlichen Blätter bekommen mit zunehmendem Alter immer mehr Finger (d.h. Teilblätter).

Standorttip:

- Scheffleren benötigen sehr viel Frischluft. In mäßig kühlen Treppenhäusern oder Dielen gedeihen sie besser als in beheizten Wohnräumen.

Pflegetip:

- In ihren Pflegeansprüchen ähnelt die Schefflere der Aralie.

Schiefteller *(Achimenes)*

Blütenpflanze: rosa, rot, blau (Juni – September); absonniger bis halbschattiger Standort, Gesneriengewächse *(Gesneriaceae)*

Der Schiefteller ist eine kleine, blühende Topfpflanze, die ihren Namen durch die etwas verzogenen Blütenkelche bekam. Man bekommt die unterschiedlichen Sorten im Sommer zu kaufen, kann sich aber auch im zeitigen Frühjahr die kleinen Wurzelrhizome besorgen.

Standorttip:

- Schiefteller möchten einen leicht schattigen Platz bei normaler Zimmertemperatur.

Pflanztip:

- Die kleinen, schuppigen Überwinterungsorgane setzt man am besten im Februar in lockere Erde.

Pflegetip:

- Beim Gießen sollte kein Wasser auf die Blätter spritzen.
- Nach der Blüte hört man allmählich auf zu gießen. Nachdem das Laub abgestorben ist, werden die »Kätzchen« den Winter über trocken aufbewahrt.

Abutilon

Schönmalve *(Abutilon)*

Strauchartige Blütenpflanze, langlebig: weiß, gelb, ziegel- bis schwarzrot (Mai – Oktober); absonniger Standort, Ⓚ Malvengewächse *(Malvaceae)*

Die aus tropischen und subtropischen Gebieten stammenden Schönmalven haben gelappte Blätter und glockenförmige Blüten. Besonders schön ist die Art A. megapotamicum mit ihren hängenden, rot-gelben Blütenglocken.

Standorttip:

- Schönmalven brauchen helle, kühle Plätze. Auch in etwas wärmeren Räumen gedeihen sie noch gut, sofern sie im Winter kühler stehen.
- Im Sommer fühlen sich die Schönmalven an einem geschützten Platz auch im Freien wohl.

Pflegetip:

- Schönmalven müssen über die Sommermonate reichlich, am kühlen Winterstandort nur äußerst sparsam gegossen werden.

- Holt man die Blütensträucher nach dem »Sommerurlaub« ins Haus, so sollte man sie kräftig zurückschneiden.
- Im Frühjahr topft man die Schönmalven um. Der Fertigerde setzt man, besonders bei älteren Pflanzen, etwas Lehm zu.

Der grüne Kniff:

- Ein Hinweis für den Liebhaber: Besonders hübsch wirkt die so auffallend blühende Art A. megapotamicum als Hochstämmchen.

Schraubenbaum

(Pandanus)

Blattpflanze, teils Blattzeichnungen; absonniger Standort, Ⓦ Schraubenbaumgewächse *(Pandanaceae)*

Die aus den Tropen kommenden Schraubenbäume sind ausgezeichnete Topfpflanzen für warme Zimmer. Ihren Namen bekamen die Pflanzen durch die schraubenartig am Stamm angeordneten Blätter. Die bekannteste Art P. veitchii hat weiße, feinbestachelte Blattränder. Daneben fallen auch gelbe Blattzeichnungen (P. sanderi) und rote Blattrandstacheln (P. utilis) auf.

Standorttip:

- Schraubenbäume gedeihen am besten an hellen Plätzen bei normaler Zimmertemperatur. Auch kurzzeitige sommerliche Hitze und niedrigere Temperaturen im Winter (nie weniger als 15° C!) vertragen sie gut.
- Beim Kauf sollte berücksichtigt werden, daß der Schraubenbaum, wenn er einmal ausgewachsen ist, sehr viel Platz braucht.

Pflegetip:

- Der Schraubenbaum braucht gleichmäßige Feuchtigkeit, besonders an sehr warmen Plätzen.

Schusterpalme

(Aspidistra elatior)

Langlebige Blattpflanze, auch blühfähig; halbschattiger bis schattiger Standort, anspruchslos, Ⓚ Liliengewächse *(Liliaceae)*

Die in Japan beheimatete Schusterpalme, auch Metzgerpalme genannt, hat ledrige, lange schmale und frischgrüne Blätter. Die Schusterpalme kann man den robustesten, anspruchslosesten und pflegeleichtesten Zimmerpflanzen zurechnen. Auch eine buntlaubige Sorte ist im Handel.

Standorttip:

- Die Schusterpalme bevorzugt halbschattige Standorte, gedeiht aber auch an hellen oder relativ dunklen Plätzen.
- Sie verträgt trockene Luft in überheizten Räumen ebenso wie Temperaturen, die nur wenig über dem Nullpunkt liegen. Darüberhinaus machen ihr auch plötzliche Temperaturschwankungen oder Zugluft nichts aus.

Pflegetip:

- Die Schusterpalme ist ein wenig empfindlich gegen Staunässe. Besonders wenn sie sehr kühl steht, sollte man vorsichtig und sparsam gießen.
- Regelmäßige Düngung in den Sommermonaten bekommt der Schusterpalme gut. Vor allem wenn die Pflanze schon länger nicht mehr umgetopft wurde, braucht sie eine ausreichende Nährstoffzufuhr.

Sinngrün, Zimmervinca

(Vinca rosea = Catharanthus roseus)

Blütenpflanze, einjährig: pastellrosa, weiß (Juli – September); absonniger, heller Standort. Hundsgiftgewächse *(Apocynaceae)*

Eine besonders hübsche, kleine Blütenpflanze, die den Sommer über zarte Pastellfarben ins Zimmer bringt, ist das Sinngrün. Die kleine Topfpflanze ist eine tropische Verwandte unseres gut bekannten Gartenimmergrüns (V. minor, major).

Standorttip:

- Das Sinngrün braucht einen hellen, aber nicht sonnigen Platz.

Aussaat-/Pflanztip:

- Die einjährige Blütenpflanze ist sehr leicht aus Samen zu ziehen: Man sät im Februar im warmen Zimmer. Beim Vereinzeln setzt man am besten drei Sämlinge zusammen in einen Topf. Um besonders buschige Pflanzen zu bekommen, kann man die Jungpflanzen einmal etwas stutzen.

Der grüne Kniff:

- Vorsicht! Der Milchsaft der kleinen Pflanze ist giftig.

Steinbrech

(Saxifraga stolonifera)

Krautige Hängepflanze, auch blühwillig: weiß (Sommer); halbschattiger bis schattiger Standort, anspruchslos, ⌂ Steinbrechgewächse *(Saxifragaceae)*

Der Steinbrech zählt zu den anspruchslosesten Ampelpflanzen überhaupt. Seine runden bis nierenförmigen Blätter haben eine dunkelgrüne Oberseite mit weißen Blattnerven und eine rötliche Unterseite. Die kleine Hängepflanze treibt lange, fadendünne Ausläufer mit Kindeln am Ende. Die Blüten sind weiß und haben gelbe und rosafarbene Pünktchen.

Sinngrün

Saxifraga

Standorttip:

- Der Hängesteinbrech gedeiht gut an halbschattigen, schattigen, kühlen Plätzen: Buntblättrige Sorten bevorzugen Zimmertemperatur.

Pflegetip:

- Die dankbare Ampelpflanze ist denkbar pflegeleicht: Man sollte sie gleichmäßig gießen, aber zu große Feuchtigkeit vermeiden. Zu feucht gehaltene Pflanzen treiben kaum Ausläufer. Besonders im Winter wird der Steinbrech lieber etwas trockener gehalten.

Sukkulente Pflanzen

Kugelige, rosettenförmige oder strauchartige Blatt- und Blütenpflanzen mit der Fähigkeit, längere Zeit Wasser zu speichern; sonniger bis absonniger Standort, kühle Überwinterung vorteilhaft, überwiegend anspruchslos.

Sukkulent nennt man Pflanzen, die in der Lage sind, lange Trockenzeiten zu überstehen. Die Voraussetzung dafür ist ihre Fähigkeit, in ihren Blättern, ihrem Sproß oder ihren Wurzeln für längere Zeit Wasser zu speichern. Die als Speicherorgane dienenden Blätter sind fleischig verdickt. Meist ist ihre Oberfläche zusätzlich mit einem Verdunstungsschutz ausgestattet: Sie sind grau bis bläulich gefärbt und mit einem wachsartigen Überzug versehen.

Zu sehr vielen Pflanzenfamilien gehören ein paar mehr oder weniger sukkulente Arten: Die Agave stammt aus der Familie der Agavengewächse (Agavaceae), die Aloe, die Gasterie und die Haworthie aus der Familie der Liliengewächse (Liliaceae), der Christusdorn und andere Wolfsmilcharten aus der Familie der Wolfsmilchgewächse (Euphorbiaceae). Drei Pflanzenfamilien umfassen jedoch ausschließlich sukkulente Arten: Die Dickblattgewächse (Crassulaceae), die Mittagsblumengewächse (Aizoaceae) und die Kakteen (Cactaceae).

Sukkulente Pflanzen sind begehrte Sammler- und Liebhaberpflanzen, vielleicht auch deshalb, weil sie alle recht einfach zu pflegen sind.

Drei Sukkulentengruppen werden hier in eigenen Abschnitten behandelt: die Kakteen, die Lebenden Steine und die sukkulenten Wolfsmilcharten. Die anderen sukkulenten Pflanzen, insbesondere die Dickblattgewächse, zu denen als wichtigste Art das Dickblatt (Crassula) und die Echeverie (Echeveria) gehören, die Agaven- und Aloenarten und viele andere lassen sich gut in einer Gruppe zusammenfassen, weil sie sich in ihren Ansprüchen sehr ähneln.

Crassula

Standorttip:

- Die meisten Sukkulenten können gut an sonst für Zimmerpflanzen so wenig geeigneten Südfenstern stehen. Sie vertragen Sonne und trockene Luft.
- Ein kühler Winterstandort kann die Blühwilligkeit sukkulenter Blütenpflanzen, z.B. der Echeverien, sehr fördern.

Pflegetip:

- Sukkulente Pflanzen sind einfach zu pflegen: Den Sommer über sollte man regelmäßig gießen und kann gelegentlich (etwa alle 4 Wochen) schwach düngen. Aufgrund ihrer Wasserspeicherfähigkeit kommen die Pflanzen gut auch einmal ein paar Tage ohne Wasser aus.

- Sehr wichtig: Kühl überwinterte Pflanzen werden nur äußerst sparsam gegossen. Sie können sonst leicht faulen oder erkranken.
- Alle sukkulenten Pflanzen brauchen eine sehr durchlässige Pflanzerde, die Sand enthalten sollte.

Der grüne Kniff:

- Viele sukkulente Arten lassen sich leicht durch Kindel (Aloe, Agave) oder Ableger (Dickblatt) vermehren. Die Vermehrung der Echeverie ist besonders interessant: Man bricht ein Blatt sauber ab, so daß kein Rest am Sproß zurückbleibt. Nachdem man die Bruchstelle etwas hat trocknen lassen, drückt man den Blattsteckling flach in ein Gemisch aus Fertigerde und Sand. Am Grunde des Blatts entstehen die Jungpflänzchen, für die das »Mutterblatt« die erste Nahrung darstellt. Erst beim Vereinzeln der Pflänzchen sollte man die Blattreste beseitigen.

Tradeskantie
(Tradescantia)

Krautige, hängende Blattpflanze, langlebig, auch blühwillig: weiß (unterschiedliche Blütezeit); absonniger bis schattiger Standort, anspruchslos, Commelinengewächse *(Commelinaceae)*

Zwei Arten der Tradeskantie sind besonders weit verbreitet: Die grünblättrige Art T. albiflora mit ihren kleinen, weißen Blüten am Ende der hängenden, durch knotige Gelenke gegliederten Triebe und die Rio-Tradeskantie (T. fluminensis), die bläulich- bis violett-grüne Blätter besitzt. Von beiden Arten existieren zahlreiche weißbunte Sorten.

Tradeskantien sind sehr anspruchslose Zimmerpflanzen, die man auch unter ungünstigen Bedingungen zu üppigem Wachstum und reicher Blüte bringen kann.

Standorttip:

- Tradeskantien gedeihen auch bei weniger Licht noch gut. Buntblättrige Zuchtformen brauchen allerdings helle Plätze.
- Die anspruchslosen Hängepflanzen eignen sich für warme und kältere Räume.

Pflegetip:

- Man sollte die Tradeskantie gleichmäßig gießen, im Winter etwas weniger als im Sommer.
- Treiben weißbunte Formen einmal durchgehend grün, so sollte man diese Triebe herausschneiden.

Der grüne Kniff:

- Die Vermehrung der Tradeskantien ist kinderleicht: Die Stecklinge, die man von den langen Trieben nimmt, bewurzeln sich sehr schnell. Man sollte gleich mehrere Stecklinge zusammen in einen Topf stecken.

Usambaraveilchen
(Saintpaulia)

Krautige Blütenpflanze, mehrjährig: weiß, rosa, blau, violett, zweifarbig; halbschattiger bis schattiger Standort, Gesneriengewächse *(Gesneriaceae)*

Usambaraveilchen sind kleine, krautige Pflanzen mit rauhbehaarten,

Usambaraveilchen

dunklen Blättern, die in Rosetten stehen, und wunderschönen veilchenähnlichen Blüten in Weiß-, Violett- und Rosatönen.

Standorttip:

- Usambaraveilchen vertragen keine Sonne, sie bevorzugen leicht schattige Standorte mit gleichbleibenden Temperaturen. Sie eignen sich gut für Nord- und Nordostfenster in warmen Zimmern.

Pflegetip:

- Die kleinen Blüher sollte man gleichmäßig feucht halten und von Februar bis November regelmäßig düngen.
- Beim Gießen darf kein Wasser auf die Blätter spritzen, weil dadurch unschöne, braune Flecken entstehen würden. Das gilt besonders dann, wenn man mit Düngerlösung gießt.
- Man sollte den Usambaraveilchen jährlich einmal frische, lockere, humusreiche Erde geben.

Der grüne Kniff:

- Usambaraveilchen werden aus Blattstecklingen vermehrt: Dazu schneidet man ein Blatt mit einem etwa 1 cm langen Stiel ab und steckt es in ein Sand-Torf-Gemisch. Unter einem Glas wird es feucht und warm gehalten, bis sich nach etwa 4 Wochen am Grund des Blattstiels ein kleines Pflänzchen gebildet hat.

Saintpaulia

Der Pflanzendoktor:

- Eine ganze Reihe von Schädlingen und Krankheiten, wie z.B. Milben, Blattälchen und Mehltau, können den Usambaraveilchen zu schaffen machen. Bei einem starken Befall ist auch mit chemischen Bekämpfungsmitteln meist nichts mehr zu machen. Man sollte sich besser rechtzeitig von befallenen Pflanzen trennen, bevor sich Krankheiten oder Schädlinge auf andere Zimmerpflanzen übertragen.

Wachsblume

(Hoya carnosa)

Strauchige Kletterpflanze, sehr langlebig, auch Blüten: rosa-weiß (Mai – Oktober), auffallender Duft; absonniger Standort, anspruchslos, Ⓚ Seidenpflanzengewächse *(Asclepiadaceae)*

Die aus China stammende Wachsblume (Hoya carnosa) hat länglich-ovale, fleischige Blätter und gewölbte Blütendolden aus einer Vielzahl kleiner, rosa überhauchter, stark duftender Blüten, die dicke Nektartropfen absondern. Sie ist eine dankbare, robuste Kletterpflanze, die allerdings erst nach einigen Jahren blüht. Ihre Verwandte, die Hoya bella, ist etwas anspruchsvoller. Sie hat viel kleinere Blätter, eignet sich sehr gut als Ampelpflanze, klettert aber nicht.

Standorttip:

- Wachsblumen lieben sehr helle, möglichst nicht vollsonnige Plätze.

Hoya carnosa

● Während H. carnosa gerne kühl überwintert, sollten die Temperaturen für H. bella nicht unter normale Zimmertemperatur sinken.

Pflegetip:

● Wachsblumen sind bezüglich ihrer Nahrung ziemlich anspruchslos. Zur winterlichen Ruhezeit wird ganz sparsam gegossen und nicht gedüngt.

● Man sollte Wachsblumen möglichst nicht verstellen, Platzwechsel bekommt ihnen schlecht und verdirbt ihre Blühwilligkeit.

● Pflückt man abgetrocknete Blüten ab, darf man die Kurzsprosse, an denen die Blüten stehen, nicht mitentfernen. An ihnen entstehen nämlich wieder die neuen Blüten.

● Die Wachsblume benötigt nur einen kleinen Topf und wird selten umgetopft. Die Pflanzerde wird am besten mit etwas Sand gestreckt. Sie sollte locker, durchlässig und nährstoffreich sein.

Der Pflanzendoktor:

● Wird die Wachsblumenart H. carnosa in den Sommermonaten von Schild- oder Wolläusen heimgesucht, so kann das an zu hohen Temperaturen liegen.

Weihnachtsstern
(Euphorbia pulcherrima)

Strauchartige Blütenpflanze, mehrjährig, auch Schnittblume: rot, rosa, weiß; sonniger bis absonniger Standort, Ⓦ Wolfsmilchgewächse *(Euphorbiaceae)*

In der Vorweihnachtszeit kann man überall blühende Weihnachtssterne kaufen. Während ihre wirklichen Blüten relativ unscheinbar sind, fällt die Pflanze durch ihre gefärbten Hochblätter auf.

Euphorbia pulcherrima

Standorttip:

- Weihnachtssterne möchten hell stehen, sie vertragen auch ein wenig Sonne. Allerdings sollte man sie niemals der direkten Mittagssonne aussetzen.
- Gegen Kälte und Zugluft sind Weihnachtssterne hochempfindlich. Kälteschocks, z.B. durch ein geöffnetes Fenster, quittieren sie mit dem Abwerfen der Blätter. Darauf ist auch schon beim Kauf der Pflanze zu achten: Für den Heimweg bei winterlichen Temperaturen sollte man die Pflanze gut einpacken lassen.

Pflegetip:

- Während der Blütezeit benötigen Weihnachtssterne gleichmäßige Feuchtigkeit.
- Abgeblühte Pflanzen werden bis etwa April oder Mai nur sparsam gegossen.
- Vor Beginn der Wachstumszeit sollte man den Weihnachtsstern kräftig zurückschneiden.
- Während der Wachstumsphase sollte man die Pflanze reichlich gießen und einmal wöchentlich düngen.
- Am liebsten mögen Weihnachtssterne humusreiche Pflanzerde.

Wolfsmilch *(Euphorbia)*

Kakteenähnliche, sukkulente Pflanzen; sonniger bis absonniger Standort, Ⓚ und Ⓦ Wolfsmilchgewächse *(Euphorbiaceae)*

Zur Gattung Euphorbia gehören neben dem Weihnachtsstern und dem Kroton auch eine ganze Reihe sukkulenter Arten. Die wohl wichtigste, der Christusdorn (Euphorbia milii), wird in einem eigenen Abschnitt behandelt. Neben diesen gibt es noch eine sehr große Zahl kakteenähnlicher Wolfsmilcharten, die beliebte und überwiegend leicht zu haltende Zimmerpflanzen sind. Manche unter ihnen haben dreikantige Äste mit paarweise stehenden Dornen (E. grandicornis), andere sehr dünne, stark verzweigte Äste (E. mauritanica), an denen nur an den jüngsten Teilen Blätter sitzen. Diese Kurzlebigkeit der Blätter ist ein typisches Merkmal vieler Wolfsmilcharten. Alle Wolfsmilchgewächse führen den für die Familie typischen Milchsaft, der bei Überempfindlichkeit Schleimhautreizungen hervorrufen kann. Durch diesen

Milchsaft unterscheiden sie sich eindeutig von den Kakteen, wofür einige Sorten häufig gehalten werden.

Standorttip:

- Die Wolfsmilcharten eignen sich am besten für helle, zimmerwarme oder ein wenig kühlere Räume.

Pflegetip:

- In ihren Pflegeansprüchen ähneln die Wolfsmilcharten den anderen Sukkulenten. Während der Wachstumszeit werden sie regelmäßig gegossen und sparsam gedüngt. Im Winter sollte man nur wenig gießen.
- Die sukkulenten Euphorbien werden in der Regel alle 2 Jahre umgetopft. Die günstigste Zeit dafür ist im Mai oder Juni. Als Pflanzerde eignen sich die gleichen Mischungen wie für die Kakteen.

Der Pflanzendoktor:

- Sukkulente Wolfsmilcharten werden manchmal von Mehltau befallen, jedoch in der Regel nur dann, wenn man sie überdüngt hat.

Yucca *(Yucca elegans)*

Blattpflanze, palmenähnlich; sonniger bis halbschattiger Standort, äußerst anspruchslos, (W) und (K)
Agavengewächse *(Agavaceae)*

Wohl jeder kennt die Yucca, die oft fälschlicherweise als Palme bezeichnet wird. Sie ist eng mit den Palmlilien für Kübel und Garten verwandt. Man bekommt sie meist als Stamm zu kaufen, der an mehreren Stellen austreibt. Die Blattschöpfe bilden ihrerseits mit der Zeit Stämme. Ihre Unverwüstlichkeit hat die Yucca in den letzten Jahren zu einer der beliebtesten Zimmerpflanzen überhaupt gemacht. Auch eine etwas empfindlichere, buntlaubige Sorte ist im Handel.

Yucca

Standorttip:

- Die Yucca gedeiht an sonnigen bis leicht schattigen Plätzen bei normaler Zimmertemperatur besonders gut. Im Winter hat sie es gern etwas kühler. Einen dunklen Platz verträgt sie auf keinen Fall.

Pflegetip:

- Die robusten Zimmerpflanzen können ohne weiteres ein paar Tage ohne Wasser auskommen. Im Winter sollte man überhaupt recht sparsam gießen.
- Ab und zu sollte der Staub von den Blättern abgewaschen werden.

Scirpus cernuus

Ziergräser, Sauergräser *(Cyperaceae)*

Grasähnliche Blattpflanzen; absonniger bis halbschattiger Standort, anspruchslos Ⓦ und Ⓚ

Die Ziergräser wurden in den letzten Jahren als Zimmerpflanzen immer beliebter. Die bekanntesten sind das besonders anspruchslose Zypergras (Cyperus alternifolius) und der Papyrus (Cyperus papyrus). Ein besonders hübsches Ziergras ist das Frauenhaar (Scirpus cernuus). Auch eine Seggenart (Carex japonica) aus Japan eignet sich gut als Zimmerpflanze.

Standorttip:

- Gräser bevorzugen leicht schattige Standorte. Sie gedeihen bei normaler Zimmertemperatur und auch in kühleren Räumen. Über den Winter stehen insbesondere das Frauenhaar und die Seggen gerne kühl.

Pflegetip:

- Die Gräser gehören zu den ganz wenigen Zimmerpflanzen, die, wie in den Sümpfen am natürlichen Standort, im Wasser stehen möchten. Am besten hält man den ausreichend großen Übertopf immer mit Wasser gefüllt.
- Die Pflanzerde sollte kräftig und nährstoffreich sein. Normale Fertigerde wird mit Sand und Lehm vermischt.

Der grüne Kniff:

- Die Vermehrung des Zypergrases ist kinderleicht: Man schneidet ein paar Halme ab, stutzt die Blätter, so daß nur kleine Sterne aus Blattstümpfen übrig bleiben und steckt diese kopfüber in feuchten Sand oder ins Wasser. In den Blattachseln bilden sich dann bald die jungen Pflänzchen.

Zierspargel *(Asparagus)*

Strauchartige Blatt- und Schnittpflanze, mehrjährig; absonniger bis halbschattiger Standort, Ⓚ Liliengewächse *(Liliaceae)*

Zwei Arten der in den Tropen und Subtropen heimischen Pflanze sind besonders bekannt: Die größere, robustere A. densiflorus (sprengeri) und der viel feingliedrigere, empfindlichere A. setaceus (plumosus). Die Blätter der Zierspargelarten sind zu nadelähnlichen Spitzen umgebildet. Ihre Triebe werden häufig zu Blumengebinden und -sträußen verwendet.

Standorttip:

- Die Zierspargelarten bevorzugen halbschattige Standorte.
- A. densiflorus gedeiht gut in kühlen Zimmern, während A. setaceus möglichst gleichbleibende, etwas höhere Temperaturen benötigt.

Pflegetip:

- Im Sommer sollte man den Zierspargel ausreichend gießen und düngen. Im Winter benötigt der kühl stehende A. densiflorus eine Ruhepause, in der er ziemlich trocken gehalten wird.
- In der Regel wird der Zierspargel alle zwei Jahre umgetopft. A. densiflorus möchte eine lockere, etwas lehmhaltige Pflanzerde, A. setaceus bevorzugt humusreiche Erde.

Asparagus setacens

- A. densiflorus (= Sprengeri) altert rasch: Häufig ist bereits nach zwei Jahren keine Erde mehr im Topf, sondern nur helle Wurzeln. Will man die Pflanze nicht wegwerfen, so sollten die alten, gelb gewordenen Triebe bis auf den Wurzelstock herausgeschnitten oder -gerissen werden. Dabei dürfen keine Reste stehenbleiben, die den neuen Trieben im Weg stehen. Dies gilt auch beim Entnehmen von Schnittgrün.

Aussaat-/Pflanztip:

- Beim Umpflanzen kann der Wurzelballen geteilt und in mehrere Töpfe gepflanzt werden.

Zimmerhopfen

(Beloperone)

Strauchartige Blütenpflanze: weiß in grün-gelb-braunen Ähren; absonniger Standort, Ⓦ Bärenklaugewächse *(Acanthaceae)*

Der manchmal auch als Hopfenschwänzchen bezeichnete Strauch besitzt ovale, leicht behaarte Blätter und aus rotbraunen, gelben und grünen Blättchen bestehende Ähren, in denen die kleinen, weißen Lippenblüten sitzen. Seit vielen Jahren bewährt sich die hübsche Topfpflanze in der Zimmerkultur und ist sehr beliebt.

Der gelbe Hopfen (Pachystachis lutea) ist in seinen Ansprüchen dem Zimmerhopfen gleich, erfreut sich jedoch in der letzten Zeit einer weitaus größeren Beliebtheit.

Standorttip:

- Der Zimmerhopfen liebt helle, vollsonnige Standorte.

Pflegetip:

- Der Zimmerhopfen braucht regelmäßige Feuchtigkeit. Er verträgt auch nur kurzzeitige Trockenheit sehr schlecht.
- Für Düngungen im Sommer ist er dankbar.
- Im zeitigen Frühjahr sollte man die Pflanze zurückschneiden, wenn sie zu groß zu werden droht. Sie bekommt an den Schnittstellen weitere Verästelungen.

Der grüne Kniff:

- Den Zimmerhopfen kann man gut durch Stecklinge vermehren. Man sollte immer mehrere davon in einen Topf zusammenstecken und sie bei Zimmertemperatur, möglichst unter einer Folie oder einem übergestülptem Glas, aufstellen.

Der Pflanzendoktor:

- Hin und wieder fällt der kleine Hopfen verschiedenen Läusearten zum Opfer. Man sollte diese rechtzeitig mit einem insektentötenden Mittel bekämpfen. Stark befallene Pflanzen sollten weggeworfen werden.

Zimmerlinde

(Sparmannia africana)

Strauch- oder baumartige Blattpflanze, langlebig, auch blühwillig: weiß (Januar – August); sonniger bis absonniger Standort, Ⓚ Lindengewächse *(Tiliaceae)*

Zimmertanne

Die aus Südafrika stammende strauch- oder baumartige, starkwüchsige Pflanze hat lindgrüne, weich behaarte Blätter, die sehr groß werden können.
Die Zimmerlinde ist wohl eine unserer bekanntesten Zimmerpflanzen. Sie war lange Zeit fast in Vergessenheit geraten, erfreut sich heute aber wieder einer zunehmenden Beliebtheit.
Die Staubblätter ihrer kleinen weißen Blüten spreizen sich bei Berührung sofort nach außen. Dieser Mechanismus dient der Bestäubung.

Standorttip:

- Zimmerlinden möchten hell, kühl und luftig stehen.

Pflegetip:

- Die Zimmerlinde braucht stets ausreichend Wasser.
- Man sollte die große Pflanze etwa alle zwei Jahre umtopfen. Als Pflanzerde eignet sich Fertigerde (im Fachhandel erhältlich), der man etwas Lehm zugibt.

Zimmertanne

(Araucaria heterophylla)

Baumartige Nadelpflanze, halbschattiger bis schattiger Standort, anspruchsvoll, Ⓚ Araucariengewächse *(Araucariaceae)*

Der dunkelgrüne, von den Nordfolkinseln stammende Nadelbaum, mit seinen sehr streng angeordneten, quirlig stehenden Ästen ist eine bekannte und begehrte, aber anspruchsvolle Zimmerpflanze.

Standorttip:

- Zimmertannen benötigen leicht schattige, kühle und luftige Standorte. Die Luftfeuchtigkeit darf nicht zu gering sein.
- Im Sommer kann man sie ins Freie stellen.
- Ein heller Platz mit niedrigen Temperaturen ist der beste Winterstandort.

Pflegetip:

- Zimmertannen möchten gleichbleibende, ausreichende Feuchtigkeit und einen guten Wasserabzug im Ballen.
- Während der winterlichen Ruhepause von Oktober bis Februar wird nur sehr wenig gegossen.
- Beim Umtopfen, das nur alle 3 bis 4 Jahre notwendig ist, dürfen keine Triebe verletzt werden, da sonst der gleichmäßige Wuchs gestört wird. Um gefährlicher Staunässe vorzubeugen, sollte man zunächst eine Schicht Sand oder Kies auf den Topfboden füllen, bevor man die möglichst lockere, humusreiche Pflanzerde darauf gibt. Ebenfalls sollte man darauf achten, daß der Baum im neuen Topf nicht tiefer als im alten steht. Der einzig richtige Zeitpunkt, um umzutopfen, ist im Frühjahr.

• Ganz besonders gut ist für die Zimmertanne ein warmer Sommerregen, der die feinen Nadeln gründlich reinigt.

Der Pflanzendoktor:
• Läßt die Zimmertanne ihre Zweige hängen und verliert sie allmählich ihren regelmäßigen Wuchs, so steht sie vermutlich zu warm. Staunässe hat ähnliche Auswirkungen.

Zitronengeranie
(Pelargonium odoratissimum)

Duftende Blattpflanze; sonniger bis absonniger Standort, anspruchslos, Storchschnabelgewächse *(Geraniaceae)*

Die altbekannte Zitronengeranie duftet angenehm erfrischend nach Zitrone und wächst rasch, ohne besondere Pflegeansprüche. Sie ist eng mit den Geranien für den Balkonkasten verwandt.

Standorttip:
• Die Zitronengeranie möchte hell und kühl stehen.

Pflegetip:
• Die starkwachsende Topfpflanze sollte oft und regelmäßig gegossen werden. Sie braucht ziemlich viel Wasser. Sie läßt sonst schnell die Blätter hängen.
• Die duftende Blattgeranie sollte man im Frühjahr kräftig zurückschneiden. Ein regelmäßiges Stutzen das ganze Jahr hindurch bewirkt ein schönes, buschiges Wachstum.
• Die Pflanzerde muß durchlässig sein. Nährstoffreiche, humose Mischungen, z.B. eine gute Fertigerde, eignen sich gut.

Zitrusfrüchte *(Citrus)*

Sträucher oder kleine Bäume, langlebig, Blüten- und Fruchtpflanzen, Blüte: weiß (April – Juni), teils auch ganzjährig, auffallender Duft, Rautengewächse *(Rutaceae)*

Die Zitrusfrüchte sind in den subtropischen und tropischen Klimazonen zu finden. Früher waren Zitronen und Orangen sehr beliebte Topf- und Kübelpflanzen. Fürstenschlösser und auch andere vornehme Häuser hatten eigene »Orangerien«.

Standorttip:
• Die Zitrusfrüchte gehören zu den Pflanzen, die man im Sommer ins Freie an einen geschützten und warmen, nicht der prallen Sonne ausgesetzten Platz stellen kann und die man kühl überwintern sollte. Hält man die Pflanze ganzjährig im Zimmer, so können die Temperaturen im Winter auch auf 15° C ansteigen.
Die Calamondin-Orange verträgt am ehesten höhere Wintertemperaturen.
• Für das Gedeihen der Zitrusfrüchte ist ausreichend Frischluft wichtig, vor allem im Winter.

Pflegetip:
• Zitrusfrüchte sollte man sehr sorgfältig gießen! Zu feuchte Ballen oder ein Bespritzen der Blätter und Zweige vertragen sie schlecht.
• Man braucht Zitrusfrüchte nicht jedes Jahr umzutopfen. Lediglich die oberste Erdschicht sollte ausgetauscht werden. Beim Umtopfen wählt man immer nur relativ kleine Töpfe. Hierbei ist es wichtig, die Wurzelballen vor dem Einsetzen vorsichtig zu lockern.

Citrus Calamondin

- Genau wie Obstbäume müssen auch die Zitrussträucher geschnitten werden: Die Zweige sollten nie zu dicht stehen oder sich überkreuzen. Will man kräftiges Wachstum fördern, so ist ein Rückschnitt ratsam.

Der grüne Kniff:

- Besonders die Grapefruit läßt sich gut aus Kernen ziehen. Aber auch alle anderen Arten kann man aussäen.

Zwergpfeffer

Zwergpfeffer *(Peperomia)*

Krautige Blatt- und Blütenpflanze, mehrjährig, Blüte: weiß-gelblich, unscheinbar (April – Dezember); halbschattiger Standort, Pfeffergewächse *(Piperaceae)*

Die Zwergpfefferarten stammen aus dem tropischen Amerika und wachsen teilweise epiphytisch, d.h. als Aufsitzer auf Bäumen. Ihre Blätter sind ei- bis herzförmig. Die kleinen Blütchen bilden gebogene kolbenartige Blütenstände.

Standorttip:

- Der Zwergpfeffer steht gerne halbschattig und warm, am liebsten unter größeren Pflanzen im Blumenfenster. In der vollen Sonne verliert er seine Blätter und wird unansehnlich.

Pflegetip:

- Im Winter verlieren die Pfeffergewächse einen Teil ihrer Blätter. Das ist völlig normal. Die Pflanzen sollten in dieser Zeit nicht gedüngt werden. Im Frühjahr treiben sie neu aus.
- Als teilweise ephiphytische Pflanzen haben Zwergpfefferarten nur wenige Wurzeln und brauchen dementsprechend kleine Töpfe. Die Erde sollte locker und humusreich sein. Man setzt am besten etwas Sand zu.

Balkon- und Terrassenpflanzen

Blumenschmuck am Haus oder vor dem Haus hat eine lange Tradition. Auf dem Land stellen die üppig blühenden Sommerblumen im Balkon- oder Fensterkasten und die Mittelmeerpflanzen oder Palmen, die in großen Kübeln den Hauseingang flankieren, gewissermaßen eine Visitenkarte für den Bauernhof dar. In der Stadt bieten Kästen vor dem Fenster und Tröge auf Balkon und Dachterrasse einen hervorragenden Ersatz für einen fehlenden Garten.

Die Möglichkeiten des »Balkongärtners« sind groß. Neben der reichhaltigen Auswahl schöner und geeigneter Balkonpflanzen spielen natürlich Material und Größe der Kästen, Kübel und Tröge für das Gesamtbild des »blühenden Balkons« eine wichtige Rolle.

Kästen, Kübel, Tröge

Balkonkästen werden heute meist aus Kunststoff hergestellt. Kunststoffkästen sind leicht und preiswert, können aber brechen und bewähren sich daher nur bis zu einer bestimmten Größe.

Die teueren und recht beständigen Eternitkästen gibt es in vielen, auch sehr großen Formaten. Sie eignen sich auch gut für Dachgärten. Heute werden auch Eternitkästen ohne den gesundheitsschädigenden Asbest angeboten. Hierauf sollte beim Kauf geachtet werden.

Am schönsten sind auch heute immer noch Holzkästen. Großformatige Pflanzkästen und -tröge aus Holz werden in großer Zahl – leider recht teuer – angeboten.

Am besten eignen sich Holztröge aus Eichenholz. Neuerdings sind auch Tröge aus sehr widerstandsfähigen ausländischen Holzarten im Handel.

Man sollte darauf achten, daß Holzkästen auf der Innenseite nicht mit pflanzenschädigenden Holzschutzmitteln gestrichen sind. Es gibt mittlerweile ungiftige Imprägnierungsmittel für Holztröge zu kaufen, die man ohne viel Mühe vor dem Einpflanzen selbst anwenden kann.

Beim Verarbeiten von lösungsmittelhaltigen Holzschutzmitteln sollte man unbedingt die auf den Gebinden beschriebenen Sicherheitsvorkehrungen einhalten.

Ebenfalls kann man Pflanztröge durch einen festen Einsatz aus Kunststoff oder eine Kunststoffolie (Teichfolie) vor Verrottung schützen.

Für große Kübelpflanzen wie z.B. Oleander, Lorbeerbäumchen oder Palmen sind schöne Tongefäße – meist italienischer Herkunft – im Handel.

In der Regel sind diese Terracotten nicht frostbeständig. Das macht nichts aus, wenn die betreffenden Pflanzen über Winter ohnehin ins Haus geräumt werden müssen. Für frostharte Pflanzen, wie z.B. Rosenhochstämmchen, Buchs u.a., nimmt man besser Gefäße aus Stein oder sehr beständigem Holz wie z.B. Eiche.

Eine dauerhafte Trogbepflanzung, z.B. auf einem Dachgarten, erfordert ausreichend große Kästen und Tröge. Für winterharte Stauden benötigt man eine Höhe von 20 – 30 cm, für Kletterpflanzen und Gehölze eine Kastenhöhe von mindestens 40 cm.

Besonders wichtig ist ein guter Wasserabzug. Hierfür sorgen:

- eine Bohrung im Boden (auch bei nur im Sommer bepflanzen Kästen wichtig)
- eine Dränageschicht aus Blähton von 5 bis 10 cm Stärke
- ein Vlies als Trennlage zwischen Blähton und Erde, damit die Poren zwischen den Tonkügelchen nicht verstopfen
- gute Pflanzerde.

Bepflanzung

Für eine dauerhafte Bepflanzung im Kasten oder Trog eignen sich Stauden, insbesondere Polsterstauden, Halbsträucher, kleinwüchsige und bodendeckende Gehölze und viele Kletterpflanzen.
Auch bei Kästen und Kübeln, die nur den Sommer über Balkon und Terrasse schmücken, sind der Phantasie keine Grenzen gesetzt: Nahezu alle einjährigen Sommerblumen und Kletterpflanzen sind für den Balkonkasten verwendbar. Starkwüchsige, kletternde Arten brauchen entsprechend tiefere Kästen.
Zudem können einige Zimmerpflanzen im Sommer ins Freie gestellt werden. Allerdings muß man bedenken, daß nur ganz wenige unter ihnen volle Sonne vertragen.
Nur die allerwichtigsten und gebräuchlichsten Balkonkasten- und Kübelpflanzen, wie einerseits Geranien und Fuchsien, andererseits Oleander und Lorbeer, werden in den folgenden Pflanzenbeschreibungen in alphabetischer Reihenfolge beschrieben.

Pflege

Die Pflege der Kübelpflanzen entspricht weitgehend der Pflege der Zimmerpflanzen; dauerhafte Bepflanzungen behandelt man wie Gartenpflanzen.
Die buntblühenden Balkonkastenpflanzen gedeihen den ganzen Sommer lang prächtig, wenn man einige kleine Regeln beachtet:

Pflegetip:

- **Gießen:** Balkonpflanzen müssen regelmäßig und reichlich gegossen werden, da das kleine Erdreich im Kasten an warmen Tagen sehr schnell austrocknen kann und die Pflanzen in ihrer Wachstums- und Blütezeit viel Wasser benötigen. Allerdings darf man nie zuviel des Guten tun und Staunässe verursachen.

- **Düngen:** Üppig blühende Pflanzen »verzehren« viele Nährstoffe. Je nach Größe der Pflanzen muß man sie daher einmal wöchentlich, später sogar häufiger düngen.

- **Putzen:** Man sollte die Pflanzen im Balkonkasten immer wieder »ausputzen«, d.h. welke Blätter und Blüten sorgfältig entfernen. So fördert man die Blühfreudigkeit und entfernt gleichzeitig Krankheits- und Schädlingsherde.

- **Überwintern:** Die Überwinterung der mehrjährigen Balkonpflanzen erfordert ein wenig Fingerspitzengefühl. Hierzu ist ein heller, kühler, trockener und luftiger Raum notwendig. Die über den Winter notwendigen Gießwassermengen unterscheiden sich je nach Pflanze. Im Frühjahr bekommen die Pflanzen neue Erde und werden neu angetrieben, d.h. wieder wärmer gestellt, regelmäßig gegossen und gedüngt.

Da man die Pflanzen in ihren Trögen oder Kübeln zweimal im Jahr transportieren muß, sollte man die Pflanzgefäße mit kräftigen Tragegriffen versehen. Bei großen Kübelpflanzen (Palmen, Lorbeer und auch Oleander) ist beim Transport häufig die Mithilfe einer zweiten Person erforderlich.

Tröge und Kübel stellt man im Freien und auch für die Überwinterung auf flache Steine oder Holzlatten, damit der Boden von unten her belüftet wird. Hierdurch wird ein Faulen des Gefäßbodens vermieden.

Besondere Pflanzengruppen für Balkon und Terrasse

Nutzpflanzen

Auch wer nur einen Balkon und keinen Garten besitzt, braucht nicht auf den Anbau von Kräutern und Gemüse zur Ergänzung seiner Ernährung zu verzichten. Es gibt eine ganze Reihe von Nutzpflanzen, die bei entsprechender Pflege hervorragend im Topf oder Kasten gedeihen.

Besonders gut für eine Pflanzung in Töpfen oder Kästen auf dem Balkon eignen sich Heil- und Würzkräuter, die meistens mit magerer Erde zurechtkommen.

Ausdauernde Arten können den Winter über im Freien bleiben. Nicht frostharte Arten, wie z.B. Rosmarin, überwintert man im Haus. Einjährige Kräuter lassen sich ab Februar im Zimmer vorkultivieren. Hierzu gehört auch die Kapuzinerkresse, die überdies einen hübschen Schmuck für den Balkon und die Terasse darstellt.

Auch eine ganze Reihe von Gemüsepflanzen können auf dem Balkon gezogen werden, wenn sie in Töpfen, Kästen und Trögen die für sie günstigen Bedingungen finden. Die gegenüberstehende Übersicht zählt die hierfür geeigneten wichtigsten Gemüsearten auf und gibt einige Tips für ihre Pflege auf dem Balkon.

Ausführliche Aussaat-, Pflanz- und Pflegetips enthält das Kapitel »Der Nutzgarten«.

Gemüse für den Balkonkasten

- **Stangenbohnen**
Besonders die rotblühenden Feuerbohnen stellen einen hübschen Balkonschmuck dar.

- **Gurken**
Mind. 30 cm hohe Töpfe verwenden, sehr nährstoffreiche Pflanzerde: reichlich Kompost oder Mist zugeben, Staunässe vermeiden, den Pflanzen ein Klettergerüst geben, an dem sie sich mit ihren Ranken festhalten können.

- **Paprika**
Vor Regen geschützt, überdacht aufstellen, nicht zu feucht halten.

- **Radieschen**
Frühe Sorten verwenden und regelmäßig nachsäen.

- **Salat**
Frühe Kopfsalatsorten verwenden.

- **Sellerie**
Nur als Würzkraut verwendbar, Bleich- und Knollensellerie sind ungeeignet.

- **Topf-, Balkon- und Buschtomaten**
Recht gut eignen sich auch die klein- und vielfrüchtigen „Spaliertomaten“, reichlich gießen, Staunässe vermeiden.

Topftomaten

Bonsai

Ein Bonsai ist ein in einem kleinen Gefäß kultivierter Baum oder Strauch (bon = Schale, sai = Pflanze, Baum). Die Anzucht derartiger Zwergbäume nach festen Gestaltungsregeln stellt eine uralte chinesische, in der bei uns bekannten Art, eine japanische Kunstform dar. Auch in europäischen Ländern findet die Kunst des Bonsai heute immer mehr Liebhaber. Wer keinen Garten hat, kann Bonsai ebenso gut auf dem Balkon oder der Terrasse ziehen.

Wer sich selbst Bonsai ziehen möchte, sollte sich unbedingt eingehend mit dieser Kunstform beschäftigen, nicht nur was die Sachinformation sondern auch was die Inhalte und Hintergründe dieser Kunst betrifft. Jeder Bonsailiebhaber sollte versuchen, ein wenig Einblick in das asiatische Naturempfinden zu gewinnen.

Provisorisches Winterquartier

Ein Grundprinzip der Bonsaikunst ist, daß die künstlich kleingehaltenen Bäume immer Formen bekommen, wie sie auch in der freien Natur zu sehen sind, z.B. »streng aufrecht«, »frei aufrecht«, »windgepeitscht«, »Zwillingsstamm«, »Mehrfachstamm«, »Waldform« oder »Felsenform«.

Im folgenden können zum ersten Kennenlernen nur einige recht allgemeine Tips zur Kunst des Bonsai gegeben werden. Wer sich hierdurch zu einer weitergehenden Beschäftigung mit dieser äußerst vielfältigen und interessanten Kunst angeregt fühlt, sei unbedingt auf die mittlerweile vorliegende umfangreiche und gute Literatur zu diesem Thema hingewiesen.

Geeignete Baumarten:

- **Laubgehölze:** Ahorn, Aprikose, Azalee, Buche, Feuerdorn, Granatapfel, Rhododendron, Scheinquitten, Ulmen, Zieräpfel und Zierkirschen.
- **Nadelgehölze:** Ginkgo, Kieferarten (Kriechkiefer, Mädchenkiefer), Lärche, Tanne, Wacholder, Zypresse.

Standort:

Im Sommer: auf Balkon, Terrasse oder auch im Garten auf Steinen oder einem Bonsaibord; im Hochsommer Bonsai nicht der vollen Sonne aussetzen (besonders wichtig bei Ahorn!).

- **Im Winter:** im kalten Treppenhaus, Wintergarten oder Gewächshaus (bis max. 8 °C), nur sehr robuste Sorten (Buche, Eiche, Kiefer, Wacholder) können in nicht zu strengen Wintern draußen bleiben.

Anzucht/Anschaffung:

Ansaat: Bonsaisamen im Handel erhältlich, diese Art von Aufzucht ist langwierig.

Vermehrung durch Stecklinge: Diese Art der Vermehrung geht rascher vonstatten als Anzucht aus Samen.

Veredelung: Reis wird auf Unterlage aufgesetzt (setzt Fachwissen voraus, führt aber schneller zu schönem Bonsai). Meist bleibt leider eine häßliche Veredelungsstelle sichtbar.

Sammeln: Pflanzen für Bonsai können in der freien Natur gesammelt (z. B. Gebirgspflanzen oder Jungwuchs im Wald) und als Bonsai weiterkultiviert werden, Sammelzeit: Frühjahr und Herbst.

Kaufen: Fertige Bonsai sind in Gartencentern und Spezialhandlungen erhältlich. Bereits beim Kauf sollte man auf die Gesundheit der Bäume achten.

Gestaltung:

Schneiden: Pflanze wird durch regelmäßigen Rückschnitt klein gehalten und geformt:
- regelmäßiges Zurückstutzen der Äste vor dem Austrieb
- Ausschneiden alter oder geknickter Äste
- Blattschnitte, bei denen die Blätter oder Teile davon entfernt werden, bewirken bei großlaubigen Baumarten Neubildung kleinerer Blätter.

Drahten: Zur Unterstützung der Schnittmaßnahmen kann die Pflanze mit Draht geformt werden.
- Laubbäume in ihrer Hauptwachstumszeit drahten, – für maximal 8 Monate, dann Draht entfernen
- Nadelbäume max. 18 Monate umwickelt lassen, danach Draht entfernen (Drahtschere)
- eingewachsene Drahtstücke im Holz belassen, nicht gewaltsam entfernen, besser aber Draht vor Einwachsen entfernen.
- Umwickeln immer spiralenförmig von unten nach oben.

Pflege:

Gießen:
- Ballen nie austrocknen lassen!
- im Sommer bis zu zweimal täglich gießen, im Winter sparsamer
- Regenwasser oder enthärtetes Wasser verwenden
- Spezialkanne verwenden
- solange Brausen, bis Wasser aus Löchern im Schalenboden austritt
- nie in der Mittagssonne gießen.

Düngen:
- Düngung von Frühjahr bis Herbst notwendig
- Spezialbonsaïdünger oder Langzeitdünger sind am besten geeignet.

Umtopfen:
- junge Bonsai alle 2 bis 3 Jahre in 1 bis 2 cm größere Schale umtopfen, ältere Bonsai seltener und in der Regel wieder in alte Schale
- im Frühjahr oder Herbst umtopfen
- spezielle Bonsaierde verwenden
- Wurzelballen vor dem Eintopfen vorsichtig lockern und von alter Erde befreien, zu große und abgestorbene Wurzeln abschneiden.
- Abflußlöcher in der Schale mit Plastiknetz o. ä. abdecken, evtl. Drähte zur Befestigung des Ballens in der Schale durch Löcher ziehen
- Schalenboden mit gröberer Erdschicht bedecken
- nach Einsetzen Ballen gut andrükken, besonders am Schalenrand
- Erdoberfläche mit Pinsel (Bonsaibesen) glattfegen, frisch getopften Bonsai gründlich angießen und vor Sonne und Wind geschützt aufstellen (für einige Wochen = Anwachszeit).

Zubehör:

Schalen (japanische Importware aus Keramik oder Porzellan): Normalgröße: Länge: 16-28 cm, Breite: 12-20 cm, Höhe: 3-7 cm in runder, ovaler oder rechteckigen Form. Größe für Miniaturbonsai (bis 8 cm): 5-10 cm lang oder breit, bis 5 cm hoch.

Gießkanne: langhalsige Bonsaikanne mit sehr feiner Brause als Vorsatz.

Zangen: zum Abschneiden dicker Äste, zum Abzwicken von Draht.

Scheren: zum Schneiden von Ästen, zum Schneiden von Knospen und jungen Trieben, zum Schneiden von Blättern, Drahtschere.

Pinzette: zum Beseitigen trockener Pflanzenteile.

Besen: zum Glattfegen der Pflanzerde.

Draht: verkupferter Aluminiumdraht oder Kupferdraht zum Umwickeln und Formen der Äste.

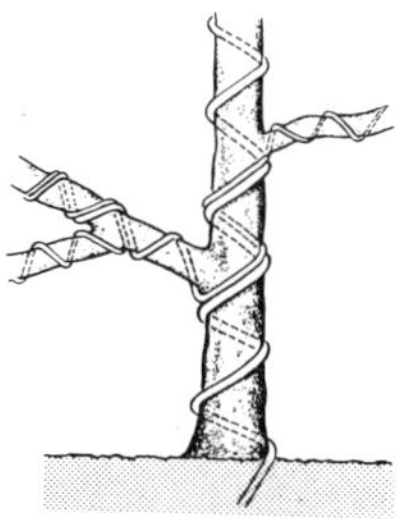

Balkon- und Terrassenpflanzen von A–Z

Auf den folgenden Seiten finden Sie die wichtigsten Balkon- und Terrassenpflanzen in der Reihenfolge von A-Z. Zimmerpflanzen, die den Sommer über an geschützten Stellen auf dem Balkon oder der Terrasse stehen können, wurden schon im vorangehenden Kapitel vorgestellt. Die den Pflanzennamen nachgestellten Kästen geben Auskunft über das richtige Pflanzgefäß, die Wuchsform, die Blütenfarbe und Blütezeit, den günstigsten Standort und den deutschen sowie den lateinischen Familiennamen der genannten Pflanzen.

Agave *(Agave)*

Sukkulente Pflanze, langlebig, meist großwüchsig; sonniger Standort, anspruchslos. Agavengewächse *(Agavaceae)*

Die Agave ist vielen Pflanzenfreunden vom Urlaub in südlichen Ländern her bekannt. Von dort wird sie dann auch häufig als kleines Pflänzchen mitgebracht. Die großwüchsigen Arten (A. americana und A. ingens) entwickeln sich zu riesigen Exemplaren, deren Platzbedarf nur noch auf großen Balkonen und Terrassen oder im Garten befriedigt werden kann. Die Überwinterung dieser Pflanzen ist aufgrund ihrer dann erreichten Größe recht problematisch.

Standorttip:

- Agaven bevorzugen den Sommer über sonnige Plätze im Freien. Überwintert werden sie, ähnlich wie die Kakteen, an hellen, kühlen und trokkenen Standorten. Für die großwüchsigen Kübelpflanzen sind Überwinterungstemperaturen um 5 Grad Celsius am besten.

Pflegetip:

- Den Sommer über sollte man Agaven reichlich gießen und düngen. Im Spätsommer werden die Wassergaben allmählich eingeschränkt, die Düngung eingestellt.
- Zum Umtopfen braucht man nährstoffreiche, schwere Erdmischungen, wie z.B. Komposterde mit etwa ⅓ Sand vermischt.
- Zum Schutz vor den Spitzen am Ende der Blätter, vor allem während der Überwinterung im Haus, kann man Korken – ähnlich wie bei Stricknadeln – aufstecken. Auch ein Abschneiden der Dornenspitzen ist ohne Schädigung der Pflanze möglich.
- Aus dem Urlaub mitgebrachte Pflanzen entwickeln sich in einigen Jahren zu Riesenexemplaren.

Agave

Akazie, Mimose *(Acacia)*

Kübelpflanze, Blütenstrauch, gelb (Frühjahr); sonniger Sommerstandort. Schmetterlingsblütler *(Leguminosae)*

Die echte Akazie ist bei uns auch als Schnittblume bekannt, die man – etwas verwirrend – als »Mimosen« bezeichnet. Als Kübelpflanzen für Balkon und Terrasse eignet sich die Art A. armata mit ihren kleinen kugeligen gelben Blüten am besten, die es im Frühjahr blühend zu kaufen gibt.

Standorttip:

- Den Sommer über braucht die Akazie einen sonnigen Platz auf der Terrasse, im Winter möchte sie hell, luftig und ziemlich kühl stehen – am besten im ungeheizten Treppenhaus oder in einem ausreichend trockenen und hellen Kellerraum.

Pflanztip:

- Im Sommer wird die Kübelpflanze reichlich gegossen und bis August gedüngt. Im Winter braucht sie nur sehr wenig Wasser.
- Die Pflanzerde sollte leicht sauer sein (torfhaltige Mischung).
- Um eine ansprechende Wuchsform zu erhalten, sollte man die Akazie ab und zu stutzen.

Banane *(Musa)*

Kübelpflanze, mehrjährig; sonniger Standort. Bananengewächse *(Musaceae)*

Die wohl größte und auffälligste unter den Kübelpflanzen ist die Banane, eine Staude mit langen glatten Blättern, die häufig einen sogenannten Scheinstamm bilden. Sie ist im tropischen Afrika und in Asien zuhause. Die wichtigste Zierbanane ist die Art M. arnoldiana.

Standorttip:

- Im Sommer brauchen Bananen einen sonnigen, warmen und geschützten Platz im Freien. Nach den Eisheiligen stellt man die Kübel nach draußen oder pflanzt die Banane besser noch in kräftig mit Mist gedüngtes Erdreich in den Garten.
- Der Winterstandort muß hell und kühl sein, die Temperatur darf allerdings nicht unter 3° C sinken.

Pflegetip:

- Den Sommer über benötigen die riesigen Stauden große Mengen an Wasser und Dünger.
- Ausgepflanzte Bananen setzt man vor der ersten herbstlichen Frostnacht in Kübel und stellt sie ins Haus.

Begonie *(Begonia)*

Blühende Balkonkastenpflanze: Eisbegonien: weiß, rosa, rot, einfach oder gefüllt; Knollenbegonien: gelb, orange, rot, viele Zwischentöne, einfach oder gefüllt (Juni – Oktober); absonniger bis halbschattiger Standort. Schiefblattgewächse *(Begoniaceae)*

Unter den zahlreichen Begonienarten werden neben den kleinen, anspruchslosen Eisbegonien mit ihren fleischigen, glänzenden Blättern und ihren einfachen oder auch gefüllten Blüten ganz besonders die Knollenbegonien (B. x tuberhybrida) als Balkonschmuck verwendet. Man teilt diese in drei Gruppen ein: Die großblumigen Knollenbegonien, die vielblütigen Miniaturbegonien und die Ampel- oder Hängebegonien. Daneben gibt es auch noch eine seltenere vierte Gruppe, die durch mittelgroße Blüten gekennzeichnet ist, sowie einige Zwischenklassen, wie z.B. die Leuchtfeuerbegonie (B. – Bertinii-Hybriden). Zu allen Gruppen gehören eine Vielzahl von einfachen, halbgefüllten oder gefüllten Sorten, mit gekräuselten oder gefransten Blüten.

Standorttip:

- Alle Begonien bevorzugen absonnige bis halbschattige Plätze. Volle Sonne sollte man vermeiden.
- Erst ab Mitte Mai, wenn sicher keine Nachtfröste mehr zu erwarten sind, dürfen die Balkonpflanzen ins Freie gestellt werden.
- Die gefüllten Sorten der Eisbegonien werden auch häufig als Zimmerpflanzen verwendet. Im Balkonkasten sind sie etwas empfindlicher als die einfachen Sorten.

Pflanztip:

- Begonienknollen sollte man schon im zeitigen Frühjahr besorgen. Sie werden mit der hohlen Seite nach oben in ein Kistchen mit lockerem Erdgemisch gelegt, nur ganz knapp mit Erde bedeckt, angegossen und warm gestellt.
- Sobald sich Triebe zeigen, stellt man die Knollen hell, aber nicht sonnig.
- Wenn sich die Blätter der einzelnen Pflanzen im Kistchen berühren, werden die Begonien in Töpfe oder Kästen gepflanzt. Bevor man diese nach den Eisheiligen ins Freie stellt, härtet man die Pflanzen allmählich ab, indem man sie an warmen Tagen nach draußen bringt und abends ins Haus stellt.

Pflegetip:

- Den ganzen Sommer über sollten Knollenbegonien gleichmäßig feucht gehalten und regelmäßig gedüngt werden. Gut ernährte Pflanzen sind viel widerstandsfähiger gegen Mehltau als »hungrige« Pflanzen.
- Es ist wichtig, welke, braune Blätter und Blüten immer gleich zu entfernen, damit sie nicht faulen und zu Krankheitsherden werden.
- Nachdem die ersten Fröste im Herbst die oberirdischen Pflanzenteile vernichtet haben, nimmt man die Knollen aus der Erde, säubert sie und lagert sie in einem Kistchen kühl, aber frostfrei, trocken und luftig, am besten in trockenem Torfmull, bis zum nächsten Frühjahr.

Der grüne Kniff:

- Sehr große Knollen können im Frühjahr zur Vermehrung der Pflanze in Einzelteile zerschnitten werden. Jedes Knollenteil muß aber mindestens eine Triebknospe besitzen. Um Fäulnis zu vermeiden, bepudert man die Schnittfläche mit Holzkohlestaub.

Der Pflanzendoktor:

- Knollenbegonien sind besonders in naßkalten Sommern anfällig gegen Mehltau. Diese Pilzkrankheit ist durch einen grauen Belag auf den Blättern erkennbar und muß möglichst bald gründlich mit Schwefelmitteln bekämpft werden.

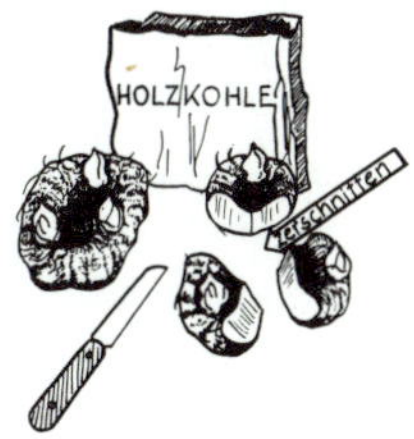

Teilen von Begonienknollen

Browallie *(Browallia)*

Halbstrauchartige Balkonkastenpflanze, einjährig, Blüte: blau und weiß (Sommer); sonniger bis halbschattiger Standort. Nachtschattengewächse *(Solanaceae)*

Die blaublühende Browallie stammt aus dem tropischen Amerika. Für den Balkonkasten verwendet man die Arten B. americana (= elata) und B. viscosa. Es gibt auch eine winterblühende Browallienart, die sich gut für die Zimmerhaltung eignet (B. speciosa = major).

Standorttip:

- Die Browallie gedeiht gut in Kästen, die sonnig bis leicht halbschattig stehen.

Aussaat-/Pflanztip:

- Browallien werden im Februar ausgesät. Beim Vereinzeln setzt man jeweils mehrere Jungpflänzchen in einen Topf.
- Die Browallien dürfen erst nach den Eisheiligen ins Freie gestellt werden.

Pflegetip:

- Bei der Browallie sollte man vor allem auf ganz gleichmäßige Bodenfeuchte achten.

Fleißiges Lieschen, Springkraut

(Impatiens walleriana)

Krautige Balkonkastenpflanze, mehrjährig, Blüte: weiß, rosa, rot, violett, orange, zweifarbig (ganzjährig); halbschattiger Standort, anspruchslos. Balsaminengewächse *(Balsaminaceae)*

Fleißiges Lieschen

Das Fleißige Lieschen ist eine sehr anspruchslose für den Balkonkasten, das Beet und für das Zimmer geeignete Pflanze. Unermüdlich zeigt es das ganze Jahr hindurch seine weißen, rosa, roten, lila- oder orangefarbenen oder auch zweifarbigen Blüten.

Standorttip:

- Das Fleißige Lieschen möchte einen halbschattigen Platz mit ausreichend hoher Luftfeuchtigkeit.
- Den Winter verbringt die Balkonpflanze an einem nicht zu warmen Platz im Haus.

Fuchsie

Pflegetip:

- Das blühfreudige Fleißige Lieschen braucht den Sommer über reichlich Feuchtigkeit. Bei trockenem Wetter läßt es oft trotz ausreichender Ballenfeuchte die Blätter hängen, weil ihm die Luftfeuchte zu gering ist.

Aussaat-/Pflanztip:

- Fleißige Lieschen lassen sich sehr gut aus Samen ziehen.
- Kopfstecklinge bewurzeln sehr leicht, wenn man die Triebspitze unter einer Blattachsel abschneidet und sie in eine mit Wasser gefüllte Vase stellt.

Der Pflanzendoktor:

- Die Blätter haben auf der Unterseite perlenartige Drüsen, aus denen eine Ausscheidung hervortritt, die Spinnmilbeneiern zum Verwechseln ähnlich sieht. Man sollte daran denken und nicht gleich auf Schädlinge schließen.

Fuchsien *(Fuchsia)*

Strauchartige Balkonkasten- oder Kübelpflanze, langlebig, Blüte: in vielen leuchtenden Farben (Mai bis Oktober); halbschattiger bis schattiger Standort. Nachtkerzengewächse *(Oenotheraceae)*

Die Fuchsie ist eine sehr beliebte und schon seit langer Zeit bekannte Balkonkastenpflanze. Es gibt eine Fülle von herrlichen Sorten mit meist zweifarbigen Blüten in Rot-, Rosa- und Lilatönen und in Weiß. Hängende und aufrechte Fuchsienformen, strauchartige Pflanzen und Hochstämmchen sind im Handel. Bei richtiger Pflege können die hübschen Sträucher mehrere Jahrzehnte alt werden.

Standorttip:

- Fuchsien gedeihen an halbschattigen und schattigen Plätzen, sogar an der Nordseite des Hauses.
- Den Winter über stellt man die Balkonpflanzen am besten gleich im Kasten an einen kühlen, hellen Platz im Haus. Ab März treibt man sie in einem wärmeren Raum wieder an.

Pflegetip:

- Fuchsien sollten den Sommer über gründlich gegossen und wöchentlich gedüngt werden. Im Winter bekommen sie weniger Wasser, werden aber nie völlig trocken gehalten.
- Im März topft man die kleinen Sträucher in Kompost- oder Lauberde mit etwas Sand und Torf um.

Fuchsie Hochstämmchen

● Ein Rückschnitt im Frühjahr fördert eine schöne Wuchsform. Aufrechtwachsende Fuchsiensorten stutzt man regelmäßig, damit sie kurz und buschig bleiben. Hängefuchsien läßt man am besten mit 2 – 3 Trieben wachsen, damit sie recht lang werden.

Der grüne Kniff:

● Zur Vermehrung kann man das ganze Jahr über mit Ausnahme der Monate November und Dezember, am besten aber im Frühling, Stecklinge nehmen. Man schneidet dazu Spitzen von kräftigen, nicht verholzten Trieben, möglichst nicht aus dem blühenden Bereich, etwa 1 mm unter der Blattachse ab und steckt sie in ein Gemisch aus Torf und Sand. Unter Glas warm und feucht gehalten, bewurzeln die Stecklinge sich rasch.

Geranie *(Pelargonium)*

Krautige Balkonkastenpflanze, mehrjährig, Blüte: rosa, rot, violett, selten auch weiß, zweifarbig (Mai bis Oktober); sonniger Standort. Storchschnabelgewächse *(Geraniaceae)*

Geranien sind die »Balkonpflanzen« schlechthin. Ein Grund für ihre große Beliebtheit ist sicherlich auch ihre Robustheit. Ihre Blätter sind rauh behaart, die Stengel fleischig. Die Pflanze schützt sich so vor starker Verdunstung und Wassermangel. Es gibt eine Fülle von Sorten mit gefüllten oder einfachen, rosafarbenen, roten, lilagefärbten, rot-weißen, selten auch reinweißen Blüten und mit zweifarbigen Blättern. Man unterscheidet zwischen aufrechtwachsenden Geranien (Zonale – Pelargonien) und Hänge- oder Efeugeranien (P.-peltatum – Hybriden).

Standorttip:

- Den Sommer über gehören Geranien in Balkonkästen an warme, vollsonnige Plätze. Sie dürfen aber erst nach den Eisheiligen ins Freie gestellt werden.
- Zur Überwinterung sollte man die Balkonpflanzen in einen kühlen, aber frostfreien, hellen, unbedingt trockenen und gut gelüfteten Raum stellen. In feuchten, muffigen Kellerräumen faulen sie leicht.

Pflegetip:

- Die pflegeleichten Geranien brauchen regelmäßig Wasser und Dünger. Gegen zu große Feuchtigkeit und zu hohe Stickstoffgaben sind sie sehr empfindlich. Gedüngt wird im Sommer.
- Den Winter über kann die robuste Balkonpflanze ohne weiteres völlig trocken stehen.
- Im Frühjahr sollte man die überwinterten Geranien in durchlässige und lockere, nahrhafte Erde umtopfen und neu antreiben.
- Hängegeranien lassen sich weniger gut überwintern als Zonale-Geranien. Man kauft sich besser jedes Frühjahr neue Jungpflanzen.

Der grüne Kniff:

- Geranien können gut durch Stecklinge vermehrt werden: Dazu schneidet man im August Triebspitzen ab, entfernt die kleinen Schuppen an den Blattachseln und sämtliche Knospen. Die Stecklinge werden in ein Gemisch aus Komposterde und Sand gesteckt, gut angegossen und an einen schattigen Platz gestellt. Beim Gießen der Stecklinge darf kein Wasser auf die Blätter spritzen, weil sie sonst faulen können. Nur gut durchwurzelte Jungpflanzen lassen sich überwintern.

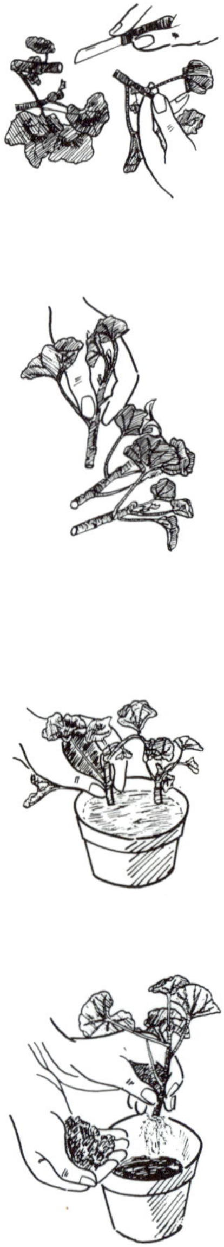

Vermehrung von Geranien durch Stecklinge

Der Pflanzendoktor:

- In sehr feuchten Sommern kann den Geranien manchmal Rost zu schaffen machen.
- Im Einzelfall treten Blattläuse an den Pflanzen auf, die sich relativ leicht bekämpfen lassen.
- Manchmal befällt eine sehr gefährliche Bakterienkrankheit die Geranien, die zur Verstopfung der Leitungsbahnen führt. Erkrankte Pflanzen müssen weggeworfen werden, bevor sie andere anstecken können.
- Relativ harmlose Blattläuse können in sonnenarmen Sommern die sogenannte Virusmosaikkrankheit übertragen. Die Blüten erkrankter Geranien sind gelbgefleckt oder verbildet. Solche Pflanzen sollte man entfernen, bevor sich die Krankheit ausbreitet.

Granatapfel

(Punica granatum)

Strauch- bis baumartige Kübelpflanze, langlebig, sommergrün, Blüte: rot, auch weiße, gelbe, gestreifte Sorten (Sommer), Frucht: Granatäpfel, eßbar; sonniger Standort. Granatapfelgewächse *(Punicaceae)*

Eine sehr hübsche Kübelpflanze stellt der Granatapfelbaum dar. Er stammt ursprünglich aus den Ländern zwischen Balkangebiet und Himalaya, ist aber heute auch im Mittelmeergebiet weit verbreitet. Besonders empfehlenswert sind die kleinwüchsigen (P. granatum nana): Schon 20 cm große Sträuchlein blühen überreich und tragen kleine Granatäpfelchen.

Standorttip:

- Den Sommer über möchte der Granatapfel an sonnigen Plätzen, im Winter hell, luftig und sehr kühl, aber frostfrei stehen.

Pflegetip:

- Im Sommer, bis etwa August, braucht der Granatapfel viel Wasser und Dünger. Danach gießt man etwas sparsamer und stellt das Düngen allmählich ein. Im Winter wird die Pflanze ziemlich trocken gehalten.

Hängenelken *(Dianthus)*

Krautige Balkonkastenpflanze, mehrjährig, Blüte: rosa, rot (Sommer); sonniger Standort. Nelkengewächse *(Carophyllaceae)*

Besonders im Alpenraum gehören die weiß-, rosa- oder rotblühenden Hängenelken zu den traditionellsten Balkonpflanzen, die das sommerliche Bild der Bauernhöfe bestimmen, weil sie in der trockenen Luft besonders gut gedeihen. In Norddeutschland bereiten sie aufgrund der allgemein höheren Luftfeuchtigkeit oft Probleme. Die wichtigste und bekannteste ist die Tiroler Hängenelke mit ihren grau überlaufenen Blättern und den bis zu 5 cm großen Blüten.

Standorttip:

- Hängenelken brauchen Sonne. Am schönsten blühen sie an einem durch weiten Dachüberstand, vor Regen geschützten Standort.
- Zur Überwinterung stellt man die Balkonpflanzen hell und kühl.

Pflegetip:

- Beim Gießen sollte man die Blätter möglichst nicht benetzen.
- Am besten gedeihen Hängenelken in mit Sand vermischter Fertigerde.

Der Pflanzendoktor:

- Hängenelken sind etwas anfällig gegen Rost, besonders dann, wenn ihre Blätter öfter feucht wurden. Durch sorgfältiges Gießen kann man dagegen vorbeugen.

Keulenlilie *(Cordyline)*

Strauchartig, Kübelpflanze, langlebig, Blüte: weiß (Sommer), Duft; sonniger Standort. Agavengewächse *(Agavaceae)*

Neben Oleander und Stechapfel darf unter den Kübelpflanzen auf der Terrasse die Keulenlilie, z.B. C. australis aus Neuseeland, nicht fehlen. Die zu den Agavengewächsen gehörenden Pflanzen kennzeichnen auf Stämmen sitzende Büschel aus länglichen, schwertförmigen Blättern und weiße duftende Blütenstände.

Standorttip:

- Keulenlilien lieben sonnige, geschützte Plätze auf der Terrasse oder dem Hausvorplatz.
- Den Winter über brauchen die Kübelpflanzen helle, kühle, aber frostfreie Standorte.

Pflegetip:

- Den Sommer über muß man die Keulenlilie reichlich gießen und düngen.
- Umgetopft wird nur alle 2 Jahre. Man kann dazu Fertigerde verwenden, die man für die C. australis mit etwas Lehm vermischt.

Der Pflanzendoktor:

- Keulenlilien werden manchmal von

Schildläusen heimgesucht. Hier kann ein insektentötendes Mittel Abhilfe schaffen.

Lobelia erinus

Lobelie, Männertreu
(Lobelia erinus)

Krautige Balkonkasten- und Beetpflanze, einjährig, blau (Mai bis Oktober); sonniger Standort, anspruchslos. Glockenblumengewächse *(Campanulaceae)*

Lobelie

Eine sehr hübsche Ampel- und Hängepflanze für den Balkon, aber auch für Beete und Steingärten, ist die Lobelie. Die hängende oder kriechende Pflanze bringt zahlreiche kleine blaue Blüten hervor.

Aussaat-/Pflanztip:

- Lobelien sät man im Februar oder März ins Frühbeet oder in Kästen im Zimmer. Der Samen wird nicht mit Erde bedeckt, nur angedrückt.
- Gleichmäßig feucht gehaltene Samen gehen nach etwa 14 Tagen auf.
- Sobald die Pflänzchen groß genug sind, werden sie büschelweise in Töpfe gesetzt, aber erst im Mai ins Freie gestellt.

Pflegetip:

- Lobelien werden regelmäßig, aber nie zu reichlich gegossen.
- Ein Rückschnitt der Pflanze fördert eine zweite Blüte im Herbst.

Lorbeer *(Laurus nobilis)*

Strauch- oder baumartige Kübelpflanze, langlebig, immergrün, Blüte: creme-weiß (Sommer), Frucht: dunkle Beeren; sonniger Standort. Lorbeergewächse *(Lauraceae)*

Eine schon seit langer Zeit bei uns für alle möglichen Schmuck- und Dekorationszwecke verwendete Kübelpflanze ist der im Mittelmeerraum beheimatete Lorbeer.
Die ledrigen, länglich-ovalen Lorbeerblätter schmückten nicht nur den Lorbeerkranz des Siegers, sie liefern auch ölige Duftstoffe für das Lorbeeröl und geben zahlreichen Speisen die charakteristische Würze.
Möchte man die Lorbeerblätter zum Würzen von Speisen verwenden, so werden sie im Sommer gepflückt und an der Luft getrocknet. Befallene und mit insektentötenden Mitteln behandelte Pflanzen eignen sich hierfür natürlich nicht.
Die für die Bepflanzung verwendeten Kübel sollten mit starken Tragegriffen ausgestattet sein, da man die oft schweren Kübel zweimal im Jahr transportieren muß.

Nerium oleander (siehe S. 118)

Standorttip:

- Ab Mitte Mai sollte der Lorbeer an einem sonnigen Platz auf der Terrasse stehen.
- Zur Überwinterung stellt man die Kübelpflanze in helle, sehr kühle, aber frostfreie Räume mit Temperaturen zwischen 2 und 6 Grad Celsius.

Pflegetip:

- Den Sommer über wird der Lorbeer regelmäßig gewässert und bis Anfang August auch gedüngt. Im Winter gießt man nur äußerst sparsam.
- Der Rückschnitt wird im Spätwinter oder zeitigen Frühjahr vor dem Neuaustrieb ausgeführt.

● Nur etwa alle 3 bis 4 Jahre topft man den Lorbeer in einen nicht zu großen, neuen Kübel mit einem Gemisch aus Fertig- oder Mistbeeterde, Lehm und Sand um. Alten Exemplaren setzt man etwas mehr Lehm zu.

Der Pflanzendoktor:

● Steht die Kübelpflanze im Sommer zu trocken, kann es, genau wie beim Oleander, zum Abwerfen der Blätter kommen.

● Der Lorbeer wird relativ oft ein Opfer von Schild- und Wolläusen oder Spinnmilben, die besonders dann auftreten, wenn die Pflanze im Winter zu warm steht. Eine sorgfältige, rechtzeitige Bekämpfung kann meist größere Schäden vermeiden.

Oleander *(Nerium oleander)*

Strauch, Kübelpflanze, langlebig, immergrün, Blüte: rosa, auch weiße, rote, gelbe und orangefarbene Sorten; sonniger Standort. Hundsgiftgewächse *(Apocynaceae)*

Eine der schönsten und wohl die beliebteste Kübelpflanze überhaupt ist der altbekannte Oleander. Die Sträucher haben schmale, ovale, immergrüne Blätter und herrliche, rosafarbene Blüten.

Heute gibt es auch bereits buntlaubige und gefüllt blühende Sorten mit weißen, roten, gelben, orangefarbenen oder zweifarbigen Blüten.

Oleander

Standorttip:

● Im späten Mai (nach den Eisheiligen) stellt man den Oleander an einen sonnigen Platz auf der Terrasse. Im Winter in einen sehr kühlen und hellen Raum im Haus.

Pflegetip:

● Während seiner sommerlichen Blüte- und Wachstumszeit sollte der Oleander reichlich gegossen und einmal wöchentlich gedüngt werden.

● Im Winter gießt man die Pflanze wenig, aber doch so viel, daß der Ballen nie völlig trocken wird. Dann wird nicht mehr gedüngt.

● Wird der Strauch eines Tages zu groß, so kann man ihn problemlos zurückschneiden. Junge Pflanzen sollte man sogar regelmäßig etwas stutzen, damit sie schön buschig werden.

● Junge Oleander werden jährlich umgetopft, ältere Exemplare seltener. Die Pflanzerde sollte nährstoffreich und sandig-lehmig sein.

Der Pflanzendoktor:

● Sowohl bei Ballentrockenheit als auch bei Staunässe kann es beim Oleander zu »Blattfall« kommen.

● Häufig können Schildläuse dem Oleander zu schaffen machen. Wichtig ist dabei eine sofortige, gründliche Bekämpfung mit einem Spezialmittel.

Palmlilie *(Yucca)*

Teils stammbildende Staude, Kübelpflanze, langlebig, Blüte: weiß, in Rispen (Juli – September), teils Duft; sonniger Standort, anspruchslos. Agavengewächse *(Agavaceae)*

Vor allem wohl ihre herrlichen weißen Blütenrispen machen die Palmlilie zu so beliebten Kübelpflanzen. Die wichtigsten Arten sind die stammbildende Y. aloifiola mit ihren scharfkantigen, gesägten Blättern und die etwas kleiner und gedrungener bleibende und duftende Y. gloriosa.

Standorttip:

• Wie alle Kübelpflanzen stellt man die Palmlilie im Sommer sonnig und geschützt, im Winter hell und kühl auf.

Pflegetip:

• Die Palmlilie ist für regelmäßiges Gießen und Düngen dankbar. Gegen zeitweise Trockenheit ist sie ziemlich unempfindlich.

Pantoffelblume

(Calceolaria)

Halbstrauchartige Balkonkastenpflanze, einjährig, Blüte: gelb (April – Oktober); sonniger Standort. Braunwurzgewächse *(Scrophulariaceae)*

Neben den als Zimmerpflanzen verwendeten Hybriden spielen Pantoffelblumen auch als Bepflanzung von Balkonkästen eine Rolle. Es eignen sich die Arten C. integrifolia, auch C. rugosa. Durch ihre gelben, aufgeblasenen, schuhähnlichen Blütchen belebt die Pantoffelblume jeden Balkonkasten.

Standorttip:

• Pantoffelblumen können auf dem Balkon an sonnigen und absonnigen Plätzen stehen.

Pflegetip:

• Die Pantoffelblumen sollten gleichmäßig und ausreichend feuchtgehalten und regelmäßig gedüngt werden.

• Werden die Pflanzen noch vor dem Abblühen ein wenig unansehnlich, so schneidet man sie zurück. Solch ein Rückschnitt fördert ganz erheblich die Blühwilligkeit.

Petunie *(Petunia)*

Krautige Balkonkastenpflanze, einjährig, weiß, rosa, rot, violett (Mai – Oktober); sonniger Standort. Nachtschattengewächse *(Solanaceae)*

Man kann Hängepetunien und kurz und kompakt bleibende, groß- und kleinblütige, einfache und gefülltblühende Sorten unterscheiden. Die Blütenfarben reichen von weiß und gelb über rosa und rot bis hin zu violett. Im Mai kann man aus einem reichhaltigen Angebot in den Gärtnereien auswählen. Petunien lassen sich aber auch aus Samen ziehen.

Standorttip:

• Petunien gedeihen und blühen nur in voller Sonne wirklich gut.

• Erst nach den Eisheiligen dürfen die Balkonpflanzen ins Freie.

Aussaat-/Pflanztip:

• Die Aussaat der Petunien ist nicht ganz einfach: Der staubfeine Samen wird im Februar oder März auf die glatte Erdoberfläche in die vorbereitete Saatschale gestreut, leicht angedrückt und vorsichtig angegossen.

• Bis zur Keimung stehen die Saatschalen an einem warmen, schattigen Platz.

• Sobald man die Sämlinge fassen kann, werden sie am besten in Torftöpfchen vereinzelt, damit keine Fäulnis in der Saatschale entsteht.

• Die Jungpflänzchen werden vorsichtig an die Sonne gewöhnt.

Pflegetip:

• Petunien wollen reichlich gegossen werden und benötigen eine wöchentliche Düngung.

Sonnenwende

(Heliotropium peruvianum)

Balkonkastenpflanze, auch Beet- und Schnittblume, einjährig, bis 50 cm, Blüte: blau, Duft (Juli – Oktober); sonniger Standort. Borretschgewächse *(Boraginaceae)*

Sonnenwende

Blaublühende Arten sind unter den Sommer- und Balkonblumen recht selten. Schon deshalb ist die Sonnenwende mit ihren blauen Blütendolden eine besonders wichtige Balkonkastenpflanze. Die Blüten duften stark nach Vanille. Sie liefern den Grundstoff für das bekannte Parfüm »Heliotrop«.

Standorttip:

- Die Sonnenwende liebt einen sonnigen, warmen, etwas geschützten Platz. Sie eignet sich auch für eine Bepflanzung von Beeten.

Datura candida

Aussaat-/Pflanztip:

- Im März sät man die einjährige Sommerblume im Haus in Töpfe oder Schalen oder ins Frühbeet. Die feucht- und warmgehaltenen Samen keimen in etwa 2 Wochen. Sobald die Sämlinge kräftig genug sind, werden sie vereinzelt.
- Ab Mai dürfen die Pflanzen ins Freie.

Pflegetip:

- Man kann die Blütezeit wesentlich verlängern, wenn man regelmäßig die verwelkten Blüten rausschneidet.

Stechapfel *(Datura)*

Strauch, Kübelpflanze, langlebig, Blüte: weiß, gelb, rosa und rot (Sommer bis Herbst, Winter bis Frühjahr (D. sanguinea)), Duft; sonniger Standort. Nachtschattengewächse *(Solanaceae)*

Der Stechapfel mit seinen riesigen trompetenähnlichen Blüten gehört mit zu den schönsten Kübelpflanzen überhaupt. Die wichtigsten Arten sind der rote Stechapfel (D. sanguinea), der weiße Stechapfel (D. candida) und die ebenfalls weißblühende Engelstrompete (D. suaveolens), von der es auch eine gelbe Sorte gibt. Alle Teile des Stechapfels sind giftig.

Standorttip:

- Den Sommer über steht der Stechapfel am besten sonnig und windgeschützt im Freien, überwintert wird er bei Temperaturen zwischen 10 und 15 Grad Celsius, also etwas wärmer als die meisten Kübelpflanzen.

Pflegetip:

- Reichlich Wasser und Dünger in der Hauptwachstums- und Blütezeit und

Verbena

eine schwere, nährstoffreiche Pflanzerde, stellen die wichtigsten Voraussetzungen für ein gutes Gedeihen dieser herrlichen Kübelpflanze dar.

Der Pflanzendoktor:

- Der Stechapfel wird manchmal von der roten Spinne heimgesucht, die nur mit einem insektentötenden Mittel wieder zu vertreiben ist.

Verbene, Eisenkraut

(Verbena)

Balkonkastenpflanze, auch Beetblume, einjährig, Blüte: weiß, gelb, rosa, karmin, rot, violett, Duft (Juni bis Oktober); sonniger Standort, anspruchslos. Eisenkrautgewächse *(Verbenaceae)*

Die Verbene ist ein ausgesprochen dankbarer Sommerblüher für den Balkonkasten oder das Beet. Am Balkon in Kästen oder Schalen wirken die überreich rosablühenden Hängeverbenen am schönsten, die zudem sehr wenig Pflege erfordern.

Verbene

Standorttip:

- Die Verbenen gedeihen am besten an einem vollsonnigen Platz auf der Südseite des Hauses.

Aussaat-/Pflanztip:

- Man sät das Eisenkraut im März im Zimmer in Schalen oder ins Frühbeet. Erst wenn keine Nachtfröste mehr zu erwarten sind, also nach den Eisheiligen, dürfen die Pflanzen ins Freie.

Pflegetip:

- Die Verbenen brauchen reichlich Feuchtigkeit und eine wöchentliche Düngung, um ihre ganze Blütenpracht entfalten zu können.
- Durch ein Entspitzen der Triebe fördert man die Verzweigung der Pflanze. Regelmäßiges Entfernen der abgeblühten Blüten verlängert die Blütezeit.

Wandelröschen, Lantane *(Lantana)*

Kleiner Strauch, Balkonkasten- und Kübelpflanze, mehrjährig, bis 60 cm, weiß, gelb, rosa, braunrot (Juni – September); sonniger Standort. Eisenkrautgewächse *Verbenaceae)*

Besonders hübsche Balkon- und Kübelpflanzen sind die Wandelröschen oder Lantanen. Der kleine Strauch, der die Farbe seiner Blüten im Laufe des Sommers wechseln kann (Wandelröschen!), wird auch häufig als Hochstämmchen verwendet. Neben den sehr bekannten, herrlich weiß-, gelb- oder rotblühenden L. – camara-Hybriden ist auch noch die lila-rosafarbene Art. L. montevidensis nennenswert.

Standorttip:

- Wandelröschen möchten einen sonnigen Platz auf der Terrasse oder dem Balkon.
- Im Winter sollten die kleinen Sträucher hell und luftig stehen.

Pflegetip:

- Den Sommer über gießt und düngt man Wandelröschen regelmäßig. Im Winter wird nur wenig gegossen.

Zylinderputzer

(Callistemon lanceolatus = citrinus)

Kübelpflanze, auffällige Blüten: rot (Spätfrühling); sonniger Sommerstandort. Myrtengewächse *(Myrtaceae)*

Der Zylinderputzer aus Australien fällt besonders durch seine Blüten mit den langen, farbigen Staubfäden auf, die wie Bürsten wirken.

Standorttip:

- Im Sommer gehört der Zylinderputzer an einen sonnigen Platz. Überwintert wird er möglichst kühl.

Pflegetip:

- Den Sommer über brauchen die Kübelpflanzen viel Wasser und eine wöchentliche Düngung.
- Besonders jüngere Pflanzen sollte man ab und zu stutzen, damit sie sich verzweigen.

Der Ziergarten

Der eigene Garten – und sei er noch so klein – ist der Wunschtraum vieler Menschen. Wenn er den persönlichen Wünschen seiner Benutzer wirklich entspricht, kann er in Ergänzung zu den Wohnräumen im Haus viele sehr wertvolle Aufgaben erfüllen:

- Auch schon ein kleiner Garten bietet Platz, um draußen zu sitzen, zu entspannen oder zu feiern.
- Der Garten kann zur gesunden Ernährung beitragen. Ob nur Platz für ein kleines Kräuterbeet ist oder für einen großen Nutzgarten und eine Obstwiese dazu, die Ernte der selbstgezogenen Pflanzen und Früchte macht die ganze Familie stolz.
- Im Garten erlebt der Mensch ein Stück der von ihm mitgestalteten Natur. Er kann sich am Wachsen der Pflanzen täglich erfreuen und es durch seine Pflege beeinflussen. Er lernt den Einfluß des Bodens, der Temperatur und der Witterung kennen und kann Tiere beobachten. Neben gepflegten Gartenbereichen, in denen man der Gärtner und Gestalter ist, sind dafür auch ungestörte Winkel notwendig, in denen die Natur allein regieren darf.
- Nicht zuletzt ist der eigene Garten auch ein Teil seiner Umgebung. Er trägt zum Gesamtbild der Ortschaft bei und stellt einen wichtigen kleinen Zufluchtsort für Pflanzen und eine Vielzahl kleinster Tiere in den grauen Städten und Siedlungen dar. So ist er auch eine persönliche »Visitenkarte«, der Stolz seines Besitzers.

Wer sich einen so vielseitigen und schönen Wohnraum im Freien schaffen möchte, darf nicht vergessen, daß die Anlage, die Pflege und Entwicklung des persönlichen Gartens neben Phantasie auch viel Geduld, neben ein wenig Sachkenntnis auch einige Arbeit erfordert.

Jeder Gartenfreund hat aber auch zwei sehr tüchtige Helfer bei seiner Arbeit: die Natur und die Zeit, die die Bäume wachsen und die Früchte reifen lassen. Auf diese beiden kann er sich verlassen, er muß aber immer auch auf sie Rücksicht nehmen.

Damit der Garten seine vielfältigen Aufgaben für den Menschen gut erfüllen kann, braucht er neben den von den Pflanzen eingenommenen Flächen auch Wege, einen Sitzplatz, vielleicht einen Gartenschuppen, zur Einfriedung einen Zaun oder eine Mauer.

Die Hauptrolle im Garten spielen jedoch die Pflanzen. Sie geben ihm sein Gesicht. Große Bäume spenden Schatten, kleinste Stauden zieren Pflasterfugen, Kletterpflanzen ranken an der Hauswand, Hecken bilden selbst grüne Mauern. Die Pflanzenwelt ist außerordentlich vielgestaltig. Man kann diese Vielfalt unterschiedlich gliedern und die Pflanzen nach wichtigen Merkmalen einteilen. Ein gutes Merkmal ist die Lebensform einer Pflanze: Man kann unterscheiden zwischen Gehölzen, deren Triebe mit zunehmendem Alter mehr verholzen, und nicht holzigen Pflanzen, die in der Regel auch viel kleiner sind. Bei den Gehölzen unterscheidet man *sommergrüne* Laubgehölze, wie die Linde, den Flieder, die Rosen; *immergrüne* Laubgehölze, wie Rhododendron, Kirschlorbeer, Buchs sowie *immergrüne Nadelgehölze,* wie Fichte, Kiefer und Wacholder. Die nicht holzigen Pflanzen wiederum teilt man ein in Stauden, ein- und zweijährige Pflanzen und Zwiebel- und Knollengewächse.

Eine Staude ist ein ausdauerndes Gewächs, das als Wurzelstock oder Rhizom unter Schnee und Eis überwintert und im Frühjahr wieder neu durchtreibt oder auch als winter-

oder immergrüne Pflanze die kalte Jahreszeit verbringt (einige alpine Polsterpflanzen).

Als Einjahrespflanzen bezeichnet man solche, die im Frühjahr aus Samen keimen, im Sommer desselben Jahres blühen und fruchten und im Herbst nach den ersten Frösten absterben. Die Übergänge zwischen den einzelnen Gruppen sind fließend.

Zwiebel- und Knollenpflanzen haben nur eine kurze Vegetationszeit. Schon nach der Blüte ziehen sie sich zu ihrer Ruhezeit zurück.

Viele Pflanzen sind das Ergebnis langjähriger Züchtungsarbeit. Durch Kreuzung bestimmter Arten oder durch Veredelung entstanden herrliche Blütensträucher und -stauden, aber auch zwergige oder skurrile Gehölze und ganz besonders harte, unempfindliche Sorten vieler Pflanzenarten. Züchtungsformen erkennt man am lateinischen Namen: der erste, großgeschriebene Name bezeichnet die Gattung, der zweite, kleingeschriebene die Art. Bei Sorten steht noch eine dritte Bezeichnung in Anführungsstrichen dahinter. So steht beispielsweise Syringa vulgaris »Michael Buchner« für die Gattung Syringa (= Flieder), die Art vulgaris (= Gemeiner) und die Sorte »Michael Buchner«.

Bei der Gestaltung des eigenen Gartens mit Pflanzen sollte man an einige wichtige Dinge denken:

- Die Größe des Grundstücks spielt für die Pflanzenwelt im Garten eine wichtige Rolle. Aus diesem Grunde sollten schon beim Kauf der Pflanzen ihre spätere Größe und Wuchsform berücksichtigt werden.
- Auch die Lage des Gartens ist für die Auswahl der Pflanzen von Bedeutung. Hier sollten die Ansprüche der Pflanzen an die Bodenqualität sowie das Nährstoff- und Wasserangebot berücksichtigt werden.
- Für die Grundbepflanzung im Garten aus Bäumen und großen Sträuchern wählt man am besten standortgerechte Arten. Pflanzen, die kümmern, weil sie zu trocken oder zu naß, zu warm oder zu kalt stehen, bereiten keine Freude. Deshalb sollte man bei der Auswahl der Pflanzen deren Ansprüche kennen und berücksichtigen.
- Die Pflanzen sollten auch zusammenpassen. Pflanzen mit ähnlichen Ansprüchen pflanzt man zusammen.

Die Gehölze

Bäume und Sträucher bilden die Grundbepflanzung im Garten. Eine Reihe von Ratschlägen soll dem Gartenfreund ihre Verwendung und Pflege erleichtern.

Standorttip:

- Bei der Auswahl der Gehölze sollte man die Standortansprüche der jeweiligen Art genau berücksichtigen. Nur dann können sie sich zu ihrer ganzen Pracht entwickeln.

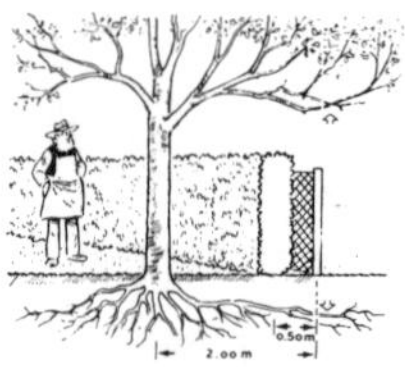

- Die spätere Größe der Bäume und Sträucher muß man stets im Auge behalten. Es wäre schade, ihnen eines Tages mit Schere oder Säge zu Leibe rücken zu müssen. Das gilt ganz besonders für Nadelbäume, die bis unten hin Äste tragen und keine große Bodenfläche beanspruchen.
- Äste, die über den Zaun hinauswachsen, können manches Mal zum Ärgernis werden. Ein gutes Verhältnis mit dem Nachbarn ist immer richtig.
- Immergrüne Laubgehölze sollten in der Regel an einen absonnigen bis halbschattigen Platz gepflanzt werden. Volle Sonne kann ihnen im Winter sehr gefährlich werden: Sie beginnen zu verdunsten, bekommen aber aus dem gefrorenen Boden kein Wasser nach und vertrocknen. Gefährdet sind besonders alle Flachwurzler.

Pflanztip:

- Alle Gehölze pflanzt man während ihrer Ruhezeit. Eine Ausnahme bilden die sogenannten Containerpflanzen, die man eingetopft kauft und das ganze Jahr über pflanzen kann.

Sommergrüne Laubgehölze kann man ab Oktober, wenn sie beginnen, das Laub abzuwerfen, bis kurz vor dem Neuaustrieb im April pflanzen. Die Zeit, in der der Boden gefroren ist, scheidet zwangsläufig aus.

Bei Nadelgehölzen und immergrünen Laubgehölzen beginnt die Pflanzzeit bereits im September und dauert bei manchen Arten bis in den Mai hinein.

- Nadelgehölze werden immer mit Ballen gepflanzt, ebenso wie die immergrünen Laubgehölze. Das Pflanzloch muß mindestens so groß wie der Ballen sein. Will man Bodenverbesserungsmittel (wie z.B. Torf) zur Lockerung einarbeiten, so hebt man entsprechend mehr Erde aus.

Das Ballentuch knotet man auf, wenn der Baum oder der Strauch in der Grube sitzt. Man braucht es nicht zu entfernen, da es verrottet.

- Junge, laubwerfende Gehölze pflanzt man in der Regel ohne Ballen. Wichtig dabei ist der Pflanzschnitt: Die Wurzeln werden so angeschnitten, daß die Schnittfläche nach unten zeigt. Faulige oder geknickte Wurzeln entfernt man.

Auch die oberirdischen Pflanzenteile müssen geschnitten werden. Das macht man aber ausschließlich im Frühjahr (im Herbst gepflanzte Gehölze schneidet man im nächsten Frühjahr vor dem Austrieb). Dabei sollte man nicht zu zimperlich sein.

Bis zu zwei Drittel der Triebe werden entfernt. Die bei der Rodung eingekürzte Wurzel würde kaum eine große Krone ernähren!

● Die Gehölze dürfen nicht tiefer gesetzt werden als sie in der Baumschule standen. Der Wurzelhals (Ansatzstelle der Wurzel am Stamm oder Ästen) sollte nicht mit Erde überdeckt sein (die Veredelungsstellen von Ziergehölzen dagegen schon).

● Ist die Pflanzgrube zugeschüttet, so tritt man die Erde gut an. Dabei muß man aufpassen, daß in lehmigen Böden keine nahezu wasserundurchlässige Schicht entsteht. Danach wässert man gründlich, besonders um eine gute Verbindung zwischen Wurzeln und Erdreich herzustellen.

● Größere Gehölze muß man mit einem Pfahl verankern. Den Pfahl schlägt man vor der Pflanzung in den Boden, um die Wurzeln nicht zu beschädigen. Er sollte auf der Windseite stehen, also meist westlich des Stamms. Das obere Ende des Pfahls darf nicht weit in die Krone ragen. Zum Anbinden eignet sich ein Kokosstrick, der einige Tage nach der Pflanzung nochmal nachgerichtet wird.

Pflegetip:

● Im Herbst abgefallenes Laub gesunder Gehölze sollte man unbedingt liegenlassen. Die Blätter, die man vom Rasen recht oder von der Terrasse kehrt, werden unter Bäumen und Sträuchern verteilt: Sie sind ein wichtiger Winterschutz und Humuslieferant für Boden und Unterwuchs.

● Zur Gehölzpflege gehört auch der richtige Schnitt. Man sollte immer nur schneiden, wenn es auch wirklich notwendig ist. Nur wenige Sträucher brauchen einen regelmäßigen Schnitt, z.B. Sträucher in Formhecken, Blütensträucher, die am einjährigen Holz blühen (z.B. Mandelbäumchen) oder auch Zwergsträucher, die rasch sparrig und unschön werden (z.B. Heidekraut). Dabei werden die diesjährigen Triebe gestutzt.

Beim sog. Verjüngungsschnitt dagegen werden alle alten Triebe bis an den Wurzelstock hinunter ausgeschnitten. Immergrüne Pflanzen schneidet man in der Regel nicht.

● Die richtige Zeit für einen Verjüngungsschnitt ist der Winter (aber nicht bei großer Kälte schneiden, Bruchgefahr). Sehr früh austreibende Arten werden schon vor Weihnachten ausgelichtet. Jährliche Schnittmaßnahmen führt man im August durch, bei Frühlingsblühern besser gleich nach der Blüte.

● Im Winter abgefrorene Äste werden im zeitigen Frühjahr ausgeschnitten.

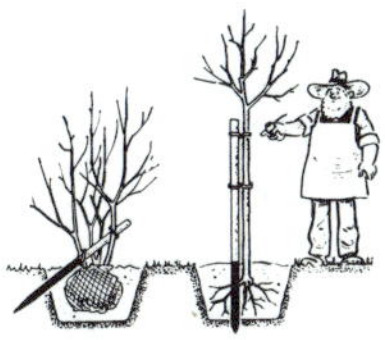

● Geschnitten wird immer ca. 5 mm über einer Verzweigungsstelle. Nur nach innen stehende Äste entfernt man, nach außen stehende haben Platz genug und bleiben stehen.

● Wichtig für einen sinnvollen Gehölzschnitt sind einwandfrei scharfe Schneidewerkzeuge: ein Gärtnermesser (Hippe), eine Rosen- oder Astschere oder eine Baumsäge.

● Muß bei Bäumen oder großen Sträuchern einmal ein sehr starker Ast entfernt werden, so bestreicht man die »Wunde« mit Baumwachs. Bei stark harzenden Pflanzen ist dies nicht unbedingt notwendig.

Der grüne Kniff:

● Bei der Auswahl der Gehölze für den Garten darf man nie die Schönheit von nutzbringenden Bäumen und Sträuchern vergessen. Gerade bei den Gehölzen sollte man nicht zwischen Nutz- und Ziergarten unterscheiden. Ein blühender Apfelbaum ist mindestens ebenso schön wie ein empfindlicher Zierstrauch, um den man ständig bangen muß.

Die Hecke

Die schönste und sinnvollste Umfriedung des Gartens ist eine Hecke. Sie kann den Zaun völlig ersetzen, aber auch zusätzlich gepflanzt werden. Für ihre Umgebung erfüllt die Hecke viele wichtige Aufgaben:

- Sie schützt vor Wind, Frost, Schneeverwehung und Austrocknung: Nachtfröste sind in von Hecken umgebenen Gärten seltener, der Tau bleibt länger auf den Pflanzen, die Erträge sind höher.
- Sie wirkt als Staubfilter an Straßen.
- Sie ist Lebens- und Nistraum für Singvögel, ein Schlupfwinkel für Igel, Kröten und Käfer, die sich alle bei der Ungezieferbekämpfung im Garten nützlich machen.

Auslichtungsschnitt

Ast- oder Rosenschere

Grundsätzlich muß man zwischen Hecken unterscheiden, die regelmäßig in Form geschnitten werden und solchen, die frei wachsen und allenfalls bei Bedarf einmal ausgelichtet und zurückgestutzt werden.

Für Formhecken, die regelmäßig geschnitten werden, eignen sich besonders die Berberitze, die Buche, der Buchsbaum, die Eibe, der Feldahorn, die Fichte, die Hainbuche, die Heckenkirsche, die Lärche, der Liguster und die Thuja. Eine locker wachsende Hecke aus Blütensträuchern setzt sich beispielsweise aus Flieder und Pfeifenstrauch oder aus Strauch-Rosen, Spireen, Deutzien und Kolkwitzien zusammen. Für große Heckenpflanzungen verwendet man am besten heimische Sträucher des Waldrands wie Hartriegel, Hasel, Holunder, Pfaffenhütchen, Schlehe, Schneebeere, Weißdorn und Wildrosen. Besonders nützlich sind früchtetragende Hecken aus Beerensträuchern, der Quitte oder der Maulbeere. Bei locker wachsenden Hecken sind der Phantasie des Hobbygärtners kaum Grenzen gesetzt. Für jedes Grundstück und jeden Zweck läßt sich ein lebender Zaun zusammenstellen.

In größeren, freiwachsenden Hecken kann man in regelmäßigen Abständen Bäume als sogenannte »Überhälter« vorsehen, die die Windschutzwirkung der Hecke noch erhöhen und zudem hübsch aussehen. Für Gärten kommen in der Regel kleinkronige Bäume, wie z.B. die Eberesche oder Vogelkirsche in Frage. Zierstrauchhecken können durch Zierkirschen, strenger geschnittene Hecken aus nur einer Pflanzenart durch Kugelahorne, Kugelrobinien oder Rotdorne einen besonderen Pfiff bekommen.

Auch Kletterpflanzen kann man als Hecke verwenden. Sie benötigen dabei allerdings eine Stütze, z.B. einen Draht oder Lattenzaun.

Großen, zwei- oder mehrreihigen, freiwachsenden Mischhecken, die, z.B. als Eingrenzung einer Obstwiese, ungefähr in Ost-Westrichtung laufen, gibt man eine Nord- und eine Südseite: Auf die Nordseite pflanzt man Holunder, Pfaffenhütchen, Heckenkirschen, Kornelkirschen und Liguster, auf die Sonnenseite wärmeliebende Arten, wie Rose, Schlehe, Berberitze, Hasel, Weißdorn.

Pflanztip:

- Ein Patentrezept für den Abstand, in dem Heckenpflanzen gesetzt werden, gibt es nicht. Der Abstand hängt von der Größe und dem Alter der Pflanze zum Pflanzzeitpunkt, aber auch von ihrer späteren Größe ab. Starkwüchsigen Sträuchern, wie Hasel, Flieder, Hartriegel und Holunder tut man nichts Gutes, wenn man sie zu dicht pflanzt.
- Ungeduldige, die möglichst schnell eine dichte Hecke haben wollen, können relativ dicht pflanzen, müssen

Berberitzenhecke

aber nach zwei bis drei Jahren den einen oder anderen Strauch wieder herausnehmen und die Hecke kräftig auslichten. Zweimal verpflanzte Baumschulpflanzen setzt man in der Regel mit einem Abstand von 50 bis 70 cm. Großwüchsige Sträucher in einer freiwachsenden Hecke sollte man 80 bis 100 cm weit auseinanderrücken.

Pflegetip:

- Die Pflege einer Hecke besteht im wesentlichen aus einem richtig durchgeführten Schnitt:

Bei in Form geschnittenen Hecken stutzt man jährlich im August die diesjährigen Triebe zurück.

Eine richtig geformte Hecke ist unten etwas breiter als oben, weil ja im unteren Bereich auch die stärkeren Äste sitzen.

In mehr oder weniger freiwachsenden Hecken sollte man alle zwei bis vier Jahre auslichten. Dabei werden alte oder störende Äste, aber auch zu weit überhängende oder abstehende Zweige ausgeschnitten. Blütenhecken blühen danach wieder reicher. Eine freiwachsende Hecke nur außen zu stutzen, ohne im Inneren auszudünnen, wäre völlig falsch. Im Frühjahr blühende Hecken kann man getrost auch unmittelbar nach der Blüte schneiden.

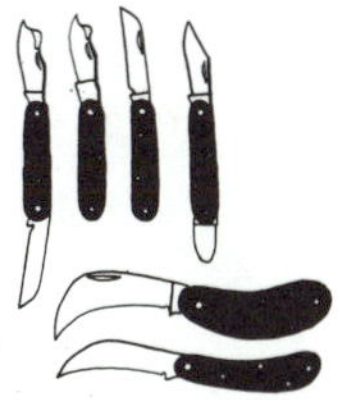

Gärtnermesser

Schnittabfall
wird kompostiert

Nadelgehölze von A–Z

In der folgenden Zusammenstellung finden Sie die wichtigsten Nadelgehölze in der Reihenfolge von A–Z. Die den Pflanzennamen nachgestellten Kästen enthalten Angaben über Wuchsform und Alter, über die erreichbaren Höhen, die Früchte und die Wurzelform der genannten Arten. Am Ende der Kästen finden Sie den deutschen und den lateinischen Familiennamen der Pflanzen.

Eibe *(Taxus)*

Strauch oder Baum, sehr langlebig, langsam wachsend (2 – 3 m in 10 bis 15 Jahren), bis 15 m; Frucht: rote Scheinbeeren (August – Oktober), giftig. Eibengewächse *(Taxaceae)*

Mit zu den schönsten Nadelgehölzen und Heckenpflanzen gehört die Eibe. Neben der einheimischen Gemeinen Eibe (T. baccata) und ihren zahlreichen Zuchtformen werden schwächer wachsende Arten wie die zwergige T. cuspidata und die säulenförmige T. media angeboten.

Standorttip:

- Eiben lieben feuchte Standorte. Staunässe bekommt ihnen allerdings schlecht. Sie gedeihen am besten auf nährstoffreichen und leicht kalkhaltigen Böden.

Pflegetip:

- Die Eibe verträgt Schnitt problemlos. Man kann durch regelmäßiges Schneiden im Laufe der Zeit sogar Figuren aus ihr formen.

Picea omorika

Fichte, Rotfichte
(Picea)

Baum, langlebig, kleinste Züchtung ab 30 cm, große Arten bis 50 m; Flachwurzler; Frucht: Fichtenzapfen. Kieferngewächse *(Pinaceae)*

Die Rotfichte (P. abies = excelsa) ist eine unserer bedeutendsten Forstpflanzen. Auch für den Garten wurden viele verschiedene Formen gezüchtet. Neben der heimischen Art gibt es noch eine ganze Reihe beliebter ausländischer Gartenfichten, wie z.B. die Serbische Fichte (P. omorika), die Kaukasusfichte (P. orientalis), die Stechfichte (P. pungens) und die Zukkerhutfichte (P. glauca »Conica«).

Standorttip:

- Fichten sind anspruchsloser als Tannen, aber nicht so genügsam wie Kiefern. Sie mögen luftfeuchte Plätze und nicht zu trockene Böden.
- Fichten sind als Flachwurzler wenig standfest und kippen an windigen Plätzen leicht um.

Pflanztip:

- Schon beim Pflanzen daran denken: Fichten versauern durch ihre Nadeln den Boden. Es gibt daher kaum Pflanzen, die als Unterwuchs geeignet sind.

Pflegetip:

- Die Fichte eignet sich für sehr hohe Formhecken und kann regelmäßig geschnitten werden.

Der Pflanzendoktor:

- An warmen, lufttrockenen Plätzen werden die Fichten sehr leicht ein Opfer der Roten Spinne.
- Das sogenannte »Omorikasterben« der Serbischen Fichten ist unter anderem auf Magnesiummangel im Boden zurückzuführen. Als Gegenmaßnahme wird oft Bittersalz (Magnesiumsulfat) empfohlen. Durch eine Anwendung von Bittersalz kann es aber zu einem Kalimangel im Boden kommen. Man sollte lieber einen Nadelgehölzdünger verwenden, der ausreichend Magnesium *und* Kali enthält.

Pinus mugo

Föhre

Kiefer, Föhre, Latsche *(Pinus)*

Baum oder Strauch, langlebig, kleinste Arten ab 1,20 – bis 3 m, größte Arten bis 30 m; Tiefwurzler; anspruchslos. Kieferngewächse *(Pinaceae)*

Kiefer

Mit zu den bescheidensten Gehölzen überhaupt gehört die Kiefer. Während Arten wie die Gemeine Kiefer oder Föhre (P. sylvestris), die Österreichische Schwarzkiefer (P. nigra austriaca), die Zirbelkiefer oder Arve (P. cembra) oder die Weymouthskiefer (P. strobus) nur in großen Gärten Platz haben, bleiben z.B. die Drehkiefer (P. contorta), die Blaue Mädchenkiefer (P. parviflora »Glauca«), die Japanische Zwerg- oder Kriechkiefer (P. pumila) und die Bergkiefer oder Latsche (P. montana = mugo) und ihre zahlreichen Zuchtformen ziemlich klein.

Zwergkiefer

Standorttip:

- Kiefern sind lichthungrig und vertragen keine Beschattung durch andere Bäume.

Koloradotanne

- Kiefern gedeihen auf fast allen Böden, wenn diese nicht zu feucht sind. Sie sind sehr windfest (Pfahlwurzel).
- Trockene Stadtluft vertragen Kiefern schlecht.

Pflanztip:

- Kiefern passen ideal zu Moorbeetpflanzen (Rhododendren, Lorbeerrose, Lavendelheide und andere).
- Die Latsche wird im Flachland viel größer als im Gebirge.

Der Pflanzendoktor:

- Einige Kiefernarten leiden leicht unter Blasenrost, eine Pilzkrankheit, die auch die Johannisbeere befällt. Eine weitverbreitete Krankheit ist die Kiefernschütte, die auch durch einen Pilz hervorgerufen wird.

Koreatanne

Scheinzypresse
(Chamaecyparis)

Strauch oder Baum, durch Züchtung unterschiedlichster Größen, gelb- oder blaunadelige Sorten; anspruchslos und hart. Zypressengewächse *(Cupressaceae)*

Die der Thuja ein wenig ähnliche Scheinzypresse wird in zahlreichen Sorten und Formen im Fachhandel angeboten – vom Zwergstrauch (Ch. obtusa »Nana gracilis«) über pyramidenförmige und gelb- und blaunadelige Formen bis hin zum Baum (Ch. lawsoniana »Columnaris«, Ch. nootkaensis »Glauca«, »Pendula«).

Scheinzypresse

Der grüne Kniff:

- An einem sehr freien Standort entstehen leicht Frostschäden. Zwergformen kann man mit Tannenreisig schützen.

Tanne *(Abies)*

Baum, 60 cm (kleinste Züchtung) bis 30 m; Frucht: Zapfen, teils auffällig; anspruchsvoll. Kieferngewächse *(Pinaceae)*

Zu den schönsten, aber auch heikelsten Nadelgehölzen zählt die Tanne. Neben unserer einheimischen Edel- oder Weißtanne (A. alba) sind vor allem die Kaukasustanne (A. nordmanniana) mit ihrer schönen Wuchsform und die recht unempfindliche Kolorado- oder Grautanne (A. concolor) wichtig. Auch für kleinere Gärten eignet sich die langsam wachsende Koreatanne (A. koreana), die auffällige, lilafarbene Zapfen trägt, und die Zwergform der Balsamtanne (A. balsamea »Nana«), die nur 60 cm bis 2 m hoch wird, aber sehr breit wächst.

Standorttip:

- Tannen brauchen viel Platz, tiefgründige, feuchte, nahrhafte Böden und ausreichend hohe Luftfeuchtigkeit. Gegen trockene Stadtluft sind sie sehr empfindlich (am wenigsten noch die Koloradotanne).

Der Pflanzendoktor:

- Junge Tannen sind besonders spätfrostgefährdet.

Thuja, Lebensbaum
(Thuja occidentalis)

Baum, bis 15 m, auch kleinere Züchtungen ab 3 m, Nadeln duftend; anspruchslos. Zypressengewächse *(Cupressaceae)*

Juniperus communis

Zwergkoniferen

Kriechwacholder

Wohl jeder kennt die Thuja, die man in erster Linie als Heckenpflanze, häufig aber auch in einer ihrer zahlreichen Zuchtformen in unseren Gärten antrifft. Die unterschiedlichsten Wuchsformen, vom Zwerg bis zum Baum, und auffällig gefärbte Sorten mit tiefgrünen oder goldgelben Nadeln sind im Handel. Alle sind recht anspruchslos, jedoch empfindlich gegen Bodentrockenheit.

➡ **Der grüne Kniff:**

- Die Nadeln der Thuja nehmen, obwohl immergrün, im Winter eine bräunliche Färbung an. Das ist kein Grund zur Beunruhigung, im Frühjahr trägt die Thuja wieder ihr gewohntes grünes Kleid. Wiederholte Stickstoffgaben beugen einer Verbräunung vor.

Wacholder *(Juniperus)*

Strauch, kleiner Baum und Bodendecker, bis 8 m, je nach Art; Früchte: beerenartig, Herbst; anspruchslos. Zypressengewächse *(Cupressaceae)*

Neben den beiden einheimischen Arten, dem Heidewacholder (J. communis) und dem Sadebaum (J. sabina), gibt es Sorten ausländischer Arten mit unterschiedlicher Nadelfärbung (blau, gelb) und Wuchsform (säulenartig, flach kriechend).

Standorttip:

- Wacholder sind Heide- und Gebirgspflanzen. Sie sind anspruchslos, hitze- und trockenheitsverträglich und brauchen durchlässige Böden.

Wacholder

Wacholder

Laubgehölze von A–Z

In der folgenden Zusammenstellung finden Sie die wichtigsten Laubgehölze in der Reihenfolge von A–Z. Die den Pflanzennamen nachgestellten Kästen enthalten Angaben über Wuchsform und die erreichbare Höhe, über Blütenfarbe und die Zeit der Blüte, über die Früchte und eventuelle besondere Ansprüche der genannten Arten. Am Ende der Kästen finden Sie den deutschen und den lateinischen Familiennamen der Pflanzen.

Ahorn *(Acer)*

Kleine (bis 2 m) und große (bis 35 m) Baumarten, auch rotlaubig, Herbstfärbung, Blüte: gelb-grün (April), Bienenweide. Ahorngewächse *(Aceraraceae)*

Die Gattung ist ausgesprochen vielfältig. Die beiden großen einheimischen Arten, der Spitzahorn (A. platanoides) und der Bergahorn (A. pseudo-platanus) sind wertvolle, große Hausbäume. Der ebenfalls bei uns heimische, kleinere Feldahorn (A. campestre) eignet sich sehr gut als robuste Heckenpflanze. Eine hübsche Variante des Spitzahorns ist der Kugelahorn (A. plat. »Globosum«).
Weitere wertvolle Gartenarten: der Feuerahorn (A. ginnala) und der Rotahorn (A. rubrum), die eine herrliche Herbstfärbung zeigen; der raschwachsende Eschenahorn (A. negundo) und der malerische Silberahorn (A. saccharinum). Für kleine Gärten eignen sich besonders der Japanische Ahorn (A. japonicum) und der Fächerahorn (A. palmatum).

Ahorn

Acer palmatum

Standorttip:

- Der Japanische Ahorn und der Rotahorn vertragen keine kalkhaltigen Böden.
- Die rotlaubigen Formen des Fächerahorns sind frostempfindlich und brauchen einen nicht vollsonnigen, geschützten Platz. Staunässe vertragen sie nicht.

Pflanztip:

- Der Fächerahorn leidet rasch unter zu starker Bodenerwärmung, gerade in Stein- und Felsengärten. Deshalb ist eine Bodenabdeckung wichtig.

Pflegetip:

- Der Feldahorn verträgt – als Hecke gepflanzt – auch einen scharfen Rückschnitt (im August).

Berberitze *(Berberis)*

Vielseitiges Hecken- und Gruppengehölz, immergrüne Arten und rotlaubige Formen, 50 cm – 2,50 m je nach Art, Blüte: gelb oder rötlich (April/Mai, Mai/Juni, je nach Art), teils Bienenweide, manche Arten mit Fruchtschmuck; anspruchslos, immergrüne Arten in rauhen Lagen etwas frostgefährdet. Berberitzengewächse *(Berberidaceae)*

Die zahlreichen Berberitzenarten eignen sich für Schnitt- oder Mischhekken jeder Art und Größe und fast für alle Standorte ohne Staunässe. Es gibt viele sehr kleine Arten (B. buxifolia »Nana«, B. candidula, B. thunbergii »Atropurpurea Nana«), die nur wenig Platz beanspruchen.

Birke *(Betula)*

Mittlere bis große Bäume, auch als Sträucher, große Arten: bis 20 m, kleine Arten: 1,50 m – 5 m, Flachwurzler, Blüte: Kätzchen (März bis Mai), Früchte: Zäpfchen (Juni bis August); anspruchslos. Birkengewächse *(Betulaceae)*

Wegen ihrer schönen Rinde, ihrem lockeren Wuchs, ihrem lichtdurchlässigen Laub und vor allem wegen ihrer bekannten Anspruchslosigkeit sind die Birken sehr wichtige Gartenbäume. Neben den europäischen Arten, der Weiß- oder Sandbirke (B. verrucosa), der Moorbirke (B. pubescens) und der Zwergbirke (B. nana), sind die Schwarzbirke (B. nigra) aus Amerika und die Himalayabirke (B. utilis) für eine Pflanzung im Ziergarten besonders gut verwendbar.

Birke

Standorttip:

- Alle Birken brauchen viel Licht.
- Sandbirken gedeihen noch auf flachgründigsten, trockensten und ärmsten Böden, ja sogar auf Dächern und in Mauerfugen.
- Schwarz- und Zwergbirken lieben feuchtere Lagen.

Pflanztip:

- Sandbirken darf man erst spät im Herbst mit Ballen pflanzen.
- Wegen ihres dichten Wurzelfilzes können Birken nur schlecht unterpflanzt werden.
- Birken (besonders die Hänge- und die Zwergbirke) eignen sich gut zur Trogbepflanzung.
- Containerpflanzen können das ganze Jahr über gesetzt werden.

Blutjohannisbeere
(Ribes sanguineum)

In Nutz- und Ziergehölzen Nistkästen aufhängen

Blütenstrauch, 2–3 m, Blüte: dunkelrot, in Trauben (April – Mai), sonniger bis halbschattiger Standort; anspruchslos, hart. Steinbrechgewächse *(Saxifragaceae)*

Eine besonders hübsche und reich blühende Verwandte der Gartenjohannisbeere ist die unempfindliche Blutjohannisbeere, die sich gut als Partner zu Forsythien eignet.

Ribes

Kronentraufe

Baumverankerung mit Spanndraht

Für robuste Heckenpflanzungen, die auch einen gelegentlichen, radikalen Rückschnitt vertragen, oder als Unterpflanzung von größeren Gehölzen im starken Schatten pflanzt man die Alpenbeere (R. alpinum) und die Goldbeere (R. aureum).

Buche *(Fagus silvatica)*

Laubbaum, bis 30 m, langlebig, rotlaubige Formen (Blutbuche = Fagus silv. »Atropunica«), hängende Formen (»Pendula«, »Purpurea Pendula«), hart. Buchengewächse *(Fagaceae)*

Buchen sind herrliche Schattenspender für große Gärten, ebenso gut eignen sie sich aber für geschnittene Formhecken. Sie haben ein weitverzweigtes, über die Kronentraufe hinausgehendes, sehr flaches Wurzelsystem. Bei Unterpflanzungen sollte hierauf Rücksicht genommen werden.

Buchsbaum *(Buxus)*

Immergrüner Strauch oder kleiner Baum, langsamwachsend, Frucht: schwarz-braune Kapseln, giftig; anspruchslos. Buchsbaumgewächse *(Buxaceae)*

Der Buchs (B. sempervirens) ist eine uralte Gartenpflanze, die in Süd- und Mitteleuropa verbreitet ist. In alten Gärten findet man auch heute noch geschnittene oder stattlich freiwachsende Einzelsträucher. Die kleinwüchsige Züchtung »Suffruticosa« ist eine ideale Einfassungspflanze.

Standorttip:

- Der Buchs gedeiht an trockenen und feuchten Plätzen gut. Er liebt kalkhaltige Böden.

Pflegetip:

- Die richtige Zeit, den Buchs in Form zu schneiden, ist im Juli oder August.

Der grüne Kniff:

- Buchshecken kann man selbst ziehen: Der Strauch läßt sich leicht durch Stecklinge vermehren.
- Nach einem alten Volksglauben bringen Obstbäume in der Nähe von Buchs besonders reiche Ernte.

Deutzie, Maiblumenstrauch *(Deutzia)*

Blütenstrauch, 70 cm – 3 m, Blüte: rosa, weiß (Mai – Juli); anspruchslos. Steinbrechgewächse *(Saxifragaceae)*

Die Deutzie gehört zu den wenigen Blütensträuchern, die im Sommer blühen. Das anspruchslose Gruppen- und Heckengehölz eignet sich auch für ganz kleine Gärten oder große Tröge, besonders die schwachwüchsigen Arten (z.B. D. gracilis).

Eiche *(Quercus)*

Laubbaum, bis 30 m, sehr langlebig, Früchte: Eicheln; anspruchslos. Buchengewächse *(Fagaceae)*

Die heimische Stieleiche (Sommereiche, Qu. pedunculata) und die heimische Traubeneiche (Qu. petraea) und ihre zahlreichen ausländischen Verwandten, wie z.B. die anspruchslose Roteiche (Qu. rubra) eignen sich nur für große Gärten. Eichen können uralt werden und als lichter Haus- und Hofbaum viele Generationen überdauern.

Esche *(Fraxinus)*

Baum, langlebig, bis 40 m (Blumenesche bis 10 m), Herbstfärbung, Blüte: dunkelrote Büschel (Mai), Blumenesche: weiße Blütenrispen (Mai – Juni); Frucht: hängende Büschel, geflügelte Nüßchen. Ölbaumgewächse *(Oleaceae)*

Die heimischen Eschen (F. excelsior) mit ihren gefiederten Blättern gehören zu den größten und imposantesten Bäumen Europas. Als auffälliger Blütenbaum, der geringere Platzansprüche stellt, eignet sich die etwas empfindlichere Blumen- oder Mannaesche (F. ornus).

Eiche

Standorttip:

- Eschen gedeihen nur gut an feuchten Standorten. Die Blumenesche dagegen wächst nur an warmen, geschützten Plätzen auf trockenen, kalkhaltigen Böden.

Felsenbirne *(Amelanchier)*

Großstrauch, kleiner Baum, 5 bis 8 m, langlebig, Herbstfärbung, Blüte: weiß (April – Mai); Frucht: blau-schwarze Beeren; anspruchslos. Rosengewächse *(Rosaceae)*

Unsere schönen Gartenfelsenbirnen, die Kanadische Kupferfelsenbirne (A. canadensis = lamarckii) und die

Amelanchier canadensis

Schneemispel (A. laevis) kommen aus Nordamerika. Felsenbirnen kennzeichnet ein malerisch-lockerer Wuchs, zahlreiche weiße Blüten und feuerrotes Herbstlaub.

Standorttip:

- Felsenbirnen mögen trockene, sonnige Plätze am liebsten, gedeihen aber auch noch im leichten Schatten.
- Die Kupferfelsenbirne wächst am besten auf kalkhaltigen Böden. A. laevis verträgt auch leicht saure und sandige Böden.

Pflanztip:

- Felsenbirnen eignen sich gut für ausreichend große Tröge auf Dachgärten. Man sollte für eine Dränageschicht im Trog aus Kies oder Blähton sorgen.
- Felsenbirnen können gut unterpflanzt werden, sie bedrängen ihre Nachbarn nicht.

Felsenmispel, Zwergmispel *(Cotoneaster)*

Bodendeckender bis mittelgroßer Strauch, viele immergrüne Arten, teils Herbstfärbung, 50 cm – 3 m je nach Art, Blüte: weiß, rosa (Mai bis Juni); auffallender Fruchtschmuck: rote Beeren, seltener schwarze; halbschattiger Standort, anspruchslos, in strengen Wintern frostempfindlich. Rosengewächse *(Rosaceae)*

Unter den Cotoneasterarten gibt es zahlreiche sehr robuste, immergrüne Bodendecker (z.B. C. dammeri radicans). Die größeren Sträucher fallen durch ihre leuchtenden Beeren auf (z.B. C. bullatus, x watereri).

Der Pflanzendoktor:

- Einige großlaubige Arten werden leicht von Feuerbrand heimgesucht, einer bisher noch nicht zu bekämpfenden Krankheit, erkennbar am Eintrocknen der Spitzen von oben her und schwarzbrauner Verfärbung der Rinde (daher der Name Feuerbrand). Feuerbrand ist meldepflichtig beim Pflanzenschutzamt.

Feuerdorn

(Pyracantha coccinea, -Hybriden)

Fruchtstrauch, 2 – 4 m, Blüte: weiß (Juni – Mai), Duft; Frucht: gelbe, orange oder hellrote Beeren (ab September); sonniger Standort. Rosengewächse *(Rosaceae)*

Feuerdorn ist im Herbst üppig mit leuchtenden Beeren besetzt und eignet sich besonders gut für Felsen- und Steingärten, Hecken und Plätze vor

Mauern sowie Kübel und große Schalen. Er wächst besonders hübsch, wenn er an Spalieren gezogen wird.

Der Pflanzendoktor:

- Feuerdorn wird manchmal von Feuerbrand heimgesucht. Gegen diese Krankheit kennt man noch kein Mittel.
- Schwarze Flecken auf Blättern und Früchten werden durch Schorf verursacht.

Fingerstrauch

(Potentilla fruticosa)

Kleiner Blütenstrauch und Bodendecker, 40 cm – 1,20 m, Blüte: gelb-, weiß- und rosablühende Sorten (Juni – Oktober); anspruchslos. Rosengewächse *(Rosaceae)*

Die Potentillaarten gehören zu den unverwüstlichsten Blütensträuchern überhaupt. Sie eignen sich als Bodendecker, für Pflanztröge, kleine Hekken, Steingärten und Kübel.

Flieder *(Syringa)*

Baumartiger Blütenstrauch, bis 6 m, Blüte: lila, rosa, weiß, einfach und gefüllt (Mai – Juli), Duft, Bienenweide; anspruchslos. Ölbaumgewächse *(Oleaceae)*

Der Flieder ist eine der ältesten und beliebtesten Gartenpflanzen. Der in Südosteuropa verbreitete Gemeine Flieder (S. vulgaris) wird in veredelten Sorten angeboten. Auch seine Verwandten, der Chinesische Flieder (S. chinensis), der Ungarische Flieder (S. josikaea), der Bogen- und der Perlenflieder (S. reflexa, S. swegiflexa) sind wertvolle Einzel- und Heckengehölze.

Standorttip:

- Der Gemeine Flieder und seine Veredelungsformen und der Chinesische Flieder lieben kalkhaltige, durchlässige, fruchtbare Böden.
- Bogen-, Perlen- und der Ungarische Flieder gedeihen am besten an feuchten Standorten.

Pflanztip:

- Veredelte Flieder setzt man recht tief: Die Veredelungsstelle kommt unter die Erde.

Pflegetip:

- Ein Rückschnitt trägt zur Verjüngung des Flieders bei. Man schneidet am besten nach der Blüte. Wichtig ist das Entfernen abgeblühter Blütenstände.

Syringa vulgaris

Forsythie

Forsythie

(Forsythia x intermedia)

Blütenstrauch, 2–3 m, Blüte: gelb (März – April); sonniger Standort, anspruchslos. Ölbaumgewächse *(Oleaceae)*

Zu den beliebtesten und bekanntesten Ziersträuchern gehört die Forsythie, deren goldgelbe Blüten zu den ersten Frühlingsboten im Garten gehören.

Pflegetip:

- Alle 2–3 Jahre sollte man den Blütenstrauch etwas auslichten.

Der grüne Kniff:

- Die Forsythie eignet sich vorzüglich für das Schneiden von Barbarazweigen, die man im Winter im Zimmer antreibt.

Ginster *(Cytisus, Genista)*

Kleiner Blütenstrauch, bis 50 cm (G. lydia, C. kewensis, C. purpureus), bis 2 m (C. praecox, scoparius), Blüte: hellgelb, gelb, rotgelb, rot, rosa (Mai – Juni); giftig; sonniger Standort, anspruchslos, in sehr strengen Wintern etwas frostgefährdet. Schmetterlingsblütler *(Leguminosae)*

Die zahlreichen Ginsterarten und -sorten sind im Frühling reich mit den typischen, kleinen Schmetterlingsblüten besetzt. Sie passen gut in Heidegärten. Die flachwachsenden Arten eignen sich für Steingärten.

Standorttip:

- Ginster gedeiht in Pflanztrögen (Frostschutz!) genauso wie auf durchlässigen, trockenen und armen Böden.

Laburnum »Vossii«

Goldregen *(Laburnum)*

Blütenstrauch oder kleiner Baum, bis 10 m, Blüte: gelb (Mai – Juni); Duft (Alpengoldregen); giftig (alle Teile); Frucht: Hülsen; sonniger bis halbschattiger Standort, langlebig, hart. Schmetterlingsblütler *(Leguminosae)*

Aus der Kreuzung des Alpengoldregens (L. alpinum) mit dem Gemeinen Goldregen (L. anagyroides = vulgare), beides in den Südalpen und Südeuropa verbreitete Blütenpflanzen, entstand einer der schönsten Ziersträucher überhaupt: die herrlich und überreich gelb blühende Goldregenart L. x watereri. Der Goldregen ist in allen Teilen giftig.

Standorttip:

- Goldregen liebt warme, trockene Plätze auf kalkhaltigen Böden.

Pflegetip:

- Der Goldregen darf nur sehr behutsam geschnitten werden. Starke Rückschnittmaßnahmen nimmt er – besonders, wenn er älter ist – sehr übel.

Der Pflanzendoktor:

- Hasen und Kaninchen machen sich besonders in strengen Wintern gerne über den Goldregen her. Sie knabbern seine Rinde, die für sie nicht giftig, sondern eine wahre Delikatesse zu sein scheint. Durch einen ausreichend dichten Zaun oder Stroh bzw. Schilf am Stamm sollte man rechtzeitig dem Verbiß vorbeugen.

Hainbuche *(Carpinus)*

Baum, bis 20 m, Herbstfärbung; langlebig, hart. Birkengewächse *(Betulaceae)*

Eine sehr wichtige Heckenpflanze, aber auch freiwachsend ein malerischer Gartenbaum, ist die in ganz Europa verbreitete Hainbuche (C. betulus). Durch ihr ab Oktober buntgefärbtes Laub, das sie bis ins Frühjahr behält, sorgt sie auch über den Winter für einen guten Sicht- und Windschutz.

Standorttip:

- Die Hainbuche liebt frische, tiefgründige, nährstoffreiche Lehmböden.

Pflegetip:

- Hainbuchen gehören mit zu den schnittverträglichsten Pflanzen überhaupt. Man kann eine Hainbuchenhecke ohne weiteres kräftig stutzen.

Hartriegel *(Cornus)*

Großstrauch oder kleiner Baum, 3 bis 6 m, buntlaubige Formen, Herbstfärbung, Formen mit farbigem Holz, auch blühende Arten: weiß oder rot (Mai–Juni); Fruchtschmuck: rot, erdbeerähnlich (C. kousa). Hartriegelgewächse *(Cornaceae)*

Der heimische Hartriegel (C. sanguinea) ist ein unverwüstliches Heckengehölz. Vom Tartarischen Hartriegel (C. alba) gibt es zahlreiche Zuchtformen mit weiß-buntem Laub oder rotem Holz. Für feuchte, nährstoffreiche Böden eignen sich die Blütenhartriegel (C. florida, kousa), deren große, weiße »Blüten« in Wirklichkeit gefärbte Hochblätter sind. C. canadensis ist ein Bodendecker.

Pflegetip:

- Die Blütenhartriegel muß man in heißen Sommern gründlich wässern.

Cornus canadensis

Bepflanzung einer Böschung mit Bodendeckern

Heckenkirsche

(Lonicera)

Bodendeckender bis mittelgroßer Strauch, auch immergrüne Arten (Tatarische Heckenkirsche und L. nitida-pileata), 40 cm – 3 m, Blüte: weiß, hellgelb, rosa (Tatarische Heckenkirsche: Mai – Juni), Duft; Früchte: rote Beeren, giftig, Vogelnahrung; anspruchslos und hart. Geißblattgewächse *(Caprifoliaceae)*

Besonders unempfindliche und zugleich hübsche Hecken- und Gruppensträucher oder auch Flächendekker (L. pileata) sind die Heckenkirschen, z.B. die heimische Gemeine Heckenkirsche (L. xylosteum), die Tatarische Heckenkirsche (L. tatarica) und die reichfruchtende Art L. maackii.

Hibiskus, Eibisch

(Hibiscus syriacus)

Blütenstrauch, bis 2 m, Blüte: weiß, rosa, rot, violett, blau, je nach Sorte (Juli–September), gefüllt oder einfach; sonniger, geschützter Standort, frostempfindlich. Gefüllt blühende Sorten empfindlicher. Malvengewächse *(Malvaceae)*

Die zahlreichen Sorten des Hibiskus mit ihren großen, malvenähnlichen Blüten sind herrliche, aber etwas empfindliche Sommerblüher.

Standorttip:

- Der Eibisch kann seine volle Schönheit nur an sehr warmen, geschützten Plätzen entfalten. Im norddeutschen Raum sollte man möglichst die etwas härteren, einfachblütigen Sorten verwenden.

Pflegetip:

- Der Hibiskus braucht – vor allem als Jungpflanze – einen ausreichenden Winterschutz.
- Ein jährlicher, leichter Rückschnitt, den man zur Verbesserung der Wuchsform mindestens alle 2 – 3 Jahre durchführen sollte, fördert Blütenreichtum und -größe.

Pflanztip:

- Hibiskus möglichst nur im Frühjahr pflanzen.

Hortensie *(Hydrangea)*

Blütenstrauch, bis 3 m, Blüte: weiß (grünlich oder rosa überhaucht) (Juli–August), am einjährigen Holz; sonniger bis halbschattiger Standort, je nach Art. Steinbrechgewächse *(Saxifragaceae)*

Die Hortensien (H. paniculata, arborescens, macrophylla) gehören zu den traditionellsten Gartensträuchern überhaupt. Mit zunehmendem Alter werden sie – bei jährlichem Rückschnitt im Frühjahr – immer schöner. Die H. macrophylla findet auch als Zimmerpflanze Verwendung. Da sie frostempfindlich ist, muß sie geschützt werden. Samt-Hortensien (H. sargentiana) mit wollig behaartem Laub, hellviolett-blauen Dolden mit weißlichen Randblüten und die kleine H. serrata (bis 1,50 m) mit ihren rosa, roten und blauen Blüten (je nach Sorte und Standort) bereichern jeden Garten mit ihrer Pracht.

Standorttip:

- Hortensien brauchen einen feuchten, humusreichen, leicht sauren Boden (bei kalkhaltigem Boden besteht Chlorosegefahr!).

Johanniskraut

(Hypericum)

Immergrüner Halbstrauch, Bodendecker (H. calycinum), Kleinstrauch, 20 cm – 1,20 m; Blüte: gelb (Juli bis Oktober), am jungen Holz; sonniger bis schattiger (H. calycinum) Standort. Hartheugewächse *(Hypericaceae)*

Das Johanniskraut ist ein völlig anspruchsloser kleiner Halbstrauch mit vielen großen Blüten. Die Art. H. calycinum bedeckt in kürzester Zeit große Flächen. Die Art H. patulum wächst strauchartig und ist ein hübscher Partner zu Blütenstauden.

Pflegetip:

- Johanniskraut sollte man im Frühjahr zurückschneiden, die bodendeckende Art bis kurz über den Boden.

Kirsche, Zierkirsche, Pflaume, Mandel

(Prunus)

Kleiner bis mittelgroßer Baum oder Strauch, kleinste Arten bis 2 m (Mandelbäumchen), große Arten bis 15 m und mehr (Vogel-, Traubenkirsche), auch rotlaubige Arten; Blüte: weiß, rosa, einfach oder gefüllt (März – Juni, je nach Art); sonniger Standort. Rosengewächse *(Rosaceae)*

Wohl kaum eine andere Gehölzgattung ist durch Vielfältigkeit und Schönheit für die Gärten so bedeutend wie die Kirschen. Zu den heimischen Arten zählen die Vogelkirsche (P. avium), von der es auch eine gefülltblühende Form (»Plena«) gibt, die Traubenkirsche (P. padus) und die Steinweichsel (P. mahaleb). Aus Asien kommt die Kirschpflaume (P. cerasifera) und die dunkelrot belaubte Blutpflaume (P. cer. »Nigra«).
Die schönsten Vertreter sind zweifellos die japanischen Zierkirschen mit ihren unzähligen weißen oder rosafarbenen, oft gefüllten Blüten. Am wichtigsten unter diesen sind die Bergkirsche (P. sargentii), die Nelkenkirsche (P. serrulata) und ihre zahlreichen Sorten, und die schönen Züchtungen der Art P. subhirtella.
Für kleine Gärten und geschützte Innenhöfe sind die Zwergblutpflaume (P. cistena), die Zwergmandel (P. tenella) und das Mandelbäumchen (P. triloba) besonders gut geeignet.

Japanische Säulenkirsche

Standorttip:

- Vogelkirsche und Steinweichsel sowie die Zierkirschen bevorzugen kalkhaltige Standorte (auf sauren Böden kalken!).
- Während Vogelkirsche und Steinweichsel gut an trockenen Standorten gedeihen, brauchen die Zierkirschen einen tiefgründigen, frischen Boden.

Pflegetip:

- Das Mandelbäumchen blüht nur am einjährigen Holz und muß jedes Jahr sofort nach der Blüte geschnitten werden. Die Triebe werden um ⅔ gekürzt.

Der Pflanzendoktor:

- Die Kirsche wird häufig von Monilia (Spitzendürre) befallen.

Kirschlorbeer

(Prunus laurcerasus)

Immergrüner Strauch, 1 – 3 m, je nach Sorte, Blüte: weiß, in Trauben (Mai – Juni), giftig. Rosengewächse *(Rosaceae)*

Eines der schönsten immergrünen Gartengehölze ist der Kirschlorbeer. Es gibt eine Reihe unterschiedlicher Formen mit breiterer oder aufrechter Wuchsform, die sich alle auch für ausreichend große Kübel oder Tröge eignen (Frostschutz mit Fichten- oder Tannenreisig).

Standorttip:

- Kirschlorbeer braucht eine gute Dränage.

Kolkwitzie

(Kolkwitzia amabilis)

Blütenstrauch, bis 2 m und mehr, Blüte: rosa, Doldentrauben (Mai bis Juni); anspruchslos. Geißblattgewächse *(Caprifoliaceae)*

Ein besonders reich blühender Frühlingsblüher für Gruppen und Hecken oder Einzelstellung ist die Kolkwitzie. Überdies ist sie besonders hart und unempfindlich und wächst am besten in frischen Böden.

Kornelkirsche

(Cornus mas)

Linden vertragen Schnittmaßnahmen gut

Großstrauch, 5 – 6 m; Blüte: goldgelb (März – April), am alten Holz, vor Laubaustrieb; Frucht: kirschenähnlich, eßbar, Bienenweide, Vogelnahrung; anspruchslos und hart. Hartriegelgewächse *(Cornaceae)*

Im zeitigen Frühjahr schon beleben die duftigen Blütenkugeln der Kornelkirsche den Garten. Der robuste, in Europa heimische Strauch gedeiht auch im Stadtklima, auf trockenen oder kalkreichen Böden oder an schattigen Plätzen.

Liguster, Rainweide

(Ligustrum vulgare)

Mittelgroßer bis großer, sommer- bis wintergrüner (Formen »Atrovirens«, »Lodense«) Heckenstrauch, Blüte: unscheinbar (Juni – Juli), nur an nicht geschnittenen Sträuchern; Frucht: schwarze Beeren, giftig; anspruchslos und hart. Ölbaumgewächse *(Oleaceae)*

Der Liguster ist ein idealer Strauch für regelmäßig geschnittene Formhecken, aber auch gut in lockeren Mischhecken aus heimischen Gehölzen (z.B. mit Weißdorn) zu verwenden.

Pflanztip:

- Für eine dichte Schnitthecke pflanzt man 4 – 5 Sträucher pro laufenden Meter. Die frischgepflanzten Sträucher werden unmittelbar nach der Pflanzung bis auf 15 cm über dem Boden zurückgeschnitten, damit sie sich gut von unten verzweigen und ein sicheres Anwachsen gewährleistet ist.

Linde *(Tilia)*

Großer Baum, sehr langlebig (bis 1000 Jahre), bis 40 m; Blüte: gelblich-weiß (Juli), Bienenweide, Tee. Lindengewächse *(Tiliaceae)*

Wohl der schönste und langlebigste Hausbaum überhaupt ist die Linde. Besonders in ländlichen Gegenden hat sie uralte Tradition. Sommer- und Winterlinde (T. platyphyllos, T. cordata) sind bei uns heimisch. Die Sommerlinde kann man an ihren großen, weichen, hellgrünen Blättern von ihrer kleinblättrigeren Verwandten unterscheiden. Die Holländische Linde (T. intermedia), eine Kreuzung, die Silberlinde (T. tomentosa), die Krimlinde

Magnolia

Magnolien-
blüten

(T. euchlora) und die Amerikanische Linde (T. americana) sind robuster.

Standorttip:

- Linden möchten nicht zu trocken stehen. Die schöne Sommerlinde ist am anspruchsvollsten. Stadtklima mag sie gar nicht. Die anderen Lindenarten kommen besser mit Hitze und Trockenheit zurecht.

Pflegetip:

- Linden vertragen Schnittmaßnahmen gut. Früher wurden sogar Tanzböden in Lindenkronen gezimmert.

Der Pflanzendoktor:

- Im heißen, trockenen Stadtklima wird besonders die Sommerlinde ziemlich häufig von der Roten Spinne (auch Spinnmilbe genannt) befallen. Ihr Laub wird dann schon im Juli gelb und fällt ab.

Magnolie *(Magnolia)*

Blütenstrauch oder kleiner Blütenbaum, 3 – 10 m, Flachwurzler; Blüte: weiß, rosa-rot-purpur getönt: (März: Sternmagnolie und Mai bis Juni); sonniger, geschützter Standort, anspruchsvoll und empfindlich. Magnoliengewächse *(Magnoliaceae)*

Sternmagnolie

Die großen, eiförmigen, tulpenähnlichen Blüten der bekannten Gartenmagnolien (M. x soulangiana), aber auch die Blütensterne der aus Japan kommenden Sternmagnolie (M. stellata) gehören zu den allerschönsten Frühlingsboten im Garten.

Standorttip:

- Magnolien brauchen geschützte Plätze auf humus- und nährstoffreichen, leicht sauren Böden. Eine Verdichtung im Wurzelbereich vertragen sie nicht.

Pflanztip:

- Magnolien sollten nur im Frühjahr verpflanzt werden.

Pflegetip:

- In trockenen Sommern muß man Magnolien regelmäßig gründlich wässern, weil der flach ausgebreitete Wurzelballen schnell austrocknet.

Mahonia aquifolium

Mahonie

(Mahonia aquifolium)

Kleiner, immergrüner Strauch, bis 1 m; Blüte: gelb, in Trauben (April bis Mai); Frucht: blauschwarze, bereifte Beeren. Berberitzengewächse *(Berberidaceae)*

Die Mahonie gehört zu den auch bei uns recht robusten, immergrünen Laubgehölzen. Sie eignet sich gut für kleine Hecken, als Flächendecker oder Partner zu anderen Immergrünen.

Standorttip:

- An sonnigen Plätzen kann die Mahonie leicht Winterschäden erleiden. In Gegenden mit strengen Wintern sollte man sie deshalb nur im Halbschatten oder Schatten pflanzen.

Pflegetip:

- Die Mahonie verträgt einen starken Rückschnitt.

Perückenstrauch

(Cotinus coggygria)

Strauch, auch rotlaubige Form, bis 3 m; Blüte: federartige, behaarte Rispen (Juni – Juli); sonniger Standort. Sumachgewächse *(Anacardiaceae)*

Ein besonders auffälliges Gartengehölz ist der Perückenstrauch. Die rotlaubige Sorte »Royal Purple« bildet zu gelb- oder rosablühenden Ziersträuchern einen effektvollen Kontrast.

Standorttip:

- Auf warmen, kalkhaltigen Böden gedeiht der Perückenstrauch am besten.

Pfeifenstrauch, Falscher Jasmin

(Philadelphus virginalis, coronarius u.a.)

Blütenstrauch, langlebig, Höhe 2 bis 5 m, Blüte: weiß, einfach oder gefüllt (Mai – Juli), Duft; sonniger bis halbschattiger Standort, anspruchslos. Steinbrechgewächse *(Saxifragaceae)*

Der Pfeifenstrauch ist in Südeuropa bis Ostasien zu Hause. Er ist eine herrliche, reichblühende, duftende

Philadelphus virginalis

Gartenpflanze. Allein die besonders starkwüchsige Art Ph. inodorus grandiflorus duftet nicht.

Pflegetip:

- Ein Auslichtungsschnitt kann viel zur Blühwilligkeit des Pfeifenstrauchs beitragen. Dabei wird hauptsächlich das alte Holz entfernt.

Kerria japonica

Ranunkelstrauch, Kerrie *(Kerria japonica)*

Blütenstrauch, bis 2 m, Blüte: gelb, einfach oder gefüllt (Mai – Juni, manchmal ein zweites Mal im Herbst); anspruchslos, hart. Rosengewächse *(Rosaceae)*

Der Ranunkelstrauch ist ein robuster Zierstrauch mit unzähligen Blüten. Besonders hübsch ist die gefüllte Sorte »Pleniflora« mit ihren fast kugelförmigen Blüten.

Gefüllter Duftjasmin

Robinie, Falsche Akazie, Scheinakazie

(Robinia pseudoacacia)

Mittelgroßer bis großer Baum, bis 25 m (Kugelakazie 3 – 4 m), Blüte: weiß, in Trauben, Duft (Juni); Frucht: braune Hülsen, giftig; sonniger Standort, anspruchslos und hart. Schmetterlingsblütler *(Leguminosae)*

Durch Unempfindlichkeit gegenüber Trockenheit und Stadtklima eignet sich die Robinie besonders gut für städtische Gärten. Ihre gefiederten Blätter spenden leichten Schatten, die Blüten duften stark.

Auch in kleinsten Vorgärten hat die zierliche Kugelakazie (R. p. »Umbraculifera«) noch Platz (z.B. zu beiden Seiten des Eingangs).

Corylopsis pauciflora

Scheinquitte

Scheinhasel
(Corylopsis pauciflora)

Kleiner Blütenstrauch, Herbstfärbung, bis 1,50 m; Blüte: hellgelb (März – April); sonniger bis halbschattiger Standort, spätfrostgefährdet. Hamamelisgewächse *(Hamamelidaceae)*

Ein zierlicher Vorfrühlingsblüher ist der aus Japan kommende Scheinhasel mit seinen zartgefärbten Blüten.

Standorttip:
- Der kleine Strauch braucht – ähnlich den Moorbeetpflanzen – humusreiche, nicht zu trockene, saure Böden. Er gedeiht am besten im lichten Schatten großer Bäume und paßt gut als Vorpflanzung zu Rhododendren.

Schein-, Zierquitte
(Chaenomeles)

Überwiegend kleinbleibender Blütenstrauch, bis 1,50 m und mehr; Blüte: rot und rosa, auch weiße Sorten (April – Mai), am vorjährigen Holz, Duft; Frucht: gelbe »Scheinquitten« (Ch. japonica); sonniger Standort, anspruchslos. Rosengewächse *(Rosaceae)*

Zu den zahlreichen, herrlichen Ziergehölzen, die aus Japan zu uns kamen, gehören die Schein- oder Zierquitten (Ch. japonica, lagenaria, x superba).

Standorttip:
- Die Scheinquitten eignen sich für Pflanztröge und nahezu alle Gartenböden, sofern sie nicht zu kalkreich sind.

Chaenomeles japonica

Schneeball *(Viburnum)*

Mittelgroßer bis großer Blütenstrauch, eine immergrüne Art, 1,50 bis 4 m, je nach Art; Blüte: weiß, in Trugdolden (April – Juni, Duftschneeball November – Januar oder Februar – April), Duft; Frucht: rote oder schwarze Beeren, giftig, Vogelnahrung; sonniger bis halbschattiger Standort. Geißblattgewächse *(Caprifoliaceae)*

Sowohl die heimischen Schneeballarten, der trockenheitsresistente und kalkliebende Wollige Schneeball (V. lantana) und der Gemeine Schneeball (V. opulus), der sich gut als Vogelschutz- und Nährgehölz eignet, als auch die zahlreichen reichblühenden, duftenden, ausländischen Arten und Zuchtformen sind schöne und unempfindliche Hecken- und Gruppensträucher. Die altbewährte Sorte V. opulus »Sterile«, die nicht fruchtet und daher nicht giftig ist, gehört zu den allerschönsten (auf sehr trockenen Böden oft Läusebefall).

Der grüne Kniff:

- Der immergrüne Schneeball (V. rhytidophyllum) hat Lärmschutzwirkung.

Schneebeere, Korallenbeere *(Symphoricarpos)*

Kleiner Strauch, 50 cm – 2 m, Blüte: rosaweiß (Juni – September), Bienenweide; Frucht: weiße, rosa, rote Beeren, je nach Art und Sorte, giftig; anspruchslos. Geißblattgewächse *(Caprifoliaceae)*

Neben unserer bekannten Gemeinen Schneebeere (S. racemosus), die im Herbst die besonders bei Kindern so beliebten »Knallbeeren« liefert (Vorsicht: giftig!), gibt es noch eine ganze Reihe von Arten und Züchtungen mit schönem Fruchtbehang. Als raschwachsender Bodendecker ist die Art. S. x chenaultii »Hancock« von Bedeutung. Alle Arten sind nahezu unverwüstlich.

Callicarpa bodinieri

Schönfrucht, Liebesperlenstrauch

(Callicarpa bodinieri »Profusion«)

Fruchtstrauch, Herbstfärbung, 1,50 – 2,50 m; Blüte: lilarosa (Juli bis August); Frucht: lila Beeren (September – Oktober); leichtschattiger Standort, etwas frostgefährdet. Eisenkrautgewächse *(Verbenaceae)*

Die Schönfrucht fällt durch ihren außergewöhnlichen Fruchtbehang im Herbst und Winter besonders auf.

Pflanztip:

- Pflanzt man mehrere Sträucher, fruchten diese meist noch reicher als in Einzelstellung (Fremdbestäubung).

Der grüne Kniff:

- Die dicht mit Beeren bedeckten Zweige halten sich in der Vase sehr lange.

Seidelbast *(Daphne)*

Schmetterlingsstrauch

Kleinstrauch, bis 1 m; Blüte: rosa (März – April, vor Laubaustrieb: D. mezereum), Duft, Bienenweide; Früchte: rote Beeren, giftig; hart. Seidelbastgewächse *(Thymelaeceae)*

Der bei uns heimische Seidelbast (D. mezereum), ein hübscher, frühblühender Kleinstrauch, eignet sich als Unterpflanzung ebenso gut wie als Partner zu anderen Frühlingsblühern. Ein etwas heiklerer Verwandter ist der Rosmarinseidelbast (D. cneorum), der eine sonnige Lage und gute Dränage benötigt. Beeren giftig! Vorsicht mit kleinen Kindern!

Daphne mezereum

Standorttip:

- Der Seidelbast liebt lockere, humusreiche und kalkhaltige Böden.

Sommerflieder, Schmetterlingsstrauch *(Buddleia)*

Blütenstrauch, bis 3 m; Blüte: weiß, rosa, lila, purpur-violett (Juni bis September), Duft; sonniger, windgeschützter Standort, frostempfindlich, anspruchslos. Buddleiagewächse *(Buddleiaceae)*

Die zahlreichen Sorten des aus China stammenden Sommerflieders (B. alternifolia, davidii) erfreuen den Gartenfreund besonders durch ihre starkduftenden Blütenrispen, durch die viele Schmetterlinge angelockt werden.

Standorttip:

- Der Sommerflieder gedeiht besonders gut auf leichten Böden mit gutem Wasserabzug.

Pflanztip:

- Der Sommerflieder sollte im Frühjahr gepflanzt werden.

Pflegetip:

- Die B.-davidii-Sorten sollte man jährlich im Frühling auf etwa 3 Augen zurückschneiden.

Spierstrauch, Spiree

(Spiraea)

Blütenstrauch, 40 – 80 cm (S. x bumalda, S. japonica) oder bis 2 m (S. arguta, cinerea, nipponica, x vanhouttei); Blüte: weiß, rosa, rot, in Dolden (April – Juni, Juli – September), je nach Art am vorjährigen Holz (S. arguta, cinerea, nipponica, x vanhouttei) oder am jungen Holz (S. x bumalda, japonica); sonniger Standort, anspruchslos und hart. Rosengewächse *(Rosaceae)*

Die Spireen sind robuste Blütensträucher, unter denen es Frühlings- und Sommerblüher gibt. Aus ihnen lassen sich herrliche Blütenhecken zusammenstellen.

Spindelstrauch, Pfaffenhütchen

(Euonymus alatus, E. europaeus)

Sommergrüner Großstrauch, Herbstfärbung, 3 – 5 m; Blüte: unscheinbar (Mai); Frucht: leuchtend rosa-orange, giftig; anspruchslos und hart. Spindelbaumgewächse *(Celastraceae)*

Das bei uns heimische, überaus robuste Pfaffenhütchen (C. europaeus) mit seinen auffälligen Früchten eignet sich besonders für große Hecken aus heimischen Sträuchern. Der etwas kleinere Flügelspindelstrauch (E. alatus) aus Asien fällt durch besonders schöne Herbstfärbung auf, fruchtet aber unscheinbarer.
Sehr reichfruchtend ist auch der Sachalinspindelstrauch (E. planipes) mit rotbuntem Herbstlaub – ein sehr eindrucksvoller Schmuckstrauch.

Standorttip:

- Spindelsträucher stellen keine besonderen Bodenansprüche.

Ilex aquifolium

Stechpalme, Hülse

(Ilex aquifolium)

Immergrüner Strauch, bis 10 m, auch kleinere Sorten; stacheliges Laub, Schmuckreisig; Blüte: creme-weiß (Mai – Juni); Frucht: rot, kugelig, giftig; halbschattiger Standort. Stechpalmgewächse *(Aquifoliaceae)*

Mit zu den härtesten und schönsten immergrünen Laubgehölzen gehört die in Europa heimische Stechpalme. Sie eignet sich besonders als Unterpflanzung von hohen Laubbäumen, in milden Gegenden auch als Heckenpflanze. Auch pyramidenförmig wachsende, buntlaubige und besonders reich fruchtende Formen sind im Handel.

Standorttip:

- Die Stechpalme darf – wie fast alle immergrünen Pflanzen – nicht in der vollen Sonne stehen, wenn nicht ausreichend Bodenfeuchtigkeit vorhanden ist. Sie liebt frische, humusreiche Böden in halbschattigen Lagen.

Pflanztip:

- Die Früchte der Stechpalme bilden sich nur, wenn weibliche und männliche Pflanzen zusammenstehen.

Pflegetip:

- In Trockenzeiten muß der Strauch gründlich gewässert werden.

Der grüne Kniff:

- Blattabwurf nach dem Verpflanzen ist in der Regel kein Grund zur Besorgnis. Die Pflanze schützt sich damit vor zu starker Verdunstung.

Strauchpfingstrose, Baumpäonie

(Paeonia suffruticosa)

Strauchpfingstrose

Blütenstrauch, bis 2 m, Blüte: weiß, rosa, rot, einfach oder gefüllt, bis zu 20 cm Durchmesser (Mai – Juni); sonniger, geschützter Standort, etwas empfindlich gegen Spätfröste, einfache Sorten härter. Pfingstrosengewächse *(Paeoniaceae)*

Mit zu den schönsten Blütengehölzen überhaupt gehören die Strauchpfingstrosen, die es in vielen verschiedenen Sorten gibt.

Standorttip:

- Strauchpfingstrosen gedeihen nur in nährstoffreichen, guten Gartenböden in etwas geschützten Lagen.
- Man sollte die Strauchpfingstrose möglichst in Ruhe lassen und nicht umpflanzen. Mit zunehmendem Alter am selben Platz wird sie immer schöner.

Pflanztip:

- Bei der Pflanzung kommt die Veredelungsstelle ca. 5 cm unter die Erdoberfläche.

Tamariske

(Tamarix parviflora)

Blütenstrauch, bis 3 m, Blüte: zartrosa (Mai – Juni), am vorjährigen Holz; sonniger Standort, anspruchslos und hart. Tamariskengewächse *(Tamaricaceae)*

Die zartblühende Tamariske ist ein malerischer und unempfindlicher, in Südosteuropa heimischer Blütenstrauch, der sich besonders gut für Heidegärten, auch auf recht trockenen und armen Böden eignet.

Pflanztip:

- Zum Anwachsen braucht die Tamariske lange Zeit. Bei Neupflanzung treibt sie spät aus.

Trompetenbaum

(Catalpa bignonioides)

Blütenbaum, Herbstfärbung, bis 15 m, Blüte: weiß und violett gezeichnet (Juni – Juli); Frucht: lange Kapseln; sonniger, geschützter Standort, anspruchsvoll, frostempfindlich (mit zunehmendem Alter weniger). Bignoniengewächse *(Bignoniaceae)*

Der Trompetenbaum gehört mit seinen großen, herzförmigen Blättern und den weißen, trompetenförmigen Blüten zu den schönsten Blütenbäumen überhaupt. Er eignet sich allerdings nur für etwas geschützte Plätze in Gärten oder Innenhöfen.

Standorttip:

- Staunässe und leichte Böden verträgt der Trompetenbaum nicht.

Ulme, Rüster *(Ulmus)*

Baum, bis 40 m, auch goldlaubige Sorten, auch kleinere Arten und Formen bis 15 m, sehr langlebig. Ulmengewächse *(Ulmaceae)*

Durch die »Ulmenkrankheit« sind die herrlichen Bergulmen (U. glabra) und die etwas kleineren Feldulmen (U. carpinifolia) selten geworden. Die gesunde und robuste Art U. x hollandica in ihren unterschiedlichsten Formen trifft man dagegen sehr häufig in Gärten an. Die Goldulme (U. x h. Wredei) zeigt ihr gekraustes, intensiv goldgelbes Laub nur in vollsonniger Lage.

Standorttip:

- Alle Ulmen benötigen schwere bis mittelschwere und tiefgründige Böden.

Weide *(Salix)*

Strauch oder Baum, langlebig, 50 cm (kriechende Weiden) bis 20 m, Flachwurzler, Blüte: Kätzchen (März – April), Bienenweide, anspruchslos. Weidengewächse *(Salicaceae)*

Die Weide ist eine vielseitig zu verwendende Pflanzengruppe, die dem Gartenfreund große malerische Bäume ebenso wie kleine kriechende Sträuchlein bietet. Herrliche lichtdurchlässige Bäume sind die Kopf- oder Silberweide (S. alba) und die Trauerweide (S. alba »Tristis«). Die meisten anderen Arten, wie z.B. die Purpurweide (S. purpurea) erreichen

Salix caprea »Pendula«

nur Größen um die 3 m. Ein schöner Zierbaum (Stammhöhe bis 2 m) auch für ganz kleine Gärten ist die Hängende Kätzchenweide (S. caprea »Pendula«). Die kleinsten Vertreter sind die Zwergpurpurweide (S. purpurea »Nana«), die Silberkriechweide (S. repens argentea), die Rosmarinweide (S. rosmarinifolia) und die Engadinweide (S. hastata »Wehrhahnii«), die selten höher als 1 m werden.

Goldulme

Standorttip:

- Weiden lieben feuchte Standorte, den meisten Arten macht auch zeitweise Nässe nichts aus.

• Weiden eignen sich wie kaum ein anderes Gehölz für rohe Böden, z.B. auf flachgründigen Baugrundstücken oder Böschungen.

Pflanztip:

• Weiden werden tiefer als andere Gehölze gepflanzt! Der Wurzelhals wird ganz von Erde bedeckt.

Kopfweide

Pflegetip:

• Um jedes Jahr die langen, hängenden, dicht mit Kätzchen besetzten Triebe zu bekommen, sollte man die Kätzchenweide jeweils gleich nach der Blüte auf wenige Augen zurückschneiden.

Der Pflanzendoktor:

• Gegen einen Befall durch Weidenspinner und Weidenschorf, hilft nur ein insektentötendes Mittel.

Weidenkätzchen

Weigela florida

Weigelie

(Weigela-Hybriden)

Blütenstrauch, bis 3 m, Blüte: rosa bis tiefrot (Mai – Juli), oft zweite Blüte im Herbst; anspruchslos. Geißblattgewächse *(Caprifoliaceae)*

Die Weigelie ist ein unempfindliches Ziergehölz, das besonders gut in Zusammenpflanzung mit anderen Blütensträuchern wirkt (z.B. Pfeifenstrauch, Spierstrauch).
Ein sehr dekoratives, tiefrosa blühendes Gehölz ist W. florida Variegata mit gelblich gesäumten Blüten.

Pflegetip:

• Ein Auslichtungsschnitt alle 2 Jahre sorgt für beständigen Blütenreichtum.

Weißdorn, Rotdorn

(Crataegus)

Großstrauch oder kleiner Baum, dornig, bis 7 m, Blüte: weiß, rosa, rot (Mai – Juni), Duft; Frucht: rot, rund, eßbar, Vogelnahrung; anspruchslos. Rosengewächse *(Rosaceae)*

Die unterschiedlichen Crataegusarten, der Apfeldorn (C. »Carrieri«), der Scharlachdorn (C. coccinea), der Hahnendorn (C. crus-galli), der Weißdorn (C. monogyna) und der Pflaumendorn (C. x prunifolia) sind robuste, wertvolle und schöne Blüten- und Fruchtgehölze für große, freiwachsende Hecken oder auch für Einzelstellung. Ein besonders empfehlenswerter, reichblühender Gartenbaum ist der Rotdorn (C. laevigata »Paul's Scarlet«).

Hamamelis mollis

Pflanztip:

- Den Weißdorn sollte man nur im Frühjahr oder sehr spät im Herbst pflanzen.

Pflegetip:

- Alle Arten vertragen auch im Alter sogar radikale Schnittmaßnahmen.

Der Pflanzendoktor:

- Weißdorn ist feuerbrandgefährdet. Gegen diese Krankheit gibt es noch kein Mittel (vgl.: Felsenmispel).

Zaubernuß *(Hamamelis)*

Zierstrauch, 2 – 4 m, Blüte: gelb, auch rote Sorte (Januar – April). Hamamelisgewächse *(Hamamelidaceae)*

Aus Japan und China kommen die malerischen Zaubernußarten (H. japonica, H. mollis), die mit zu den schönsten Vorfrühlingsboten im Garten gehören. Sie wirken als Einzelpflanzen besonders attraktiv.

Der grüne Kniff:

- Die Zweige der Zaubernuß lassen sich gut als winterlicher Vasenschmuck im Zimmer treiben.

Zierapfel *(Malus)*

Zierbaum oder- strauch, 3 – 8 m, Blüte: weiß, rosa, rot (Mai), Fruchtschmuck: kleine, rote oder gelbe Kugelfrüchte; sonniger Standort. Rosengewächse *(Rosaceae)*

Die zahlreichen Zierapfelarten und -sorten (M. floribunda, x moerlandsii, x purpurea) blühen überreich in leuchtenden Rosatönen, erfordern zudem wenig Pflege und gedeihen auf jedem guten Gartenboden.

Ein Auslichtungsschnitt erhöht die Blühfreude der Ziersträucher

Die Rosen

Die edelste Gartenpflanze ist unumstritten die Rose. Seit Jahrhunderten bemühen sich Liebhaber um diese »Königin der Blumen« wie wohl um keine andere Pflanzenart.

Schon vor 2000 Jahren im Römischen Reich wurde die Schönheit der Rosenblüte geschätzt. Freilich liegt eine vielfältige Entwicklung zwischen den damaligen Rosen und der Sortenfülle unserer Tage. Nahezu für jeden Zweck findet der Gartenfreund heute eine passende Rose.

Wildrosen oder robuste Strauchrosenarten gedeihen fast auf jedem Standort und brauchen kaum Pflege. Das Ziel und der Wunschtraum des Rosenliebhabers wird freilich die duftende Edelrose sein, deren Pflege etwas mehr Sorgfalt und Kenntnis erfordert. Eine ganze Reihe von Tips sollen ihm helfen, dabei Erfolg zu haben.

Standorttip:

● Alle Rosen brauchen ein wenig geschützte, sonnige Standorte, die aber nicht völlig windstill sein dürfen. Sehr warme Plätze eng an der südgerichteten Hauswand sind ungeeignet.

● Der Boden sollte lehm- und leicht kalkhaltig, nährstoffreich, locker und tiefgründig sein. Sandige Böden muß man mit Lehm oder Kompost verbessern.

● Die Rose möchte möglichst wenig bedrängt werden. Enge Nachbarschaft zu anderen Gehölzen und größeren Stauden oder gar Beschattung verträgt sie nicht. Das heißt nicht, daß Rosenbeete ausschließlich mit Rosen bepflanzt sein müssen. Es gibt eine ganze Reihe von Partnern, die bestens mit Rosen harmonieren.

Pflanztip:

● Wie alle Gehölze können Rosen im Frühjahr oder Herbst gepflanzt werden. Die Ansichten in Fachkreisen, welche Jahreszeit die günstigere sei, gehen auseinander. Die Anwachsbedingungen für im Herbst gepflanzte Rosen sind besser, da sie ihre Kraft nicht zugleich für Wurzelentwicklung und Austrieb einsetzen müssen. Im Herbst bilden sie die für die Ernährung wichtigen feinen, weißen Faserwurzeln (die frischgekaufte Rose hat nur holzartige Wurzeln!), im Frühjahr sind sie bereits angewachsen und treiben leichter und stärker aus. In höheren, rauheren Lagen, wie z.B. im Voralpenland, sollte man der Frühjahrspflanzung den Vorzug geben.

● Vor der Pflanzung sollte man die Rosen für einige Stunden (am besten über Nacht) ins Wasser legen.

● Die Pflanzlöcher werden mit eineinhalb Spatenstichtiefe ausgehoben. Den Aushub vermischt man mit einem halben Spaten gut abgelagerter Komposterde. Niemals frischen Kuhdung einbringen.

● Der Abstand der Rosen untereinander darf nicht zu gering sein, da sie sehr lichthungrig sind.

● Unmittelbar vor dem Einsetzen nimmt man die Rose aus dem Wasser.

● Die jungen, noch nicht ausgereiften Triebe schneidet man auf 15 bis 20 cm zurück. Die Wurzeln kürzt man etwas ein, wobei die Schnittflächen nach unten zeigen müssen. Geschnitten wird mit einem scharfen Messer, Scheren verursachen Druckstellen an der Rinde. Mit dem Zurückstutzen der Triebe kann man auch bis zum Frühjahr warten, um dem Frost keine Angriffsstellen zu bieten.

Strauchrose Lichtkönigin »Lucia«

● Die Pflanzen sollen immer mit feuchten Wurzeln in den Boden kommen.

● Die Veredelungsstelle der Rosen muß 5 cm tief unter der Erdoberfläche sitzen.

● Wurzeln gerade in den Boden bringen; nicht nach oben biegen oder knicken. Man füllt das Loch auf, drückt die Erde an und wässert die frischgesetzte Rose gründlich.

● Nachdem das Gießwasser versikkert ist, wird die Rose wie Kartoffeln mit Erde angehäufelt. Vor Eintritt des ersten Frosts überdeckt man die Pflanze ein zweitesmal mit Erde, so daß nichts mehr davon zu sehen ist.

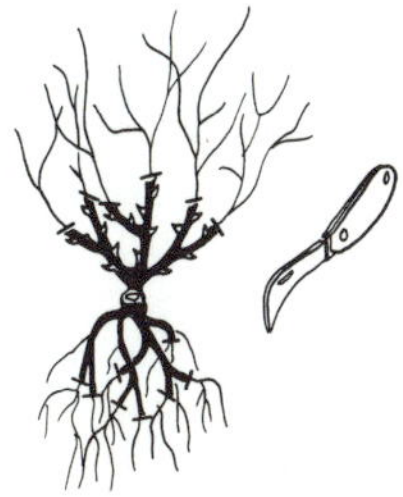

Pflanzschnitt

● Rosen, die im Herbst nicht geschnitten wurden, befreit man im zeitigen Frühjahr von der Erde, kürzt sie auf 15 bis 20 cm ein und überhäuft sie erneut. Die Erde schützt die Rose vor dem Austrocknen durch Sonne und Wind.

● Im Laufe des Frühlings, nach den letzten harten Frösten, entfernt man bei trübem Wetter die Erde.

● Im Frühjahr gepflanzte Rosen schneidet man immer gleich vor dem Pflanzen zurück und häufelt sie unbedingt an, bis sie zu treiben beginnen.

● Hochstammrosen werden bis in die Verzweigung hinein mit Moos umwikkelt und zusätzlich mit gelochter Folie überzogen.

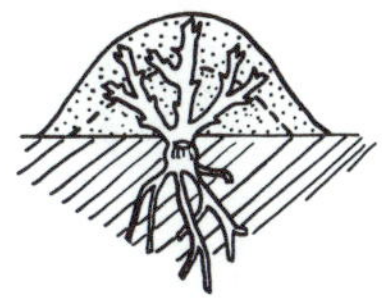

Anhäufeln

Pflegetip:

● An warmen, trockenen Tagen müssen Rosen – besonders frisch gepflanzte – reichlich gewässert werden. Eine Bodenabdeckung ist immer vorteilhaft.

● Im Frühling, nach dem Rückschnitt sollte man den Nährstoffhaushalt im Boden durch eine Düngung aufbessern. Am besten eignen sich dazu organische Rosenspezialdünger, die man genau entsprechend der Herstellervorschrift anwendet.

Einpacken

● Im Frühjahr, gegen Ende März oder Anfang April, nachdem man den Winterschutz entfernt hat, ist die richtige Zeit für den alljährlichen Pflegeschnitt der Rosen (niemals im Herbst schneiden). Die Vorjahrestriebe der Buschrosen (Edel-, Polyantha-, Floribundarosen) und der entsprechenden Hochstämmchen kürzt man bis auf 3 Augen. Das letzte Auge muß außen stehen. Bei Kletterrosen schneidet man nur die Triebspitzen ab. Strauchrosen werden lediglich bei Bedarf ausgelichtet: Drei- oder vierjährige

Spezialdünger

Triebe schneidet man direkt am Stock ab, die Triebspitzen mit den Hagebutten vom Vorjahr werden entfernt.

● Besonders wichtig ist das Ausschneiden von Wildtrieben, die unterhalb der Veredelungsstelle austreiben (notfalls auch freigraben) und heller grün als die Edeltriebe sind. Sie können der veredelten Rose sehr schnell die Kraft nehmen und müssen sorgfältig entfernt werden. Es darf kein auch noch so kleiner Stumpf stehen bleiben.

Ausschneiden von Wildtrieben

● Über den Winter brauchen die Gartenrosen einen Schutz: Dazu häufelt man sie hoch mit Erde an und überdeckt diese eventuell zusätzlich mit Tannenreisig. Hochstämmchen biegt man zur Erde. Die Krone älterer und wenig elastischer Exemplare schützt man mit Stroh oder Moos und überzogener Lochfolie. Auch Kletterrosen werden angehäufelt. Über die Triebe breitet man Deckreisig. Wildrosen benötigen keinen Winterschutz.

Winterschutz

Der Pflanzendoktor:

● Wie alle Pflanzen leiden auch Rosen häufig unter Läusen, die mit den üblichen insektentötenden Mitteln bekämpft werden können.

● Als Pilzkrankheiten sind besonders zu erwähnen: Mehltau, Rost und Sternrußtau. Gegen diese Krankheiten gibt es vorzügliche Spezialmittel. Um dem Mehltau vorzubeugen, sollte man im Herbst alle Triebspitzen ausschneiden. Umgehend vernichten.

Rosenmehltau

● Rosen sollte man bei Neupflanzung möglichst nicht wieder auf die gleichen Plätze pflanzen, um der sogenannten Rosenmüdigkeit vorzubeugen. Der Boden muß mindestens 2 – 3 Jahre ruhen.

Man kann die Rosen in einzelne Gruppen einteilen, die untereinander trotz aller Gemeinsamkeiten doch sehr unterschiedlich sind. Die Züchtungsarbeit bereichert diese Vielfalt auch heute noch laufend. Immer wieder werden Neuheiten vorgestellt. Eine ganz »junge« Gruppe sind z.B. die Bodendeckerrosen.

Die Bezeichnung »ADR« (Anerkannte Deutsche Rose) für eine Rose bedeutet eine besondere Qualitätsgarantie. Rosen mit diesem Prädikat haben die »All-Deutsche-Rosenneuheiten-Prüfung« bestanden.

Wildrosen

Die robustesten und pflegeleichtesten Rosen sind die einheimischen und ausländischen Wildrosen. Diese unempfindlichen Sträucher eignen sich gut für Hecken und gedeihen und blühen auch noch auf schlechteren Böden prächtig. Die wichtigsten Wildrosen sind in der folgenden Liste nach Wuchshöhe, Blütenfarbe, Blütezeit, Früchten und Besonderheiten beschrieben.

Alpenrose *(Rosa pendulina = alpina)*
Höhe: bis 150 cm, rosa (Mai – Juli), längliche, rote Hagebutten

Apfelrose *(Rosa villosa = pomifera)*
Höhe: bis 200 cm, rosa (Juni – Juli), große, rote Hagebutten

Bibernell-, Dünenrose *(R. pimpinellifolia = spinosissima)*
Höhe: bis 120 cm, weiß (Mai – Juli), schwarze, kugelige Hagebutten

Blaue Hechtrose, Rotblättrige Rose *(R. glauca = rubrifolia)*
Höhe: bis 300 cm, rosa (Juni – August), leuchtendrote, runde Hagebutten

Essigrose *(R. gallica)*
Höhe: bis 100 cm, rot (Juni – Juli), rote

Hagebutten, schon seit 2 Jahrtausenden bei uns verbreitet, Stammutter vieler Strauchrosensorten

Glanzrose *(R. nitida)*
Höhe: bis 170 cm, rosa (Juni – August), rote, runde Hagebutten, guter Flächendecker

Hundsrose *(R. canina)*
Höhe: bis 300 cm, rosa (Juni – August), orangerote, längliche Hagebutten, wichtigste heimische Hecken- und Fruchtrose, anspruchslos

Japanische Apfelrose (R. rugosa)

Kartoffelrose, Japanische Apfelrose, Nordische Apfelrose *(R. rugosa)*
Höhe: bis 150 cm, rosa, auch lila, weiße Sorten (Juni – August), große, runde, braunrote Hagebutten, bei uns weit verbreitet, vor allem in Norddeutschland, sehr robuste, wichtige Hecken-, Strauch- und Fruchtrose, auch bodendeckende Sorten

Schottische Zaunrose, Weinrose *(R. rubiginosa = eglanteria)*
Höhe: bis 300 cm, rosa (Juni – Oktober), rote, eiförmige, kleine Hagebutten, wichtige Hecken- und Fruchtrose

Vielblütige Rose *(R. multiflora)*
Höhe: bis 150 cm, weiß, Blüten in Dolden (Juni – August), kleine, rote, runde Hagebutten, robuste Heckenrose

Hundsrose

Weiße Kriechrose, Feldrose *(R. arvensis = repens)*
Höhe: bis 50 cm, weiß (Juni – Juli), rote, kugelige Hagebutten

Wiesenrose *(R. carolina = virginiana = humilis)*
Höhe: bis 150 cm, rosa (Juni – Juli), flache, karminrote Hagebutten

Zimtrose *(R. majalis = cinnamonea)*
Höhe: bis 150 cm, rot (Mai – Juni), kugelige, rote Hagebutten, uralte Gartenrose, Stammutter vieler Strauchrosenarten

Strauch- und Parkrosen

Die Strauch- oder Parkrosen sind die edleren Verwandten der Wildrosen. Man untergliedert sie in einmalblühende und immerblühende Strauchrosen. Die Einmalblühenden haben Wildrosencharakter und sind genauso robust wie diese. Dazu gehören beispielsweise die zahlreichen Sorten der Kartoffelrose (R. rugosa) oder der Essigrose (R. gallica). Die immerblühenden Strauchrosen gleichen in ihrer von Mai – Oktober währenden Blütenpracht und ihrer Ansprüchen den Edelrosen. Als Zwischenstufe der einmal- und der immerblühenden Strauchrosen gelten die Remontant-

Strauchrose

rosen, die 2- bis 3mal blühen. Diese altmodischen Strauchrosen sind sehr langlebig, aber recht mehltauanfällig.

Kletterrosen

Kletterrose

Im 19. Jahrhundert entstanden unsere ersten Kletterrosensorten. Wie bei den Strauchrosen kann man zwischen einmalblühenden, älteren Sorten (»Climbing-Rosen«) und den herrlichen, immerblühenden Sorten unterscheiden.

Kletterrose

Edelrosen, Teehybriden

Edelrose

Die edelsten aller Rosen sind die Teehybriden mit ihren schlanken Blütenknospen, ihren herrlichen Blütenfarben und ihrem betörenden Duft. Die Klasse dieser edlen Dauerblüher wurde 1867 eingeführt und bedeutet eine entscheidende Errungenschaft der Rosenzüchtung. Ständig entstehen neue, immer härtere, immer gesündere und natürlich immer schönere Sorten der Schnitt- und Beetrosen.

Edelrose »Opa Pötschke«

Vielblütige Edelrosen

Unter den vielblütigen Beetrosen, die im Gegensatz zu den Teehybriden mehrere Blüten an jedem Stiel haben, kann man drei Gruppen unterscheiden: die Polyantharosen mit ihren kleinen, in dichten Dolden stehenden Blüten, die Polyanthahybriden, die größere und schönere Blüten haben, und schließlich die buschigen Floribundarosen mit ihren edlen Blüten, die denen der Teehybriden gleichen. Sie sind vielleicht die schönsten und bewährtesten Garten- und Beetrosen überhaupt – und dazu sehr gesund.

Zwergrosen

(= Mini-, Kuß-, Zwergbengalrosen)

Die hübschen kleinwüchsigen Zwergrosen (höchstens bis 25 cm) blühen fleißig von Mai – Oktober. Sie eignen sich besonders gut für tiefere Balkonkästen oder Töpfe, in Verbindung mit zarten Polsterstauden (kriechendes Schleierkraut) oder Kräutern (Rosmarin, Lavendel, Thymian).

Bodendeckende Rosen

Eine ziemlich neue Rosengruppe bilden die kriechend wachsenden, meist klein- und sehr reichblütigen Bodendeckerrosen. Sie werden für Tröge, Böschungen, Mauerkronen und viele andere Zwecke verwendet und sind eine interessante Bereicherung unter den Rosen, auch für kleine Gärten.

Stammrose

Stammrosen

Beinahe alle Rosensorten lassen sich auf Stämmchen veredeln. Man unterscheidet:

Fußstämme: 30 cm hoch, Zwergrosen und kleine Bodendecker

Halbstämme: 40 – 60 cm hoch, Bodendecker, Polyantha-, Floribunda- und Edelrosen

Hochstämme: 90 cm, wie Halbstämme

Trauerstämme: 140 cm, Kletterrosen, Bodendeckerrosen.

Verwendet man Hochstämmchen als Kübelpflanzen für Balkon oder Terrasse, so muß man im Winter für ausreichenden Frostschutz sorgen und am besten auch den Kübel mit Stroh o.ä. wärmend umhüllen.

Alte Rosen

Immer mehr Rosenfreunde interessieren sich heute wieder verstärkt für alte Rosensorten. Als »alte« Rosen gelten alle Sorten, die vor Einführung der immerblühenden Teehybride gezüchtet wurden. Die Stammütter der alten Rosen sind die Damaszenerrose (R. damascena), die Essigrose (R. gallica) und die Weiße Rose (R. alba), die schon vor etwa 2000 Jahren aus Vorderasien über die Mittelmeerländer zu uns kamen. Aus ihnen entstanden durch Kreuzung neue Rosen, allen voran die Hundertblättrige Rose, die Zentifolie (R. centifolia), die seit dem 16. Jh. in Kloster- und Bauerngärten zum festen Inventar gehörte und auch heute noch auf dem Land in Gärten und Friedhöfen zu entdecken ist. Sie kann uralt werden und bezaubert durch ihre silbrigrosafarbenen, dick gefüllten, duftenden Blüten.

Als im 19. Jh. dann die Chinesische Rose (R. chinensis), die Teerose (R. indica) und die Vielblütige Rose (R. multiflora) aus Asien zu uns kamen, begann das eigentliche Zeitalter der Rosenzüchtung. Eine begeisterte Rosenfreundin war Kaiserin Josephine, die Gattin Napoleons. Nicht zuletzt auf ihren Einfluß hin entstanden in der ersten Hälfte des 19. Jh. mehr als 5000 Rosensorten. Die wichtigsten alten Rosengruppen dieser Zeit sind die Bourbonrosen, die Portlandrosen, die Noisetterosen, die Remontantrosen und die Teerosen, die Vorläufer der Teehybriden.

Immer mehr Rosenschulen bieten auch einige »Alte« im Sortiment an.

Moorbeetpflanzen

Einige Gehölze lassen sich aufgrund gleicher Standortansprüche zu einer Gruppe zusammenfassen: die Moorbeetpflanzen. Die wichtigsten Mitglieder dieser Gruppe sind die Rhododendren.
Alle Moorbeetpflanzen gehören zur Familie der Heidekrautgewächse (Ericaceae), fast alle sind immergrün, wurzeln flach und sind daher im Ballenbereich empfindlich.

Standorttip:

- Alle Moorbeetpflanzen brauchen einen sauren Boden, der zudem weder trocken noch staunaß sein darf.
- Ein halbschattiger Platz ist, wie für fast alle immergrünen Laubgehölze, besser geeignet als ein vollsonniger, an dem an klaren Wintertagen die Gefahr der »Frosttrocknis« besteht. Zudem lieben die Moorbeetpflanzen höhere Luftfeuchtigkeit.
- Einen idealen Moorbeetstandort findet man in der Umgebung von Kiefern. Ihre Nadeln sorgen für eine ständige Säuerung des Bodens. Ihre tiefreichenden Wurzeln bedrängen den flachen Wurzelbereich der Moorbeetpflanzen nicht. Flachwurzelnde Schattenbäume, wie beispielsweise Birken und Buchen, wären für eine Unterpflanzung mit Moorbeetpflanzen dagegen völlig ungeeignet.

Sind keine Bäume vorhanden, so kommt durchaus auch eine berankte Pergola als Schattenspender in Betracht.

Pflanztip:

- Der Säuregehalt des Bodens sollte einen pH-Wert von 4,2 – 5,5 haben.
- Saure Böden sind im Garten selten. Wichtig ist daher eine sorgfältige Vorbereitung der Pflanzgrube. Auf durchlässigen, kiesigen Böden sollte man ein richtiges Moorbeet anlegen: Dazu werden mindestens 60 cm des Erdreichs ausgehoben und eine mit zahlreichen Löchern versehene Folie eingelegt, möglichst noch ein Vlies darüber, damit die Löcher nicht verstopfen und keine Staunässe entsteht. Darauf kommt eine humusreiche Erdmischung mit viel Torf und Nadelwalderde.
- Moorbeetpflanzen pflanzt man immer mit Ballen. Das Pflanzloch sollte bei der Einzelpflanzung außerhalb eines Moorbeets wesentlich größer als der Ballen sein, so daß ausreichend Torf in die ausgehobene Erde und am Grunde des Lochs gemischt werden kann.
- Die Pflanzen dürfen niemals zu tief gesetzt werden. Die höchste Stelle des Ballens muß mit der Erdoberfläche abschließen.
- Vor dem Einsetzen feuchtet man den Ballen gut an.

Pflegetip:

- Die flachwurzelnden Moorbeetpflanzen vertragen keine Oberflächenverdichtung über ihren Ballen und keine Erwärmung und Austrock-

Gaultheria procumbens

nung des Bodens. Man sollte möglichst wenig im Moorbeet herumtreten, keinesfalls hacken oder graben. Im zeitigen Frühjahr verteilt man Torf oder Waldhumus zwischen den Pflanzen, das Jahr hindurch auch flache Schichten von Gras oder Laub.

- Zum Gießen darf höchstens in Ausnahmefällen chlor- oder kalkhaltiges Leitungswasser verwendet werden. Günstig ist Regenwasser oder auch mit einem speziellen Enthärter vorbehandeltes Wasser.
- Bei der Düngung sollte man sehr vorsichtig verfahren. Mineralische Dünger können auf schlecht vorbereiteten Böden große Schäden anrichten, da die Moorbeetpflanzen sehr salzempfindlich sind. Am besten eignen sich spezielle Rhododendrendünger.
- Im Herbst und im Winter wird nicht gedüngt. Eine Düngung kann erst ab Ende Juni/Anfang Juli nach der Pflanzung bzw. Blüte vorgenommen werden, um den Blütenknospenansatz für das nächste Jahr zu fördern.

Der Pflanzendoktor:

- Die häufigste Krankheit aller Moorbeetpflanzen ist die Chlorose: die Blätter färben sich gelb, die Pflanze kümmert. Die Ursache dafür ist ein zu hoher Kalkgehalt im Boden, evtl. noch verbunden mit Ballentrockenheit. Schon zu kalkhaltiges Gießwasser kann zu einer Chlorose führen.

Das einzige Mittel gegen Chlorose sind richtige Standorteigenschaften. Mit einem Eisendünger (= Antichlorosemittel) kann man versuchen, dem entgegenzuwirken.

- Ein gefährlicher Schädling ist der Dickmaulrüßler, der als Larve sowohl im Wurzelbereich, als auch am Laub große Fraßschäden verursacht. Da er nur nachts aktiv ist, wird er oft nicht erkannt. Hier hilft nur ein insektentötendes Mittel.

Die schönsten Moorbeetpflanzen sind zweifellos die Rhododendren. Daneben gibt es noch eine Reihe unbekannterer Moorbeetpflanzen, die sich besonders gut als Vor- und Zwischenpflanzen zu Rhododendren eignen.

Rhododendron

Ausbrechen abgeblühter Blütenstände beim Rhododendron

Rhododendron *(Rhododendron)*

Die Rhododendren stammen aus China, Japan, Tibet, Teilen Indiens und Europa. Sie wurden in den letzten Jahren bei uns immer beliebter. Ganz grob kann man die Rhododendren in zwei große Gruppen einteilen:

Die stärkerwüchsigen, großblumigen Rhododendren (Rh.-Catawbiense-Hybriden, Rh.-Yakusimanum-Hybriden u.a.) kann man ihrerseits in größere (bis 4 m) und kleinere (bis 1,50 m) Arten, in frühblühende (Ende April/ Anfang Mai) und spätblühende (Mitte Mai – Anfang Juni), in robustere und frostempfindlichere einteilen. Die häufigsten Blütenfarben sind weiß, rosa, lila, rot, violett und zweifarbig. Gelbblühende Sorten sind in der Regel recht frostempfindlich.

Zu den Zwergrhododendren gehören die scharlachrotblühenden (Mai) Rh.-repens-Hybriden (bis 60 cm), die völlig harten Sorten des kleinen, blauviolett blühenden (April, Mai) Rh. impeditum, die Rh.-Williamsianum-Hybriden in vielen schönen Farben und die Alpenrosen. Der Almrausch (Rh. hirsutum) kommt aus den Kalkalpen und verträgt Kalk im Boden. Er kann daher nicht zu den Moorbeetpflanzen zählen. Die Rostblättrige Alpenrose (Rh. ferrugineum) dagegen liebt saure Böden. Eine außergewöhnliche Blütezeit kennzeichnet die Vorfrühlingsalpenrose (Rh. praecox), die schon im Februar oder März zu blühen beginnt. Die anderen Alpenrosen blühen von Juni – Juli.

Pflegetip:

- Nach der Blüte sollte man die abgeblühten Blütenstände der Rhododendren ausbrechen, so daß sich kein Samen bilden kann. Das ist sehr wichtig für eine reiche Blütenbildung im nächsten Jahr.

Azalee *(Azalea)*

Die zweite wichtige Gruppe der Moorbeetpflanzen sind die Azaleen. Auch sie lassen sich in zwei Gruppen untergliedern:

Azalea

Die sommergrünen Azaleen sind überwiegend gut winterhart. Sie blühen in den typischen Azaleenfarben gelb, orange, lachsfarben und rot sowie weiß (Mai – Juni).

Die winter- bzw. immergrünen Azaleen (Japanische Azaleen) sind insgesamt sehr viel empfindlicher. Sie verlangen einen Winterschutz (aufgelegtes Tannenreisig). Sie blühen in verschiedenen leuchtenden Rot-, Orange- und Rosatönen und in Weiß (Mai bis Juni).

Azaleen sind sehr enge Verwandte der Rhododendren und werden genau wie diese behandelt. Sie können natürlich gut mit Rhododendren kombiniert werden, passen aber auch zu verschiedenen anderen japanischen Ziergehölzen, die ähnliche Bodenansprüche haben, so z.B. Japanische Ahorne, Scheinhasel, Zaubernuß, Zierquitten.

Erika *(Erica)*

Die Erica-Arten sind kleine Zwergsträucher, die man eher wie Stauden behandelt. Viele von ihnen stammen aus Moorgebieten, so z.B. die Mittsommer- oder Cornwall-Heide (E. vagans) und die Glockenheide (E. tetralix).

Heidel-, Preiselbeeren
(Vaccinium)

Auch die bekannten Heidel- und Preiselbeeren brauchen zum guten Gedeihen saure Standorte. Der Boden sollte deshalb auf keinen Fall mit Kalk gedüngt werden. Eine Kompostzugabe ins Pflanzloch begünstigt das Wachstum.

Weitere Moorbeetpflanzen
auf einen Blick beschrieben (nach Größe, Blütenfarbe, Blütezeit, Besonderheiten):

Berglorbeer, Lorbeerrose *(Kalmia latifolia, angustifolia)*
Immergrüner Strauch, 1 – 3 m, rosaweiß, dunkelrosa (Mai – Juni), giftig, K. latifolia ist die größere Art und blüht früher

Prachtglocke *(Enkianthus campanulatus)*
Sommergrüner Strauch, bis 2 m, gelblichrosa, in Büscheln hängende Glöckchen (Mai), recht selten verwendet, sehr winterhart

Schattenglöckchen, Japanische Lavendelheide *(Pieris japonica)*
Immergrüner Strauch, bis 3 m, weiß, hängende Rispen (März – Mai), giftig, auch für Gartenkübel geeignet, wenn die Erde immer feucht und kühl gehalten wird, an trockenen Tagen unbedingt wässern

Schein-, Rebhuhnbeere *(Gaultheria procumbens)*
Immergrüner Bodendecker, bis 15 cm, weiß (Juni – August), Frucht: rote Beeren, frosthart, trockenheitsempfindlich

Torfmyrte *(Pernettya mucronata)*
Immergrüner Kleinstrauch, 50 cm bis 1 m, weiß (Mai/Juni), Frucht: beerenähnlich, weiß, rosa, rot, lila, lange in den Winter hinein anhaftend, für schönen Fruchtbehang immer mehrere Sträucher pflanzen, Winterschutz unbedingt erforderlich

Traubenmyrte *(Leucothoe walteri-catesbaei = fontanesiana)*
Immergrüner Kleinstrauch, dekoratives Laub und überhängende Zweige, bis 1 m, weiß, Trauben (April/Mai), winterhart.

Preiselbeere

Die Klettergehölze

Klettergehölze sind nicht nur eine Zierde, sondern auch ein Schutz für die Mauer. Schäden an den Mauern werden durch Kletterpflanzen nicht verursacht.

Weil sie praktisch keinen Platz beanspruchen, eignen sie sich auch für ganz kleine Gärten, für Hinter- und Innenhöfe und Balkone. Nicht nur an Hauswänden, Zäunen, Mauern, Pergolen oder Lauben haben sie ihren Platz, sie verschönern auch alte, unten kahle Baumstämme (z.B. Efeu, Hopfen) oder überziehen Garagen, Schuppen, Steinhaufen oder Holzstapel (z.B. Clematis, Knöterich).

Kletterpflanzen sind ein guter Staub- und Lärmschutz. Sie bieten auch Vögeln gute Nistmöglichkeiten.

Man unterscheidet vier Arten von Kletterpflanzen:

- Die *Schlinger* (z.B. Wisteria) winden ihre Triebe um zur Verfügung stehende Rankgerüste oder Drähte.
- Die *Ranker* (z.B. Clematis) haben eigene Rankorgane, z.B. umgebildete Blätter (Blattranken), mit denen sie sich an Spalieren, Drähten oder Schnüren festhalten.
- Die *Kletterer* (z.B. Efeu) bilden Haftfüßchen (z.B. umgebildete Wurzeln) aus, mit denen sie ganz ohne Kletterhilfe an glatten Wänden »kleben« können.
- Die *Klimmer* (z.B. Winterjasmin) suchen durch lange, biegsame Triebe Halt, die man aber immer anbinden muß.

Standorttip:

- Wo man einen Sonnenschutz im Sommer benötigt, z.B. an südgerichteten Fensterfronten oder Balkonen, verwendet man sommergrüne Klettergehölze, die im Winter die wärmende Sonnenstrahlung hindurchlassen.
- Immergrüne Klettergehölze pflanzt man an die Wände, die das ganze Jahr hindurch einen Schutz brauchen, an Nord-, Nordost- und Nordwestseiten. Hier wirken die Laubkleider außerdem als Wärmedämmung und Schutz der Hauswand vor Wind und Wetter.

Pflanztip:

- Bei der Pflanzung ist zu beachten, daß im Regenschatten ein Abstand von 30 – 40 cm zu Wänden und Mauern eingehalten werden muß.
- Pflanzt man an eine Wand mehrere Pflanzen, so sollte man Abstände von jeweils 2 – 3 m einhalten.
- Die Triebe der frischgepflanzten Kletterpflanzen müssen immer an der Wand oder der Pergola befestigt werden. Auch selbständig kletternde Arten (z.B. Efeu) haben anfangs noch keine Haftwurzeln gebildet.

Pflegetip:

- Alle Kletterpflanzen vertragen einen Rückschnitt. Vielfach fördert er sogar die Blütenbildung und verhindert das Kahlwerden der Pflanze. Fenster- und Türaussparungen kann man getrost herausschneiden.

Baumwürger *(Celastrus)*

Sommergrüner Schlinger, schöne Trockenblume, bis 12 m hoch, bis 4 m breit, Blüte: grün, unscheinbar (Juni), Frucht: rote Kapseln in gelber Hülle, Vogelnahrung; sonniger bis halbschattiger Standort, anspruchslos. Spindelbaumgewächse *(Celastraceae)*

Der Baumwürger (C. orbiculatus) kann jüngere Bäume, an denen er hochrankt, so fest umschließen, daß sie absterben.

Standorttip:

- Der Baumwürger eignet sich für sonnige und halbschattige Plätze. An einem sonnigen Standort fruchtet er besonders reich. Bezüglich des Bodens ist er anspruchslos.

Pflanztip:

- Die Pflanze ist zweihäusig, d.h. es gibt männliche und weibliche Pflanzen. Um schöne Früchte zu bekommen, muß man also wenigstens 2 Exemplare unterschiedlichen Geschlechts pflanzen.

Blauregen, Glyzine
(Wisteria)

Sommergrüner Schlinger, langlebig (bis 100 Jahre), bis 10 m hoch, bis 3 m breit, Blüte: lila, auch weiße, rosa und dunkelblaue Sorten (Mai – Juni), teilweise Duft, Bienenweide, Frucht: Hülsen, giftig; sonniger bis halbschattiger Standort, anspruchsvoll. Schmetterlingsblütler *(Leguminosae)*

Wohl die schönste Kletterpflanze überhaupt ist der Blauregen, auch Glyzine genannt. Aus China kommt die Art W. sinensis, aus Japan die frostempfindliche Art W. floribunda.

Wisteria sinensis

Standorttip:

- Der Blauregen braucht einen sonnigen und warmen, geschützten Standort.

Pflanztip:

- Man sollte Glyzinen immer mit Ballen pflanzen.
- Junge, frischgepflanzte Glyzinen wollen nicht der vollen Sonne ausgesetzt sein.

Pflegetip:

- Glyzinen brauchen viel Wasser. Besonders vor besonnten Hauswänden muß man den Sommer über regelmäßig gießen.
- Junge Pflanzen benötigen einen ausreichenden Winterschutz.
- Ein Rückschnitt im August führt zu besonders reicher Blüte. Die jungen Triebe werden bis auf 3 Augen zurückgeschnitten.

Clematis, Waldrebe

(Clematis)

Sommergrüner Ranker, bis 4 m (Hybriden), bis 10 m (Wildarten) hoch, 3 m (Hybriden) bis 6 m breit, Blüte: weiß, gelb, rosa, violett, blau, zweifarbig (Mai – Oktober); sonniger bis halbschattiger Standort. Hahnenfußgewächse *(Ranunculaceae)*

Die Clematis gehört mit zu den allerschönsten Kletterern überhaupt. Die wichtigsten wildvorkommenden Arten sind die stark wuchernde, weißblühende Echte Waldrebe (C. vitalba), die Bergwaldrebe (C. montana), die es meist als rosablühende Form (C. montana »Rubens«) zu kaufen gibt, die Italienische Waldrebe (C. viticella) mit ihren schönen purpurfarbenen Blüten, die etwas schwächer wachsende Goldwaldrebe (C. tangutica), die gelb blüht und noch während der Blüte zu fruchten beginnt, und die kleine (bis 2 m hoch) blau-violett blühende Alpenwaldrebe (C. alpina).

Clematis jackmannii

Noch prächtiger sind aber die Clematiszüchtungen, die »Jackmannii«-, die »Lanuginosa«-, die »Patens«- und die »Viticella«-Hybriden. Ihre Blüten können einen Durchmesser von über 15 cm erreichen!

Standorttip:

- Am besten eignen sich warme, geschützte, nicht vollsonnige Plätze. Die Hybriden gedeihen in milden Lagen am besten.
- Der Boden sollte leicht feucht, lokker und etwas kalkhaltig sein (evtl. Torf mit Kalk vermischt zusetzen). Besonders wichtig ist ein guter Wasserabzug.

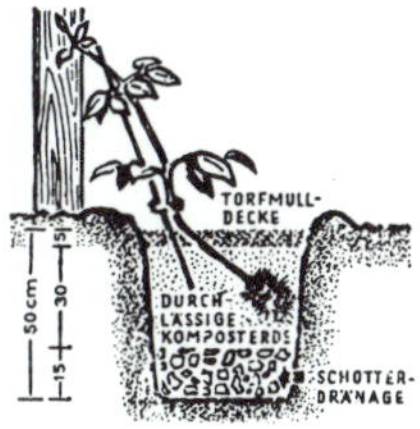

Gartenbodensohle gut auflockern

Pflanztip:

- In feuchten Böden sollte man am Grunde des Pflanzlochs eine Dränageschicht aus Kies anlegen (ca. 15 cm stark), auf die ausreichend durchlässige Komposterde (30 cm) kommt.
- Die Veredelungsstelle der Zuchtformen muß etwa 5 cm unter der Erdoberfläche bleiben. Die Pflanze sitzt dann etwa eine Handbreit tiefer als im Anzuchttopf der Baumschule.
- Der Wurzelbereich der Waldreben sollte nie der Sonne ausgesetzt sein. Man beschattet ihn mit dazugepflanzten Stauden oder kleinen Gehölzen oder einer Mulchschicht.

Vermehrung durch Bewurzelung von Ranken

Pflegetip:

- Kleinere Wildarten und C.-Hybriden benötigen einen ausreichenden Winterschutz: wenigstens der Fuß der Pflanze sollte mit Stroh oder anderem geeigneten Material überdeckt werden.
- Clematisarten, die am jungen, diesjährigen Holz blühen, vertragen selbst radikale Rückschnittmaßnahmen. Dazu gehören die Echte Waldrebe, die Goldwaldrebe, die Italienische Waldrebe sowie die Jackmannii-, die

Lanuginosa- und die Viticelli-Hybriden. Die richtige Zeit für den Schnitt ist im Februar oder März.

- Arten, die am alten Holz blühen, darf man nicht schneiden, allenfalls nach der Blüte etwas auslichten. Es sind dies die Alpen- und die Bergwaldrebe und die Patens-Hybriden.

Der Pflanzendoktor:

- Besonders die Clematis-Hybriden werden häufig von der sog. »Clematiskrankheit« befallen: In kürzester Zeit können dabei Triebe absterben. Die wirkliche Ursache dafür ist ungeklärt. Durch eine richtige Pflanzung (Dränage, Fußbeschattung) kann man ein wenig dagegen vorbeugen. Erkrankte Triebe werden ausgeschnitten. In Einzelfällen treiben auch völlig eingegangene Pflanzen wieder von unten her durch. Meist muß man aber für Nachfolger sorgen.

Hedera

Efeu *(Hedera)*

Immergrüner Kletterer, langlebig (mehrere Jahrhunderte), bis 30 m hoch, bis 10 m breit, Flachwurzler, Blüte: unscheinbar (September bis Oktober, nach 10 Jahren), Bienenweide, Frucht: schwarze Beeren, giftig für Menschen, Vogelnahrung; halbschattiger bis schattiger Standort, anspruchslos. Araliengewächse *(Araliaceae)*

Zu unseren heimischen Pflanzen gehört der Efeu (H. helix). Er ist wohl die starkwüchsigste und langlebigste Kletterpflanze überhaupt. Er braucht keinerlei Kletterhilfen und zeigt auch im Winter ein grünes Kleid. Seine Blätter sind dreilappig, im hohen Alter annähernd rautenförmig. Nur ältere Exemplare blühen und fruchten.

Standorttip:

- Efeu eignet sich für halbschattige oder schattige Plätze auf feuchten, nicht zu kalkhaltigen Böden (pH-Wert unter 8).

Pflegetip:

- An trockenen, warmen Tagen im Spätsommer und Herbst muß man den Efeu regelmäßig gießen.

Geißblatt, Jelängerjelieber *(Lonicera)*

Sommergrüner Schlinger, bis 6 m hoch, bis 4 m breit, Blüte: gelbweiß-rot, gelb (je nach Art Mai bis September), Duft, Frucht: rote oder schwarze Beeren, giftig für Menschen, Vogelnahrung; überwiegend absonniger bis halbschattiger Standort (L. henryi). Geißblattgewächse *(Caprifoliaceae)*

Lonicera heckrottii

Die zahlreichen kletternden Arten der Gattung Lonicera waren besonders im letzten Jahrhundert sehr in Mode. Sie stammen als Wildpflanzen oder Zuchtformen aus Europa bis auf die immergrüne chinesische Art L. henryi, die rötliche Blüten und schwarze Beeren besitzt.
Die wichtigsten europäischen Arten sind die duftende L. caprifolium, die reich fruchtende Zuchtform L. heckrottii und das Waldgeißblatt, L. periclymenum sowie das gelb blühende Goldgeißblatt L. tellmanniana.

Standorttip:
- Geißblätter lieben geschützte, absonnige bis halbschattige Standorte auf frischen bis feuchten, aber niemals nassen Böden.
- Das immergrüne Geißblatt, L. henryi, gedeiht auch in schattigen Lagen.

Pflegetip:
- Nach der Blüte sollte man vor allem ältere Exemplare regelmäßig etwas zurückschneiden. Die Pflanzen werden leicht im unteren Bereich kahl.

Der Pflanzendoktor:
- Stehen die Pflanzen zu trocken und zu warm, so sind sie anfällig für Schädlinge, besonders für Läuse.

Kletterhortensie
(Hydrangea)

Sommergrüner Wurzelkletterer, langlebig, bis 10 m hoch, bis 6 m breit, Blüte: weiß (Juni – Juli, nach einigen Jahren), Frucht: Kapsel, Vogelnahrung; halbschattiger bis schattiger Standort, mittlere Ansprüche. Steinbrechgewächse *(Saxifragaceae)*

Die Kletterhortensie (H. anomala petiolaris) ist in Japan, Korea und Taiwan zu Hause. Sie ist mit ihren herzförmigen Blättern und ihren dicht an dicht stehenden weißen Blütendolden eine der schönsten Kletterpflanzen überhaupt.

Standorttip:
- Kletterhortensien gedeihen am besten in warmen, windgeschützten, halbschattigen bis schattigen Lagen auf feuchten, leicht sandigen Böden.

Pflegetip:
- Kletterhortensien vertragen Trokkenheit schlecht. Man sollte sie daher in der warmen Jahreszeit gründlich gießen.
- Ist einmal ein Formschnitt notwendig, so führt man diesen am besten nach dem Abblühen der Pflanze durch.
- Die Pflanze wird im Alter recht schwer und sollte trotz ihrer Haftwurzeln angebunden werden.

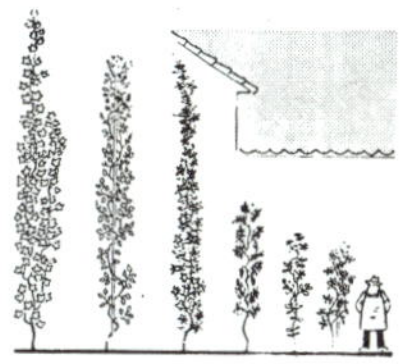

Wuchshöhen:
1 Efeu 20–30 m
2 Knöterich 12–15 m
3 Wilder Wein 12–15 m
4 Blauregen bis 10 m
5 Geißblatt bis 6 m
6 Clematis bis 4 m

Kletterrose *(Rosa)*

Sommergrüner Spreizklimmer, bis 4 m hoch, bis 4 m breit, Blüte: weiß, gelb, rosa, rot, Zwischentöne (Mai bis Juni, einmal blühende Arten; Juni bis Herbst, Dauerblüher), Bienenweide, Frucht: rote Hagebutte, eßbar, Vogelnahrung; sonniger Standort, anspruchslos. Rosengewächse *(Rosaceae)*

Kletterrose

Kletterrosen gehören seit langer Zeit zu den bekanntesten und auch heute noch zu den edelsten und beliebtesten Kletterpflanzen überhaupt. Ihre Standort- und Pflegeansprüche entsprechen denen der übrigen Gartenrosen. Wichtige Pflanz-, Standort- und Pflegetips, sowie eine Beschreibung der häufigsten Krankheiten finden Sie auf den Seiten 156 – 158.

Kletterspindelstrauch

(Euonymus fortunei)

Immergrüner Wurzelkletterer, bis 2 m hoch, bis 1,50 m breit, buntlaubige Sorte; sonniger bis schattiger Standort, anspruchslos. Spindelbaumgewächse *(Celastraceae)*

Der Kletterspindelstrauch ist ein kleines Gehölz, das mit Hilfe von Haftwurzeln an Felsen, Mauern oder Wänden hochklettert. Er eignet sich auch gut als Bodendecker. Die Sorte »Gracilis« (»Variegatus«) hat weißgezeichnete, kleine Blätter.

Standorttip:

- Der Kletterspindelstrauch ist insgesamt sehr robust. Oberflächenverdichtung im Wurzelbereich verträgt er allerdings schlecht.
- Der Kletterspindelstrauch sollte möglichst nicht geschnitten werden.

Knöterich, Klettermaxe *(Fallopia = Polygonum)*

Sommergrüner Schlinger, bis 12 m hoch, bis 8 m breit, Blüte: weiß (Juli bis Oktober), Bienenweide; sonniger bis halbschattiger Standort, anspruchslos. Knöterichgewächse *(Polygonaceae)*

Die ideale Kletterpflanze für alle, die wenig Geduld haben, ist der schnellwachsende und anspruchslose Knöterich (Fallopia aubertii).

Standorttip:

- Der Knöterich gedeiht gut an sonnigen und halbschattigen Plätzen auf nicht zu trockenen Böden. Insgesamt ist er recht anspruchslos.

Pflegetip:

- In der Regel braucht der Knöterich keinen Winterschutz. Friert er doch einmal stark zurück, treibt er meist im Frühjahr wieder von unten durch.
- Ein regelmäßiger Rückschnitt im Frühjahr fördert die Blühwilligkeit und verhindert, daß die Pflanze von unten her kahl wird.

Trompetenwinde

(Campsis)

Sommergrüner Wurzelkletterer, bis 10 m hoch, bis 5 m breit, Flachwurzler, Blüte: orange bis hellrot (Juli – September, nach 6 – 7 Jahren), Frucht: lange Kapsel; sonniger Standort, frostempfindlich. Trompetenblumengewächse *(Bignoniaceae)*

In Nordamerika ist die Trompetenwinde (Campsis radicans) zuhause.

Sie hat gefiederte, zarte Blätter und auffällige hellrote, in doldenähnlichen Blütenständen stehende Blüten.

Standorttip:

● Die Trompetenwinde benötigt sonnige, warme und geschützte Standorte. Für Lagen über 500 m Meereshöhe ist sie nicht gut geeignet.

Pflanztip:

● Die Trompetenwinde wird vor der Pflanzung etwas zurückgeschnitten.

● Den Fuß der Pflanze sollte man mit dazu gepflanzten Stauden beschatten.

Pflegetip:

● Ein Winterschutz ist bei jüngeren Pflanzen, wenigstens im unteren Bereich, notwendig.

● Wird die Pflanze im Februar zurückgeschnitten, blüht sie im kommenden Sommer noch reicher.

Wilder Wein, Jungfernrebe *(Parthenocissus)*

Sommergrüner Rankenkletterer, langlebig, bis 15 m hoch, bis 10 m breit, Herbstfärbung, Blüte: gelbgrün, unscheinbar (Juni – August), Bienenweide, Frucht: dunkle Beeren, Vogelnahrung; sonniger bis halbschattiger Standort, anspruchslos. Weinrebengewächse *(Vitaceae)*

Zu den wichtigsten und verbreitesten Kletterpflanzen zählt der Wilde Wein. Handähnliche, fünfteilige Blätter, die im Herbst leuchtend rot gefärbt sind, kennzeichnen die aus Nordamerika kommende Art P. quinquefolia. Sein Verwandter P. tricuspidata aus Japan hat größere, glänzende, dreilappige Blätter. Er bildet Haftscheiben aus und kann völlig ohne Kletterhilfe an glatten Wänden hochranken.

Standorttip:

● Der Wilde Wein gehört an einen sonnigen bis halbschattigen Platz. In voller Sonne färbt sich das Herbstlaub am intensivsten.

● Bezüglich des Bodens ist die Pflanze anspruchslos: Sie verträgt Kalk und kurzzeitige Trockenheit.

Winterjasmin *(Jasminum)*

Sommergrüner Spreizklimmer, auch Hängepflanze, bis 2 m hoch, bis 2 m breit, Blüte: gelb (Dezember bis März, nach einigen Jahren), Frucht: dunkle Beeren; sonniger bis halbschattiger Standort, anspruchslos. Ölbaumgewächse *(Oleaceae)*

Der Winterjasmin (Jasminum nudiflorum) kommt aus China. Mit seinen langen, biegsamen Trieben kann er gut zur Begrünung von Wänden und Mauern verwendet werden. Seine kleinen, gelben Blüten bringen ein wenig Farbe in den Spätwinter.

Standorttip:

● Der Jasmin braucht sonnige bis halbschattige, sehr geschützte Plätze auf frischem, durchlässigem Boden.

Pflegetip:

● In trockenen Sommern und im Herbst sollte man den Jasmin regelmäßig gut gießen.

● Ein Winterschutz ist in strengen Wintern oder in rauheren Gebieten angebracht.

● Nach der Blüte sollte man die Pflanze ab und zu zurückschneiden und etwas auslichten.

Die Stauden

Winterharte Stauden sollten in keinem Garten fehlen. Erst ihre farbenfrohe Blütenpracht gibt den Gehölzen den richtigen Rahmen. Ein Staudenbeet wechselt innerhalb eines Jahres ständig sein Aussehen und läßt uns die Jahreszeiten, ja sogar die Monate erleben wie kaum eine andere Pflanzengruppe. Selbst im kleinsten Garten haben Stauden Platz. Manchen genügt schon eine Fuge zwischen den Steinen einer Mauer. Auch im Nutzgarten sollte man nicht auf bunte Blütenstauden verzichten. In den Bauerngärten haben sie seit Jahrhunderten neben Gemüse und Kräutern ihren festen Platz.

Für jeden Zweck und jeden Standort läßt sich die geeignete Staude finden. Es gibt klein- und großwüchsige, Einzel- (Solitär-), Gruppenstauden und Flächendecker, auffälligere und unscheinbarere, lang- und kurzlebige Stauden. Neben den Beet- und Prachtstauden (Rittersporn, Pfingstrose, Phlox) sollte man auch die Wildstauden nicht vergessen, zumal sie oft anspruchsloser sind. Sie eignen sich für Gartenbereiche, die man nicht ständig pflegen möchte, besonders in Verbindung mit Gehölzen.

Bei der Verwendung von Stauden sind einige Regeln zu beachten:

- Man sollte sich stets die Natur zum Vorbild nehmen und Arten mit ähnlichen Ansprüchen miteinander zusammenpflanzen. Dadurch entstehen ganz unterschiedliche Lebensbereiche: Manche Arten bevorzugen halbschattige, nicht zu trockene Plätze in der Nachbarschaft von Gehölzen, die Steingartenstauden lieben volle Sonne und die Nähe von warmen Steinen, und kommen mit wenig Erdreich aus.
- Die Auswahl der Pflanzen für eine richtig zusammengestellte Staudenpflanzung sollte sich nach Blütezeit, Blütenfarbe und der Höhe der Pflanzen richten.

Stauden brauchen – vor allem in den ersten Jahren nach der Neupflanzung – etwas Zuwendung. Befolgt man einige Ratschläge, so entwickelt sich die Staudenpflanzung von Jahr zu Jahr schöner und belohnt den Gartenfreund durch immer wiederkehrende Blütenpracht.

Standorttip:

- Der Boden im Staudenbeet muß locker, wasser- und luftdurchlässig und nährstoffreich sein. Man sollte den Standort sorgfältig vorbereiten, d.h. umgraben, lockern, von Unkraut befreien und gute Komposterde einarbeiten. Die Dicke der so bearbeiteten Schicht muß ca. 40 cm betragen.
- Wildstauden sollte man entsprechend den vorhandenen Bedingungen auswählen, so daß keine oder nur geringe Bodenvorbereitungen notwendig sind.

Aussaat-/Pflanztip:

- Möchte man die Stauden nicht beim

Lupinus

Gärtner kaufen, sondern selbst aus Samen ziehen, so sollte man genau die Ansprüche der jeweiligen Art beachten. Meist wird im April in ein Saatbeet gesät und später vereinzelt. Auch eine Direktaussaat an Ort und Stelle ist bei sehr vielen Arten ab April/Mai möglich. Eine Reihe von Stauden aber sind Frostkeimer, die man im Herbst aussäen muß (z.B. Eisenhut, Christrose, Enzian, Phlox, Veilchen).

- Die günstigsten Pflanzzeiten sind von Anfang März bis Mitte Mai und von Anfang September bis Ende Oktober. Frisch gepflanzte Stauden sollten einen Winterschutz bekommen.
- Stauden breiten sich von Jahr zu Jahr teilweise ganz erheblich aus. Man sollte daher niemals zu dicht pflanzen. Bei hohen Beetstauden rechnet man 4 bis 6 Stück pro Quadratmeter, bei niedrigen Stauden und Polsterpflanzen 6 bis 10 Stück pro Quadratmeter. Nur sehr kleine, teppichbildende Stauden (z.B. Sedum-Arten, Günsel) pflanzt man noch dichter (bis zu 20 Stück oder Ableger pro Quadratmeter).

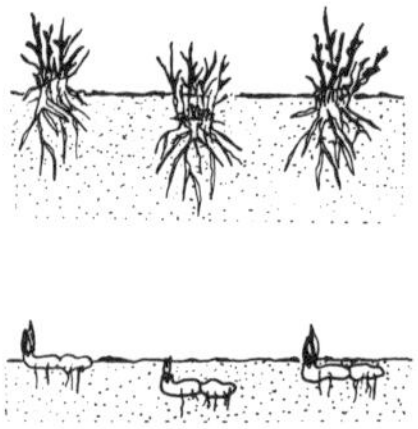

Pflanzung:
Links: zu hoch
Mitte: zu tief
Rechts: richtig

Staudenteilung

• Beim Pflanzen ist auf die richtige Stellung und Höhe der Wurzel zu achten: Einige Rhizompflanzen, wie z.B. Pfingstrose, werden ganz knapp unter die Erdoberfläche gesetzt.

• Frisch gepflanzte Stauden werden angedrückt und gründlich angegossen.

Pflegetip:

• Staudenbeete sollten regelmäßig, ganz besonders aber im Frühjahr, gelockert und vom Unkraut befreit werden.

• In einer gut flächendeckenden, einige Jahre alten Staudenpflanzung – besonders bei Wildstauden – hat man kaum mit Unkraut zu kämpfen. Das eine oder andere von selbst angesiedelte Pflänzchen kann man sogar dulden. Tiefwurzler wie Löwenzahn, Ampfer, Disteln und Winden, ganz besonders aber die gefährlichen Wucherer Giersch und Quecke muß man sehr gründlich bekämpfen.

• Ein Mulchen, d.h. Abdecken der Beetflächen mit grobem Kompost aus holzigen Pflanzenteilen oder grobem Fasertorf verhindert ein Austrocknen und starkes Verunkrauten des Bodens. Beim Abdecken mit Rindenmulche muß man aufpassen, da manche Arten die Gerbsäureanteile in der Rinde nicht vertragen.

• An warmen, trockenen Tagen müssen vor allem die großwüchsigen Beetstauden gewässert werden. Polster- und Steingartenpflanzen oder auch graulaubige, halbstrauchige Arten wie Lavendel, Salbei und andere vertragen Trockenheit besser.

• Üppig blühende Beet- und Prachtstauden haben einen hohen Nährstoffbedarf. Man düngt am besten mit Kompost oder auch mit Hornspänen oder Horn- und Knochenmehl.

• Wichtig bei der Pflege von Stauden ist auch der richtige Rückschnitt:

Frühjahrs- und Sommerblüher schneidet man nach der Blüte zurück. Viele Arten blühen ein zweites Mal. Besonders bei gezüchteten Prachtsorten (Phlox, Rittersporn) sollten möglichst keine Samen gebildet werden.

Spätsommer- und Herbstblüher können ihre Blütenstände auch bis in den Winter hinein behalten, da diese im Rauhreif oft eine Zierde sind. Es reicht, sie im Februar zurückzuschneiden.

Verholzte **Zwerg- und Halbsträucher** (Lavendel, Sonnenröschen u.a.) sollte man alle 2 – 3 Jahre kräftig zurückstutzen, weil sie sonst häßlich sparrig aussehen.

Das regelmäßige Abschneiden welker Blüten und von Blumen für die Vase fördert bei vielen Arten Wachstum und vor allem Blühwilligkeit.

• Empfindlichere Stauden (Astilben, Funkien, Lilienschweif, Palmlilie, Rittersporn) brauchen in strengen Wintern oder in früh- oder spätfrostgefährdeten Lagen einen Winterschutz, am besten aus Tannenreisig. Man kann auch Laub oder Torf verwenden, sollte aber niemals die Stauden damit bedecken. Sie könnten leicht faulen. Laub und Torf werden um die Pflanzen ausgebreitet.

Der grüne Kniff:

• Sehr viele Staudenarten können ganz leicht durch Teilung vermehrt werden, die man am besten nach der Blütezeit oder im zeitigen Frühjahr vornimmt.

Der Pflanzendoktor:

• Oft ist ein ungeeigneter Standort Schuld am Kränkeln der Staude. So spielt z.B. der Kalkgehalt des Bodens eine wichtige Rolle: Lupinen vertragen Kalk weniger, Christrosen dagegen benötigen einen gewissen Kalkgehalt zum guten Gedeihen.

Beet- und Schnittstauden von A – Z

In der folgenden Zusammenstellung finden Sie die wichtigsten Beet- und Schnittstauden in der Reihenfolge von A – Z. Die den Pflanzennamen nachgestellten Kästen enthalten Angaben über die Wuchshöhe, die Blütenfarbe und den Zeitpunkt der Blüte, über Standorte, Vermehrungsmöglichkeiten und die besonderen Bedürfnisse der Pflanzen. Den deutschen und den lateinischen Familiennamen finden Sie am Ende des Kastens.

Akelei, Elfenschuh,

(Aquilegia)

Höhe: 30 – 80 cm, Blüte: blau, zweifarbig, z.B. weißrot, weißblau, dunkelrot (Mai – Juni); halbschattiger Standort; Vermehrung: Aussaat. Hahnenfußgewächse *(Ranunculaceae)*

Akeleien sind seit langer Zeit beliebte Gartenpflanzen. Neben der blauen Alpenakelei (A. alpina) und der langspornigen Akelei (A. coerulea), von der zahlreiche, prächtige Zuchtformen angeboten werden, gibt es noch die Zwergakelei (A. bicolor) in vielen bunten Farbtönen.
Die in der Natur nur noch vereinzelt vorkommende Akelei ist strengstens geschützt. Sie darf auf keinen Fall gepflückt oder zum Verpflanzen ausgegraben werden.

Standorttip:

- Akeleien gedeihen am besten auf frischen Böden unter lichten Gehölzen.

Akelei

Alant *(Inula)*

Schwertalant: bis 20 cm, Blüte: goldgelb (Juli – September), Bienenweide. Riesenalant: bis 1,50 m, Blüte: goldgelb, groß (Juli – August), Bienenweide. Sonniger Standort, anspruchslos, Vermehrung: Aussaat. Korbblütler *(Compositae)*

Der Schwertalant (I. ensifolia) kann sehr gut als Flächendecker verwendet werden. Sein großwüchsiger Verwandter, der Riesenalant (I. magnifica) wirkt auch einzeln vor Gehölzen prächtig.

Alant

Aster *(Aster)*

Frühblühende (Alpenaster, Frühlingsaster), sommerblühende (Bergaster), herbstblühende (Kissen-, Glattblatt-, Rauhblattaster) Arten, je nach Art 20 cm – 1,40 m, Blüten: je nach Art, alle Farben außer gelb; sonniger Standort; Vermehrung: Teilung und Aussaat. Korbblütler *(Compositae)*

Aster

Standorttip:

- Astern lieben nahrhaften, feuchten Gartenboden.

Der grüne Kniff:

- Staudenastern, insbesondere die Rauhblattastern, sind für die Vermehrung sehr gut teilbar.

Der Pflanzendoktor:

- Die herbstblühenden Astern sind insgesamt recht anfällig gegen Mehltau. Diesem kann man nur durch einen freien Standort und nicht zu dichte Pflanzung vorbeugen.
- Kranke Pflanzen nach der Blüte sofort abschneiden, das Laub vernichten.

Astilbe, Prachtspiere

(Astilbe)

Beetstaude und Flächenstaude, 50 bis 120 cm, Blüte: weiß, rosa, rot, violett (Juli – September), Bienenweide; halbschattiger Standort; Vermehrung: Teilung. Steinbrechgewächse *(Saxifragaceae)*

Astilbe

Aus China und Japan kommen die Prachtspieren mit ihren herrlichen, zarten Blüten. Die wichtigsten Arten sind die bis zu 1 m hohe Prachtspiere (A. x arendsii), die kleiner bleibende Chinesische Astilbe (A. chinensis) und die große Prachtspiere (A. thunbergii).

Standorttip:

- Astilben gedeihen am besten auf feuchten, nährstoffreichen Böden.

Ballonblume

(Platycodon grandiflora)

Ballonblume

Höhe: bis 70 cm, Blüte: leuchtend blau (Juni – September); sonniger bis halbschattiger Standort, anspruchslos; Vermehrung: Aussaat. Glockenblumengewächse *(Campanulaceae)*

Die aus Asien stammende Ballonblume bekam ihren Namen durch ihre kugeligen Blütenknospen, die man wie kleine Ballone zerplatzen lassen kann. Sie treibt recht spät aus und ist daher ein idealer Partner zu Frühjahrsblumen.

Bartfaden

(Penstemon barbatus)

Bartfaden

Höhe: 40 – 60 cm, Blüte: rosa, rot, violett, in Rispen (Juni – September, Bienenweide; sonniger Standort; Vermehrung: Aussaat. Rachenblütler *(Scrophulariaceae)*

Der Bartfaden gehört zu den weniger bekannten Gartenstauden. Mit seinen auffälligen Blütenrispen ist er eine herrliche Schnittblume für Sträuße ebenso wie ein schöner Partner zu anderen Blütenstauden.

Christrose
(Helleborus niger)

Höhe: bis 25 cm, langlebig, Blüte: weiß (Januar – März); halbschattiger bis schattiger Standort, giftig. Hahnenfußgewächse *(Ranunculaceae)*

Die als Wildstaude selten gewordene und daher geschützte Christrose braucht im Garten einen ruhigen Platz, wo sie nicht durch Bodenpflegearbeiten gestört wird.

Standorttip:

- Die Christrose gedeiht am besten auf humus- und kalkreichen Böden.

Christrose

Chrysanthemum

Chrysantheme, Winteraster
(Chrysanthemum x hortorum)

Höhe: 40 – 80 cm, Blüte: weiß, gelb, goldbraun, braunrot, rosa (August bis Oktober), einfache, halbgefüllte und gefüllte Blüten; sonniger Standort, Winterschutz; Vermehrung: Aussaat und Teilung. Korbblütler *(Compositae)*

Die seit mehr als 2000 Jahren bekannte Gartenchrysantheme ist eine der ältesten Zierpflanzen der Erde. Sie kam gegen Ende des 18. Jahrhunderts aus China und Japan zu uns. Heute gibt es an die 5000 Sorten (zum größten Teil nur unter Glas ziehbar) der dankbar blühenden Schnittstaude, die auch nach den ersten Frösten im Herbst noch eine Weile den Garten ziert.

Pflanztip:

- Eine Frühjahrspflanzung bekommt Chrysanthemen immer besser als eine Herbstpflanzung.

Pflegetip:

- Chrysanthemen sind frostgefährdet. In rauheren Gegenden sollte man wenigstens den empfindlicheren Sorten einen Winterschutz aus locker aufgelegtem Tannenreisig geben.

Der grüne Kniff:

- Im Herbst in Töpfe gesetzte Chrysanthemen blühen noch lange an hellen, kühlen und luftigen Plätzen im Haus weiter.

Dreimasterblume
(Tradescantia x andersoniana)

Höhe: bis 50 cm, Blüte: enzianblau, karminrot (Juni – September), viele Sorten; sonniger bis halbschattiger Standort, anspruchslos; Vermehrung: Teilung. Tradeskantiengewächse *(Commelinaceae)*

Die Dreimasterblume ist eine dankbare Gartenstaude, die sich gut für die Randbepflanzung am Gartenteich eignet – zusammen mit der Trollblume, dem Blutweidrich oder der Iris.

Edeldistel

Edeldistel

(Eryngium planum)

Höhe: bis 80 cm, Blüte: kugelig, blau (Juli – September), Hüllblätter dornig; sonniger Standort; Vermehrung: Aussaat, Frostkeimer. Doldenblütler *(Umbelliferae)*

Die Edeldistel paßt gut auf warme Böschungen zusammen mit anderen Sonnenstauden.

Der grüne Kniff:

- Als Trockenblumen werden die Blüten bei beginnender Blaufärbung geschnitten.

Ehrenpreis

Ehrenpreis *(Veronica)*

Höhe: 10 – 50 cm, Blüte: blau, auch weiße, hellblaue, rosa Sorten (Mai bis Juni, Juli – September, je nach Art), Bienenweide; sonniger Standort, anspruchslos; Vermehrung: Aussaat und Teilung. Rachenblütler *(Scrophulariaceae)*

Die kleinste, teppichbildende Veronicaart (V. prostrata) ist gut als Rasenersatz zu verwenden. Die höher werdende V. incana paßt am besten zu anderen graulaubigen Stauden (Lavendel, Salbei, Katzenminze) in Heidegärten oder Staudenrabatten. Die verschiedenen Sorten von V. spicata erreichen eine Höhe von etwa 50 cm und sind mit ihren leuchtend gefärbten Blüten ausgezeichnete Schnittblumen.

Standorttip:

- Alle Veronicaarten gedeihen am besten auf lockeren und sandigen Gartenböden. Sie lieben trockene Standorte. Die Art V. incana liebt kalkhaltige Erde.

Eisenhut

Aconitum

Eisenhut *(Aconitum)*

Höhe: bis 1,50 m, Blüte: violettblau (Juli – August), Bienenweide, giftig; halbschattiger bis schattiger Standort; Vermehrung: Aussaat, Frostkeimer. Hahnenfußgewächse *(Ranunculaceae)*

Der bei uns auch wild vorkommende Bergeisenhut oder Sturmhut (A. napellus) war schon in den alten Bauerngärten wohlbekannt und beliebt.

Pflegetip:

- An warmen Tagen sollte man den Eisenhut reichlich gießen. Trockenheit verträgt er schlecht.

Fackellilie, Feuerpfeil

(Kniphofia uvaria »Grandiflora«)

Solitär-, Schnitt- und Beetstaude, 80 – 120 cm, Blüte: gelbrote Kolben (Juni – September); sonniger Standort, in rauhen Lagen ist ein Winterschutz erforderlich; Vermehrung: Aussaat. Liliengewächse *(Liliaceae)*

Mit zu den auffälligsten Gartenstauden überhaupt gehört die Fackellilie. Sie paßt gut in die Randbepflanzung am Gartenteich.

Standorttip:

- Die Fackellilie braucht möglichst einen etwas geschützten Platz. Auf zu nassen Böden ist sie besonders frostgefährdet.

Fackellilie

Feinstrahlaster, Berufskraut

(Erigeron x hybridus)

Höhe: bis 60 cm, Blüte: blauviolett, rosa, rot (Juni – Juli, Nachblüte August – September), Bienenweide; sonniger Standort; Vermehrung: Aussaat und Teilung. Korbblütler *(Compositae)*

Die Feinstrahlaster, auch Frühaster genannt, ist eine besonders dankbar blühende, unempfindliche Schnittstaude für jeden guten Gartenboden.

Feinstrahlaster

Erigeron

Digitalis

Pflegetip:

- Ein Rückschnitt sofort nach der Blüte fördert eine reiche Nachblüte.

Fingerhut *(Digitalis)*

Zweijährig, samt sich leicht selbst aus, bis 1,50 m, Blüte: karminrot, auch gelbe und weiße Formen (Juni bis Juli), giftig; halbschattiger Standort; Vermehrung: Aussaat. Rachenblütler *(Scrophulariaceae)*

Eine gut bekannte Wildstaude, die im Garten unter den Gehölzen zusammen mit anderen Waldstauden ihren besten Platz hat, ist der Rote Fingerhut (D. purpurea).

Standorttip:

- Der Fingerhut gedeiht gut auf trokkenen, kalkarmen Böden.

Fingerhut

Frauenmantel, Taumantel *(Alchemilla mollis)*

Beetstaude und Flächendecker, bis 50 cm, Blüte: grünlich-gelbe Dolden (Juni – Juli); sonniger bis halbschattiger Standort, anspruchslos. Vermehrung: Aussaat und Teilung. Rosengewächse *(Rosaceae)*

Funkie

Der Frauenmantel mit seinen rundlichen, großen, graugrünen Blättern ist ein schöner Flächendecker und ein guter Partner zu Wild- oder Solitärstauden. Er paßt gut und gedeiht auch in der Randbepflanzung am Gartenteich.

Freilandgloxinie

(Incarvillea grandiflora)

Freilandgloxinie

Höhe: bis 25 cm, Blüte: kräftig rosa (Mai – Juli); sonniger bis absonniger Standort, in rauhen Lagen Winterschutz; Vermehrung: Aussaat. Trompetenblumengewächse *(Bignoniaceae)*

Die Freiland- oder Staudengloxinie ähnelt mit ihren trompetenförmigen Blüten der Topfgloxinie. Sie paßt besonders gut vor oder unter Gehölze.

Gemswurz

Pflanztip:

- Die rübenartigen, knolligen Wurzeln der Freilandgloxinie sollte man mindestens 5 cm tief in den Boden setzen (Winterschutz).

Der grüne Kniff:

- Die Staudengloxinie zieht sich im Herbst restlos in den Boden zurück. Man sollte ihren Platz immer gut kennzeichnen, damit sie im Frühjahr nicht beim Hacken und Graben beschädigt wird.

Funkie, Herzlilie

(Hosta-Arten/Sorten)

Beetstaude, Blattstaude, Flächendecker, bis 60 cm, Blüte: hellviolett bis lila, in Trauben (Juli – August); halbschattiger bis schattiger Standort; Vermehrung: Teilung. Liliengewächse *(Liliaceae)*

Die Funkien aus China, Japan und Korea sind auffällige Blattstauden. Sie eignen sich gut als Unterpflanzung zu Gehölzen oder als Einfassung. Es gibt eine ganze Reihe von Arten und Sorten mit unterschiedlichen Blattzeichnungen und -färbungen.

Standorttip:

- Funkien lieben feuchte Standorte, sind aber insgesamt ziemlich anspruchslos.

Gemswurz, Frühlingsmargerite

(Doronicum caucasicum)

Schnittstaude, Flächendecker, bis 40 cm, Blüte: goldgelb (April bis Mai); sonniger bis halbschattiger Standort, anspruchslos. Vermehrung: Aussaat und Teilung. Korbblütler *(Compositae)*

Die Gemswurz oder Frühlingsmargerite ist eine ausgesprochen robuste Beet- und Schnittstaude, die rasch üppig blühende Horste bildet. Sie gehört zu den frühesten Schnittblumen im Staudenbeet.

Der grüne Kniff:

- Man sollte die Gemswurz immer einige Jahre ungestört wachsen lassen. Wenn sie zu üppig wird, kann man sie problemlos teilen.

Campanula persicifolia

Glockenblume

(Campanula)

Verschiedene Arten, 20 – 100 cm (je nach Art), Blüten: weiß, blau, violett-blau (Juni – August), je nach Art; sonniger bis schattiger Standort, je nach Art; Vermehrung: Aussaat und Teilung. Glockenblumengewächse *(Campanulaceae)*

Während die Knäuelglockenblume (C. glomerata) eine gute Rabattenpflanze ist, sind die Pfirsichblättrige (C. persicifolia) und die Waldglockenblume (C. latifolia »Macrantha«) auch ideal zum Schnitt geeignet.

Standorttip:

- Glockenblumen lieben nicht zu feuchte, kalk- und lehmhaltige Böden.

Waldglockenblume

Goldfelberich
(Lysimachia punctata)

Höhe: 80 – 100 cm, Blüte: gelb (Juni bis August); sonniger bis schattiger Standort, anspruchslos; Vermehrung: Teilung und Aussaat. Primelgewächse *(Primulaceae)*

Der hohe Goldfelberich ist ein unverwüstlicher Dauerblüher, der entlang des Zauns oder am Rand des Gartenteichs ebenso gut wirkt wie als auffällige Unterpflanzung großer Gehölze.

Solidago

Goldrute

Goldrute *(Solidago x hybrida)*

Höhe: bis 80 cm, Blüte: gelb, in zarten Rispen (Juli – Oktober); sonniger bis halbschattiger Standort, anspruchslos. Vermehrung: Aussaat und Teilung. Korbblütler *(Compositae)*

Die robuste, üppig buschig wachsende Goldrute braucht ausreichend Platz. Besonders schön ist sie in größeren Staudenpflanzungen, am Teichrand oder vor Gehölzen.

Pflegetip:

- Regelmäßiger Schnitt dehnt ihre Blütezeit bis Ende Oktober aus.

Götterblume
(Dodecatheon meadia)

Höhe: bis 40 cm, Blüte: lila-rosa (Mai – Juli); halbschattiger Standort; Vermehrung: Aussaat und Teilung. Primelgewächse *(Primulaceae)*

Die Götterblume gehört zu den Besonderheiten im Staudenbeet. Sie paßt gut zwischen Gehölze oder größere Stauden.

Standorttip:

- Im lichten Schatten und auf kalkfreien, lehmigen, humusreichen und nicht zu trockenen Böden fühlt sich die Götterblume am wohlsten.

Der grüne Kniff:

- Die Pflanze zieht nach der Blüte ihre oberirdischen Teile ein. Man sollte daher die Pflanzstelle markieren.

Greiskraut, Ligularie
(Ligularia przewalskii)

Solitär- und Hintergrundstaude, Flächendecker, bis 1,80 m; Blüte: gelb (Juni – September), Bienenweide; sonniger bis halbschattiger Standort, anspruchslos; Vermehrung: Teilung und Aussaat. Korbblütler *(Compositae)*

Das Greiskraut ist eine ausgesprochen unempfindliche Großstaude. Besonders gut paßt sie an den Gartenteich und vor Zäune. Sie eignet sich auch hervorragend als Hintergrundpflanze zu kleineren Stauden oder unter große Gehölze.

Standorttip:

- Das Greiskraut braucht einen feuchten, humusreichen Standort. Es gedeiht auch auf leicht moorigen Böden noch gut.

Heidekraut, Besenheide

(Calluna vulgaris)

Immergrüner Zwergstrauch, Flächendecker, bis 50 cm; Blüte: weiß, rosa, violett (Juli – September), Bienenweide; sonniger Standort, anspruchslos; Vermehrung: Stecklinge. Heidekrautgewächse *(Ericaceae)*

Das Heidekraut ist keine wirkliche Staude, sondern der wichtigste Zwergstrauch unserer Heidelandschaften. Im Garten paßt es besonders gut in Heidebeete, zusammen mit Wacholder, Ginster und anderen Pflanzen.

Standorttip:

- Das Heidekraut ist in jeder Beziehung anspruchslos. Es gedeiht auf ärmsten, trockensten Böden, sofern sie ausreichend sauer sind.

Pflegetip:

- Zur Erhaltung der Blühfähigkeit ist es notwendig, den kleinen Strauch jedes Jahr einmal kräftig zurückzuschneiden. Der letzte Zeitpunkt hierfür ist das Frühjahr.

Herbstanemone, Japananemone

(Anemone)

Liebhaberstaude, bis 80 cm; Blüte: rosa, auch weiße, dunkelrote Sorten (August – Oktober); halbschattiger bis schattiger Standort; Vermehrung: Aussaat und Teilung. Hahnenfußgewächse *(Ranunculaceae)*

Die aus Asien kommenden Herbstblüher unter den Anemonen sind wertvolle und schattenverträgliche Blütenstauden. Die Herbstanemone (A. hupehensis) ist etwas unempfindlicher als die Sorten der Japananemone (A. japonica).

Standorttip:

- Die Herbstanemonen lieben geschützte Plätze auf warmen Waldhumusböden.

Herkulesstaude

(Heracleum giganteum)

Riesige Solitärstaude, zweijährig, samt sich selbst aus, bis 2,50 m; Blüte: weiß, in riesigen Dolden, Durchmesser bis zu 80 cm (Juli bis August); sonniger bis halbschattiger Standort; Vermehrung: Aussaat. Doldenblütler *(Umbelliferae)*

Die Herkulesstaude ist eine sehr eindrucksvolle Solitärpflanze, vielleicht die größte Gartenstaude überhaupt. Sie eignet sich für große Gärten, z.B. in Wildstaudenpflanzungen.

Standorttip:

- Die Herkulesstaude liebt nährstoffreiche, frische bis feuchte, schwere Gartenböden.

Pflegetip:

- Will man verhindern, daß die große Staude sich durch Selbstaussaat rasch ausbreitet, muß man sie sofort nach der Blüte etwas zurückschneiden.

Der grüne Kniff:

- Vorsicht: Das Laub der Herkulesstaude kann Hautausschlag hervorrufen.

Königskerze

Katzenminze

(Nepeta faassenii)

Beetstaude und Flächendecker, bis 30 cm; Blüte: lila-blau (Juni bis September); sonniger Standort, anspruchslos; Vermehrung: Aussaat und Teilung. Lippenblütler *(Labiatae)*

Für Sonnenrabatten, als Beeteinfassung und besonders auch als Partner für Rosen oder höhere Stauden wie Malven, Nachtkerzen, Fingerhut, Eisenhut etc. kann die unermüdlich blühende Katzenminze Verwendung finden.

Pflegetip:

- Ein Rückschnitt im Juli oder August verlängert die Blütezeit bis in den Herbst hinein.

Kokardenblume

Königskerze

(Verbascum-Arten)

Solitär- und Beetstaude, kurzlebig, samt sich selbst aus, bis 1,50 m; Blüte: gelb (Juni – August), Bienenweide; sonniger Standort, anspruchslos; Vermehrung: Selbstaussaat. Rachenblütler *(Scrophulariaceae)*

Die Königskerzen sind uralte Kulturpflanzen. Man findet sie verwildert sehr oft auf Lichtungen, aber auch auf Kies- und Schutthaufen.

Standorttip:

- Die Königskerze gedeiht auf trockenen, leichten, sandigen oder leicht kalkhaltigen Geröllböden.
- Gegen Staunässe ist die Königskerze ausgesprochen empfindlich.

Verbascum

Kokarden-, Malerblume

(Gaillardia x grandiflora)

Höhe: 30 – 80 cm, je nach Sorte; Blüte: bräunlich-rot, gelb, zweifarbig (Juni – September), Bienenweide; sonniger Standort; Vermehrung: Aussaat und Teilung. Korbblütler *(Compositae)*

Besonders haltbare Schnittblumen für die Vase (bis zu 14 Tage) liefert die fröhlich-zweifarbige Kokardenblume, im Volksmund auch Papageienblume genannt. Von ihr gibt es unterschiedlich hohe Zuchtformen. Die kleinste (»Kobold«) ist knapp 30 cm hoch.

Pflegetip:

- Die Kokardenblume braucht in rauheren Lagen einen Winterschutz aus Deckreisig (Tannen- oder Fichtenreisig). Sie fault allerdings unter einer Laub- und Torfmulldecke sehr leicht.

Kornblume, Flockenblume

(Centaurea)

Höhe: 40 – 80 cm; Blüte: blau, gelb (Mai – Juni, C. macrocephala Juli bis August), Bienenweide; sonniger Standort, anspruchslos; Vermehrung: Aussaat. Korbblütler *(Compositae)*

Der Zentaur Chion gab der Sage nach der Korn- oder Flockenblume ihren Namen (»centaurea«) als er sie zur Heilung von Wunden verwendete. Neben der gelbblühenden Flockenblume (C. macrocephala) aus Armenien ist die blaue Berg- oder Alpenflockenblume (C. montana) besonders bekannt.

Flockenblume

Kugeldistel

(Echinops ritro)

Beet- und Solitärstaude, Schnittblume (Trockensträuße), bis 1,20 m; Blüte: stahlblaue Kugeln (Juli bis September); sonniger Standort, anspruchslos; Vermehrung: Aussaat. Korbblütler *(Compositae)*

Echinops ritro

Die Kugeldistel ist eine besonders auffällige Staude, die sich gut für steppenähnliche Beete oder sonnige Rabatten eignet und noch auf ganz armen Standorten prächtig gedeiht.

Der grüne Kniff:

- Damit das schöne Stahlblau der Blüte erhalten bleibt, schneidet man sie für Trockensträuße dann, wenn die Blüte gerade erst beginnt, blau zu werden.

Lampionpflanze

(Physalis franchetii)

Höhe: bis 1 m, Blüte: unscheinbar (Juli – September), Frucht: kirschenähnliche Beere in orangeroten Lampions; sonniger bis halbschattiger Standort; Vermehrung: Aussaat und Teilung. Nachtschattengewächse *(Solanaceae)*

Kugeldistel

Lampionpflanze

Aus Japan kommt die besonders bei Kindern beliebte Lampionpflanze, die nicht nur eine auffällige Schnittstaude für sehr haltbare Trockensträuße, sondern auch ein prächtiger Flächendecker ist.

Standorttip:

● Die Lampionpflanze wächst am besten in kalkhaltigen Böden, ist aber sonst anspruchslos.

Pflanztip:

● Bei der Pflanzung der Lampionblume sollte man beachten, daß sie ohne weiteres Nachbarstauden überwuchern kann (notfalls in Pflanzkorb pflanzen!).

Lavandula angustifolia

Lilienschweif

Lavendel

(Lavandula angustifolia)

Beetstaude und Flächendecker, immergrüner Halbstrauch, bis 40 cm; Blüte: lavendelblau (Juni – August), Duft; sonniger Standort, anspruchslos; Vermehrung: Aussaat und Stecklinge. Lippenblütler *(Labiatae)*

Der Lavendel ist ein herrlich duftender Bodendecker und zugleich eine der schönsten Partnerstauden zu Rosen.

Pflegetip:

● Den kleinen Halbstrauch sollte man jährlich im Winter oder im zeitigen Frühjahr kräftig zurückschneiden, damit er schön buschig wächst.

Leberblümchen

(Hepatica nobilis)

Unterwuchsstaude, Beetstaude, in geschützten Lagen wintergrün, bis 15 cm; Blüte: blau (März – April); halbschattiger bis schattiger Standort; Vermehrung: Aussaat. Hahnenfußgewächse *(Ranunculaceae)*

Zu den ersten Frühlingsboten im Garten gehört das niedliche, aber seltene Leberblümchen.

Standorttip:

● Das Leberblümchen möchte ein ungestörtes Plätzchen, am besten unter Gehölzen, auf nicht zu trockenem, kalk- und humushaltigem Boden.

Lilienschweif, Steppenkerze, Kleopatranadel

(Eremurus robustus)

Höhe: bis 2,50 m bei günstigen Bedingungen, Blüte: rosa-weiß, Trauben bis zu 1 m Länge (Mai – Juli), Bienenweide; sonniger Standort, verlangt Winterschutz; Vermehrung: Aussaat. Liliengewächse *(Liliaceae)*

Der Lilienschweif ist eine ausgesprochene Solitärstaude. Seit Ende des letzten Jahrhunderts ist er immer beliebter geworden.

Standorttip:

- Der Lilienschweif gedeiht auf nahrhaften, lockeren, durchlässigen Böden am besten. Gegen Staunässe ist er außerordentlich empfindlich (Frostgefahr in feuchten Böden).

Pflanztip:

- Der sternartige Wurzelstock muß vorsichtig gepflanzt werden, damit keine Wurzeln verletzt werden. Er kommt 15 cm tief in die Erde.
- Als Nässeschutz kann man eine Sandschicht in das Pflanzloch einbringen.

Lupine, Wolfsbohne

(Lupinus polyphyllos)

Höhe: bis 1,20 m, Blüte: rot, blau, gelb, rosa, lila, weiß, zweifarbig (Juli – Oktober), Samen giftig; sonniger bis halbschattiger Standort, anspruchlos; Vermehrung: Aussaat. Schmetterlingsblütler *(Leguminosae)*

Die in farbenprächtigen Züchtungen angebotene Lupine ist eine schöne Schnittstaude, die man auch großflächig auf Böschungen oder vor Gehölzgruppen aussäen und pflanzen kann.

Standorttip:

- Als Stickstoffsammler verträgt sich die Lupine ausgezeichnet mit allen Nachbarn.

Pflegetip:

- Lupinen sollte man regelmäßig für die Vase schneiden. Das verlängert die Blütezeit bis in den Herbst hinein.

Der grüne Kniff:

- Ein Verpflanzen älterer Stauden ist aufgrund der tiefgehenden Pfahlwurzel kaum möglich. Man sät sie lieber neu aus.

Mädchenauge, Schöngesicht

(Coreopsis grandiflora)

Höhe: bis 90 cm, Blüte: gelb (Juni bis September); sonniger Standort, anspruchslos; Vermehrung: Aussaat und Teilung. Korbblütler *(Compositae)*

Die zahlreichen Sorten des Mädchenauges sind reichblühende Schnittstauden, die 14 Tage in der Vase frisch bleiben. Die Kleinsten darunter (»Goldfink«, »Rotkehlchen«) werden etwa 30 cm hoch und eignen sich besonders als dankbar blühende Beeteinfassung.

Lupine

Malve *(Lavatera, Malva)*

Wildstaude, meist kurzlebig, 80 bis 120 cm (Buschmalve); Blüte: rosa, teils Duft (Juli – September); sonniger bis halbschattiger Standort, anspruchslos; Vermehrung: Aussaat. Malvengewächse *(Malvaceae)*

Malven sind uralte Gartenpflanzen. Die anspruchslosen, buschigen Dauerblüher mit ihren zarten Blüten bereichern jedes Staudenbeet. Die Buschmalve (L. thuringiaca) gibt am Zaun einen guten Sichtschutz ab. Die Rosenpappel (M. alcea) und die duftende Moschusmalve (M. moschata) passen besonders gut an den Gehölzrand.

Türkenmohn

Chrysanthemum

Islandmohn

Bunte Margerite

Margerite
(Chrysanthemum)

Verschiedene Arten und Sorten für Frühling (Ch. leucanthemum; Ch. coccineum = Pyrethrum roseum), Sommer (Ch. maximum) und Herbst (Ch. arcticum), bis 80 cm; Blüten: weiß, aber auch rosa und rot (Bunte Margerite), einfache, halbgefüllte und gefüllte Sorten (Sommermargerite); sonniger Standort; Vermehrung: Aussaat und Teilung. Korbblütler *(Compositae)*

Pflegetip:
- Reichlicher Schnitt verlängert die Blütezeit aller Margeritenarten.

Der grüne Kniff:
- Nach zwei bis drei Jahren kann man die Stauden teilen. Die gefüllten Sorten der Bunten Margerite vermehrt man ausschließlich durch Teilung, da eine Aussaat sehr oft einen Anteil einfacher Blüten ergibt.

Mohn *(Papaver)*

Höhe: 40 – 80 cm, Blüte: weiß, lachsfarben, gelb und andere Pastelltöne (Islandmohn), rot, verschiedene Orangetöne (Mai – September), Bienenweide (Türkenmohn); sonniger Standort; Vermehrung: Aussaat. Mohngewächse *(Papaveraceae)*

Der Türkenmohn (P. orientale) mit seinen großen Blüten ist eine auffällige Liebhaberstaude. Der niedrigere und zartere Islandmohn (P. nudicaule) paßt gut auf alle sonnigen Beete und Böschungen.

Standorttip:
- Die Mohnarten lieben trockene und durchlässige, kalkhaltige Böden in voller Sonne.

Pflegetip:
- Gleich nach der Blüte sollte man die Stengel der Pflanze zurückschneiden. Das erhält ihre Lebenskraft.

Der grüne Kniff:
- Mohnblüten für Sträuße schneidet man am besten schon als Knospen. Sie verblühen leider schnell.

Palmlilie *(Yucca filamentosa)*

Solitärstaude, bis 1,50 m, Blüte: cremeweiße Glocken (Juli – August); sonniger Standort, Winterschutz erforderlich; Vermehrung: Aussaat. Liliengewächse *(Liliaceae)*

Die Palmlilie ist eine herrliche Solitärstaude für geschützte Plätze auf lockerem, warmem Boden.

Pflegetip:

- Blühfaule Pflanzen sind meistens überdüngt worden.

Pfingstrose *(Paeonia)*

Sehr langlebig, 60 cm – 1 m, Blüte: weiß, Rosa- und Rottöne, einfach oder gefüllt (April – Juni), Bienenweide (Bauernpfingstrose); sonniger bis halbschattiger Standort; Vermehrung: Teilung. Hahnenfußgewächse *(Ranunculaceae)*

Schon seit dem 16. Jahrhundert gehört die Bauernpfingstrose (P. officinalis) zu den beliebtesten und schönsten Gartenstauden. Sie und die Chinesische Pfingstrose (P. lactiflora = chinensis) blühen zu einer Zeit, in der der Frühlingsflor im Garten bereits vorüber ist, die Sommerblumen aber noch nicht blühen. Zudem kann man sich jahrzehntelang an den immer schöner werdenden Stauden freuen.

Paeonia lactiflora

Standorttip:

- Die Pfingstrose möchte jahrelang ganz ungestört am selben Platz – auf möglichst tiefgründigem und lockerem Boden – stehen.

Pflanztip:

- Die Wurzeln dürfen nicht zu tief in die Erde gesetzt werden: Die Triebknospen sollten mit der Erdoberfläche abschließen. Eine zu tiefe Pflanzung verhindert die Blütenbildung.

Der grüne Kniff:

- Erst 3 Jahre nach der Pflanzung entfaltet die Pfingstrose ihre volle Schönheit.
- Schnittblumen sollte man unbedingt knospig schneiden.
- Pfingstrosen sind ganz winterhart. Unter einem völlig unnötigen Winterschutz entstehen meistens Pilzerkrankungen.

Phlox, Flammenblume

(Phlox paniculata)

Sehr langlebig, 80 – 100 cm, Blüte: weiß, rosa, rot, lila, zweifarbig, Duft (Juni – September); sonniger Standort; Vermehrung: Aussaat, Teilung und Stecklinge, Frostkeimer. Sperrkrautgewächse *(Polemoniaceae)*

Zu den prächtigsten Gartenstauden gehört der hohe Staudenphlox mit seinen leuchtenden Blütendolden. Er ist eine wertvolle, jedoch nicht sehr lange haltbare Schnittblume.

Standorttip:

- Der Phlox liebt nährstoff- und humusreiche, frische Böden.

Palmlilie

Pfingstrose

Phlox

Präriemalve

Der grüne Kniff:

- Läßt die Wuchskraft der langlebigen Staude nach einigen Jahren etwas nach, so sollte man die Wurzelstöcke teilen. Hierbei muß man sorgfältig darauf achten, daß jeder Teil 3 – 4 Triebe behält.

Der Pflanzendoktor:

- Der Phlox wird recht leicht ein Opfer von Älchen. Man erkennt diese an weichen, knickenden Stellen, Kümmerwuchs und verkrüppelten Blättern.
- Befallene Triebe muß man sofort bis an den Wurzelstock hinunter ausschneiden.
- Eine Bodenabdeckung mit Torfmull wirkt dem Älchenbefall entgegen.
- Durch Düngung im Frühling mit Kompost und durch gründliches Wässern an allen trockenen Tagen kann man recht gut gegen die Schädlinge vorbeugen. Man sollte auch nur gesunde, bewährte Sorten auswählen. Sie sind gegen viele Schädlinge weniger anfällig.
- Phlox wird leicht von Mehltau befallen. Hier hilft es vor allem, gesunde Sorten auszusuchen.

Prachtscharte

(Liatris spicata)

Prachtscharte

Höhe: 60 cm – 1,20 m, Blüte: purpur-violett (Juli – September), Bienenweide; sonniger Standort; Vermehrung: Aussaat und Teilung. Korbblütler *(Compositae)*

Die Prachtscharte überrascht durch ihre prächtigen Blütenstände, die – anders als bei fast allen übrigen Pflanzen – von oben nach unten erblühen. Als Vasenschmuck sind sie lange haltbar.

Präriemalve

(Sidalcea hybrida)

Kurzlebig (2 – 3 Jahre), bis 80 cm, Blüte: rosa (Juli – August); sonniger Standort; Vermehrung: Aussaat und Teilung. Malvengewächse *(Malvaceae)*

Die Präriemalve ist eine duftige und reichblühende Schnittstaude für bunte Beete und Rabatten.

Standorttip:

- Die Präriemalve liebt sandige, durchlässige, aber nicht zu trockene, kalkarme Böden.
- Sie ist hingegen sehr empfindlich gegen stauende Nässe.

Pflegetip:

- Ein Rückschnitt sofort nach der Blüte hilft, die Lebensdauer der kurzlebigen Staude zu verlängern.

Primel, Aurikel

(Primula)

Beet- und Schnittstauden, auch für Steingarten geeignet; verschiedene Arten (Gartenaurikel, Gartenprimel, Etagenprimel, Teppichprimel), je nach Sorte 5 – 60 cm; Blüte (je nach Sorte): fast alle Farben, teilweise Duft (März – Mai, manche Sorten auch bis August); sonniger bis halbschattiger Standort; Vermehrung: Aussaat und Teilung. Primelgewächse *(Primulaceae)*

Standorttip:

- Bis auf die Sumpf- oder Riesenprimel sind alle Arten auch für den Steingarten geeignet.
- Die Teppichprimel ist eine der schönsten Polsterprimeln für Steingärten und Einfassungen.

- Für feuchte Plätze, z.B. am Gartenteich, eignen sich die Rosen- und die Sumpfprimel.
- Die Etagenprimel liebt saure Böden.

Rittersporn *(Delphinium)*

Beet-, Schnitt- und Solitärstaude, bis 2 m, Blüte: blau, violett, rosa, weiß je nach Sorte, zweifarbig (Juni bis August, oft Nachblüte im Herbst); sonniger (bis halbschattiger) Standort; Vermehrung: Aussaat und Teilung. Hahnenfußgewächse *(Ranunculaceae)*

Die Rittersporne zählen zu den größten, prächtigsten und zugleich traditionellsten Gartenstauden. Die altbewährten Sorten der Art D. belladonna bleiben etwas kleiner als die prächtigen D. cultorum-Formen.

Standorttip:

- Rittersporne lieben gute Gartenböden. Sie können 5 – 8 Jahre am gleichen Platz bleiben.
- Der große Platzbedarf sollte bei der Anlage einer Staudenrabatte berücksichtigt werden.

Pflegetip:

- Eine Düngung zu Beginn der Wachstumszeit kann viel zur Blütenpracht der Rittersporne beitragen.
- Ein Rückschnitt sofort nach der Blüte, in Verbindung mit einer Düngung, fördert die herbstliche Nachblüte.
- Rittersporne werden leicht vom Wind umgeknickt. Man sollte mit Stützstäben für Halt sorgen oder die prächtigen Stauden vor Zäune oder Mauern pflanzen.

Salbei *(Salvia nemorosa)*

Beetstaude und Flächendecker, bis 40 cm, Blüte: violettblau, in Ähren (Juli – Oktober), Bienenweide; sonniger Standort, anspruchslos; Vermehrung: Aussaat und Teilung. Lippenblütler *(Labiatae)*

Der Staudensalbei ist eine robuste Beetstaude, die zu vielen höheren Partnern die ideale Ergänzung darstellt. Auch in Heidegärten zusammen mit anderen graulaubigen Sonnenstauden darf er nicht fehlen.

Aurikel

Salvia

Gartenprimel

Schafgarbe, Bertramsgarbe *(Achillea)*

Beet- und Schnittstaude (Trockensträuße), 20 cm – 1 m, je nach Art, Blüte: weiß, gelb, rot (Juli – August); sonniger Standort, anspruchslos; Vermehrung: Aussaat und Teilung. Korbblütler *(Compositae)*

Schafgarbe

Die Gartenschafgarben sind »edlere« Verwandte der gewöhnlichen Schafgarbe, die an Wegrändern oder Straßengräben wächst. Die gelbblühende A. filipendulina erreicht Höhen von über 1 m. Besonders auffällig ist die rote Schafgarbe (A. millefolium – Hybriden). Die kleinste Art A. tomentosa bildet Polster und eignet sich gut als Flächendecker. Die A. ptarmica bildet kleine, weiße, kugelige Blüten.

Schleierkraut

(Gypsophila)

Beet- und Schnittstaude, auch kriechende Art, bis 1 m, 10 – 30 cm (Zwergart); Blüte: weiß, rosa (Mai bis August); sonniger Standort; Vermehrung: Aussaat und Teilung. Nelkengewächse *(Caryophyllaceae)*

Schleierkraut

Jeder kennt das Schleierkraut, das Blumensträuße so duftig und zart macht. Neben den hohen Schnittstauden (G. paniculata) gibt es auch eine kriechende Art (G. repens), die als Einfassungspflanze für den Steingarten oder im Rosenbeet sehr hübsch aussieht.

Standorttip:

- Das Schleierkraut ist eine Steppenpflanze, die am besten auf warmen und trockenen, sandigen Böden gedeiht. Der Boden muß tiefgründig bearbeitet sein.

Der grüne Kniff:

- Sowohl das frische als auch das trockene Schleierkraut kann gut in Sträußen verwendet werden. Man schneidet es während der Blüte, trocknet es an einem luftigen und schattigen Platz und verwendet es dann nach Bedarf.

Schneeheide, Heide

(Erica carnea)

Zwergstrauch, bis 20 cm, Blüte: weiß, rosa, karminrot (Januar bis April), Bienenweide; sonniger bis halbschattiger Standort, anspruchslos; Vermehrung: Stecklinge. Heidekrautgewächse *(Ericaceae)*

Schneeheide

Die Schneeheide kommt aus warmen Kiefernwäldern in den Alpen. Sie ist daher ein besonders guter Partner zu Koniferen und ein teppichbildender Flächendecker, der schon ganz zeitig im Jahr Freude bereitet. Die ersten Blüten bilden sich oft schon unter der Schneedecke.

Standorttip:

- Die Schneeheide ist anspruchsloser als die übrigen Heidekrautgewächse, die nur auf sauren Standorten gedeihen, und wächst in allen – auch kalkhaltigen – Gartenböden.

Pflegetip:

- Im Frühjahr nach der Blüte wird die Erika zurückgeschnitten.

Schwertlilie *(Iris)*

Schnitt-, Beet- und Uferstaude, Wildstaude, bis 80 cm; Blüte: violett und viele andere Farben, je nach Züchtung (Mai – Juni); sonniger Standort; Vermehrung: Teilung. Irisgewächse *(Iridaceae)*

Die Deutsche Schwertlilie (I. germanica) ist schon seit Jahrhunderten in den Bauerngärten zuhause. Heute gibt es zahlreiche, farbenprächtige Züchtungen. Die Sibirische Iris (I. si-

Iris

birica) und die kleine I. pumila sind in ihren Ansprüchen ähnlich.

Standorttip:

- Die Iris liebt lockeren, durchlässigen Boden. Sie verträgt auch zeitweise Trockenheit, zieht aber gleichmäßige Feuchtigkeit vor. Andererseits ist sie sehr empfindlich gegen Staunässe.

Pflegetip:

- Je ungestörter man die Iris wachsen läßt, desto prächtiger entwickelt sie sich. Sie sollte also am besten an einem ruhigen Platz im Garten gepflanzt werden, wo sie durch eine Bodenbearbeitung im Herbst oder Frühjahr nicht gestört wird.

Der grüne Kniff:

- Die Iris läßt sich zur Vermehrung sehr gut teilen, am besten nach der Blüte im Juli oder August.

Skabiose, Witwenblume

(Scabiosa caucasia)

Skabiose

Höhe: bis 60 cm, Blüte: weiß, hellblau, lila (Juni – September); sonniger Standort; Vermehrung: Aussaat und Teilung. Kardengewächse *(Dipsacaceae)*

Die unempfindliche Skabiose bereichert jede Staudenrabatte mit ihren schönen Farbtönen und liefert haltbare Schnittblumen.

Standorttip:

- Die Skabiose gedeiht am besten auf kalkhaltigen Gartenböden. Gegen Nässe ist sie allerdings empfindlich.

Pflegetip:

- Entfernt man regelmäßig die verblühten Blumen, so wird dadurch ein ständig neuer Knospenaustrieb angeregt und die Blütezeit erheblich verlängert.

Sibirische Iris

Scabiosa caucasica

Heliopsis scabra

Sonnenauge

Sonnenauge
(Heliopsis scabra)

Höhe: bis 1,20 m, Blüte: gelb (Juli bis September); sonniger Standort, anspruchslos; Vermehrung: Teilung. Korbblütler *(Compositae)*

Das Sonnenauge ist als Massen- und Herbstblüher eine wichtige und dankbare Rabattenstaude. Zudem hat es eine hohe Standfestigkeit gegenüber Wind und Wetter und liefert sehr haltbare Vasenblumen.

Sonnenblume, Staudensonnenblume
(Helianthus)

Höhe: 1,20 – 1,80 m, Blüte: goldgelb (Juli/August – September), Bienenweide; sonniger Standort, anspruchslos; Vermehrung: Aussaat und Teilung. Korbblütler *(Compositae)*

Die Staudensonnenblumen (H. atrorubens, decapetalus, multiflorus) sind ähnlich populär wie ihre einjährigen Verwandten. Die dankbaren Massenblüher eignen sich als große Hintergrundpflanzung in der Schnittblumenrabatte und als Sichtschutz am Zaun. Die größte Staudensonnenblume ist die H. salicifolius, die eine Höhe von bis zu 2,50 m erreicht.

Sonnenbraut
(Helenium x hybridum)

Höhe: 1 m – 1,20 m, Blüte: gelb, rot, samtbraun, bronzefarben (Juli bis September); sonniger Standort, anspruchslos; Vermehrung: Aussaat und Teilung. Korbblütler *(Compositae)*

Als Hoch- und Spätsommerblüher im Staudenbeet liefert die Sonnenbraut unermüdlich ihre in warmen Farben leuchtenden, haltbaren Blüten für bunte Sträuße.

Helenium

Sonnenhut *(Rudbeckia)*

Höhe: 70 cm – 2 m und mehr, Blüte: goldgelb, kräftig rosarot mit dunkler Mitte (Juli – September/Oktober), Bienenweide; sonniger Standort, anspruchslos; Vermehrung: Aussaat und Teilung. Korbblütler *(Compositae)*

Der goldgelbe Sonnenhut (R. speciosa) und der auffällig gefärbte rote Sonnenhut (R. purpurea) liefern außerordentlich haltbare Schnittblumen und gehören zu den dankbarsten und standfestesten Massenblühern im Staudenbeet. Mit ihren gelben Blütenballen ist die R. laciniata aus jedem alten Bauerngarten bekannt.

Stockrose, Rosenmalve *(Althaea = Alcea rosea)*

Beet- und Solitärstaude, zweijährig, 2 – 3 m, Blüte: rosa, rot, weiß, gelb (Juli – September), Bienenweide; sonniger Standort, frostgefährdet; Vermehrung: Aussaat. Malvengewächse *(Malvaceae)*

Die hohen Stockrosen, die aus dem Orient zu uns kamen, zählen auch heute noch zu den typischsten Bauerngartenpflanzen.

Standorttip:

- Am schönsten gedeihen die prächtigen Stauden an wind- und wettergeschützten, warmen Plätzen auf lockerem, gut gedüngtem Gartenboden.

Pflegetip:

- Im Sommer braucht die Stockrose ziemlich viel Wasser.
- Man sollte die hohen Stauden am Zaun oder an einem Stab festbinden.

Der Pflanzendoktor:

- Malvenrost macht Stockrosen sehr zu schaffen, vor allen Dingen, wenn sie schattig stehen. Pilztötende Mittel helfen nur, wenn sie ganz rechtzeitig eingesetzt werden.

Storchschnabel
(Geranium)

Sonnenhut

Beetstaude und Flächendecker, Wildstaude, 30 – 50 cm, Blüte: rosa, karminrot, violett, teilweise Duft (Mai – August/September, je nach Art); sonniger bis halbschattiger Standort, anspruchslos; Vermehrung: Aussaat und Teilung. Storchschnabelgewächse *(Geraniaceae)*

Die Storchschnäbel sind herrliche Bodendecker und Massenblüher in naturnahen Gartenbereichen oder unter Gehölzen. Unermüdlich den ganzen Sommer blüht der heimische Blutstorchschnabel (G. sanguineum). Zartrosa Blüten kennzeichnen die Arten G. dalmaticum und G. macrorhizum, violette Blüten die Arten G. grandiflorum und G. platypetalum.

Strandflieder, Meerlavendel
(Limonium)

Stützstab für Stockrosen

Beet- und Schnittstaude (Trockensträuße), Flächendecker, 30 bis 60 cm, Blüte: weiß (L. tataricum), lila (L. latifolium) (Juli bis September), Bienenweide; sonniger Standort, anspruchslos; Vermehrung: Aussaat und Teilung. Bleiwurzgewächse *(Plumbaginaceae)*

Der ausdauernde Strandflieder liefert zarte Blütenrispen für Trockensträuße und Gebinde. Man trocknet sie an einem schattigen und luftigen Platz. Im Beet paßt er besonders gut zu Gräsern, aber ebenso zu Rosen.

Taglilie

(Hemerocallis – Hybriden)

Taglilie

> Höhe: bis 1 m, Blüte: gelb, lachsrosa, rot, braunrot (Mai/Juni – Juli); sonniger Standort; Vermehrung: Aussaat und Teilung. Liliengewächse *(Liliaceae)*

Die Taglilien sind sehr edle Stauden für feuchte Plätze im Garten. Die Einzelblüte blüht jeweils nur einen Tag.

Der grüne Kniff:

- Die Taglilie möchte einige Jahre völlig ungestört wachsen. Nach etwa 5 Jahren kann man die Büsche teilen.

Hemerocallis

Tränendes Herz

Dicentra spectabilis

Tränendes Herz

(Dicentra spectabilis)

> Beet- und Solitärstaude, Schnittstaude, sehr langlebig, bis 1 m, Blüte: rotweiß, herzförmig (April – Juni); halbschattiger Standort; Vermehrung: Teilung und Stecklinge. Mohngewächse *(Papaveraceae)*

Die wirklich niedlichen Blüten des aus Japan kommenden Tränenden Herzens haben im Volksmund zu allerlei phantasievollen Namen geführt, wie »Flammendes« oder »Fliegendes Herz«, »Frauen- oder Marienherz«.

Standorttip:

- Das Tränende Herz liebt nährstoff- und humusreiche Böden (evtl. Düngung im zeitigen Frühjahr).

Pflegetip:

- Die Frühlingsstaude zieht nach der Blüte ein. Das vergilbte Laub schneidet man ab. Damit keine Kahlstellen im Staudenbeet entstehen, sollte das Tränende Herz zwischen laubreichen Stauden stehen.

Gebirgs- und Polsterstauden im Steingarten

Neben den Sumpf- und Wasserpflanzen gehört die Pflanzenwelt des Gebirges sicherlich zu den Pflanzengemeinschaften, die wir uns besonders gern in den Garten holen. Der Steingarten mit seinen speziellen Standortverhältnissen ist der Lebensraum dieser Pflanzen. Einige von ihnen kommen sogar mit dem Erdreich in den Fugen einer Trockenmauer aus.
So vielfältig die Staudenwelt des Steingartens und der Trockenmauer ist, die meisten Arten sind einander in ihren Ansprüchen sehr ähnlich.

Standorttip:

- Alle Steingartenstauden lieben die Nähe zum Stein. Freilich machen Felsen oder Steine allein noch keinen Steingarten, auch der Boden muß stimmen: Er sollte warm und vor allem durchlässig sein. Gegen stauende Nässe sind die Steingartenpflanzen außerordentlich empfindlich.
- Die meisten Steingartenstauden lieben volle Sonne und vertragen Trockenheit gut. Einige aber eignen sich ebensogut für halbschattige oder schattige Stellen, z.B. im Schatten der Steine, unter Gehölzen im Steingarten. Diese Steingartenstauden brauchen meist auch etwas mehr Feuchtigkeit.
- Der Boden im Steingarten darf nährstoffarm sein. Die meisten Polsterpflanzen gedeihen gut auf mageren Plätzen. Eine ganze Reihe allerdings liebt kalkhaltige Böden.

Pflegetip:

- Steingartenstauden brauchen kaum Pflege: Gießen und Düngen ist so gut wie nicht notwendig. Ein Rückschnitt kommt nur bei manchen Arten in Betracht, so bei Zwergsträuchern oder bei besonders reichblühenden Sorten (Teppichphlox).

Semperviven

Der grüne Kniff:

- Die meisten Polsterstauden lassen sich gut teilen. Viele Sorten lassen sich auch gut aus Samen vermehren.

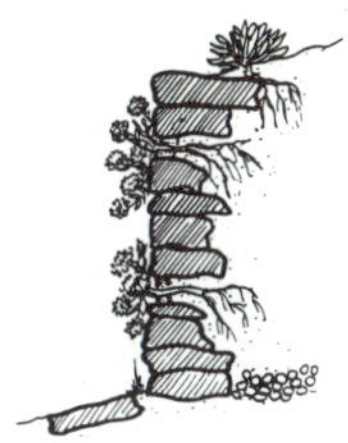

Trockenmauer

Der Pflanzendoktor:

- Steingartenstauden sind, wenn sie nicht zu naß stehen, sehr robust und gesund. Zu ihren größten Feinden gehören aber Schnecken und manchmal auch Mäuse und Kaninchen.

Steingartenstauden von A – Z

Edelweiß

Enzian

Fingerkraut

Im folgenden werden die schönsten Steingartenstauden beschrieben, und zwar nach Höhe, Blütenfarbe, Blütezeit und ihren besonderen Ansprüchen.

Adonisröschen *(Adonis vernalis)* Hahnenfußgewächse *(Ranunculaceae)*
Bis 20 cm, Blüte: gelb (April – Mai), als Wildstaude geschützt, giftig, kalkliebend.

Adonis vernalis

Alpenglöckchen *(Soldanella)* Primelgewächse *(Primulaceae)*
Bis 15 cm, Blüte: violettblau (März bis April), Wildstaude, S. alpina kalkliebend, S. montana für saure Böden geeignet, absonniger bis halbschattiger Standort.

Bergenie *(Bergenia cordifolia)* Steinbrechgewächse *(Saxifragaceae)*
35 – 40 cm, Blüte: weiß-rosa, rosa, karminrot (April – Mai), oft Nachblüte, halbschattiger Standort, wuchtiger Flächendecker, im zeitigen Frühjahr verwelkte Blätter beseitigen.

Bitterwurz *(Lewisia cotyledon)* Portulakgewächse *(Portulacaceae)*
Bis 20 cm, Blüte: weiß-rosa gestreift (Mai – Juli), keine volle Sonne, frostgefährdet, kalkfreier Boden.

Blaukissen *(Aubrieta x cultorum)* Kreuzblütler *(Cruciferae)*
Bis 15 cm, immergrün, Blüte: blau, violett (März – Mai), kalkliebend, Umpflanzen nach 5 Jahren fördert erneut Blühfreude.

Edelweiß *(Leontopodium alpinum)* Korbblütler *(Compositae)*
Bis 15 cm, Blüte: weiß (Juni – September) als Wildstaude geschützt, kalkhaltiger, magerer (ungedüngter) Boden, volle Sonne.

Enzian *(Gentiana)* Enziangewächse *(Gentianaceae)*
10 – 30 cm, Blüte: blau (Mai – Juni), Alpenenzian = G. alpina (Juli – September), Sommerenzian = G. septemfida lagodechiana, kalk- und lehmhaltiger, frischer, feuchter Boden.

Fingerkraut *(Potentilla)* Rosengewächse *(Rosaceae)*

Gentiana septemfida

Gänsekresse

Grasnelke

Hauswurz

15 cm, Blüte: gelb (Goldfingerkraut = P. aurea), bis 40 cm, Blüte: rot (P. nepalensis): Juni – August.

Gänsekresse *(Arabis caucasica)*
Kreuzblütler *(Cruciferae)*
Bis 20 cm, Blüte: weiß, Duft (März bis Mai), Bienenweide, auch als Einfassungspflanze für Beete geeignet.

Grasnelke *(Armeria maritima)* Bleiwurzgewächse *(Plumbaginaceae)*
Bis 20 cm, Blüte: weiß, rosa, rot (Mai bis Juli), sandiger Boden, ungestörter Platz, sehr anspruchslos.

Hauswurz *(Sempervivum-Arten)*
Dickblattgewächse *(Crassulaceae)*
Bis 10 cm, Blüte: hell- bis dunkelrosa

Hornkraut

Nachtkerze

Federnelke

Purpurglöckchen

(Juni bis Juli), viele Arten und Zuchtformen, rotlaubig, grau überlaufen, gedeiht auf Mauern, Felsen, Dächern, in Fugen und Gefäßen, Hunger- und Durstkünstler.

Hornkraut *(Cerastium tomentosum)* Nelkengewächse *(Caryophyllaceae)*
Bis 20 cm, Blüte: weiß (Mai – Juni), guter Flächendecker, sehr anspruchslos.

Hungerblümchen *(Draba aizoides)* Kreuzblütler *(Cruciferae)*
Bis 8 cm, Blüte: gelb (März – April), auch gut für Mauer- und Treppenfugen geeignet, sehr anspruchslos.

Küchenschelle *(Pulsatilla vulgaris = Anemone pulsatilla)* Hahnenfußgewächse *(Ranunculaceae)*
25 cm, Blüte: lila (April – Mai), geschützte Wildstaude, auch halbschattiger Standort möglich, geschützter Platz auf kalkhaltigem Boden.

Leimkraut *(Silene maritima »Weißkehlchen«)* Nelkengewächse *(Caryophyllaceae)*
Bis 20 cm, Blüte: weiß (Juni – Juli), auch für Halbschatten, guter Bodendecker auch außerhalb des Steingartens, z.B. zusammen mit Storchschnabel.

Lein, Flachs *(Linum)* Leingewächse *(Linaceae)*
20 – 50 cm, Blüte: blau, gelb (Juni bis August), Wildstaude; Blauer Lein (L. perenne) kleinere Art; Gelber Lein (L. flavum), auch außerhalb des Steingartens schön, kalkliebend.

Mauerpfeffer, Fetthenne *(Sedum-Arten)* Dickblattgewächse *(Crassulaceae)*
10 – 15 cm, auch höhere Sorten, Blüte: weiß, gelb, rosa, rostrot (Juli – August), mehrere verschiedene Arten, gut als Rasenersatz zu verwenden (Goldmoossedum = S. sexangulare, gelbe Fetthenne = S. floriferum u.a.), sehr anspruchslos.

Nachtkerze *(Oenothera missouriensis)* Nachtkerzengewächse *(Oenotheraceae)*
Bis 30 cm, Blüte: gelb (Juni – September), sonniger Standort, sehr anspruchslos.

Polsterglockenblume *(Campanula)* Glockenblumengewächse *(Campanulaceae)*
15 – 30 cm, je nach Art, Blüte: weiß, blau (Juni – August), wichtige Arten: Karpatenglockenblume (C. carpatica): kalkliebend, sehr schneckengefährdet; Zwergglockenblume (C. portenschlagiana): anspruchslos; Hängeglockenblume (C. poscharskyana): rankend, keine volle Sonne.

Polsternelke *(Dianthus)* Nelkengewächse *(Caryophyllaceae)*
15 – 35 cm, Blüte: karminrot (Juni bis August), wichtige Arten: Heidenelke (D. deltoides); Federnelke (D. plumaris): Schnittblume; alle Nelken sehr gefährdet durch Mäuse und Kaninchen.

Purpurglöckchen *(Heuchera)* Steinbrechgewächse *(Saxifragaceae)*
Bis 60 cm je nach Art, weiß, rosa, rot (Juni – Juli), viele verschiedene Arten und Sorten, Blätter zum Teil braun marmoriert oder schön dunkel gefleckt, auch zur Einfassung und zum Schnitt geeignet, gedeiht auf frischen, humusreichen Böden gut.

Sandglöckchen, Blauköpfchen *(Jasione perennis)* Glockenblumengewächse *(Campanulaceae)*
Bis 30 cm, Blüte: blau (Juli – August),

Wildstaude, auch für halbschattige Plätze geeignet, paßt auch besonders gut in Heidegärten, kalkmeidend.

Schleifenblume, Schneekissen *(Iberis sempervirens)*
Bis 30 cm, immergrüner Zwergstrauch, Blüte: weiß (Mai – Juni), gute Einfassungspflanze, sehr anspruchslos.

Seifenkraut *(Saponaria ocymoides)* Nelkengewächse *(Caryophyllaceae)*
Bis 25 cm, Blüte: rosa (Juni – Juli), schöne Einfassungspflanze, kalkliebend, Name durch frühere Verwendung des Wurzelsuds als Waschlauge (vor allem bei S. officinalis).

Silberdistel *(Carlina acaulis caulescens)* Korbblütler *(Compositae)*
Bis 30 cm, Blüte: silbrigweiß (Juli bis August), auch für Heidegärten, Kiesbeete, Schnittblume (Trockensträuße), nicht verpflanzen, anspruchslos.

Silberwurz *(Dryas x suendermannii)* Rosengewächse *(Rosaceae)*
Bis 15 cm, immergrüner Zwergstrauch, Blüte: weiß (Mai – Juni), Fruchtschmuck, guter Bodendecker.

Sonnenröschen *(Helianthemum x Hybridum)* Cistrosengewächse *(Cistaceae)*
Bis 25 cm, halbimmergrün, strauchartig, Blüte: rosa, gelb, rotorange, dunkelrot u.a. einfach oder gefüllt (Juni bis August), Flächendecker auch für Beete, Rückschnitt möglich, anspruchslos.

Steinbrech *(Saxifraga)* Steinbrechgewächse *(Saxifragaceae)*
Bis 20 cm (Blütenstengel auch länger), Blüte: weiß, rosa, gelb (Mai – Juni), wichtige Arten: Moossteinbrech (S. arendsii): bekannteste Art; Rosettensteinbrech (S. aizoon, cotyledon u.a.): Liebhaberstaude für Alpinumfreund; Polstersteinbrech (S. apiculata), Schattensteinbrech, Porzellanblümchen (S. umbrosa): für feuchtere und schattige Plätze, alle Arten anspruchslos.

Thymian *(Thymus-Arten)* Lippenblütler *(Labiatae)*
Bis 10 cm, immergrün, Blüte: weiß, karminrot (Mai – Juni, Juni – Juli, je nach Art), Bienenweide, guter Bodendecker auch für Beete, schöner Partner zu Blütenstauden oder Rosen, anspruchslos.

Teppichphlox *(Phlox subulata)* Sperrkrautgewächse *(Polemoniaceae)*
Bis 15 cm, Blüte: weiß, hellblau, rosa, karminrot (Mai – Juni), stark wuchernd, auch gut als Einfassung oder Rasenersatz, leichter Winterschutz ratsam.

Teufelskralle *(Phyteuma scheuchzeri)* Glockenblumengewächse *(Campanulaceae)*
Bis 30 cm, Blüte: violett (Mai – Juli), Wildstaude, Liebhaberstaude.

Wolfsmilch *(Euphorbia)* Wolfsmilchgewächse *(Euphorbiaceae)*
Bis 35 cm, Blüte: gelb (April/Mai bis Juni), Goldwolfsmilch (E. polychroma): kugelige Büsche; Warzenwolfsmilch (E. myrsinites): kriecht mit niederliegenden Stengeln, kalkliebend, äußerst trockenheitsverträglich.

Veilchen *(Viola)* Veilchengewächse *(Violaceae)*
Bis 15 cm, Blüte: blau, auch weiße, gelbe, rosa, purpurviolette Sorten, Duft (März – April), anspruchslos, als Flächendecker geeignet.

Mauerpfeffer

Seifenkraut

Wolfsmilch

Hornveilchen

Die bodendeckenden Kriechstauden

Oftmals sucht man eine passende Staude für eine kleine Restfläche im Garten außerhalb der Beete oder des Steingartens, die möglichst rasch die Fläche bedeckt und wenig Pflege braucht, einen »Rasenersatz«. Für sonnige Bereiche eignen sich viele der Steingartenstauden. Für schattige Flächen dagegen, z.B. für den Vorgarten auf der Nordseite des Hauses oder für Plätze unter Bäumen und Sträuchern, ist es schwerer, geeignete Bodendecker zu finden. Deshalb wurden im folgenden einige wichtige halbschatten- oder schattenverträgliche Bodendeckerstauden zusammengestellt.

Dickanthere, Ysander *(Pachysandra terminalis)* Buchsbaumgewächse *(Buxaceae)*
Bis 30 cm, wintergrün, Blüte: weiß (April – Mai), raschwachsend, Rhizome flach und waagrecht setzen.

Elfenblume *(Epimedium)* Sauerdorngewächse *(Berberidaceae)*
Bis 30 cm, teils wintergrün, Blüte: weiß, rosa, gelb, rot, bräunlich, je nach Art (Mai), viele Arten und Sorten, gute Unterpflanzung zu Gehölzen.

Gedenkemein

Gedenkemein, Waldvergißmeinnicht *(Omphalodes verna)* Borretschgewächse *(Boraginaceae)*
Bis 20 cm, Blüte: himmelblau mit weißem Auge (April – Mai), zu hohen Stauden oder Gehölzen, anspruchslos.

Goldnessel *(Lamium galeobdolon »Florentinum«)* Lippenblütler *(Labiatae)*
Bis 10 cm, kriechend (Ausläufer!), Blätter weißgefleckt, Blüte: gelb (April – Juli), überwuchert kleinere Stauden, sehr robuster Bodendecker, anspruchslos.

Günsel *(Ajuga reptans)* Lippenblütler *(Labiatae)*
Bis 15 cm, Blüte: violettblau (Mai bis Juni), Wildstaude, auch für sonnige Plätze, breitet sich rasch aus, schön zu Gehölzen.

Haselwurz *(Asarum europaeum)* Osterluzeigewächse *(Aristolochiaceae)*
Bis 10 cm, immergrün, Blüte: bräunlich, unscheinbar (März – April), wächst anfangs langsam, gut unter Gehölzen, kalkliebend.

Immergrün *(Vinca minor)* Hundsgiftgewächse *(Apocynaceae)*
Bis 15 cm, Blüte: blau (April – Juni), halbstrauchartig mit langen Ranken, raschwachsend, anspruchslos.

Kaukasusvergißmeinnicht *(Brunnera macrophylla)* Borretschgewächse *(Boraginaceae)*
Bis 50 cm, Blüte: blau (April – Mai), samt sich selbst aus.

Brunnera macrophylla

Knöterich *(Polygonum affine)* Knöterichgewächse *(Polygonaceae)*
Bis 25 cm, Blüte: purpur-rosa-weiß, Ähren (Juli – September), sonniger bis halbschattiger Platz, sehr anspruchslos.

Sternmoos *(Sagina subulata)* Nelkengewächse *(Caryophyllaceae)*
Bis 5 cm, Blüte: weiß und klein (Juni bis Juli), moosartige Polsterpflanze, sehr guter Rasenersatz, auch gern an voller Sonne, gedeiht an sehr schattigen Stellen schlecht, schön zwischen Trittplatten oder Pflastersteinen, anspruchslos.

Trugerdbeere *(Duchesnea indica)* Rosengewächse *(Rosaceae)*
Bis 10 cm, Blüte: gelb (Juni – September), gleichzeitig erdbeerähnliche Früchte, Ausläufer, raschwachsend.

Waldsteinie *(Waldsteinia geoides, ternata)* Rosengewächse *(Rosaceae)*
10 – 25 cm, Blüte: gelb (April – Mai), raschwachsend, guter Partner zu Gehölzen.

Immergrün

Die Farne

Die Farne sind eine Untergruppe der winterharten Stauden. Sie blühen nicht, sondern vermehren sich durch Sporen, die auf der Blattunterseite als kleine, braune Körnchen sitzen. Mit ihren meist zartgefiederten Wedeln sind sie mit die schönsten Partner zu Gehölzen. Im Garten passen Farne besonders gut in naturnah gestaltete, ungestörte Bereiche. Sie eignen sich sehr gut als Flächendecker für schattige Gartenbereiche, für die man sonst recht schwer passende Pflanzen findet. In ihren Ansprüchen sind sich alle Farnarten sehr ähnlich.

Standorttip:

- Farne gedeihen im Halbschatten oder Schatten.
- Der Boden sollte humusreich sein. Viel anfallendes Laub, Nadeln oder Moos schaffen die richtigen Bedingungen.
- Der ideale Platz für Farne findet sich unter Bäumen und Sträuchern. Dort ist es leicht schattig, für ausreichend Humus ist durch ständige Laub- oder Nadelzufuhr gesorgt. Der Boden trocknet nicht so schnell aus, ist frisch und feucht.

Pflegetip

- Farne sollte man möglichst in Ruhe lassen. Die meisten ziehen im Herbst ein. Ein Rückschnitt ist unnötig. Im Frühjahr beseitigt man die verwelkten Farnwedel oder läßt sie als Mulchdecke und natürliche Humuszufuhr liegen.

Der grüne Kniff:

- Zur Vermehrung kann man große Farne teilen. Die richtige Zeit dafür ist von Februar – Mai.

Becher-, Trichter-, Straußfarn
(Matteuccia struthiopteris)
80 cm – 1,20 m, auch winterzierend.

Breitwedeldornfarn
(Dryopteris dilatata)
60 – 80 cm, kalkmeidend, liebt saure Böden, gedeiht gut auf alten Baumstümpfen.

Asplenium trichomanes

Elefantenrüssel *(Dryopteris atrata)*
60 – 80 cm, große Wedel am Ende rüsselartig eingerollt.

Frauenfarn *(Athyrium filix-femina)*
Bis 70 cm, aufrechte, kräftige Wedel, mehrere kleinwüchsige Sorten.

Goldschuppenfarn
(Dryopteris borreri)
60 – 80 cm, schmale Wedel, fast wintergrün.

Hirschzungenfarn
(Phyllitis scolo pendrium)
20 – 40 cm, braucht nährstoff- und kalkreiche Humusböden, glatte, ungeteilte Wedel, mehrere Sorten mit unterschiedlichen Blattformen.

Königsfarn *(Osmunda regalis)*
1 – 1,20 m, naturgeschützt, selten, liebt feuchte Moorböden, prächtige, aber anspruchsvolle Farnart, Zwergform »Gracilis«.

Perlfarn *(Onoclea sensibilis)*
40 – 50 cm, breitet sich flächig aus, verträgt bei ausreichend feuchtem Boden auch Sonne.

Pfauenrad-, Hufeisenfarn
(Adiantum pedatum)
60 cm, auch schöner Vasenschmuck, braucht viel Feuchtigkeit.

Rippenfarn *(Blechnum spicant)*
20 – 40 cm, grazile, interessante Farnart: sterile Wedel wintergrün, Fruchtwedel (mit Sporen) sommergrün, kalkfeindlich, braucht viel Feuchtigkeit, keine Wintersonne.

Schildfarn *(Polystichum-Arten)*
50 – 80 cm, manche Arten wintergrün, viele Arten unterschiedlicher Größe und Blattgestalt, verträgt bei ausreichend Feuchtigkeit auch Sonne.

Blechnum spicant

Streifenfarn
(Asplenium trichomanes)
10 cm, rundliche Blättchen an schwarzen Stielen, wintergrün, für absonnige oder halbschattige Plätze im Steingarten, für Felsspalten.

Tüpfelfarn, Engelsüß
(Polypodium vulgare)
Bis 20 cm, kriechend, wintergrün, für steinige, gut durchlüftete, kalkarme Böden, für absonnige und leicht schattige Plätze im Steingarten gut geeignet.

Wurmfarn *(Dryopteris filix – mas)*
Bis 1 m, heimische Farnart für halbschattige Plätze auf nährstoffreichen, frischen Böden.

Die Gräser

Winterharte Gräser sind eine Untergruppe der Stauden. Für viele unterschiedliche Plätze im Garten sind sie beinahe unverzichtbar. Ähnlich den Farnen finden sie besonders in naturnah gestalteten Gartenbereichen Verwendung, z.B. am Gartenteich, in steppenähnlichen Pflanzungen oder zwischen Wildstauden.
Gräser haben in ihrem Aussehen eine ganze Reihe von Gemeinsamkeiten: die in Horsten stehenden schmalen Blätter und die typischen Blütenähren oder -rispen, die sich gut für Trockensträuße eignen, sind die wichtigsten Merkmale. Sie gehören zur Familie der Süßgräser (Gramineae) oder der Sauergräser (Cyperaceae) oder zu den Binsengewächsen (Juncaceae).
In ihren Standortansprüchen unterscheiden sich die Grasarten. Manche lieben feuchte Böden, andere vertragen größte Trockenheit.

Pflegetip:

- Gräser brauchen kaum Pflege: Hohe Gräser schneidet man im Frühjahr (Februar – März) zurück. Ein Rückschnitt im Herbst erhöht die Gefahr von Frostschäden an den Pflanzen. Winter- oder immergrüne Gräser brauchen keinen Rückschnitt. Man sollte aber im Frühjahr die braunen Halme auszupfen.

Gräserteilung

Bambus *(Pseudosasa japonica)*
2 – 3 m, bei uns keine Blüte, sonniger bis halbschattiger Standort, nicht zu feuchter Boden, Winterschutz.

Blaustrahlhafer
(Avena sempervirens)
50 – 80 cm, immergrüne, bläuliche Blätter, hellgelbe Blütenrispen (Juli bis August), sonniger Standort, durchlässige, kalk- und humusreiche Böden.

Elymus arenarius

Blaustrandhafer, Haargerste
(Elymus arenarius)
Bis 1 m, blaue Blätter, wintergrün, straffe, aufrechte Ähren, sonniger Standort, trockenheitsverträglich und anspruchslos.

Chinaschilf *(Miscanthus)*
1,50 – 3,50 m, viele Arten, weiß-bunte Sorte, silbrigweiße Blütenähren (Riesenchinaschilf = M. japonicus blüht selten), sonniger Standort, trockene bis frische Böden, schön am Gartenteich.

Feder-, Haargras *(Stipa)*
Bis 80 cm, viele Arten (S. gigantea bis 1,80 m), Rispen mit langen Grannen (Mai – Juni); (Mädchenhaargras = S. pennata): (Juli – August), sonniger Standort, durchlässiger Gartenboden, für Heidegärten oder an Gehölzrändern.

Garten-, Schirmbambus, Chinarohr *(Sinarundinaria murielae)*
3 – 4 m, sonniger Standort, durchlässiger Gartenboden, schön am Gartenteich, anspruchslos und winterhart.

Glanzgras *(Phalaris arundinacea)*
Bis 1 m, buntblättrige Sorten, weißliche Blütenähren (Juni – Juli), schilfartig, wuchernd, sonniger Standort, feuchte bis nasse Böden, wichtig für Bepflanzung des Teichrands.

Kopfgras *(Sesleria)*
25 – 30 cm, bläuliche Blütenähren (Mai – Juli), bläulich belaubte Art (S. coerulea), sonniger Standort, normaler, leicht kalkhaltiger Gartenboden, anspruchsloser Bodendecker.

Lampenputzergras
(Pennisetum compressum)
Bis 90 cm, walzenartige Ähren (August – September), sonniger Standort, warmer, nährstoffreicher Boden, staunässeempfindlich.

Moskitogras
(Bouteloua olygostachya)
Bis 30 cm, waagrecht abstehende, flache Ähren (Juli – September), hübsches Schnittgras, sonniger Standort, durchlässiger Gartenboden.

Cortaderia selloana

Pampasgras *(Cortaderia selloana)*
Bis 2 m, seidige, silbrig-weiße Rispen (September – Oktober), schön zum Schnitt, sonniger Standort, durchlässiger, nährstoffreicher Boden, Winterschutz.

Starkwuchernde Gräser in einen Kunststoffeimer ohne Boden setzen

Perlgras *(Melica)*
30 – 60 cm, ovale bis zylinderförmige Ähren, je nach Art (Mai – Juni), sonniger Standort, kalkhaltige, durchlässige Böden, für Steingärten und Tröge.

Pfahlrohr *(Arundo donax)*
Bis 4 m, blüht bei uns nicht, sonniger Standort, frische bis feuchte Gartenerde, Solitärgras, schön am Teichrand, Winterschutz.

Pampasgras

Pfeifengras *(Molinia)*
Bis 50 cm, bis 1,80 m (Riesenpfeifengras = M. altissima), lockere Blütenrispen (August – September), sonniger bis halbschattiger Standort, frische bis feuchte Böden, Riesenpfeifengras: kalkliebend.

Reitgras *(Calamagrostis x acutiflora)*
1 – 1,50 m, große, aufrechte Rispen (Juli – August), sonniger Standort, trockener bis frischer Boden, für Rabatten.

Blauschwingel

Schillergras *(Koeleria glauca)*
Bis 30 cm, wintergrün, bräunliche Blütenähren (Juni – Juli), sonniger Standort, durchlässiger, kalkfreier Boden, für Gehölzrand, für Dachgärten.

Süßgras, Schwaden
(Glyceria maxima)
Sorte »Variegata« am bekanntesten: gelb und weiß gestreifte Blätter, bis 70 cm, lockere Blütenrispen (Juli – August), sonniger Standort, nährstoffreiche, feuchte Böden, gut für Teichrand geeignet.

Schwingel *(Festuca)*
Blauschwingel *(F. glauca)*: Bis 20 cm, bläuliche Blätter, Blütenähren bis 40 cm, gedrungen (Mai – Juli), sonniger Standort, durchlässiger Boden, **Atlasschwingel** *(F. mairei)*: Bis 1 m, schmale Rispen (Juni – Juli), sonniger Standort, nährstoffreiche, nicht zu trockene Böden, **Schafschwingel** *(F. ovina)*: 20 cm, Blütenrispen bis 40 cm (Juni – Juli), sonniger bis halbschattiger Standort, durchlässiger, warmer Boden, **Bärenfellschwingel** *(F. scoparia)*: Bis 20 cm, dünne Blütenrispen, bis 40 cm (Juni – Juli), absonniger Standort, durchlässiger Boden, alle Schwingelarten sind immer- oder wintergrün.

Bärenfellgras

Segge *(Carex)*
Rote Segge *(C. buchananii)*: Bis 50 cm, rötliche Blätter, sonniger Standort, nährstoffreicher, frischer Boden, **Morgensternsegge** *(C. grayi)*: Bis 70 cm, sternförmige Früchte, Blüte (Juli bis August), sonniger Standort, feuchte oder sumpfige, kalkarme Böden, **Bergsegge** *(C. montana)*: Bis 15 cm, Herbstfärbung, kleine dunkle Blütenstände mit hellen Staubgefäßen (März – April), sonniger bis halbschattiger Standort, kalkhaltiger, trockener Boden, **Riesensegge** *(C. pendula)*: 40 cm, wintergrün, auffällig überhängende Blütenstände, bis 1 m (Mai – Juni), halbschattiger Standort, kalkarmer, humusreicher Boden.

Silberährengras
(Lasiagrostis calamagrostis)
Bis 80 cm, lockere, überhängende Blütenrispen (Juni – Oktober), sonniger Standort, trockener, nährstoffreicher Boden, anspruchslos.

Simse *(Scirpus sylvaticus)*
Bis 80 cm, kleine Blütenährchen (Mai bis Juni), sonniger bis halbschattiger Standort, feuchte Gartenböden oder Sumpfböden, wichtige Verwandte: Zebrasimse (S. tabernaemontani »Zebrinus«): weißgrün-geringelte Stengel.

Waldschmiele
(Deschampsia caespitosa)
Bis 1 m, sehr zarte Blütenrispen (Juni bis Juli), sonniger bis halbschattiger Standort, kalkarmer, nährstoffreicher Boden, schön zu Gehölzen, viele schöne Schnittsorten.

Zittergras *(Briza media)*
Bis 40 cm, Rispen mit herzförmigen Ährchen (Mai – Juni), sonniger Standort, durchlässige Böden, schönes Schnittgras (Trockensträuße), für Dachgärten.

Zwergbambus *(Sasa pumila)*
Bis 80 cm, wintergrün, halbschattiger bis schattiger Standort, nährstoffreicher, im Sommer trockener Boden, guter Flächendecker.

Ein- und zweijährige Sommerblumen

Sommerblumen erfreuen den Gartenfreund von Juni bis zu den ersten Frösten mit fröhlich-bunten Blüten. Sie ergänzen eine Staudenpflanzung ideal: Mit passenden einjährigen Sommerblumen lassen sich Lücken im Staudenbeet oder Steingarten füllen, die bei Neupflanzungen noch vorhanden sind.

Chrysanthemum carinatum

Beachtet man dabei Höhe, Blütenfarbe und Blütezeit, so kann man sich eine schön gestufte, farblich harmonierende und ständig blühende Pflanzung zusammenstellen. Bei der Gestaltung von Beeten und Rabatten einzelne Sorten grundsätzlich nur in Gruppen pflanzen.

Sommerblumen bereiten auch dem Balkongärtner Freude. Die meisten niedrigen Arten lassen sich problemlos in Kästen oder Töpfen ziehen. Besonders schön ist es, wenn man sich von Mai bis Oktober frische Schnittblumen für die Vase aus dem eigenen Garten holen kann. Bei den meisten Sommerblumen fördert das Schneiden sogar die Blühfreude und verlängert die Blütezeit.

Standorttip:

- Die meisten Sommerblumen stellen keine großen Ansprüche und nehmen mit jedem normalen, gut gelockerten und unkrautfreien Gartenboden vorlieb. Lediglich die Standortwünsche, ob sie in der vollen Sonne oder im Schatten besser gedeihen, sollte man bei der Wahl des Standortes berücksichtigen.

Aussaattip:

- Die meisten Sommerblumen kann man ab April/Mai gleich an Ort und Stelle aussäen. Feinsamige und anspruchsvolle Arten (z.B. Löwenmäulchen) sollte man lieber auf ein gut vorbereites Saatbeet säen und später vereinzeln.
- Man kann die Blumen auch ab Februar/März unter Glas (im warmen Zimmer, im Gewächshaus, im Frühbeet) vorziehen. Ratsam ist das besonders bei empfindlichen Arten, die erst nach Mitte Mai, nach den Eisheiligen ins Freie dürfen. Man muß unter Glas

gezogene Jungpflanzen behutsam an die frische Luft und an direkte Sonnenbestrahlung gewöhnen und sollte sie eine Zeit lang an warmen Tagen hinausstellen und in der Nacht hereinholen und somit abhärten. Im Frühbeet stundenweise das Fenster abnehmen.

Pikieren unter Glas gezogener Sommerblumen

Pflegetip:

- Ein Problem bei den Aussaaten der Sommerblumen ist das Unkraut. Es keimt wesentlich schneller und ist als Sämling kaum von den ausgesäten Blumenpflanzen zu unterscheiden. Deshalb ist eine Reihensaat zu empfehlen, die erheblich einfacher und früher zu jäten ist. Eine rechtzeitige Unkrautbekämpfung ist immer die erfolgreichste.
- Selbstverständlich ist wohl, daß die Sommerblumen an warmen Tagen ausreichend gegossen werden müssen. Einige sind recht trockenheitsverträglich, andere aber werden sofort welk. Auch eine Düngung tut den meisten zum Start und während der Wachstumszeit recht gut.

Dianthus barbatus

Portulaca grandiflora

- Zweijährige Arten überwintern sicherer unter locker aufgelegtem Tannenreisig.

Der grüne Kniff:

- Schnittblumen schneidet man am besten knospig, d.h. wenn sie kurz vor dem Aufblühen sind. Ganz wichtig ist das bei sehr rasch verblühenden Arten, wie z.B. dem Mohn.
- Blätter am unteren Stengelabschnitt sollte man besser entfernen. Sie könnten in der Vase faulen.

Der Pflanzendoktor:

- Aussaaten im Haus oder im Frühbeet leiden häufig unter Pilzkrankheiten. Diese kann man durch vorsichtiges Gießen in den meisten Fällen wirksam verhindern (Aussaaten dürfen nicht naß stehen). Sollten sie trotzdem auftreten, so können sie mit Chinosollösung bekämpft werden.

Beet- und Schnittblumen von A – Z

Auf den folgenden Seiten finden Sie die wichtigsten Beet- und Schnittblumen in der Reihenfolge von A – Z. Die den Pflanzennamen nachgestellten Kästen informieren über die Wuchshöhe, die Blütenfarben und den Zeitpunkt der Blüte, über Aussaatzeiten und Standorte der genannten Pflanzen. Am Ende der Kästen finden Sie den deutschen und den lateinischen Familiennamen.

Afrikanische Goldblume

Afrikanische Goldblume

(Dimorphotheca-Arten)

Höhe: bis 25 cm, Blüte: gelb (Juni bis September), sonniger Standort, anspruchslos, Aussaat: April/Mai an Ort und Stelle. Korbblütler *(Compositae)*

Die margeritenähnliche Goldblume gehört zu den bescheidensten einjährigen Sommerblumen. Sie blüht fleißig als Einfassung und liefert haltbare Schnittblumen.

Atlasblume, Godetie, Sommerazalee

(Godetia amoena, grandiflora)

Höhe: bis 40 cm, Blüte: weiß, rosa, rot, gefüllt oder einfach (Juli bis September), sonniger bis halbschattiger Standort, anspruchslos, Aussaat: April – Juni ins Freie an Ort und Stelle. Nachtkerzengewächse *(Oenotheraceae)*

Die Atlasblume wird wegen ihrer azaleenähnlichen Blüten auch Sommerazalee genannt. Sie liefert hübsche, haltbare Schnittblumen.

Balsamine

(Impatiens balsamina)

Höhe: bis 40 cm, Blüte: weiß, rosa, rot, gefüllt (Juni – September), sonniger bis halbschattiger Standort, anspruchslos, Aussaat: ab Mai ins Freie, März/April unter Glas. Springkrautgewächse *(Balsaminaceae)*

Die Rosenbalsamine mit ihren altmodisch anmutenden Röschenblüten in den Blattachseln zählt zu den volkstümlichen Bauernblumen. Sie blüht üppig, ist sehr widerstandsfähig und liebt einen gut gedüngten, ausreichend feuchten Boden.

Aussaat-/Pflanztip:

- Da die Gartenbalsamine sehr frostgefährdet ist, sollte die Aussaat ab April unter Glas und die Auspflanzung ins Freiland nicht vor Mai erfolgen.

Atlasblume

Bartnelke

Bartnelke

(Dianthus barbatus)

Zweijährig, manchmal auch mehrjährig, Höhe: bis 60 cm, Blüte: weiß, rosa, rot, rotviolett, zweifarbig, einfach oder gefüllt, Duft (Mai – Juli), sonniger bis halbschattiger Standort, anspruchslos, Aussaat: Mai – Juni aufs Saatbeet. Nelkengewächse *(Caryophyllaceae)*

Für die blütenarme Zeit im Spätfrühling ist die Bartnelke genau das richtige. Als Schnittblumen halten sie sich in der Vase außerordentlich lange und duften zart. Im zweiten Jahr blüht sie am schönsten.

Sommernelke

Gartennelke, Chabaudnelke, Sommernelke *(Dianthus)*

Gartennelke: zweijährig, Höhe: 50 bis 60 cm, Aussaat: Mai/Juni ins Saatbeet;
Chabaudnelke: einjährig, Höhe: 50 cm, Aussaat: Februar/März unter Glas;
Sommernelke: einjährig, Höhe: 30 cm, Aussaat: März unter Glas;
Blüten: weiß, rosa, rot, gelb, Duft (Juli – September), sonniger Standort. Nelkengewächse *(Caryophyllaceae)*

Chabaudnelke

Nelken zählen zu den beliebtesten und haltbarsten Schnittblumen für gute, humus- und nährstoffreiche Gartenböden. Die einjährige Sommer-, Kaiser- oder Chinesennelke (D. chinensis) ist die kleinste unter ihnen. Eine Höhe bis zu 60 cm erreichen die robusten, zweijährigen Gartennelken (D. caryophyllus) und die dicht gefüllte, leicht duftende Chaubaudnelke, eine großblumige, an Edelnelken erinnernde Form der Gartennelke, die aber höhere Ansprüche stellt.

Der grüne Kniff:

- Chaubaudnelken bekommen besonders große Blüten, wenn man die Seitenknospen entfernt.

Der Pflanzendoktor:

- Nelken werden gern von Wühlmäusen und Kaninchen gefressen.

Cinerarie, Silberblatt

(Senecio bicolor)

Blattzierende Beet- und Gruppenpflanze, Höhe: bis 20 cm, sonniger bis halbschattiger Standort, Aussaat: im zeitigen Frühjahr unter Glas oder ab Mai ins Freiland. Korbblütler *(Compositae)*

Wegen der schönen, silbergrauen Blätter ist die Cinerarie als kleine Rabattenpflanze zu buntblühenden Stauden und Sommerblühern besonders beliebt. Sie ist sehr haltbar und wird gerne zur Herbstbepflanzung von Balkonkästen und Pflanztrögen in Verbindung mit Eriken und Chrysanthemen verwendet.

Duftsteinrich, Steinkraut

(Alyssum maritimum)

Polster- und Beetpflanze, Höhe: bis 10 cm, Blüte: weiß, blau (Juli bis Oktober), Bienenweide, sonniger Standort, anspruchslos, Aussaat: ab März/April an Ort und Stelle (flach säen). Kreuzblütler *(Cruciferae)*

Als unermüdlich blühende Beeteinfassung und als Lückenfüller für den Steingarten bewährt sich das Duftende Steinkraut. Es ist vorzüglich zur Unterpflanzung von Lilien und Rosen geeignet.

Pflegetip:

- Nach der ersten Blüte wird die kleine Pflanze mit der Schere gestutzt. Sie bringt dann einen zweiten Flor, der bis zum Frost andauert.

Elfenspiegel, Puppenspiegel, Nixenauge, Nemesie

(Nemesia-Arten/Sorten)

Kleine Beet- und Schnittblume, Flächendecker, Höhe: 25 – 30 cm, Blüte: weiß, rosa, gelb, rot (Juli bis Oktober), sonniger Standort, Aussaat: im März oder ab April an Ort und Stelle. Rachenblütler *(Scrophulariaceae)*

Die zierliche Nemesie blüht den ganzen Sommer unermüdlich als Einfassung oder Beetblümchen. Wenn man sie fleißig schneidet, blüht sie um so mehr.

Flockenblume, Kornblume *(Centaurea)*

Höhe: 60 –80 cm, Blüte: weiß, rosa, lilarosa, blau, Duft (Juli – August, nach Herbstaussaat früher), Bienenweide, sonniger (bis halbschattiger) Standort, anspruchslos, Aussaat: ab März an Ort und Stelle oder Herbstaussaat (August, Winterschutz). Korbblütler *(Compositae)*

Die Flockenblume (C. moschata imperialis) mit ihren pastellfarbenen, duftenden Blüten und die Blaue Kornblume (C. cyanus), die in der Natur leider so selten geworden sind, gedeihen immer zuverlässig auf jedem nicht zu nassen Boden.

Duftsteinrich

Gazanie, Mittagsgoldblume

(Gazania-Hybriden)

Höhe: bis 25 cm, Blüte: weiß, gelb, orange, rosa, rot (Juli – September), sonniger Standort, Aussaat: im zeitigen Frühjahr unter Glas vorziehen oder ab April ins Freiland. Korbblütler *(Compositae)*

Ihre zweifarbigen, in warmen, gelb- bis braunroten Tönen leuchtenden Blüten machen die Gazanie zu einer idealen Rabattenpflanze für sehr sonnige Lagen.

Der grüne Kniff:

- Bei der Gazanie kann man sehr schön das Schließen ihrer Blüten bei trübem Wetter und am Abend beobachten.

Elfenspiegel

Goldlack

(Cheiranthus cheiri)

Zweijährig, Höhe: bis 50 cm, Blüte: gelb- und braunrot, einfach oder gefüllt, Duft (Mai – Juni), Bienenweide, sonniger Standort, Winterschutz, Aussaat: Mai – Juni ins schattige Saatbeet, danach Verpflanzen. Kreuzblütler *(Cruciferae)*

Flockenblume

Schon seit dem Mittelalter gehört der Goldlack zu den beliebtesten Som-

Goldlack

merblumen. Neben dem stark duftenden, einfach blühenden Schnittgoldlack, gibt es gefüllte Formen und eine niedrige Art (Ch. allionii).

Der grüne Kniff:

- Es lohnt sich durchaus, ein paar Pflanzen des gefüllten Goldlacks im Herbst in Töpfe zu setzen und im Haus zu überwintern. Sie blühen dann schon im zeitigen Frühjahr.

Der Pflanzendoktor:

- Goldlack ist für Kaninchen anscheinend eine Delikatesse.

Goldmohn, Goldbecher, Schlafmützchen

(Eschscholtzia californica)

Goldmohn

Beet-, Gruppen- und Einfassungsblume, Höhe: bis 40 cm, Blüte: gelb, orange (Mai – Oktober), sonniger Standort, anspruchslos, Aussaat: März/April an Ort und Stelle (auch Herbstaussaat möglich). Mohngewächse *(Papaveraceae)*

Die sich abends schließenden Blüten verhalfen dem Goldmohn zum Namen »Schlafmützchen«. Diese niedliche Mohnart ist so leicht aufzuziehen und blüht so fleißig den ganzen Sommer lang, daß sie sich auch gut für Kinderbeete eignet.

Husarenkopf,

(Sanvitalia procumbens)

Husarenkopf

Kriechende Beetblume, Flächendecker, Höhe: bis 15 cm, Blüte: gelb (Juni – Oktober), sonniger bis halbschattiger Standort, Aussaat: ab April ins Freie. Korbblütler *(Compositae)*

Der Husarenkopf sieht wie eine kriechende Zwergausgabe der Sonnenblume aus. Er wirkt hübsch als Einfassung und Bodendecker.

Nigella damascena

Jungfer im Grünen, Schwarzkümmel

(Nigella damascena)

Höhe: bis 60 cm, Blüte: blau, blaßblau (Juni – September), sonniger Standort, anspruchslos, Aussaat: März – Mai ins Freie, auch Herbstaussaat möglich. Hahnenfußgewächse *(Ranunculaceae)*

Die himmelblauen Blüten inmitten des Gespinsts aus haarfeinen Blättchen haben der »Jungfer im Grünen« einen Stammplatz im Garten und immer wieder neue, phantasievolle Namen verschafft, wie z.B. »Gretel in der Heck«, »Braut im Haar« u.a. Die zarte Pflanze ist aber entgegen ihrem Aussehen sehr robust und bewährt sich nach wie vor, auch in regenreichen Sommern.

Der grüne Kniff:
- Die trockenen Samenkapseln der Nigella sind vorzüglich für Trockensträuße und Gestecke geeignet.

Kapuzinerkresse
(Tropaeolum nanum)

Höhe: bis 30 cm, Blüte: gelb, orange, rot, Zwischentöne (Juni – Oktober), sonniger Standort, anspruchslos, Aussaat: April – Mai an Ort und Stelle, keimt schnell. Kapuzinerkressengewächse *(Tropaeolaceae)*

Die Kapuzinerkresse ist als eine der ältesten Gartenpflanzen schon seit dem Mittelalter bekannt. Ihre Blätter und auch die Blütenknospen (»Falsche Kapern«) sind eßbar.

Standorttip:
- Der Boden sollte wasserdurchlässig und mager sein. Auf sehr nährstoffreichen Böden ist die Blühfreudigkeit geringer.

Der grüne Kniff:
- Kapuzinerkresse, direkt an den Stamm von Apfelbäumen gesät, soll verhindern, daß Blutläuse den Obstbaum befallen.

Kokarden-, Malerblume
(Gaillardia pulchella)

Höhe: bis 50 cm, Blüte: gelb, orange, bräunlich, rot, mehrfarbig (Juli bis Oktober), sonniger Standort, anspruchslos, Aussaat: ab April an Ort und Stelle. Korbblütler *Compositae)*

Die einjährige, gefüllt blühende Kokardenblume ähnelt der gleichnamigen Staude und zeichnet sich besonders durch große Trockenheitsverträglichkeit aus. Sie ist eine besonders haltbare Schnittblume.

Kreuzblume
(Clarkia elegans plena)

Höhe: 50 – 60 cm, Blüte: viele zarte Rosatöne, weiß (Juni – September), Bienenweide, sonniger bis halbschattiger Standort, Aussaat: März/April an Ort und Stelle oder Herbstaussaat (Winterschutz). Nachtkerzengewächse *(Oenotheraceae)*

Die Kreuzblume mit ihren mandelblütenähnlichen Röschen an langen Rispen paßt in bunte Rabatten oder romantische Sträuße. Zudem ist sie recht unempfindlich, läßt sich aber nicht verpflanzen. Zum Schnitt werden die ganzen Pflanzen ausgezogen.

Clarcia elegans

Jungfer im Grünen

Kapuzinerkresse

Kreuzblume

Leberbalsam

Leberbalsam

(Ageratum houstonianum)

Beet- und Balkonkastenpflanze, Höhe: bis 15 cm, Blüte: blau (Juli bis August), sonniger Standort, anspruchslos, Aussaat: ab März unter Glas. Korbblütler *(Compositae)*

Der kleine Leberbalsam mit seinen runden Blütenknöpfchen zählt zu den besonders beliebten Beet-, Rabatten- und Balkonpflanzen.

Levkoje

Levkoje

(Matthiola annua, incana)

Höhe: bis 40 cm, Blüte: weiß, rosa, rot, violett, gefüllt und einfach, Duft (Juni – August/September), sonniger Standort, Aussaat: Februar/März unter Glas. Kreuzblütler *(Cruciferae)*

Die duftenden Levkojen stammen aus den Mittelmeerländern und gehören zu den »altmodischen« Gartenpflanzen.

Standorttip:

- Levkojen sollten nur auf Beete gesetzt werden, die zuvor nicht frisch gedüngt wurden.

Der grüne Kniff:

- Bei der Aussaat der Levkojen ist zu 30 – 40 % mit einfachblühenden Pflanzen zu rechnen. Möchte man diese nicht im Beet haben, so sät man dicht und zieht sie später heraus.

Der Pflanzendoktor:

- Levkojensämlinge fallen leicht der »Schwarzbeinigkeit« zum Opfer. Vorbeugend sollte man die Aussaaterde desinfizieren und nur dann gießen, wenn die Erde trocken ist.

Löwenmäulchen

Löwenmäulchen

(Antirrhinum majus-Hybriden)

Höhe: 15 – 50 cm, Blüte: weiß, viele Rosa-, Rot-, Gelb- und Purpurtöne (Juni – September), sonniger Standort, anspruchslos, Aussaat: März/April an Ort und Stelle (oder früher ins Frühbeet). Rachenblütler *(Scrophulariaceae)*

Jeder kennt die fröhlichen Löwenmäulchen, die sich durch ihre Farbenpracht und ihre Unempfindlichkeit gegenüber Spätfrösten im Frühjahr oder sommerlicher Trockenheit schon

Antirrhinum majus

seit langer Zeit bewähren. Neben den halbhohen Löwenmäulchen, die außerordentlich standfeste Beet- und gute Schnittblumen sind, gibt es die niedlichen Zwerglöwenmäulchen, die sich für Rabattenpflanzung gut eignen.

Pflegetip:

- Verblühte Blütenstände sollten stets abgeschnitten werden. Die Pflanzen blühen dann unermüdlich bis in den Herbst hinein.

Marienglockenblume
(Campanula medium)

Zweijährig, Höhe: bis 80 cm, Blüte: weiß, rosa, blau (Juni – Juli), Bienenweide, sonniger Standort, Aussaat: ab Mai ins Saatbeet. Glockenblumengewächse *(Campanulaceae)*

Die Marienglockenblume mit ihren großen Blütenglocken ist eine altbekannte Gartenpflanze.

Pflegetip:

- Die Marienglockenblume braucht reichlich Nährstoffe. Eine Düngung während der Wachstumszeit tut ihr sehr gut.

Maßliebchen, Tausendschön
(Bellis perennis)

Beetpflanze, Höhe: bis 15 cm, Blüte: rosaweiß, halbgefüllt oder gefüllt (März – Juni), sonniger Standort. Korbblütler *(Compositae)*

Das niedliche, ein wenig altmodische Maßliebchen stammt vom Wiesengänseblümchen ab. Es gehört zu den dankbarsten Frühlingsblühern und eignet sich besonders als Einfassungspflanze.

Mignondahlien, Zwergdahlien
(Dahlia variabilis-Arten/Sorten)

Höhe: bis 50 cm, Blüte: weiß, rosa, rot, gelb, orange und Zwischentöne (Juni – Oktober), sonniger Standort, Aussaat: ab März unter Glas, ab April auf Saatbeete. Korbblütler *(Compositae)*

Zwergdahlien können einfach aus Samen gezogen werden. Sie sind ideale Rabattenpflanzen. Ihre Knollen, die sich während des Sommers bilden, werden im Herbst aus dem Boden geholt und frostfrei überwintert, wie die Knollen der großblumigen Sorten auch.

Mittagsblume, Eiskraut
(Mesembryanthemum crystallinum)

Beet- und Steingartenpflanze, Flächendecker, Höhe: bis 10 cm, Blüte: weiß, hellgelb, lachsfarben, rosa, karminrot (Juli – September), sehr anspruchslos, Aussaat: ab Mai ins Freie. Mittagsblumengewächse *(Aizoaceae)*

Maßliebchen

Die kleinen, etwas fleischigen und leicht sukkulenten Mittagsblumen sind besonders gut für den Steingarten und alle extrem trockenen und warmen Standorte geeignet.

Phlox, Sommerphlox, Flammenblume
(Phlox drumondii)

Beet- und Schnittblume, Balkonpflanze, Flächendecker, Höhe: bis 30 cm, Blüte: weiß, rosa, rot, purpur, zweifarbig und Zwischentöne (Juni – Oktober), sonniger Standort, Aussaat: ab März ins Frühbeet oder ab April an Ort und Stelle ins Freiland. Sperrkrautgewächse *(Polemoniaceae)*

Sommerphlox

Der Sommerphlox ist eine farbenfrohe und reich blühende Einfassungs- und Beetblume, die auch an trockenen Plätzen noch gedeiht.

Portulakröschen

Portulakröschen

(Portulaca grandiflora)

Kleine Beet- und Steingartenblume, Flächendecker, Höhe: bis 15 cm, Blüte: weiß, rosa, gelb, Rottöne (Juni – Oktober), sonniger Standort, anspruchslos, Aussaat: ab März ins Frühbeet, ab Ende April ins Freiland. Protulakgewächse *(Portulacaceae)*

Das Portulakröschen ist ein Pflänzchen mit fleischigem Laub und seidig glänzenden Blüten, das gut im Steingarten und in Kästen wächst. Auf mageren Böden blüht die kleine, altmodische Blume am schönsten. Bei schlechtem Wetter bleiben die Blüten geschlossen.

Reseda *(Reseda odorata)*

Beet- und Einfassungspflanze, Schnittblume, Höhe: bis 30 cm, Blüte: gelblich, einfach oder gefüllt, Duft (Juni – September), Bienenweide, sonniger Standort, Aussaat: ab Mitte April an Ort und Stelle. Resedagewächse *(Resedaceae)*

Die altbekannte Reseda ist durch ihren Wohlgeruch als Einfassungspflanze oder Schnittblume für die Vase beliebt. Sie gedeiht auf jedem gut gedüngten Boden. Gefüllt blühende Reseden sind besonders hübsch.

Standorttip:

- Die Reseda liebt voll sonnige Standorte; gedeiht aber auch im leichten Halbschatten noch recht gut. Auf gut gedüngtem Boden kann die Blütezeit bei entsprechender Pflege bis zum ersten Frost andauern.

Ringelblume

Ringelblume, Ringelrose

(Calendula officinalis)

Beet- und Schnittblume, Heilpflanze, Höhe: 30 – 60 cm, Blüte: gelborange, gefüllte und halbgefüllte Sorten, strenger Geruch (Juni bis Oktober), sonniger bis halbschattiger Standort, anspruchslos, Aussaat: April/Mai an Ort und Stelle. Korbblütler *(Compositae)*

Die Ringelblume ist eine uralte Kultur- und Heilpflanze. Sie wurde deshalb schon im Mittelalter in Klostergärten angebaut. Als Calendula-Salbe hilft sie bei Hautkrankheiten, schlecht heilenden Wunden und Geschwüren.

Der grüne Kniff:

- Die Ringelblume samt sich sehr leicht selbst aus und macht sich bald im ganzen Garten, auch im Gemüsebeet, breit. Da sie Wurzelälchen (Nematoden) vertreibt, kann das sogar von Vorteil sein.

Rittersporn, Kaiserrittersporn

(Delphinium ajacis, consolida)

Höhe: bis 1,10 m, Blüte: weiß, rosa, blau, einfach und gefüllt (Juni bis August), sonniger bis halbschattiger Standort, Aussaat: Herbstaussaat oder Februar/März an Ort und Stelle. Hahnenfußgewächse *(Ranunculaceae)*

Der einjährige Gartenrittersporn steht dem Staudenrittersporn an Schönheit in nichts nach. Für die Vase werden die Pflanzen ganz ausgezogen.

Linum grandiflorum rubrum

Rizinus, Wunderbaum

(Ricinus communis zanzibarensis)

Höhe: bis 3 m, Blüte: rot (ab Juli), sonniger Standort, Aussaat: ab Februar/März in Töpfe. Wolfsmilchgewächse *(Euphorbiaceae)*

Der Rizinus aus dem tropischen Afrika ist eine schöne und wuchtige Blattpflanze, die innerhalb eines Sommers einige Meter hoch werden kann.

Der grüne Kniff:

- Wer den Rizinus früh aussät, rechtzeitig umtopft, reichlich düngt und Mitte Mai schon eine kräftige Pflanze ins Freie setzt, der kann sich im Laufe des Sommers an auffallend prächtigen Exemplaren erfreuen, die so manchen Nachbarn staunen lassen.

Roter Lein

(Linum grandiflorum rubrum)

Beet- und Steingartenpflanze, Höhe: bis 40 cm, Blüte: rot (Juni bis Oktober), sonniger Standort, Aussaat: ab März ins Frühbeet, ab April/Mai ins Freiland. Leingewächse *(Linaceae)*

Rizinus

Salvie

Der rotblühende Lein mit seinen für Lein besonders großen Blüten ist bisher noch eine echte Seltenheit im Blumenbeet. In seinen Ansprüchen ähnelt er den Staudenleinarten.

Salvie, Feuersalbei

(Salvia splendens-Hybriden)

Gruppen- und Beetblume, Flächendecker, Höhe: bis 25 cm, Blüte: feuerrot (Juni – Oktober), sonniger Standort, anspruchslos, Aussaat: Februar/März ins Frühbeet. Lippenblütler *(Labiatae)*

Schmuckkörbchen

Blühende Salvien leuchten weithin und werden daher immer wieder in Schaupflanzungen verwendet. Im Garten kann man die auffälligen Massenblüher als leuchtenden Blickfang in die Rabatte pflanzen.

Schleifenblume

(Iberis umbellata)

Schleifenblume

Polster- und Steingartenpflanze, Höhe: bis 25 cm, Blüte: weiß, rosa, lila, violett (Juni – Juli), sonniger bis halbschattiger Standort, Aussaat: Februar/März unter Glas, Freilandaussaat ab April. Kreuzblütler *(Cruciferae)*

Die einjährige Schleifenblume stammt aus Südeuorpa. Mit ihren zartgefärbten Blütenkugeln ist sie eine schöne Einfassungspflanze. Sie eignet sich aber auch gut als Schnittblume für kleine Vasen und als Rabattenblume.

Chinastern

Aussaattip:

- In günstigen Lagen kann die Schleifenblume auch im Herbst ausgesät werden.

Cosmos

Schmuckkörbchen, Kosmea *(Cosmos)*

Höhe: bis 1,50 m, Blüte: weiß, rosa, rot (Juli – Oktober), sonniger bis halbschattiger Standort, anspruchslos, Aussaat: März/April ins Freiland. Korbblütler *(Compositae)*

Das Schmuckkörbchen mit seinen leuchtenden Blüten in dem zarten, asparagusähnlichen Kraut blüht besonders eifrig, wenn man regelmäßig Vasenschmuck schneidet.

Schnittaster, Sommeraster, Chinastern

(Callistephus sinensis-Sorten)

Höhe: 30 – 90 cm, je nach Sorte, Blüte: weiß, hellgelb, rosa, rot, lila, zweifarbig (Juli/August – September/Oktober), sonniger Standort, Aussaat: Februar/März ins Frühbeet, ab April/Mai an Ort und Stelle. Korbblütler *(Compositae)*

Die zahlreichen Sommerastersorten gehören mit zu den besten und beliebtesten Schnittblumen überhaupt. Es gibt kleine Formen, wie z.B. die »Zwerg-Chrysanthemum-Aster« oder die »Liliputaster« und höhere, wie z.B. die einfachblühende »China-Aster«, die »Straußenfederaster« mit ihren feingefiederten Blüten, die spätblühende »Amerikanische Schönheitsaster«, die frühblühende »Johannistag-Aster«, die besonders gesunde und dicht gefüllt blühende »Herzogin-Aster« und die auf straffen Stielen stehende, großblütige »Prinzeßaster«.

Der grüne Kniff:

- Vielen ist die Freude an Astern durch die immer häufiger auftretende Asternwelke verdorben. Astern, die an Ort und Stelle ausgesät, also nicht verpflanzt werden, fallen der Krankheit nicht so sehr leicht zum Opfer.

Callistephus sinensis

Der Pflanzendoktor:

- Die Anbaufläche für Schnittastern sollte man jedes Jahr wechseln. Dadurch läßt sich der gefährlichen Asternwelke-Krankheit weitgehend vorbeugen. Welkefeste Sorten wählen und nicht auf gefährdete Beete verpflanzen.

Skabiose, Purpurskabiose, Nadelkissen, Trauerblume

(Scabiosa atropurpurea fl. pl.)

Höhe: bis 60 cm, Blüte: weiß, rosa, lila, violett, gefüllt (Juli bis Frosteinbruch), Bienenweide, sonniger bis halbschattiger Standort, Aussaat: ab März/April unter Glas, April/Mai an Ort und Stelle. Kardengewächse *(Dipsacaceae)*

Die in vielen Farben blühende einjährige Skabiose liefert den ganzen Sommer über schöne, haltbare Blumensträuße.

Sommerzypresse, Feuerbusch

(Kochia scoparia)

Höhe: bis 1 m, rötliche Herbstfärbung, sonniger (bis halbschattiger) Standort, anspruchslos, Aussaat: ab April aufs Saatbeet (flach säen) oder ab März unter Glas. Gänsefußgewächse *(Chenopodiaceae)*

Die kugelig oder pyramidenförmig wachsende Sommerzypresse mit ihren feinen, lichtgrünen Blättchen eignet sich besonders gut als Beeteinfas-

Zwergaster

Amerikanische Buschaster

Straußenfederaster

Liliputaster

sung. Auch in Einzelstellung besticht sie durch ihre natürlich regelmäßige Form.

Der grüne Kniff:

- Beim Verpflanzen der Sämlinge setzt man immer 2 oder 3 Pflanzen zusammen, damit dichte Büsche entstehen.

Sonnenblume, Sonnenrose

(Helianthus annuus)

Beet- und Solitärblume, Dekorationspflanze, Höhe: 40 cm – 4 m, Blüte: gelb, rot, zweifarbig mit brauner Mitte, einfach oder gefüllt (Juli – September), Samen: Vogelfutter, sonniger Standort, Aussaat: ab April/Mai aufs Saatbeet oder an Ort und Stelle. Korbblütler *(Compositae)*

Die großen, gelben Sonnenblumen sind wohl jedem gut bekannt. Aber auch die prächtigen roten, zweifarbigen oder gefüllten Sorten wachsen auf nahrhaftem Boden rasch zu herrlichen, attraktiven Sommerblühern heran, verstecken den Komposthaufen oder verschönern den Zaun. Die Sonnenblumenkerne sind nicht nur ein beliebtes Hühner- und Vogelfutter, sondern auch für die Menschen eine wertvolle Knabberei.

Helianthus annuus

Pflegetip:

- Je reichlicher man die Sonnenblumen mit Dünger und Wasser »füttert«, desto riesiger werden sie!

Sonnenhut

(Rudbeckia hirta-Sorten)

Höhe: 80 cm – 1 m, Blüte: gelb, zweifarbig gelb-bräunlich/rot (Juni bis zum ersten Frost), sonniger bis halbschattiger Standort, Aussaat: ab März unter Glas oder in Schalen. Korbblütler *(Compositae)*

Die einjährigen Sonnenhut-Arten liefern gut haltbare Schnittblumen. Besonders empfehlenswert ist die mehrfarbige, in warmen Tönen leuchtende Sorte »Herbstwald« für den spätherbstlichen Blumen- und Vasenschmuck.

Spaltblume

(Schizanthus – Wisetonensis-Hybriden)

Höhe: bis 40 cm, Blüte: rosa, rot und andere Töne (Juli – September), sonniger Standort, Aussaat: April aufs Saatbeet. Nachtschattengewächse *(Solanaceae)*

Die Spaltblume ist ein geeigneter Lückenfüller für Sommerblumenbeete und auch ein schöner Massenblüher. Die Schnittblumen halten sich gut 10 Tage in der Vase.

Schizanthus

Spinnenpflanze
(Cleome spinosa gigantea)

Beet- und Gruppenblume, Höhe: 90 cm – 1 m, Blüte: weiß, rosa (Juli bis zum ersten Frost), sonniger Standort, Aussaat: im März unter Glas oder in Schalen. Kaperngewächse *(Capparaceae)*

Die Spinnenpflanze bekam ihren Namen durch die langen Staubfäden ihrer Blüten. Die strauchig wachsende Beetpflanze mit ihren zarten, interessanten Blüten gehört zweifellos zu den Schmuckstücken in der Rabatte.

Stiefmütterchen
(Viola wittrockiana tricolor maxima)

Beet- und Gruppenblume, Höhe: bis 20 cm, Blüte: weiß, gelb, rot, blau, lila, purpur, dreifarbig (Oktober, März – Mai), sonniger bis halbschattiger Standort, Aussaat: im Juni/Juli auf ein sorgfältig vorbereitetes Saatbeet. Veilchengewächse *(Violaceae)*

Die guten alten Stiefmütterchen gehören nach wie vor zu den am meisten beliebten Frühlingsblühern. Durch Züchtung entstanden viele Sorten in allen nur denkbaren Farbschattierungen, wie z.B. die besonders frühblühenden »Eisstiefmütterchen« oder die »Schweizer Riesen« mit ihren großen – beinahe handtellergroßen! – Blüten.

Aussaat-/Pflanztip:

- Bei der Aussaat der Stiefmütterchen ist etwas Sorgfalt nötig: Die Samen werden dünn ausgestreut, leicht mit Erde übersiebt und ganz vorsichtig überbraust.
- Bei sommerlicher Hitze muß die Aussaat sorgfältig begossen werden.

Der grüne Kniff:

- Stiefmütterchen werden auch gerne im Herbst in Balkonkästen gepflanzt und erfreuen uns dann im Frühling mit ihrer sehr frühzeitigen Blüte, der auch Spätfröste nichts anhaben können.

Studentenblume, Tagetes *(Tagetes)*

Höhe: 15 – 80 cm je nach Art, Blüte: gelb, orange, bräunlich, einfach oder gefüllt (Mai – Oktober), sonniger bis halbschattiger Standort, anspruchslos, Aussaat: April/Mai aufs Saatbeet oder März unter Glas. Korbblütler *(Compositae)*

Die Studentenblume gehört zu den dankbarsten Sommerblühern und Schnittblumen überhaupt. Neben den prächtigen hohen Sorten (T. erecta plena) gibt es auch die überall bekannte, niedrige T. patula nana für Rabatten und Einfassungen.

Der grüne Kniff:

● Tagetes sorgen für Bodengesundheit. Sie können helfen, einem Befall durch Fadenwürmer (Nematoden) entgegenzuwirken.

Tagetes patula nana

Trichtermalve, Sommermalve

(Malope trifida)

Höhe: bis 1 m, Blüte: weiß, rosa, rot (Juli – September), sonniger Standort, Aussaat: ab April in lokkeren Boden (flach und dünn säen). Malvengewächse *(Malvaceae)*

Die Trichtermalve gibt es selten als Pflänzchen zu kaufen. Sie läßt sich aber auf guten, durchlässigen Böden sehr leicht aus Samen ziehen und wächst bald zu einem stattlichen Busch heran. In den letzten Jahren wird sie als Schnittblume immer häufiger angeboten. Sie gedeiht am besten im Garten, wo sie ausreichend Platz hat, sich auszubreiten.

Winde

Malope trifida

Convolvulus tricolor

Winde *(Convolvulus tricolor)*

Kriechende Beet- und Balkonkastenblume, Flächendecker, Höhe: bis 25 cm, Blüte: weiß-gelb-blau (Juli – August), Bienenweide, sonniger bis halbschattiger Standort, anspruchslos, Aussaat: ab März/ April an Ort und Stelle. Windengewächse *(Convolvulaceae)*

Die kriechende, niedrige Winde mit ihren dreifarbigen, trompetenförmigen Blüten, die sich über Nacht schließen, eignet sich gut als Flächendecker, Einfassungspflanze oder auch für Kästen und Töpfe.

Wolfsmilch

(Euphorbia marginata)

Höhe: bis 60 cm, Blüte: weiß, unscheinbar (Juli – Oktober), sonniger Standort, anspruchslos, Aussaat: ab April/Mai ins Freiland. Wolfsmilchgewächse *(Euphorbiaceae)*

Wegen ihrer schneeweiß umrandeten Blätter bekam die einjährige Wolfsmilch den Namen »Bergschnee«. Sie ist ein guter Flächendecker für Steingarten und Beet.

Wucherblume, Sternblume, Sommermargerite

(Chrysanthemum)

Höhe: bis 60 cm, Blüte: weiß, gelb, rosa, braunrot, mehrfarbig (Juli bis Oktober), sonniger bis halbschattiger Standort, anspruchslos, Aussaat: ab April ins Freie. Korbblütler *(Compositae)*

Die robusten Sommermargeriten gehören zu den Sommerblumen, die jeder gut kennt, zumal sie überall reich blühen. Es gibt viele Arten und Formen. Die bunten Sternblumen beispielsweise (C. carinatum) haben farbige Ringe um die Blütenmitte und sind besonders lustige Schnittblumen. Sorten der Kronenmargerite dagegen (C. coronarium) blühen gefüllt in weiß und gelb. Chrysanthemum segetum blüht gelb und gelb mit dunkler Mitte. Alle genannten Arten sind sehr haltbare Schnittblumen.

Wunderblume, Mitternachtsblume

(Mirabilis)

Höhe: bis 70 cm, Blüte: weiß, rosa, gelb, rot, lila, karmin, zwei- und dreifarbig, Duft: M. longiflora (Juli bis Oktober), sonniger bis halbschattiger Standort, Aussaat: Ende April an Ort und Stelle. Wunderblumengewächse (Nyctacinaceae)

Anders als viele andere Blumen verschließt die Wunderblume ihre herrlich gefärbten und gezeichneten Trompetenblüten an sonnigen Tagen und öffnet sie abends oder an trüben Tagen. Neben der bekannten Art M. jalapa ist die Art M. longiflora vor allem durch ihren köstlichen Duft von Bedeutung, der zahlreiche Nachtfalter anzieht. Die »Nachtschönen Wunderblumen« passen deshalb besonders in die Nähe des Sitzplatzes, wo man das abendliche Ruhestündchen verbringt.

Vergißmeinnicht

(Myosotis alpestris)

Beet-, Gruppen- und Schnittblume, Flächendecker, zweijährig, sät sich auch selbst aus, Höhe: bis 20 cm, Blüte: blau (Mai – Juni), sonniger bis halbschattiger Standort, Aussaat: ab Mai/Juni aufs Saatbeet. Borretschgewächse *(Boraginaceae)*

Das zweijährige Vergißmeinnicht ist eine beliebte Bodendecker- oder Einfassungspflanze. Es ist reich mit kleinen, blauen Blüten übersät und eignet sich gut zum Unterpflanzen von langstieligen Tulpen.

Zierkohl *(Brassica)*

Buntlaubige Blattpflanze, Höhe: bis 35 cm, sonniger bis halbschattiger Standort, Anzucht wie normale Kohlpflanzen. Kohlgewächse *(Brassicaceae)*

Eine lustige Bereicherung für Sommerbeete sind die intensiv von grün über rot und blau bis tieflila gefärbten, krausblättrigen Zierkohlköpfe,

Wunderblume

die allerdings mehr zum Ansehen als zum Essen gedacht sind. Sie behalten ihre Färbung so lange, bis die ersten strengen Fröste ihrem Leben ein Ende bereiten.

Nicotiana alata

Ziertabak

Ziertabak *(Nicotiana alata)*

Gruppen- und Beetblume, Höhe: bis 50 cm, Blüte: verschiedene Rosa- bis Violettöne (Juni bis Oktober), sonniger Standort, Aussaat: ab April ins Freiland. Nachtschattengewächse *(Solanaceae)*

Eine hübsche Einjahresblume für gut gedüngte Sommerbeeete ist der Ziertabak.

Zinnie

Zinnie *(Zinnia elegans)*

Höhe: 30 cm – 1 m, Blüte: weiß, rosa, lachsrosa, orange, rot, lila, mehrfarbig (Juli – Oktober), sonniger Standort, Aussaat: im März/April unter Glas, ab Ende April ins Freiland. Korbblütler *(Compositae)*

Eine der wichtigsten und vielgestaltigsten Sommerblumen ist die Zinnie. Die straff aufrecht wachsenden Pflanzen liefern bunte, kugelige, dahlien-, skabiosen- oder auch chrysanthemenähnliche, sehr haltbare Schnittblumen. Die kleinen »Liliput-Zinnien« lassen sich gut als etwa 30 cm hohe Einfassung verwenden, während die »Riesen-Zinnien« mit 1 m Höhe zu den prächtigsten Beet- und Schnittblumen zählen.

Standorttip:

- Alle Zinnien lieben Sonne und Wärme und blühen an einem geschützten Platz am schönsten. Sie sind sehr empfindlich gegen Kälte und Nässe und faulen unter ungünstigen Bedingungen schnell.

Zinnia elegans

Schnittblumen für die Trockenbinderei

Neben frischen Schnittblumensträußen machen auch dauerhafte Trockensträuße, die noch zu Weihnachten an die sommerliche Blütenpracht im Garten erinnern, viel Freude. Sehr viele Gartenblumen, beispielsweise auch Rosen, lassen sich trocknen. Einige aber eignen sich besonders gut dafür, weil sie auch nach dem Trocknen unverändert leuchtende Farben zeigen und nicht zusammenfallen oder welk aussehen. Die bekannteste darunter ist wohl die Strohblume. Man sät solche Sommerblumen hauptsächlich für die Trockenbinderei an.

Standorttip:

- Die meisten zur Trockenbinderei geeigneten Blumen lieben sonnige Plätze auf durchlässigem Boden. Sie vertragen Trockenheit überwiegend gut, stauende Nässe dagegen ausgesprochen schlecht.

Der grüne Kniff:

- Der Zeitpunkt des Schnitts ist je nach Art unterschiedlich.

Kugelamarant *(Gomphrena globosa)* Fuchsschwanzgewächse *(Amarantaceae)*
Höhe: bis 25 cm, Blüte: weiß, lila, kugelig (Juli – Oktober), geschützer Standort wichtig; Aussaat ab Mai ins Freiland. Beim Schnitt sollte der Kugelamarant Farbe zeigen.

Schleierkraut *(Gypsophila elegans)* Nelkengewächse *(Caryophyllaceae)*
Höhe: bis 45 cm, Blüte: weiß, rosa, rot (Juli bis August), entwickelt sich freistehend am schönsten; Aussaat im März/April an Ort und Stelle; Schnitt erfolgt, wenn die kleinen Blüten erblüht sind.

Silberblatt, Judassilberling *(Lunaria annua)* Kreuzblütler *(Cruciferae)*
Höhe: bis 1 m, Blüte: purpurviolett (Mai – Juni), Fruchtschmuck: silberweiße, runde Schoten, für Trockengebinde verwendet man fruchtende Zweige, verträgt auch Schatten; Aussaat im Mai/Juni ins Freiland.

Mit der Blüte nach unten aufhängen

Sonnenflügel *(Helipterum roseum)* Korbblütler *(Compositae)*
Höhe: 30 – 50 cm, Blüte: verschiedene Rosatöne mit dunkler Mitte (Juni bis Juli), typische Trockenblume, liebt kalkhaltige, leichte, aber nahrhafte Böden; Aussaat ab April auf Saatbeet; wird geschnitten, wenn die Blüte geöffnet, das Herz aber noch geschlossen ist.

Strohblume *(Helichrysum bracteatum)* Korbblütler *(Compositae)*
Höhe: bis 70 cm, Blüte: weiß, gelb, orange, rot, braunrot (Juni – September), bekannteste und haltbarste Trockenblume; Aussaat im April/Mai auf lockeres Saatbeet oder an Ort und Stelle; wird geschnitten, wenn die Blüte geöffnet, das Herz aber noch geschlossen ist.

Strohblume

Strandflieder

Strandflieder *(Limonium = Statice-Arten)* Bleiwurzgewächse *(Plumbaginaceae)*
Höhe: 50 – 90 cm, Blüte: weiß, gelb, rosa, lila (Juli – September), Bienenweide, anspruchslose und sehr typische Trockenblume; Aussaat im März unter Glas oder in Schalen, April/Mai ins Freie; muß beim Schnitt voll erblüht sein.

Ziermais, Erdbeermais *(Zea)*
Gräser *(Gramineae)*
Höhe: bis 2 m, Fruchtschmuck: Maiskolben mit bunten Körnern; Erdbeermais: dicke, rote Körner, erdbeerartig, lustiger Trockenschmuck; Aussaat im Februar/März in kleine Töpfe unter Glas; erst bei Vollreife wenn die Körner fest sind, sollte der Ziermais geerntet werden.

Cardiospermum halicacabum (einjährige Kletterpflanze)

Einjährige Kletterpflanzen

Eine besonders wichtige Gruppe der einjährigen Pflanzen bilden die schlingenden und rankenden Arten.
Sie eignen sich beispielsweise gut zur Eingrünung von Zäunen und haben dabei den Vorteil, daß eventuell notwendige Reparaturen oder Anstriche im Winter mühelos vorgenommen werden können. Sie sind ideal als sommerlicher Sonnen- und Lichtschutz auf dem Balkon oder der Terrasse, zumal sie auch gut in ausreichend tiefen Kästen oder Töpfen gedeihen.
Die einjährigen Kletterpflanzen ergänzen die ausdauernden Klettergehölze. Drähte oder Schnüre reichen als Rankhilfe in der Regel aus.

Standorttip:

- Einjährige Kletterpflanzen möchten es warm und sonnig haben.
- Sie gedeihen in jedem guten Gartenboden.

Aussaattip:

- Bei vielen Arten ist eine Anzucht unter Glas sinnvoll.
- Schon bald nach dem ersten Verpflanzen bekommen die Sämlinge einen kleinen Stab zur Stütze.

Pflegetip:

- Einjährige Ranker und Schlinger erreichen während des Sommers zum Teil stattliche Höhen von 4 m und mehr. Verständlicherweise brauchen sie dazu regelmäßig ausreichend Wasser und Dünger. Gedüngt wird einmal wöchentlich mit einem guten Volldünger.
- Eine stärkere Verzweigung der Pflanzen erreicht man, wenn man bei Jungpflanzen die Triebspitzen abzwickt.

Ballonwein, Ballonrebe *(Cardiospermum halicacabum)* – (Sapindaceae)
Höhe: 2,50 – 3 m, Blüte: unscheinbar, Fruchtschmuck: kleine, hellgrüne »Ballons«, geschützter und warmer Standort sehr wichtig, Aussaat: ab Februar unter Glas.

Duftwicke *(Lathyrus odoratus)*
Schmetterlingsblütler *(Leguminosae)*
Höhe: bis 2 m, Blüte: weiß, rosa, rot, blau (Juni – September), verträgt keine pralle Mittagssonne, nicht über Jahre hinweg im selben Beet ansäen, Aussaat: frühe Aussaaten in Töpfe bringen eine frühere Blüte (Töpfe nur zur Hälfte mit Erde füllen und nach der Keimung nachfüllen), ab April kann auch ins Freie gesät werden.

Duftwicke

Flaschenkürbis, Kalebasse *(Lagenaria siceraria)* Kürbisgewächse *(Cucurbitaceae)*
Höhe: bis 5 m, Blüte: weiß (Juni – September), große, keulen-, flaschen- oder kugelförmige Früchte (Kalebassen), aus denen man Vasen und Krüge anfertigen kann, braucht stabiles Rankgerüst, Aussaat: ab Ende März im Zimmer, ab Mitte Mai ins Freie.

Prunkwinde

Kapuzinerkresse

Lathyrus odoratus

Glockenrebe *(Cobaea scandens)* Sperrkrautgewächse *(Polemoniaceae)*
Höhe: bis 4 m, Blüte: blau-violett (Juli bis Oktober), schöner Sicht- und Sonnenschutz, Aussaat: ab März in Töpfe bei Zimmertemperatur.

Japanischer Hopfen *(Humulus scandens)* Maulbeergewächse *(Moraceae)*
Höhe: bis 5 m, Blüte: gelb-grüne Rispen (August), auch Sorte mit weißbuntem Laub, Aussaat: ab März im Zimmer, ab April ins Freiland.

Kapuzinerkresse *(Tropaeolum majus, peregrinum)* Kapuzinerkressengewächse *(Tropaeolaceae)*
Höhe: bis 3 m, Blüte: gelb, orange, rot (Juli – Oktober), Aussaat, Ansprüche und Besonderheiten wie T. nanum.

Prunkwinde, Trichterwinde *(Ipomea tricolor)* Windengewächse *(Convolvulaceae)*
Höhe: bis 4 m, Blüte: weiß-blau, weiß-rosa, u.a. (Juli – September), gut für Balkon geeignet (tiefe Kästen), sehr empfindlich gegen Nässe und Kälte, Aussaat: ab April unter Glas, Jungpflanzen abhärten.

Schwarzäugige Susanne *(Thunbergia alata)* Bärenklaugewächse *(Acanthaceae)*
Höhe: bis 1,50 m, Blüte: gelb-orange mit schwarzem Auge (Juli – Oktober), sehr gut für Balkonkästen geeignet, auch Hängepflanze, nicht zu stark gießen, Aussaat: ab März unter Glas.

Zwiebel- und Knollenpflanzen

Die Zwiebel- und Knollenpflanzen sind in der Pflanzgemeinschaft des Gartens gewissermaßen das Tüpfelchen auf dem i. Es gibt Vorfrühlings-, Frühlings-, Sommer- und Herbstblüher unter ihnen. Manche sind gute Partner zu Gehölzen, andere gehören in Rabatten und Steingärten. Auch in der Rasen- und Wiesenfläche ist ein guter Platz für einige Zwiebelsorten und -arten. Viele von ihnen sind zudem gänzlich anspruchslos. Einige Arten brauchen etwas mehr Zuwendung, die sie aber mit ihren schönen Blüten reich belohnen.

Standorttip:

- Kleine Frühlingsblüher und Wildarten eignen sich am besten als Unterpflanzung zu Bäumen und Sträuchern. Sie nützen die Zeit, in der die Gehölze noch kein Laub haben und die Sonne bis auf den Boden scheinen kann (Blaustern, Schneeglöckchen, Winterling u.a.). In Gruppen eignen sie sich gut für Rabatten und Steingärten.
- Für Rasen- und Wiesenflächen nimmt man möglichst frühblühende Arten, deren Laub entsprechend zeitig welkt, so daß beim Mähen nicht zu lange darauf Rücksicht genommen werden muß.
- Besonders trockener oder nasser Boden ist ungeeignet – ebenso wie frisch gedüngter Boden. Frischen, unverrotteten Dünger vertragen Zwiebelpflanzen ganz und gar nicht.
- Pflanzt man Zwiebeln in den Balkonkasten, so sollte man bedenken, daß sie dort sehr viel frostgefährdeter sind als im Boden und deshalb für einen ausreichenden Winterschutz sorgen.
- Wenn Blumenzwiebeln jedes Jahr wieder auf den gleichen Platz gepflanzt werden, so führt das zu Bodenmüdigkeit, die sich in Krüppelwuchs, mangelhaftem Austrieb und Farbveränderungen auswirkt. Auch ein vermehrtes Auftreten von Krankheiten kann eine Folge davon sein. Deshalb muß auch im Blumengarten ein regelmäßiger Standortwechsel eingehalten werden.

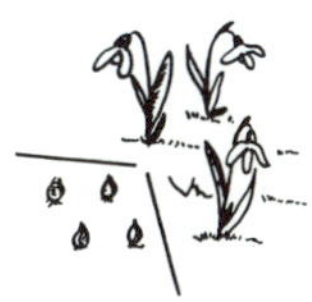

Pflanztip:

- Die meisten Zwiebel- und Knollengewächse wirken in Gruppen gepflanzt am besten, besonders die kleinen Arten. Bei der Pflanzung sollte die Wuchshöhe beachtet werden. Zierliche Sorten eignen sich besser für den Steingarten und für Randbepflanzungen.
- Die Pflanztiefen sind von Art zu Art unterschiedlich. Man sollte die auf den Packungen angegebenen Maße jeweils möglichst genau einhalten.
- Die Zwiebel oder Knolle soll im Boden rundum von Erde umgeben sein. Auch unter dem Zwiebelboden darf kein Hohlraum sein.

Verblühte Blüten abschneiden

Tulipa

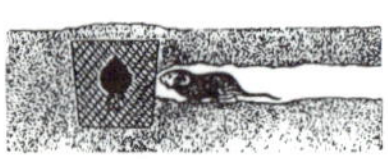

Pflanzkörbe schützen Blumenzwiebeln vor Mäusen

Pflegetip:

● Nach dem Verblühen sollte man die Blüten köpfen, damit die Kraft der Pflanze nicht zur Samenbildung verbraucht wird. Holt man sich Schnittblumen für die Vase, darf man auf keinen Fall sämtliche Blätter mitabschneiden! Das Laub soll nach der Blüte möglichst abtrocknen können.

Der Pflanzendoktor:

● Die schlimmsten Feinde der Zwiebeln und Knollen sind die Mäuse. Für sie bedeuten diese »Kraftpakete« einen Leckerbissen. Bei schlimmer Mäuseplage im Garten sollte man die Zwiebeln besser in speziellen Pflanzkörbchen pflanzen, die für die Mäuse undurchdringbar sind (gibt es im Fachhandel).

● Treiben die Pflanzen nicht so recht, blühen unbefriedigend und kümmern, können Pilzkrankheiten daran schuld sein. Sie sind eine Folge oben beschriebener Bodenmüdigkeit. Man sollte daher schon rechtzeitig den Platz mancher Arten wechseln.

Zwiebel- und Knollenpflanzen von A bis Z

Auf den folgenden Seiten finden Sie die wichtigsten Zwiebel- und Knollenpflanzen in der Reihenfolge von A – Z. Die den Pflanzennamen nachgestellten Kästen enthalten Angaben über Wuchshöhen, Blütenfarbe und Blütezeit sowie über die günstigsten Standorte, die Pflanzzeit und besondere Ansprüche der genannten Pflanzen. Am Ende der Kästen finden Sie den deutschen und den lateinischen Familiennamen.

Alpenveilchen

Alpenveilchen
(Cyclamen)

Höhe: 10 cm, Blüte: rosa, rot (Februar – März, August, September bis Oktober), absonniger bis halbschattiger Standort, Winterschutz erforderlich, Pflanzung: im Herbst, 5 cm tief. Primelgewächse *(Primulaceae)*

Für den Garten eignen sich besonders 3 Alpenveilchenarten, die sich in ihrer Blütezeit unterscheiden: Das Frühlingsalpenveilchen (C. coum), das Sommeralpenveilchen (C. europaeum) und das Herbstalpenveilchen (C. neapolitanum).

Standorttip:

- Alpenveilchen lieben humus- und kalkreiche Erde.

Der grüne Kniff:

- Die Pflanzstelle sollte man jeden Herbst kennzeichnen, damit man im Frühjahr beim Hacken die Knollen der spätaustreibenden Pflanze nicht verletzt.

Der Pflanzendoktor:

- Alpenveilchen sollten unbedingt vor Wühlmäusen geschützt werden, für die die fleischigen Knollen eine Delikatesse sind.

Anemone *(Anemone)*

Anemone

Höhe: bis 25 cm, Blüte: weiß, rot, blau, zweifarbig (März – Juni, je nach Art), absonniger bis halbschattiger Standort, winterhart, Pflanzung: Oktober/November (Pflanzstelle mit Torfmull abdekken!) oder März/April (A. blanda nur Herbstpflanzung), 5 cm tief. Hahnenfußgewächse *(Ranunculaceae)*

Mit dem einheimischen Buschwindröschen (A. nemorosa) verwandt sind die aus dem Balkan kommenden, im Mai blühenden Gartenanemonen (»De Caen«, »St. Brigid«, halbgefüllt). Nach der Pflanzung sollte man sie nach Möglichkeit einige Jahre in Ruhe lassen.

Blumenrohr

Dahlien

Schutz vor Spätfrösten mit Torfmull

Babiana *(Babiana hybrida)*

Höhe: 30 cm, Blüte: karminrosa, lila (Juli – August), sonniger Standort, frostfreie Überwinterung, Pflanzung: Ende April/Anfang Mai, 10 cm tief. Irisgewächse *(Iridaceae)*

Noch recht unbekannt ist die aus Südafrika kommende Babiana mit ihren freesienähnlichen, zarten Blüten. Die Zwiebel der schönen, wärmeliebenden Pflanze wird im Herbst ins Haus geholt und wie Dahlien überwintert. (siehe: Dahlie).

Blaustern *(Scilla)*

Höhe: 10 – 30 cm, Blüte: S. sibirica: blau (März); S. campanulata: weiß, rosa, blau (April/Mai), absonniger bis halbschattiger Standort, winterhart, Pflanzung: Herbst, 10 cm tief. Liliengewächse *(Liliaceae)*

Das kleine sibirische Blausternchen (S. sibirica) gehört zu den allerersten Frühlingsboten im Garten. Erst später blüht die höhere und großblumige S. campanulata, die man auch gut für schöne Frühlingssträuße schneiden kann.

Blumenrohr
(Canna indica)

Rhizompflanze, auch rotlaubige Sorten, Höhe: bis 1,20 m, Blüte: gelb, orange, rot und getigert (Juni bis September), sonniger, geschützter Standort, frostfreie Überwinterung, Pflanzung: Frühjahr, in Töpfe, ab Mitte Mai ins Freiland. Blumenrohrgewächse *(Cannaceae)*

Das prächtige indische Blumenrohr sieht man in seinen hohen Sorten oft in Parks und Anlagen. Für den Hausgarten werden meist die kleineren Sorten vorgezogen. Die Pflege der wärmeliebenden Pflanze erfordert einige Sorgfalt.

Standorttip:

- Das Blumenrohr braucht einen geschützten, warmen Platz auf lockerem, humus- und nährstoffreichem Boden (Düngen).

Pflegetip:

- Haben im Herbst die ersten Fröste das Laub des Blumenrohrs zerstört, so gräbt man das Rhizom aus und lagert es kühl, luftig und frostfrei. Die Erde wird nicht abgeschüttelt. Sie verhindert, daß die Wurzeln austrocknen. Im Frühjahr treibt man die Pflanze in Töpfen wieder an.

Dahlie *(Dahlia variabilis)*

Höhe: 40 cm – 1,50 m, Blüte: weiß, rosa, rot, gelb, orange, purpur, karmin, zweifarbig (Juli – Oktober), sonniger Standort, sehr frostempfindlich, frostfreie Überwinterung notwendig; Pflanzung: Mai, Pflanztiefe: je nach Knollengröße. Korbblütler *(Compositae)*

Seit Anfang des letzten Jahrhunderts sind die Dahlien bei uns sehr beliebt geworden. Es gibt zahlreiche Züchtungen. Nach Blütengestalt und Wuchsform kann man beispielsweise »Halskrausendahlien«, »Pompondahlien«, »Kaktusdahlien« und »Mignondahlien« unterscheiden.

Pflanztip:

- Die Knollen pflanzt man so tief, daß jeder Stengelansatz gerade mit Erde bedeckt ist. Abstand je nach Sorte: 50 cm – 1 m.

- Wenn man von jeder Pflanze nur 3 – 4 Triebe wachsen läßt, so fördert dies die Blütenqualität.

Pflegetip:

- Nach dem ersten Frost holt man die Knollen aus der Erde, läßt sie abtrocknen, befreit sie von Erdrückständen und schneidet die oberen

Dahlia variabilis

Pflanzenteile ab. In einer Kiste mit Sand oder Torf bewahrt man die Knollen dann kühl und trocken auf. Sie dürfen auf keinen Fall schimmeln, oder austrocknen.

Der Pflanzendoktor:

- Die jungen Triebe der Dahlien sind außerordentlich stark schneckengefährdet.
- Wenn Blätter und Triebspitzen verkrüppeln oder sich kräuseln, so handelt es sich um den Dahlienvirus. Gegen diese Krankheit gibt es kein Mittel. Kranke Pflanzen sollten sofort einschließlich der Wurzel entfernt und vernichtet werden. Auf dieses Beet dürfen einige Jahre lang keine Dahlien gepflanzt werden.

Dreifarbenblume

(Sparaxis tricolor)

Höhe: 20 cm, Blüte: weiß, rosa, rot mit purpur und gelb (Mai – Juni), sonniger Standort, Winterschutz erforderlich, Pflanzung: Herbst oder zeitiges Frühjahr, 10 cm tief. Irisgewächse *(Iridaceae)*

Eine besonders fröhliche Beet- und Straußblume ist die Dreifarbenblume mit ihren bunt leuchtenden Sternblüten. Sie kommt aus Südafrika, gedeiht aber auch bei uns ohne große Ansprüche.

Dreifarbenblume

Forellenlilie

(Erythronium dens-canis)

Höhe: 20 cm, Blüte: weiß, zartrosa, marmoriert (April/Mai), sonniger bis halbschattiger Standort, winterhart, Pflanzung: Herbst, 5 – 8 cm tief. Liliengewächse *(Liliaceae)*

Die kleine Forellenlilie, auch Hundszahn oder Zahnlilie genannt, kommt aus Südeuropa. Sie möchte ein ungestörtes Plätzchen im Steingarten oder unter Gehölzen.

Forellenlilie

Freesie *(Freesia-Hybriden)*

Höhe: 30 cm, Blüte: weiß, goldgelb, lila, Duft (Juli – August), sonniger, geschützter Standort, nicht winterhart, Pflanzung: April/Mai, 5 cm tief. Irisgewächse *(Iridaceae)*

Freesie

Frühlingsstern-blume

Die Knollen der Freilandfreesien werden vom Züchter präpariert, damit sie auch im Garten zur Blüte kommen. Deshalb sind sie nur ein Jahr zu verwenden. Sie müssen bis zur Auspflanzung warm, in normaler Zimmertemperatur gelagert werden.
Freesien sind sehr beliebte Schnittblumen, die den Sommer über auch in den Garten gepflanzt werden können. Man pflanzt sie an einen geschützten Standort und in gut erwärmten Boden.

Frühlingssternblume, Kalifornische Hyazinthe *(Brodiaea)*

Höhe: 15 – 40 cm, Blüte: weiß, blau (März – Mai), sonniger Standort, Winterschutz erforderlich, Pflanzung: Herbst. Liliengewächse *(Liliaceae)*

Die netten, kleinen Frühlingssternblumen (B. uniflora) eignen sich besonders gut für warme Plätze im Steingarten oder als frühblühende Beeteinfassung.
Die größere kalifornische Hyazinthe (B. laxa) liefert hübsche Schnittblumen für Frühlingssträuße.

Gladiole

Gladiole
(Gladiolus-Hybriden)

Höhe: bis 1,50 m, Blüte: weiß, rosa, rot, orange, gelb, lila, zweifarbig (Juni – August), sonniger, windgeschützter Standort, frostfrei überwintern, Pflanzung: April/Mai, 8 bis 10 cm tief. Irisgewächse *(Iridaceae)*

Gladiolen sind herrliche Schnittblumen, an denen man jedes Jahr wieder Freude haben kann, wenn man ihre Knollen über den Winter frostfrei, kühl und trocken aufbewahrt.

Der grüne Kniff:

- Um den Sommer über Schnittgladiolen zu bekommen, pflanzt man die Knollen nicht alle gleichzeitig, sondern in Abständen von jeweils 2 Wochen bis in den Juni hinein.

Der Pflanzendoktor:

- Gelb gesprenkelte Blätter und Knospen sind eine Folge von Blasenfußbefall (Gladiolenthrips).

Glücksklee *(Oxalis deppei)*

Höhe: bis 20 cm, sonniger bis halbschattiger Standort, frostfreie Überwinterung, Pflanzung: Frühjahr, 5 cm tief. Sauerkleegewächse *(Oxalidaceae)*

Der Glücksklee, den man oft schon zur Jahreswende im Zimmer treibt, eignet sich auch gut als lustige Beet- und Wegeeinfassung im Garten. Die kleinen Knollen des Glücksbringers überwintert man genau wie Dahlien.

Herbstzeitlose
(Colchicum autumnale)

Höhe: bis 15 cm, Blüte: lila-rosa, auch gefüllte Sorten (August – Oktober), sonniger Standort, alle Pflanzenteile giftig, Pflanzung: Juli, 10 – 20 cm tief. Liliengewächse *(Liliaceae)*

Mit zu den letzten Blüten im Jahr zählen die der Herbstzeitlosen, die wild auf feuchten Wiesen zu finden sind.

Standorttip:

- Herbstzeitlosen sollten im Garten einen sonnigen Platz auf feuchteren, aber durchlässigen, etwas kalkhaltigen Böden bekommen.
- Herbstzeitlosen möchten viele Jahre ungestört wachsen.

Homerie

(Homeria collina lutea)

Höhe: bis 75 cm, Blüte: gelb (Mai bis Juni), sonniger Standort, sorgfältiger Winterschutz erforderlich, Pflanzung: ab April, 4 – 5 cm tief. Irisgewächse *(Iridaceae)*

Die Homerien stammen aus den Steppen Südafrikas. Mit ihren zarten Blütensternen ähneln sie ein wenig dem Klebschwertel.

Hyazinthe

(Hyazinthus orientalis)

Höhe: bis 25 cm, Blüte: weiß, gelb, rosa, rot, blau, lila, Duft (März bis April), sonniger Standort, Winterschutz, Pflanzung: Herbst, 15 – 20 cm tief. Liliengewächse *(Liliaceae)*

Schon seit dem 16. Jahrhundert sind die Hyazinthen bei uns beliebte Frühjahrsblüher – vor allem für die Treiberei im Zimmer. Auch im Garten fühlen sie sich sehr wohl.

Der grüne Kniff:

- Alle 2 Jahre sollte man Hyazinthen nach der Blüte, sobald das Laub abgestorben ist, aus dem Boden nehmen und den Sommer über kühl und trokken aufbewahren. Im September werden sie an einer anderen Stelle wieder eingepflanzt.

Inkalilie *(Alstroemeria)*

Rhizompflanze, Höhe: bis 60 cm, Blüte: orange (Juni – Juli), sonniger Standort, Winterschutz erforderlich, Pflanzung: ab Mai, Wurzeln müssen gerade in die Erde kommen. Amaryllisgewächse *(Amaryllidaceae)*

Inkalilien sind leuchtende Beet- und Schnittblumen, die sich auch sehr gut für Kübel und Töpfe eignen (auf ausreichenden Winterschutz achten). Sie wollen über Jahre am gleichen Platz stehen und sind sehr empfindlich gegen Staunässe.

Hyazinthen

Iris, Schwertlilie

(Iris)

Höhe: bis 50 cm, Blüte: blau, gelb, weiß, zweifarbig (März – Juni), sonniger Standort, Pflanzung: Herbst, 8 – 10 cm tief. Irisgewächse *(Iridaceae)*

Neben den Staudenirisarten gibt es eine Fülle herrlicher Zwiebelschwertlilien. Besonders wichtig für Garten und Vasenschmuck sind beispielsweise die Iris- Hollandica-Hybriden.
Nur 15 cm hoch werden die Zwergirisarten, die blaue I. reticulata und die gelbe I. danfordiae. Beide gehören zu den ersten blühenden Frühlingsboten im Garten.

Iris

Standorttip:

- Die I.-Hollandica-Hybriden lieben lockere, durchlässige Erde. In feuchten Lagen sollte man sie besser nach dem Einziehen der Blätter ausgraben und den Sommer über in einem kühlen und trockenen Raum, in Sand eingeschlagen, aufbewahren.

Kaiserkrone

Kaiserkrone *(Fritillaria)*

Höhe: bis 100 cm, Blüte: gelb, orange (April), sonniger, geschützter Standort, winterhart, Pflanzung: Herbst. Liliengewächse *(Liliaceae)*

Seit dem 16. Jahrhundert ist die Kaiserkrone (F. imperialis) aus dem Himalaya bereits in unseren Gärten heimisch.
Auch ihre kleinere Verwandte, die Schachbrettblume (F. meleagris) fällt durch ihre Blüte auf: ihr hängender Kelch ist fein kariert. Sie ist bei uns heimisch und naturgeschützt.

Standorttip:

- Die Kaiserkrone gedeiht am besten in kräftigen, lockeren, ungedüngten Gartenböden. Sie möchte viele Jahre ungestört am selben Platz bleiben.

Der grüne Kniff:

- Der strenge Geruch der Kaiserkrone vertreibt Wühlmäuse aus der unmittelbaren Umgebung.

Klebschwertel

Kaphyazinthe

Kaphyazinthe

(Galtonia = Hyazinthus candicans)

Höhe: bis 1 m, Blüte: weiß (Juli bis September), sonniger bis halbschattiger Standort, Winterschutz, besser noch frostfreie Überwinterung, Pflanzung: Frühjahr, 10 – 15 cm tief. Liliengewächse *(Liliaceae)*

Die Blüten der Kaphyazinthe ähneln denen der Hyazinthe, sind nur viel größer und lockerer. Sie wird deshalb auch Riesen- oder Sommerhyazinthe genannt. In milden Wintern können ihre Zwiebeln draußen bleiben. Sicherer jedoch ist es, sie im Herbst herauszunehmen und sie wie Gladiolen zu überwintern.

Galtonia

Klebschwertel

(Ixia hybrida)

Höhe: bis 40 cm, Blüte: weiß, rosa, lachsfarben, orange (Mai – Juni), sonniger Standort, Winterschutz, Pflanzung: Herbst, 10 cm tief. Irisgewächse *(Iridaceae)*

Der Klebschwertel stammt aus Südafrika, kommt aber unter einer Laub- oder Torfmulldecke meist recht gut durch unsere Winter. Er liefert herrliche, lang haltbare Schnittblumen in leuchtenden Farbtönen.

Krokus *(Crocus vernus)*

Höhe: bis 15 cm, Blüte: weiß, gelb, lila, gestreift (März), sonniger bis halbschattiger Standort, winterhart, Pflanzung: Herbst, 5 – 8 cm tief. Irisgewächse *(Iridaceae)*

Jeder kennt die kleinen Krokusse, die eine einfache Rasenfläche im zeitigen Frühjahr in einen blühenden Teppich verwandeln können. Wildkrokusse blühen 1 – 2 Wochen vor den Gartenformen. Auch die weniger bekannten Herbstkrokusse (C. sativus), die ein wenig den Herbstzeitlosen ähneln, können viel Freude bereiten. Man steckt sie im Juli.

Lilie *(Lilium)*

Höhe: bis 1,20 m, Blüte: weiß, rosa, rot, gelb, orange, zweifarbig, Duft (Juni – September), sonniger Standort, winterhart, Pflanzung: Herbst und Frühjahr, 20 – 25 cm tief, (Asiatische Hybriden: 10 – 15 cm, Ausnahme Madonnenlilie: August/September, 3 cm tief). Liliengewächse *(Liliaceae)*

Die Lilien sind zusammen mit den Rosen wohl die ältesten Zierpflanzen im Garten überhaupt. Schon in den Klostergärten des frühen Mittelalters hatte die schneeweiße, duftende Madonnenlilie (L. candidum) ihren festen Platz. Auch die Feuerlilie (L. bulbiferum) und der Türkenbund (L. martagon) sind herrliche, alte Gartenblumen. Heute pflanzen wir auch die weiße Königslilie (L. regale), die zartrosafarbene Japanlilie (L. speciosum) und eine Fülle prächtiger asiatischer Hybriden.

Standorttip:

- Lilien lieben einen frischen und nahrhaften, aber nicht frisch gedüngten, leichten und lockeren, kalkarmen Boden. Gegen Staunässe sind sie hochempfindlich.
- Lilien wollen an der vollen Sonne möglichst unbedrängt stehen. Ihr Fuß soll aber beschattet, warm und geschützt sein. Eine Unterpflanzung mit kriechenden Stauden und Bodendekkern bekommt ihnen gut.
- Ähnlich den Pfingstrosen möchten auch die Lilien möglichst lange ungestört stehen. Sie werden im Alter immer schöner.

Pflanztip:

- Bis zur Pflanzung bewahrt man Lilienzwiebeln kühl im feuchten Sand oder Torfmull auf.
- Bei der Pflanzung sollten die Zwiebeln weder Wind noch Sonne ausgesetzt sein.
- Um Staunässe zu verhindern, besonders bei feuchten Böden, hebt man das Pflanzloch tiefer aus, bringt erst Kies oder Sand ein und setzt die Zwiebel darauf.

Pflegetip:

- Um die Blühfähigkeit der Hybridlilien über Jahre zu erhalten, sollten

Streifenkrokus

Lilium regale

die Blüten sofort nach dem Verblühen abgeschnitten werden.

Der Pflanzendoktor:

- Lilien sind für Mäuse anscheinend eine Delikatesse. Wenn man Kaiserkronen und Lilien zusammenpflanzt, werden die Mäuse durch den strengen Geruch der Kaiserkronen von den Lilien abgehalten.

Maiglöckchen

Maiglöckchen
(Convallaria majalis)

Höhe: bis 20 cm, Blüte: weiß, Duft (Mai), Früchte: giftig, halbschattiger Standort, winterhart. Pflanzung: Frühjahr, 5 cm tief. Liliengewächse *(Liliaceae)*

Die duftenden Maiglöckchen sind jedem wohlbekannt. Man sollte ihnen im Garten einen ähnlichen Platz wie in der Natur geben: im lichten Schatten von Bäumen und Sträuchern. Dort können sie jahrelang ungestört stehen bleiben und verwildern.

Montbretie

Milchstern, Sternenschweif
(Ornithogalum)

Höhe: bis 50 cm, Blüte: weiß, April bis Mai (Milchstern), Juli – September (Sternenschweif), sonniger bis halbschattiger Standort, Winterschutz (Milchstern), frostfreie Überwinterung (Sternenschweif). Pflanzung: Milchstern: Herbst, 10 cm tief, Sternenschweif: Frühjahr. Liliengewächse *(Liliaceae)*

Sternenschweif

Zwei Ornithogalum-Arten sind für den Garten geeignet: der robustere Milchstern (O. umbellatum), der gerne im lichten Schatten von Gehölzen steht, ist ausreichend winterfest und kann draußen bleiben. Der Sternenschweif (O. thyrsoides) dagegen, der an sonnigen Plätzen stehen möchte und schöne Schnittblumen liefert, muß wie Gladiolen im Haus überwintert werden.

Montbretie
(Crocosmia x crocosmiflora)

Höhe: 40 – 60 cm, Blüte: gelb, orange (Juli – Oktober), sonniger bis halbschattiger Standort, Winterschutz oder frostfreie Überwinterung, Pflanzung: April/Mai, 8 – 10 cm tief. Irisgewächse *(Iridaceae)*

Die Gartenmontbretien aus Südafrika kennt man vor allem aus alten Gärten. Die großblumigen Sorten werden am besten im Haus, wie Gladiolen, überwintert. Die kleinblumigen Montbretien kommen unter einer dikken Laubdecke gut durch den Winter.

Narzisse, Osterglocke *(Narcissus)*

Höhe: 10 – 70 cm, Blüte: weiß, weiß-orange, rosa überlaufen, gelb, gelb-orange (März – Mai), sonniger bis halbschattiger Standort, winterhart, Pflanzung: Herbst, 10 – 15 cm tief. Amaryllisgewächse *(Amaryllidaceae)*

Die Narzisse stammt aus den Mittelmeerländern, einige Arten kommen auch in den Alpen vor. Allein schon die Wildarten, von denen eine ganze Reihe auch sehr hübsche Gartenpflanzen sind, zeichnen sich durch eine unüberschaubare Vielfalt aus. Die zahlreichen Züchtungen – groß- und kleinblütige, gefüllte, zweifarbige – bereichern die natürliche Artenfülle noch um ein Vielfaches.

Standorttip:

- Narzissen eignen sich zur Unterpflanzung von lichten Gehölzen, für Beete, Rabatten und für Tuffs auf Rasenflächen. Die Zwergsorten sehen im Steingarten sehr gut aus.
- Narzissen können 4 – 5 Jahre am selben Platz bleiben. Danach sollte man den Standort jedoch wechseln. Dabei kann man die inzwischen gebildeten Zwiebeln teilen.

Der Pflanzendoktor:

- Keine Angst bei Wühlmäusen im Garten. Narzissenzwiebeln werden von Mäusen verschmäht.

Nerine *(Nerine bowdenii)*

Höhe: 30 – 50 cm, Blüte: rosa (Mai bis Juni), sonniger bis absonniger Standort, Winterschutz, in rauheren Lagen frostfrei im Haus überwintern, Pflanzung: ab April in gut erwärmten Boden, 5 cm tief, bei Herbstflanzung tiefer und Winterschutz. Amaryllisgewächse *(Amaryllidaceae)*

Noch recht unbekannt sind die zarten Nerinen, die langstielige Schnittblumen liefern. Sie können auch im Topf gezogen werden.

Pfauenlilie
(Tigridia pavonia)

Höhe: bis 40 cm, Blüte: rot, gelb, gezeichnet (Juli – August), sonniger Standort, frostfreie Überwinterung, Pflanzung: ab Mitte Mai (keine Nachtfröste), 10 cm tief. Irisgewächse *(Iridaceae)*

Tigrida pavonia

Die Pfauenlilien aus Mexiko mit ihren dreiblättrigen, in der Mitte gemaserten Blüten gehören zu den auffälligsten und besonders exotisch wirkenden Zwiebelpflanzen. Die Zwiebeln der sehr frostempfindlichen Blumen überwintert man wie Gladiolen.

Pfauenlilie

Präriekerze
(Camassia esculenta)

Höhe: bis 40 cm, Blüte: weiß, lila (April/Mai – Juni), sonniger Standort, anspruchslos und winterhart, Pflanzung: Herbst, 8 – 10 cm tief. Liliengewächse *(Liliaceae)*

Die Präriekerze mit ihren Sternchenblüten an langen Rispen ist nicht nur eine wunderschöne Schnittblume, sondern auch sehr gut für Steingärten oder steppenähnliche Beete geeignet. Sie ist sehr trockenheitsverträglich und kann jahrelang ohne größere Pflege am gleichen Platz stehen.

Präriekerze

Puschkinie

Puschkinie, Zwerghyazinthe

(Puchkinia libanotica)

Höhe: 15 cm, Blüte: weiß, blau, gestreift (April – Mai), absonniger bis halbschattiger Standort, winterhart, Pflanzung: Herbst, 5 – 10 cm tief. Liliengewächse *(Liliaceae)*

Die Puschkinie ist ein netter, kleiner Frühlingsblüher, der besonders gut unter Gehölze paßt. Sie steht gerne etwas feucht.

Ranunculus asiaticus

Ranunkel

Ranunkel

(Ranunculus asiaticus)

Höhe: bis 25 cm, Blüte: gelb, Rottöne (Juni – Juli), sonniger bis halbschattiger Standort, Winterschutz (im zeitigen Frühjahr entfernen), Pflanzung: Frühjahr, 5 cm tief. Hahnenfußgewächse *(Ranunculaceae)*

Die aus Persien kommende Ranunkel ist eine nahe Verwandte der Anemone, aber etwas empfindlicher als diese. Es gibt prächtige, dicht gefüllte Sorten (»Biedermeier«).

Pflanztip:

- Bei der Pflanzung von Ranunkeln muß man darauf achten, daß die »Klauen« oder »Zehen« der knolligen Wurzeln nach unten zeigen. Bei sehr trockenem Boden sollte man die Wurzeln vor der Pflanzung einige Stunden im Wasser quellen lassen.

Schneeglanz

Schneeglanz

(Chionodoxa luciliae)

Höhe: bis 15 cm, Blüte: blau (März), sonniger bis halbschattiger Standort, winterhart, Pflanzung: Herbst, 5 cm tief. Liliengewächse *(Liliaceae)*

Der Schneeglanz ist ein kleiner, robuster und sich rasch vermehrender Frühlingsblüher, der gut zu Krokussen, Blaustern, Schneeglöckchen und Schneeheide oder unter Gehölze paßt.

Schneeglöckchen

(Galanthus nivalis)

Höhe: bis 10 cm, Blüte: weiß (Februar – März), sonniger bis halbschattiger Standort, anspruchslos und winterhart; Pflanzung: Herbst, 5 – 8 cm tief. Amaryllisgewächse *(Amaryllidaceae)*

Das gut bekannte Schneeglöckchen, das in unseren Wäldern den Frühling einläutet, fühlt sich auch in den Gärten unter Bäumen und Sträuchern sehr wohl und vermehrt sich von Jahr

Galanthus nivalis

zu Jahr. Nahe mit ihm verwandt ist der Märzenbecher (Leucojum vernum), der ebenso geringe Ansprüche stellt. Die Zwiebeln sollten jedoch sofort nach dem Kauf gepflanzt werden. Beide setzt man gerne in Gruppen auf Rasenflächen oder unter Gehölze. In günstigen Lagen vermehren sie sich sehr stark.

Schönhäutchen

(Ismene festalis = Hymenocallis calathina)

Höhe: 40 cm, Blüte: weiß (Juli – August), sonniger bis halbschattiger Standort, frostfrei überwintern, Pflanzung: ab Mitte Mai (keine Nachtfröste), 10 cm tief. Amaryllisgewächse *(Amaryllidaceae)*

Das Schönhäutchen fällt durch seine orchideenartigen, eigenartig geformten Blüten auf, die auch gut in die Vase passen. Im Garten möchte es einen warmen, geschützten Platz. Die Zwiebeln überwintert man wie Dahlienknollen. Man kann die hübsche Zwiebelpflanze auch im Topf halten. Auch dort braucht sie aber eine winterliche Ruhezeit.

Sternbergia, Gewitterblume

(Sternbergia lutea)

Höhe: bis 10 cm, Blüte: gelb (September – Oktober), sonniger bis halbschattiger Standort, Winterschutz erforderlich, Pflanzung: Herbst und Frühling, 8 – 10 cm tief.

Die kleine Gewitterblume gehört, ähnlich wie die Herbstzeitlosen und die Herbstkrokusse, zu den spätblühenden Zwiebelpflanzen, die man auch gut in Gruppen zusammenpflanzen kann.

Sterngladiole, Abessinische Gladiole

(Acidanthera bicolor murielae)

Höhe: 70 cm – 1 m, Blüte: weiß mit purpurroter Mitte (August/September – Oktober), sonniger Standort, frostfreie Überwinterung, Pflanzung: ab Mitte Mai, 8 – 10 cm tief. Irisgewächse *(Iridaceae)*

Sterngladiole

Die Sterngladiole ist eine besonders edle Beet- und Schnittblume für geschützte Standorte. Man behandelt und pflegt sie im allgemeinen wie die Gladiole.

Tagblume *(Commelina)*

Höhe: bis 75 cm, Blüte: blau (Juni bis September), sonniger, geschützter Standort, frostfreie Überwinterung, Pflanzung: Frühjahr, in Töpfe, ab Mitte Mai ins Freie, Wurzelhals 3 – 5 cm tief. Commelinengewächse *(Commelinaceae)*

Schönhäutchen

Die unermüdlich blühende Tagblume wird vor der Pflanzung in Töpfen vorgetrieben. Ein heller Fensterplatz eignet sich dazu am besten.

Traubenhyazinthe, Perlhyazinthe
(Muscari botryoides)

Traubenhyazinthe

Höhe: bis 15 cm, Blüte: blau (April bis Mai), sonniger bis halbschattiger Standort, anspruchslos und winterhart, Pflanzung: Herbst, 5 bis 7 cm tief. Liliengewächse *(Liliaceae)*

Die Trauben- oder Perlhyazinthe ist denkbar unkompliziert. Zusammen mit Blausternchen, Schneeglöckchen und Märzbecher läßt man sie unter Gehölzen ganz ungestört wachsen.

Tulpe *(Tulipa)*

Höhe: 15 – 60 cm, Blüte: weiß, alle Rosa-, Rot- und Gelb-Abstufungen, lila, bläulich, mehrfarbig, gefüllt, in vielen Blütenformen, teilweise Duft (April – Mai), sonniger Standort, winterhart, Pflanzung: Herbst, 10 cm tief. Liliengewächse *(Liliaceae)*

Zephirblume

Tulpen sind die wichtigsten und bekanntesten Blumenzwiebeln für die Herbstpflanzung. Es gibt sie inzwischen in vielen Klassen, Formen und Sorten. Die sehr früh blühenden, botanischen Tulpen eignen sich für den Steingarten und für Gruppenpflanzungen. Darwin-, Triumph-, Lilienblütige- und Papageientulpen eignen sich für den Schnitt.

Standorttip:

- Tulpen sollten immer nur 2 Jahre lang am selben Platz stehen. Dann nimmt man sie, nachdem das Laub abgestorben ist, aus der Erde, bewahrt sie den Sommer über trocken und kühl auf und pflanzt sie im Herbst an eine andere Stelle.

Der grüne Kniff:

- Nach der Pflanzung im Herbst gibt man am besten eine Schicht Torfmull über die Pflanzstellen. So kann die warme Herbstsonne die Zwiebeln nicht so leicht zum verfrühten Austrieb verleiten. Treiben die Zwiebeln im Frühjahr sehr frühzeitig aus, so werden die Blattspitzen nicht gleich braun, wenn später Fröste folgen.

Winterling
(Eranthis hiemalis)

Knöllchenpflanze, Höhe: bis 5 cm, Blüte: gelb (Februar – März), sonniger bis halbschattiger Standort, anspruchslos, winterhart, Pflanzung: Herbst, flach. Hahnenfußgewächse *(Ranunculaceae)*

Zu den frühesten Frühlingsboten gehört der Winterling, der oft schon aus der Schneedecke hervorschaut.

Zephirblume
(Zephyranthes rosea)

Höhe: bis 25 cm, Blüte: rosa (August), sonniger, geschützter Standort, frostfreie Überwinterung, Pflanzung: April/Mai, flach. Amaryllisgewächse *(Amaryllidaceae)*

Die zarte Zephirblume eignet sich auch für die Topfkultur. Im Garten wünscht sie lockere, durchlässige Erde. Die Zwiebelchen werden ähnlich wie Gladiolen überwintert.

Allium giganteum

Sternkugellauch

Zierlauch, Blumenschirm *(Allium)*

Höhe: 20 cm – 1,50 m, je nach Art, Blüte: weiß, rosa, lila (Mai bis Juni/Juli), Bienenweide (A. stipitatum), sonniger Standort, anspruchslos und winterhart, Pflanzung: Herbst, 10 – 20 cm tief. Liliengewächse *(Liliaceae)*

Die Zierlaucharten sind untereinander ganz unterschiedlich: Der kleine Blauzungenlauch (A. karativiense) mit seinen bläulichen Blättern und seinen duftigen, weißen Blütenkugeln wird nur knapp 20 cm groß. Der Sternkugellauch (A. albopilosum) hat kinderkopfgroße, lockere, rosa Blütendolden. Die Blütenbälle des A. stipitatum dagegen sind dicht geschlossen und lassen sich auch gut trocknen. Der Riesenzierlauch (A. giganteum) hat bis 20 cm dicke Blütenkugeln.

Riesenzierlauch

Der Rasen und die Blumenwiese

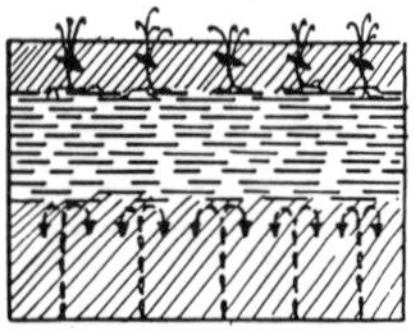

Verdichteter Untergrund: Bodenfeuchtigkeit staut sich

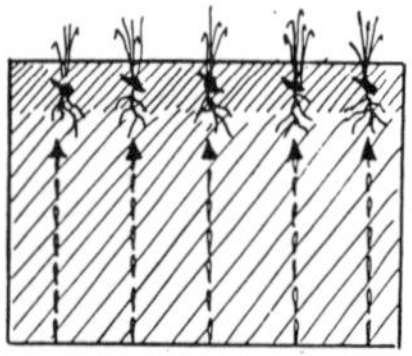

Gelockerter Untergrund: Bodenfeuchtigkeit kann nach oben dringen

Ursprünglich war die Rasenfläche das wichtigste Merkmal des englischen Landschaftsgartens, der zum Vorbild vieler Gärten und Parks wurde. Er wurde den englischen Weidelandschaften nachempfunden, und sein Rasen sollte als Tummel- und Spielfläche dienen. Deshalb hielt man ihn kurz gemäht, gepflegt und eben.
Heute hat fast jeder noch so kleine Garten in der Wohnsiedlung seine Rasenfläche. Meist nimmt sie sogar die größte Fläche im Garten ein. Der Rasen gilt vielfach als die einfachste und billigste Art der Gartengestaltung.
Rasen hat aber vor allem dort eine sinnvolle Bedeutung, wo man tatsächlich eine häufig genutzte Spiel- und Sportfläche benötigt. Wo keine so intensive Nutzung stattfindet, bietet sich dagegen eine einfache Wiese an, die weit weniger Pflegeaufwand erfordert als ein gepflegter »englischer« Rasen. Die Gräser dürfen auf der Wiese im Gegensatz zum Rasen zum Blühen kommen und Ährchen ausbilden. Wiesenblumen, die beim Rasen als Unkraut entfernt werden, wie Gänseblümchen, Günsel u.a. gehören auf einer Wiese dazu.
Eine bunte »Blumenwiese« im Garten anzulegen und zu erhalten, ist allerdings schwieriger als man vielfach annimmt. Wie viele schönblühende Pflanzenarten tatsächlich auf Dauer gedeihen, hängt stark von den Standortverhältnissen ab. Man wird oft enttäuscht, wenn man zuviel erwartet.

Standorttip:

- Ein gepflegter Rasen wird dem Gartenfreund auf vollsonnigen Südhängen immer etwas Mühe bereiten, weil er sehr leicht verbrennt. Im Schatten gehen die Samen schlecht auf, der Rasen trocknet nie gut ab und läßt sich sehr schlecht mähen. Hier gedeihen nur bestimmte Gräser. Man sollte bei der Auswahl des Saatguts darauf achten.
- Im Gegensatz zum Rasen stellt sich die Wiese im Lauf der Zeit auf ihren Standort ein. Es siedeln sich aber keineswegs immer nur schöne Blumen an, sondern manchmal auch nur Quecken, Breitwegerich, Klee oder Löwenzahn.
- An den Boden stellt auch der Rasen einige Ansprüche: Zwar ist er genügsamer als Stauden oder Gehölze, jedoch sollten für eine Rasenansaat mindestens 10 cm guter Humusboden vorhanden sein. Auf zu flachgründigen Böden ist keine Wurzelbildung möglich. Der Untergrund darf nicht stark verdichtet sein, weil es dadurch leicht zu Staunässeschäden im Rasen kommen kann. Leider ist das auf Neubaugrundstücken häufig der Fall.

Die Anlage eines Rasens ist ähnlich wie die einer Blumenwiese.

Wie wird's gemacht?

- Das Wichtigste vor der Ansaat des Rasens oder der Wiese ist eine gründliche Bodenvorbereitung. Der Boden muß tief gelockert werden. Am besten geht das, wenn man die Möglichkeit hat, den Boden durchzufräsen (durchfräsen zu lassen). Dabei arbeitet man bei schweren oder leichten, sandigen Böden Bodenverbesserungsmittel wie Torf, Rindenhumus oder Komposterde ein. Für die Anlage eines Rasens ist es zudem wichtig, daß Unebenheiten im Boden ausgeglichen werden und vor allem jegliche Unkrautrückstände beseitigt werden!

- Nach der Vorbereitung wird der Humus mit einem leichten, möglichst breiten und langstieligen Holz- oder Aluminiumrechen feinplaniert und die Steine werden abgerecht. Die Ebenheit der Fläche kann man mit einer langen Latte (am besten einer 4 m langen Aluminiumlatte) überprüfen, wenn man dem eigenen Augenmaß nicht traut.
- Es sollte darauf geachtet werden, daß ein ganz leichtes Gefälle vom Haus weg eingehalten wird. Erst wenn die Oberfläche glatt und sauber ist, kann man mit der Einsaat beginnen.

Aussaattip:

- Die Rasen- oder Wiesenansaat erfolgt am besten bei trübem, windstillem Wetter nach einem Regen. Der Boden darf aber nicht mehr naß sein, weil er sonst schmiert.
- Die richtige Zeit für eine Rasenansaat ist von Anfang Mai an bis Anfang September. In dieser Zeit keimt der Samen am schnellsten. Im zeitigen Frühjahr und im Herbst reicht die Bodentemperatur für eine Keimung nicht aus.
- Man kann die unterschiedlichsten Saatgutmischungen für alle möglichen Rasen- oder Wiesenarten bekommen, angefangen beim »Englischen Luxusrasen«, »Zierrasen« oder »Spielrasen, Bleich- und Liegewiese« über »Schattenrasen« und »Hühnerauslaufmischung mit Klee« bis hin zur »Dauerwiese für feuchtere Lagen«.

Pro Quadratmeter Rasen rechnet man je nach Mischung 20 – 50 g Samen. Wiesenblumenmischungen, wie z.B. die »Wiesenblumen- und Kräutermischung«, mengt man bei der Neuansaat mit 5 g/qm dem normalen Saatgut bei. Die üblichsten Blumenarten sind Gänseblümchen, Günsel, Braunelle, Wiesenschaumkraut, verschiedene Kleesorten, Schafgarbe und Margeriten.

- Zur Schonung des planierten Bodens bei der Aussaat kann man beim Säen Holzbrettchen mit Lederriemen unter die Schuhe schnallen. Beim Ausstreuen des Samens mit der Hand ist auf Gleichmäßigkeit zu achten! Am besten sät man jeweils die Hälfte des Saatguts in zwei Arbeitsgängen gekreuzt zueinander oder bedient sich eines Streuwagens.
- Nach der Ansaat wird der Samen vorsichtig mit dem Rechen »eingeigelt«, d.h. leicht in die oberste Bodenschicht eingearbeitet. So können die Gräser (Lichtkeimer!) am besten keimen, »auflaufen« wie der Gärtner sagt.

Beregnen

Abrechen von Laub

Ausbessern brauner Stellen

- Zum Schluß wird die Fläche gewalzt. Notfalls kann man sich auch mit den Schuhbrettern behelfen und die Fläche festtreten oder mit dem Schaufelrücken abklopfen. Abgeklopft werden auch die Stellen, wo man mit der Walze schlecht hinkommt, z.B. Böschungen und Ränder.
- Bei einer Rasenansaat wird ein Volldünger zur guten Wurzelbildung mit eingearbeitet (100 – 150 g/m² oder 50 – 70 g/m² nach dem ersten Schnitt). Da der Rasen viel Stickstoff benötigt, um dicht und üppig zu werden, düngt man später nur noch mit stickstoffhaltigen Düngern. Eine Blumenwiese braucht keine Düngung!
- Eine tägliche Bewässerung der künftigen Rasenfläche – es sei denn es regnet – trägt entscheidend zum Erfolg bei. Man beregnet 2- bis 3mal am Tag jeweils über kürzere Zeiträume, um ein Verschlämmen zu vermeiden. Vertrocknetes Saatgut kann nicht keimen!
- Kleinere Kahlstellen im neuen Rasen schließen sich in der Regel nach wenigen Schnitten von selbst. Größere, z.B. durch starke Regenfälle verursachte, müssen dagegen nachgesät werden.

Pflegetip:

- Nach 3 – 4 Wochen mäht man den neuen Rasen das erste Mal. Er ist dann etwa 10 cm hoch. Nach dem ersten Schnitt kann man ihn nochmals festtreten bzw. walzen.
- Eine Blumenwiese sollte im ersten Jahr grundsätzlich nur zweimal und nicht zu kurz geschnitten werden. Der erste Schnitt darf erst nach der Blüte erfolgen.
- Im laufenden Pflegeaufwand unterscheiden sich Wiese und Rasen ganz erheblich:
- Eine Rasenfläche wird alle 8 – 10 Tage geschnitten. Da Rasengräser ihre Nährstoffe in den Blättern und nicht in den Wurzeln speichern, sollte die Wuchshöhe nie zu gering sein, besonders nicht vor Einbruch des Winters (nie weniger als 3 cm). Auch ist eine regelmäßige Düngung mit Stickstoffdünger notwendig.
- Mooswuchs im Rasen läßt fast immer auf Bodenverdichtung und auf einen damit verbundenen Nährstoffmangel schließen (Versauerung des Bodens).

Nachhaltige Wirkung gegen den Moosbewuchs bringt nur eine sogenannte Aerifizierung (Belüftung) des Rasens, d.h. die befallene Rasenfläche wird mit einem dichten Netz von kleinen, mehreren Zentimeter tiefen Löchern »überzogen« – dies wird mit hohlen Spikes vorgenommen. Die Löcher werden mit einem Gemisch von Eisensulfat (= Moosvernichter) und scharfem Sand (gewaschen) gefüllt, indem diese Mischung breitflächig ausgebracht und durch mehrmaliges Harken verteilt wird.

Kalken alleine bringt selten Abhilfe. Das sollte nur dann mit kohlensaurem Kalk geschehen, wenn keine Unkräuter vorhanden sind.

Herkömmliche Moosvernichter, speziell kombiniert mit Rasendüngern, bringen nur eine zeitlich begrenzte Verbesserung, ohne die bereits genannten Ursachen zu beseitigen.

● An warmen Sommertagen muß der Rasen morgens oder abends beregnet werden, da er sonst sehr leicht braun wird. Wichtig ist eine länger andauernde, durchdringende Bewässerung. Auch unter Gegenständen, die längere Zeit auf der Rasenfläche bleiben (Kübel, Gartenmöbel, Planschbekken) entstehen sofort gelbe oder braune Stellen.

Die Wiese dagegen pflegt sich selbst. Man mäht sie lediglich 2- bis 4mal im Jahr, in der Regel zweimal, im Juli und im Oktober. Gedüngt wird sie nicht. Die schönsten Blumen sind meist besonders große »Hungerkünstler«. Bei schweren Böden und reichem Nährstoffangebot nehmen Gräser oder Klee überhand.

● Der Rasenfilz kann innerhalb weniger Jahre mehrere Zentimeter stark werden. Diese Schicht verhindert den Luftaustausch und die Wasserdurchlässigkeit; sie hält Nährstoffe fest und behindert das Wachstum. Dann muß vertikutiert werden.

Dazu verwendet man einen Vertikutierrechen oder einen motorgetriebenen Vertikutierer mit rotierenden Messern. Diese Geräte schneiden den Rasen und die oberste Bodenfläche bis zu einer maximalen Tiefe von 3 mm senkrecht auf. Dadurch wird der Rasenfilz aus abgestorbenen Grashalmen, Moos und flachwachsenden Wurzelteilen nach oben gebracht und kann dann entfernt werden.

Vertikutierrechen

Beim Vertikutieren sollten folgende Punkte beachtet werden:

- Vertikutiert wird im Frühjahr (März – Mai) oder im August/September.
- Der Rasen sollte vorher geschnitten werden.
- Der Rasen muß trocken sein.
- Nach dem Vertikutieren den Rasen düngen und gründlich wässern.

Der grüne Kniff:

● Immer mehr Gartenbesitzer möchten ihren mehr oder weniger »englischen« Rasen heute in eine Blumenwiese verwandeln. Am einfachsten ist es, nur noch zweimal zu mähen, jegliche Düngung oder zusätzliche Beregnung einzustellen und abzuwarten. Man kann mit der Einsaat einer Wiesenblumenmischung in den Rasen ein wenig nachhelfen. Sie bringt im ersten Jahr bunte Ackerblumen, im zweiten und dritten Jahr dann die ausdauernden Wiesenkräuter. Man muß aber damit rechnen, daß sich jede neuangesäte Blumenwiese im Lauf der Zeit verändert. Es stellen sich immer die Arten von alleine ein, die am besten auf dem gegebenen Standort gedeihen. Das endgültige Gesicht bekommt die Wiese von der Natur. Mit einer bunten Blumenwiese darf man allerdings nur rechnen, wenn Bodenverhältnisse und Umweltgegebenheiten (z.B. Wiesen in der Nachbarschaft) stimmen.

Blumenwiese

Sumpf- und Wasserpflanzen im Lebensraum Gartenteich

Immer mehr Gartenbesitzer entschließen sich heute, ihren Gartenraum mit einem Teich zu bereichern. Eine sehr vielfältige Pflanzengruppe, die der Sumpf- und Wasserpflanzen, hält Einzug in den Garten. Auch der Tierwelt wird ein neuer Lebensraum angeboten. Mancher Gartenfreund schafft ganz bewußt einen »Überlebensraum« für allerlei Tierarten und leistet damit auch einen Beitrag zum Naturschutz.

Am eigenen Gartenteich läßt sich ein lebendiges Nebeneinander von Pflanzen und Tieren beobachten und studieren. Nicht zuletzt für Kinder hält er immer wieder neue Entdeckungen bereit und gibt Einblicke in das Wesen der Natur, die man heutzutage – zumindest im städtischen Bereich – kaum mehr bekommt.

Die Platzfrage spielt bei der Teichanlage gar keine so große Rolle. Kann doch schon ein altes, halbiertes Weinfaß mit Wasser gefüllt und bepflanzt ausreichend Lebensraum für Pflanzen und Tiere und eine kleine Erlebniswelt für den Menschen sein. So läßt sich sogar noch auf Balkon oder Terrasse ein »Wassergärtchen« schaffen.

Standorttip:

- Der Teich sollte sonnig und windgeschützt liegen, da die meisten Wasserpflanzen nur an der Sonne blühen und gut gedeihen. Dagegen kann ein wenig Schatten auf der Tiefwasserfläche von einem Strauch oder Baum vorteilhaft sein, weil er die Wassertemperatur nicht zu stark steigen läßt. Zu warmes Wasser mindert den Sauerstoffgehalt und trägt zur Veralgung bei. Zugleich bindet man den Teich so sinnvoll in die Gartenanlage ein und legt ihn nicht isoliert in der Rasenfläche an. Allerdings sollte möglichst kein Laub ins Wasser fallen, da der Teich sonst zu stark mit organischem Abfall belastet wird, was ebenfalls wieder starke Veralgung zur Folge hat (auf Windrichtung achten).
- Natürlich darf das Gelände nicht zu stark geneigt sein. Je ebener, desto leichter die Anlage.

Hat man einen geeigneten Standort festgelegt, so steht man vor der Überlegung in welchen Materialien man den Teich ausführt. Früher hatte man die Auswahl zwischen Lehmschlagdichtung, bei der der Teichboden mit frischen, feuchten Lehmziegeln ausgekleidet und gut verstrichen wird, und Ausbetonieren. Die Lehmschlagdichtung wird nur noch selten angewendet. Größere Teichanlagen werden teilweise auch heute noch mit Beton angelegt.

Dem Gartenfreund wird die Anlage eines Teichs durch das Angebot von fertigen Kunststoffbecken und Teichfolien wesentlich erleichtert. Die überwiegende Anzahl von Gartenteichen wird heute so gebaut. Becken aus glasfaserverstärktem Kunststoff wer-

den in den vielfältigsten Formen hergestellt. Nur in der Größe sind sie begrenzt. Deshalb eigenen sie sich besonders für kleinere Gärten, zumal sie auch beim Aufbau den wenigsten Aufwand benötigen.

Wer einen größeren Teich anlegen will, verwendet besser die in verschiedenen Größen oder auch als Rollenware angebotenen Teichfolien. Neben dem Vorteil der Größe hat man auch die Möglichkeit freier Formenwahl gegenüber dem fertigen Becken. Wer sich eine Quell- oder Sprudelanlage wünscht, sollte dafür ein eigenes Becken aufstellen. Bewegtes Wasser verträgt sich schlecht mit Teichbepflanzung.

Die Anlage eines Gartenteichs ist nicht sehr schwierig. Beachtet man einige wichtige Dinge, so kann man sich selbst einen »Wassergarten« schaffen.

So baut man einen Gartenteich:

- Zunächst wird die gewählte oder durch das Becken vorgegebene Form des Teichs mit Holzpflöcken oder Eisenstangen ausgesteckt und eine Schnur genau in der Waagrechten gespannt (Wasserwaage verwenden). Nicht zu knapp ausstecken.
- Dann wird der Oberboden abgehoben und seitlich gelagert. Der Unterboden sollte getrennt gelagert und abgefahren oder als zusätzliches Gestal-

tungsmittel gleich zu einem Wall am Teichrand aufgeschüttet und mit Oberboden überdeckt werden. So spart man sich das Abfahren und hat ein neues Gartenelement gewonnen.

Für Fische mindestens 80 cm Wassertiefe

- Ein Teich, der im Winter nicht ganz durchfrieren soll, besonders wenn Fische eingesetzt werden, muß mindestens 90 – 100 cm tief ausgehoben werden. Etwa ein Viertel bis ein Drittel der Teichfläche soll nicht tiefer als 40 cm sein, um als Flachwasserzone angelegt und bepflanzt werden zu können.

Bei vielen Fertigbecken ist diese Unterscheidung in Flach- und Tiefwasserzone ebenfalls vorgeformt. Es ergeben sich automatisch gewisse Vorgaben für Größe und Form des Teichs: Bei einer Wassertiefe von 80 cm beträgt die Mindestgröße des Teichs etwa 3 m × 4 m. Dies ergibt sich aus der Uferneigung, die nicht steiler als 1:2 sein sollte.

Randfassung mit Platten

- Beim Folienteich wird zusätzlich ein 50 cm breiter und 20 cm tiefer Streifen entlang des Ufers ausgehoben, der ebenfalls mit Folie überdeckt wird. Dieser Randbereich wird später mit ausgelesenen Kieselsteinen gestaltet oder als Sumpfzone bepflanzt.
- Nach dem Aushub wird die Grubensohle geglättet, große Steine und Wurzeln werden abgelesen und anschließend stampft man den Boden gut fest.
- Danach wird eine Sandschicht (ohne Steine) aufgetragen, etwa in einer Stärke von 5 cm. Beim Folienteich verteilt man den Sand über den gesamten Boden- und Uferbereich, beim Fertigbecken wird der Sand nur auf dem Boden aufgetragen und nach dem Einsetzen des Beckens an den Rändern angefüllt.

- Wichtig ist, daß der Uferbereich des Teichs bzw. der Rand des Wasserbekkens genau in der Waage ist – daher die gespannte Schnur! Ist erst einmal Wasser eingelassen, so sieht man jede Abweichung und kann sie nicht mehr ändern. Das Auftragen der Sandschicht bietet die letzte Gelegenheit für Korrekturen.

- Jetzt kann das Becken eingesenkt bzw. die Teichfolie ausgebreitet und eingezogen werden. Bis zu einer gewissen Teichgröße gibt es fertige Folien zu kaufen, größere können auf Bestellung angefertigt werden.

Die Größe der Teichfolie berechnet sich nach folgender Faustformel: (Länge des Teichs + 2fache Tiefe + 2fache Randbreite 50 cm) × (Breite + 2fache Tiefe + 2fache Randbreite 50 cm).

Man kann auch selbst einzelne Bahnen zusammenkleben. Folienschweißmittel sind im Fachhandel erhältlich.

Mit dem Einbau des Bodens und dem Einlassen des Wassers schafft man nun den Lebensraum und Nährboden für die Sumpf- und Wasserpflanzen.

Pflanztip:

- Als Pflanzerde bewährt sich eine Mischung aus Lehm (oder lehmiger

Unterboden), Sand (gewaschener Flußsand) und ungedüngtem Torf. Sie darf weder organische Substanzen, Dünger, Unkrautvernichter oder Unkräuter enthalten noch zu kalkreich sein. Normale Gartenerden sind in der Regel zu nährstoffreich. Torferden sind zu leicht und schwimmen beim Einlassen des Wassers auf. Am besten holt man sich aus einer Ziegelei oder einem natürlichen Vorkommen feuchten, schweren Lehm, vermischt diesen mit etwa ⅓ Sand und mengt ein wenig Torf bei. Diese Mischung bringt man 10 – 25 cm stark, je nach Teichtiefe, auf den Teich- oder Beckenboden auf. Jedoch sollte man nicht den gesamten Grund auskleiden, da sonst die Gefahr des Zuwachsens besteht.

- Die beste Pflanzzeit für alle Sumpf- und Wasserpflanzen ist ab Mitte Mai bis Juni/Juli. Frostempfindliche Arten werden nicht vor Juni gepflanzt. Ab August sollten Wasserpflanzen nicht mehr umgesetzt werden. Eine Herbstpflanzung kommt allenfalls bei Sumpfpflanzen in Frage. Gepflanzt wird am besten bei bedecktem Himmel und möglichst bei Windstille, damit die Pflanzen nicht so schnell austrocknen.

Kunststoffkörbe als Pflanzbehälter

- Bei Kunststoffbecken oder sehr kleinen Teichen, bei frostempfindlichen Arten, die zur Überwinterung aus dem Teich geholt werden müssen und bei stark wuchernden Pflanzen ist es empfehlenswert, die Pflanzen in Pflanzbehälter (handelsübliche Kunststoffkörbe -vorher mit Sackleinen auslegen-, Tonblumentöpfe oder -schalen, Weidenkörbe, nicht imprägnierte Körbe) zu setzen. Ein Vorteil von Pflanzbehältern besteht auch darin, daß man den Wasserstand durch Unterlegen von Steinen regulieren und die Pflanzen umgruppieren kann.

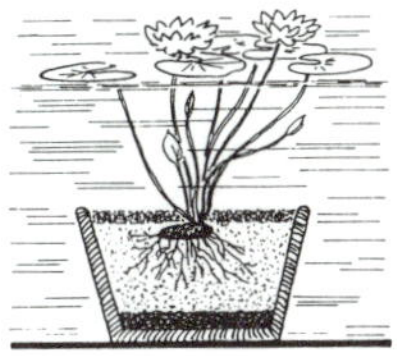

Pflanzbehälter

- Bei der Pflanzung sollte man als Grunddünger etwas Horn- oder Knochenmehl zugeben, besonders in Pflanzgefäßen. Komposterde oder andere unverrottete organische Stoffe dürfen nicht verwendet werden.
- Wichtig ist die richtige Pflanzdichte. Als Faustregel gilt, daß ein Drittel der Wasserfläche bepflanzt bzw. zugewachsen sein sollte, um ein gesundes Teichleben zu erhalten. Je weniger Pflanzen man anfangs einsetzt,

desto länger dauert es, bis der Teich seine volle Schönheit erreicht hat. Man sollte aber auch nie zu viel des Guten tun. Pro qm setzt man etwa 10 kleinere Pflanzen im Abstand von 20 – 30 cm ein. Im Tiefwasserbereich und bei größeren Pflanzen kommt man mit 3 – 5 Pflanzen pro qm im Abstand von 30 – 40 cm aus. Bei Seerosen gelten andere Regeln.

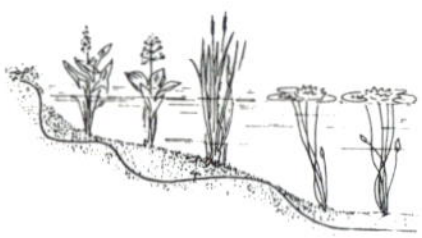

Bepflanzung eines Folienteichs

- Die frisch eingesetzten Pflanzen werden vor dem Einlassen des Wassers mit Kieselsteinen gegen Aufschwimmen gesichert. Die verwendete Lehmmischung ist dagegen auch ein guter Schutz. Am besten bedeckt man den ganzen Teichboden mit einer Schicht aus gewaschenem Kies oder Sand.
- Der Einlauf des Wassers, der Höhepunkt des Teichbaus gewissermaßen, wird etappenweise durchgeführt: Man beginnt immer mit der Bepflanzung der Tiefwasserzone, in der Regel mit den Seerosen, und läßt danach einen Teil des Wassers vorsichtig, nicht mit einem scharfen Strahl, einlaufen. Nach ein paar Tagen fährt man mit der Bepflanzung der Flachwasserzone fort und füllt höher auf. Zuletzt folgt die Sumpfzone.

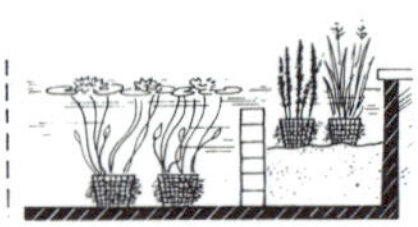

Bepflanzung eines Fertigbeckens

Unterwasser- und Schwimmpflanzen werden erst eingesetzt, wenn der Teich ganz gefüllt ist. Das stufenweise Einfüllen des Wassers hat den Vorteil, daß das Wasser sich schneller erwärmt, der Kalk- und Chlorgehalt schneller sinkt und sich vor allem die Pflanzen allmählich und ohne Schock anpassen können. Pflanzt man mit Behältern, so wird der Teich gleich ganz gefüllt, die Pflanzen aber zunächst so hoch wie möglich unter die Wasseroberfläche gebracht (mit Steinen o.ä.). Man gewöhnt sie schrittweise an den endgültigen Wasserstand, indem man sie alle paar Tage etwas tiefer setzt.

Pflegetip:

- Ein gut eingewachsener Gartenteich braucht kaum noch Pflege. Anfangs sind die Algen das Hauptproblem, das sich aber durch das Einwachsen des Teichs allmählich von selbst löst. Ein kleines Grundwissen zum Thema Algen kann jedoch dem Gartenfreund von Nutzen sein:
- Nicht jede Wassertrübung deutet gleich auf Algen hin. Auch starker Regen, Fische oder Pflanzarbeiten im Teich können eine Trübung zur Folge haben. Manchmal freilich sind tatsächlich tierische oder pflanzliche Kleinstlebewesen die Ursache.
- Ein gewisser Algenbestand ist ein gutes Zeichen. Erst ein Überhandnehmen der Algen oder das Auftreten von Bakterien ist ein Grund zur Sorge:

Schwebealgen färben das Wasser grün, besonders im Frühjahr und Sommer nach der Pflanzung. Sie zei-

Nymphaea

gen Überdüngung an. Sie lassen sich sehr gut mit Wasserflöhen bekämpfen, aber nur dann, wenn keine Fische im Teich sind, die die Flöhe fressen.

Fadenalgen bilden große, watteähnliche Bäusche, die den Pflanzen das Licht rauben, den Fischen aber zum Überleben im Winter dienen. Sie deuten auf zu wenig saures Wasser hin. Man kann sie recht gut herausfischen.

Blaugrüne Schmieralgen sind an schmierigen Belägen erkennbar, die bei Sonne aufsteigen und abends wieder absinken. Das Wasser ist dunkel und riecht faulig. Es wird durch Gärprozesse vergiftet. Hier hilft nur eines: Die Fische werden so schnell wie möglich herausgeholt, der Teich wird geräumt und neu gestaltet.

● Zu chemischen Algenbekämpfungsmitteln sollte man nicht greifen! Die schnelle Zersetzung der Algen entzieht dem Wasser Sauerstoff und setzt wieder neue Nährstoffe frei.

Beachtet man vor der Neuanlage des Teichs einige Regeln, so wird das Algenproblem sicherlich nicht die Freude am Teich verderben:

- Nur die richtige Erdmischung verwenden!
- Fische erst nach einem Jahr und nicht mehr als 1 – 2 Stück pro Kubikmeter Wasser einsetzen.
- Dünger nie direkt einstreuen.
- Wasser nicht oder so wenig wie möglich wechseln. Versucht man, den Algen durch Einlassen von frischem Wasser beizukommen, so verschlimmert man das Problem nur noch durch erneute Nährstoffzufuhr.
- Unterwasser- und Schwimmpflanzen sowie Wasserflöhe einsetzen.
- Alle verrotteten Pflanzenteile möglichst bald entfernen.
- Für saures, kalkarmes Wasser sorgen. Man kann mit organischen Säuren (Oxalsäure 22 mg/l, pulverisierte Gerbsäure 1 cc/cbm) oder einfacher noch mit Torftabletten oder im Fachhandel erhältlichen Torfsäckchen, die alle 4 Wochen ausgetauscht werden, den pH-Wert des Wassers senken.

Regelmäßige Pflege ist wichtig

Pflegetip:

- Zu den regelmäßigen Pflegearbeiten im Gartenteich gehört das Auslichten stark wachsender Pflanzen im Frühjahr und Sommer (beim Austrieb) mit einer Schere oder einem scharfen Messer (nicht herausreißen). Schwimmpflanzen (z.B. Wasserlinse oder Froschbiß) werden teilweise abgefischt. Bei Pflanzen, die sich selbst leicht aussäen (z.B. Froschlöffel, Pfeilkraut oder Simsen) entfernt man die Samenstände vor der Reife.
- Blätter und Blüten, die ins Wasser fallen, sollte man nach Möglichkeit gleich herausfischen.
- Im Sommer verdunstendes Wasser wird vorsichtig nachgefüllt.
- Fische werden lieber häufiger mit kleineren Portionen gefüttert als seltener mit größeren Mengen.
- Nach der bei der Pflanzung durchgeführten Grunddüngung ist in der Regel kein Dünger mehr notwendig. Einige Arten haben aber einen besonders hohen Nährstoffbedarf, so die Scheinkalla, das Hechtkraut, der Rohrkolben, die Wasserähre und ganz besonders die Seerosen. Der Dünger wird mit feuchtem Lehm vermischt, zu einer Kugel geformt – und etwas angetrocknet – in der Nähe der Pflanzen in die Erde gedrückt. Man düngt von April (vor dem ersten Austrieb) an bis Anfang August zwei- bis dreimal. Man kann dazu einen ganz normalen Dünger für Landpflanzen verwenden. Am besten eignen sich allerdings spezielle Düngertabletten, die man direkt ins Erdreich drücken kann.
- In manchen Fällen sind für den Gartenteich Vorbereitungen für den Winter zu treffen. Wichtig ist, alle Wasserleitungen und Pumpen zu entleeren, falls Sprudelanlagen oder Umwälzpumpen installiert sind. Kleine, flache Becken werden ausgeleert, mit Laub gefüllt und mit einer Folie abgedeckt. Teiche ab 60 cm Wassertiefe bleiben gefüllt. Darin können auch die Fische überwintern. Die abgestorbenen Pflanzenteile sollte man möglichst abschneiden, falls sie nicht besonders zierend aussehen. Eine Herbsttrübung des Wassers ist aber ganz normal. Sie läßt sich durch behutsame Frischwasserzufuhr etwas verringern.

Um Pflanzen und Tieren im Teich die Überwinterung zu erleichtern, kann man ein Loch in der Eisdecke freihalten (mit Strohbündel o.ä.) und einen Teil des Wassers abpumpen, so daß eine Luftschicht von 10 – 12 cm entsteht. Das Loch deckt man zu. Nach

Abtauen der Eisdecke füllt man wieder Wasser auf.

- Die meisten verwendeten Wasserpflanzen sind winterhart und können sich selbst vor dem Erfrieren schützen. Die wenigen empfindlicheren Wasserpflanzen brauchen einen Schutz oder werden im Herbst ins Haus geholt (vgl. Pflanzenbeschreibungen).

Der grüne Kniff:

- Ein altbewährtes und zudem sehr natürliches »Hausmittel« für sauberes, klares Wasser ist frisches, saftiges Holz (Frühjahrsholz). Bei kalkhaltigem, »hartem« Wasser verwendet man einen frischen Baumstamm eines Weichholzes (mind. 1 kg/100 l), z.B. Tanne, Birne, Erle, Pappel oder Weide. Bei »weichem« Wasser nimmt man Hartholzarten, z.B. Eiche oder Buche. Der Holzstamm bleibt während eines Jahres im Teich.

Der Pflanzendoktor:

- Bei kalter Witterung im Frühjahr und im Sommer, starken Temperaturschwankungen oder Wasserwechsel erleiden die Wasserpflanzen manchmal Kälteschäden, die Wachstumsstörungen und Mißbildungen zur Folge haben können. Diese bewirken dann häufig Pilzbefall. In der Regel erholen sich die Pflanzen aber bei warmen Wetter dann rasch.
- Trockenheit, Sonneneinstrahlung und Wind können Wasserpflanzen vernichten. In Trockenzeiten muß man daher auf den Wasserstand achten und ihn nach Möglichkeit ausgleichen. Sumpfpflanzen werden gründlich gewässert.
- An beschädigten Pflanzen kann es leicht zu Bakterienfäule kommen. auch unzersetzte, organische Substanz fördert Bakterien. Schadstellen an Pflanzen, die eventuell bei der Pflanzung entstanden sind, werden mit Holzkohlestaub bestäubt (wichtig bei Seerosen).
- Pilzbefall (Rost, Mehltau) ist selten und meist eine Folge von Mangelerscheinungen.
- Von tierischen Schädlingen bleiben Sumpf- und Wasserpflanzen weitgehend verschont. Einige ganz typische Schädlinge können aber doch gelegentlich Ärger bereiten:

Schwarze Blattläuse befallen gerne Seerosen (auf den Blattoberseiten über dem Wasser), teilweise auch Froschlöffel, Pfeilkraut u.a. Besonders bei warmen Wetter nehmen sie überhand. Chemische Bekämpfungsmittel sollte man jedoch wenn irgend möglich vermeiden. Die Schäden an nützlichen Kleinstlebewesen sind immer unabsehbar. Alle Gifte können sich im Wasser besonders gefährlich ausbreiten. Man darf sie ausschließlich bei Windstille und abgedeckter Wasserfläche ganz gezielt einsetzen. Eine Beratung durch Fachleute ist immer ratsam.

Blattkäfer-Larven schädigen oft Schwimmblattpflanzen, lassen sich aber recht gut absammeln. Dasselbe gilt für die **Raupen des Seerosenzünßlers,** die sich zur Verpuppung Blattstücke herauslösen. Die **Spitzhornschnecke** und die **Große Schlammschnecke** (nicht zu verwechseln mit der nützlichen Posthornschnecke) machen sich bei Mangel an anderer Nahrung über Blätter und Triebe vieler Wasserpflanzen her. Man sammelt sie am besten im zeitigen Frühjahr vor der Laichzeit ab.

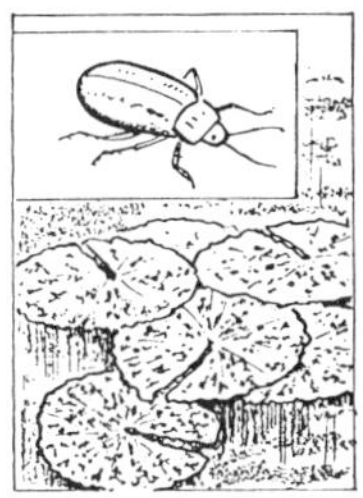

Seerosenblattkäfer

Die **Larven des Gelbrandkäfers** können den Fischen sehr gefährlich werden. Wenn keine Fische im Teich ausgesetzt sind, braucht man jedoch nichts zu befürchten. Die Larven des Gelbrandkäfers schädigen die Wasserpflanzen nicht.

Sumpf- und Wasserpflanzen von A – Z

Die Einteilung eines Teiches in eine Tiefwasser-, eine Flachwasser- und eine Sumpfzone wurde bereits mehrfach angedeutet. Zu jeder dieser Zonen gehört eine ganz eigene Pflanzengemeinschaft, die jeweils einen bestimmten Wasserstand benötigt. Die Grenzen zwischen diesen Zonen sind nicht scharf, die Übergänge fließend. Im tiefen Wasser leben Schwimmpflanzen (wurzelnd oder freischwimmend) und Unterwasserpflanzen. Die schönsten und bekanntesten Arten dieser Gruppe sind die Seerosen. Die Pflanzen der Flachwasserzone brauchen einen dauernden Wasserstand bis zu 40 cm, die Sumpfpflanzen dagegen lieben ganz flaches Wasser und vertragen auch kurzzeitige Trockenheit.

Sumpfpflanzen

beschrieben nach Höhe, Blütenfarbe, Blütezeit und Besonderheiten

Blutweiderich *(Lythrum salicaria)*
Bis 1,50 m, kräftig rosa-violett (Juli – September), auch wild häufig anzutreffen, verträgt Trockenheit recht gut.

Glocken-, Moorheide *(Erica tetralix)*
Bis 40 cm, rosa (Juli – September), Moorpflanze, auch für Moorbeete, braucht saure Erde.

Hechtkraut

Hechtkraut *(Pontederia cordata)*
60 – 100 cm, hellblau (Juni – August), verträgt Wassertiefe bis 20 cm, über Winter in tieferes Wasser setzen (mindestens 60 cm), Düngung empfehlenswert.

Kleiner Rohrkolben *(Typha minima)*
Bis 50 cm, braune Kolben (Mai – Juni), über Winter ins tiefere Wasser setzen oder Laubschutz.

Typha minima

Lavendelheide
(Andromeda polifolia)
20 cm, lachsrosa (Mai – August), Moorpflanze, braucht saure Erde.

Mädesüß *(Filipendula vulgaris)*
30 – 50 cm, weiße Rispen (Juli – August), F. ulmaria häufig wild anzutreffen zusammen mit Blutweiderich.

Pfennigkraut
(Lysimachia nummularia)
Bis 5 cm, kriechend, gelb (Mai – Juli), anspruchsloser Bodendecker.

Schilfrohr *(Phragmites communis)*
1,20 – 1,50 m, breitet sich stark aus, wichtige Teichpflanze (besonders für Selbstreinigungskraft).

Sumpfblutauge *(Comarum palustre)*
40 – 50 cm, purpurrot (Juni – Juli).

Sumpfcalla *(Calla palustris)*
20 – 25 cm, weißlich (Juni – September), scharlachrote Beeren, giftig!

Sumpfdotterblume *(Caltha palustris)*
20 – 25 cm, goldgelb (vor Laubaustrieb), auch gefüllte Sorte »Multiplex«.

Sumpfwolfsmilch
(Euphorbia palustris)
50 cm – 1,20 m, grünlich-gelb (Mai bis Juni), verträgt bis 10 cm Wasserstand, hat großen Ausbreitungsdrang.

Sumpfschwertlilie *(Iris kaempferi)*
60 – 80 cm, verschiedene Farben (Mai bis Juli), braucht bis August Wasserstand von 5 – 10 cm, sollte ab September über den Winter trockener stehen: in Schalen setzen.

Iris pseudacorus

Sagittaria sagittifolia

Sumpfvergißmeinnicht
(Myosotis palustris)
Bis 30 cm, hell-, dunkelblau (Mai bis September).

Trollblume *(Trollius europaeus)*
Bis 50 cm, goldgelb (Mai – Juni), verschiedene verwandte Arten (T. chinensis, T. x cultorum), auch für feuchte Wiesenflächen oder im Unterwuchs zu Gehölzen zu verwenden.

Trollblume

Winterschachtelhalm
(Equisetum hiemale)
Bis 1,50 m, Moorpflanze, breitet sich stark aus, unbedingt in Pflanzkorb setzen.

Wollgras *(Eriophorum-Arten)*
30 – 50 cm, weißer wolliger Schopf, Moorpflanze.

Zwergbinse *(Juncus ensifolius)*
Bis 30 cm, braune Ähren, in Gefäß setzen, breitet sich stark aus.

Pflanzen für die Flachwasserzone

(bis 40 cm Wasserstand)
beschrieben nach Höhe, Blütenfarbe, Blütezeit und Besonderheiten.

Froschlöffel

Blumenbinse *(Butomus umbellatus)*
Bis 80 cm, rötlich-weiß (Juni – August), bevorzugt Tiefen von mehr als 30 cm, verträgt auch flacheren Wasserstand.

Fieber-, Bitterklee
(Menyanthes trifoliata)
20 – 25 cm, weiß-rosa (Juni – Juli), auch für Sumpfzone geeignet.

Froschlöffel
(Alisma plantago – aquatica)
Bis 70 cm, weiß-rosa (Juni – Juli), Samenstand vor der Reife vorsichtig entfernen, sät sich sonst selbst aus.

Pfeilkraut

Goldkolben *(Orontium aquaticum)*
Bis 30 cm, goldgelbe Kolben auf dicken Stengeln (Mai – Juni), im Winter in 1 m tiefes Wasser stellen oder Winterschutz aus dicker Laubschicht, auch Überwinterung in hellem, kühlem Raum möglich.

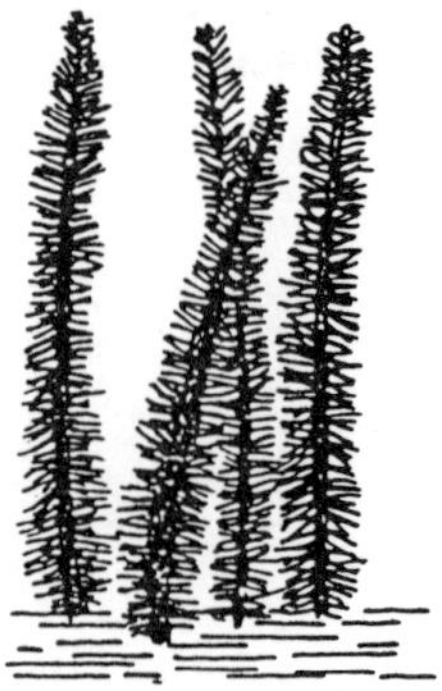

Tannenwedel

Igelkolben *(Sparganium-Arten)*
Bis 60 cm, braune Igelfrüchte (Juli bis August), wuchert, in Pflanzkorb setzen.

Kalmus *(Acorus calamus)*
Bis 60 cm, hellbraune Kolben (Juni bis Juli).

Papageienfeder
(Myriophyllum brasiliense)
5 – 10 cm, bildet fedrige, rasenartige Flächen, für seichten bis tiefen Wasserstand, in Gefäß setzen nicht winterhart.

Pfeilkraut *(Sagittaria sagittifolia)*
Bis 40 cm, weiß (Juni – August), nicht zu flacher Stand, wuchert, in Gefäße setzen.

Rohrkolben *(Typha-Arten)*
1,20 m – 1,50 m, braune Kolben, wuchert, unbedingt in Pflanzkörbe setzen, hoher Nährstoffbedarf, Düngung empfehlenswert.

Scheincalla *(Lysichiton-Arten)*
40 – 60 cm, weiß/gelb (April – Mai), Tiefwurzler, Düngung empfehlenswert, über den Winter ins tiefere Wasser stellen oder Laubabdeckung.

Seekanne *(Nymphoides peltata)*
Schwimmblattpflanze, goldgelb (Juni bis August).

See-, Teichsimse *(Scirpus lacustris)*
1,50 m – 3 m, auch für sehr tiefen Stand geeignet (1 m), wuchert, nur im Gefäß verwenden.

Simsen *(Scirpus-Arten)*
1,20 – 1,50 m, breiten sich stark aus, in Pflanzkörbe setzen.

Süßgras, Wasserschwaden
(Glyceria maxima)
1 – 2 m, wuchert auf trockenem Boden, in Pflanzkörbe setzen.

Sumpfried *(Eleocharis palustris)*
20 – 25 cm, braune Ähren (Mai – Juli), bildet rasenartige Flächen.

Sumpfsimse *(Eleocharis acicularis)*
Bis 10 cm, wirkt gegen Algenwuchs.

Tannenwedel *(Hippuris vulgaris)*
Bis 50 cm, auch für Sumpfzone geeignet, wuchert, in Gefäß setzen.

Wasserähre *(Aponogeton distachyus)*
Schwimmblattpflanze, weiß, duftend

(Mai – August), Überwinterung im 1 m tiefen Wasser oder in hellem, kühlem Raum, Düngung empfehlenswert.

Wasserschwertlilie *(Iris pseudacorus)*
60 – 100 cm, gelb (Mai – August), auch für Sumpfzone geeignet, eine der anspruchslosesten Irisarten, heimisch, breitet sich stark aus, eventuell in Gefäß setzen.

Zungenhahnenfuß
(Ranunculus lingua)
50 cm – 1,50 m, goldgelb (Juni – August), wuchert, in Pflanzkorb setzen.

Schwimm- und Unterwasserpflanzen

(für das tiefe Wasser)

beschrieben nach Blütenfarbe, Blütezeit und Besonderheiten.

Feenmoos *(Azolla mexicana)*
Schwimmpflanze, pfenniggroß, rötliche Herbstfärbung, helle und kühle Überwinterung im Haus oder besser jährlich neu anschaffen.

Froschbiß
(Hydrocharis morsus-ranae)
Schwimmpflanze, weiß (Juli – August), seerosenähnliche kleine Blätter, treibt Ausläufer!

Frühlingswasserstern
(Callitriche palustris)
Unterwasserpflanze für Wassertiefe 20 – 60 cm, immergrün, bildet üppige Polster.

Krebsschere *(Stratiotes aloides)*
Unterwasserpflanze für Wassertiefe ab 50 cm, kommt zur Blüte an die Wasseroberfläche: weiß (Mai – August).

Laichkraut *(Potamogeton-Arten)*
Unterwasserpflanze für Wassertiefe von 30 cm – 3 m, immergrün, Wasserreiniger.

Seerose *(Nymphaea-Arten/Sorten)*
Schwimmpflanze, weiß, rosa, rot, gelb/kupfer (Juni – September), Wurzelstöcke sehr flach pflanzen, Triebspitzen der Rhizome keinesfalls verletzen, Seerosen wurzeln nur bei mindestens 15° C, blühen bei warmem Wetter am schönsten. Wasser sollte unbedingt unbewegt sein.
Benötigte Wasserfläche und -tiefe:
- starkwachsende Sorten:
2 – 4 qm, 60 – 80 cm, 1,20 – 1,50 m
- mittelstarkwachsende Sorten:
1 – 2 qm, 40 – 80 cm
- schwachwachsende Sorten:
0,5 – 1 qm, 30 – 60 cm
- Zwergseerosen:
0,25 – 0,5 qm, 10 – 30 cm

Tausendblatt *(Myriophyllum-Arten)*
Unterwasserpflanze für Wassertiefe von 30 cm – 1 m, sehr guter Sauerstoffspender.

Teichrose *(Nuphar lutea)*
Schwimmpflanze, gelb (Juni – August), kriechender Wurzelstock, nur für größere Teiche geeignet, verträgt im Gegensatz zur Seerose auch leicht bewegtes Wasser und leichten Schatten. Nicht für warmes Wasser geeignet.

Wasserfeder
(Hottonia palustris)
Unterwasserpflanze für Wassertiefe 20 – 60 cm, immergrün, zartrosa (Mai bis Juli), braucht saures Wasser.

Wasserhyazinthe
(Eichhornia crassipes)
Schwimmpflanze, hellila (August bis Oktober, nur in warmen Sommern),

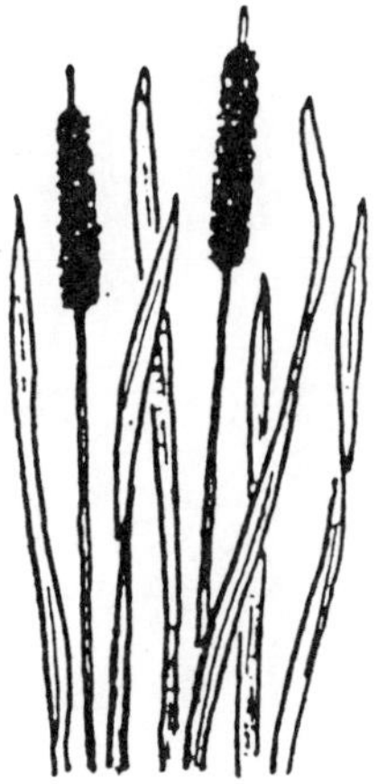

Rohrkolben

Seerose

Zwergseerosen

treibt Ausläufer, Überwinterung hell und kühl (10 – 15° C), in 20 – 30 cm hohen Behältern mit etwa 10 cm Erde und Wasser aufgefüllt.

Wasserlinse *(Lemna-Arten)*
Schwimmpflanze, kleine grüne Linsen, die sich sehr schnell verbreiten.

Wassernuß *(Trapa natans)*
Schwimmpflanze, einjährig, aber Eigenvermehrung, Herbstfärbung.

Wasserpest *(Elodea canadensis)*
Unterwasserpflanze für Wassertiefen von 20 cm – 2 m, breitet sich sehr rasch aus, besonders in kalkhaltigem Wasser.

Wassersalat *(Pistia stratiotes)*
Schwimmpflanze, liebt flaches Wasser in leicht schattigen Lagen, wird hell und warm auf feuchtem Moos oder Torf überwintert.

Wasserschlauch *(Utricularia vulgaris)*
Unterwasserpflanze für Wassertiefen von 20 – 80 cm, gelb (Juni – August), wurzellos, braucht saures, »weiches« Wasser!

Der Nutzgarten

Der Nutzgarten und seine Bestellung

Lange bevor Ziersträucher und bunte Blumen die Gärten eroberten, hatten bereits die Obstbäume, die Kohlköpfe, Rüben und die Heil- und Würzkräuter darin ihren festen Platz. Man zog alle Nutzpflanzen, die nicht auf dem Feld angebaut wurden, in der Nähe des Hauses, um sie vor dem Appetit der Haustiere und des Wilds zu schützen. Diese ersten Gärten hatten nur einen einzigen Zweck: Sie sicherten den Menschen die Nahrung. Später wurden, beginnend mit der Rose und der Lilie, immer mehr Pflanzen ihrer Schönheit wegen in den Garten aufgenommen. Sie waren aber hauptsächlich schmückendes Beiwerk zu den angebauten Obst-, Gemüse- und Kräuterarten. Dieser »verzierte Nutzgarten« war jahrhundertelang die typische Gartenform für Bürger- und Bauerngärten. Heute besteht für die meisten Menschen nicht mehr die dringende Notwendigkeit, selbst Obst und Gemüse zu ziehen. Trotzdem möchten viele wenigstens einen Teil ihres Nahrungsbedarfs aus dem eigenen Garten decken. Die Arbeit von der Aussaat bis zur Ernte stellt einen wichtigen Ausgleich zum Alltagsleben dar und ist eine schöne und sinnvolle Aufgabe für junge und alte Menschen.

Der Nutzgarten macht uns vom Angebot der Supermärkte und Läden ein wenig unabhängiger und ermöglicht uns, gesünder und ernährungsbewußter zu leben.

Planung, Anlage und Entwicklung des Nutzgartens

Die Neuanlage eines Nutzgartens mit Obst, Gemüse und Kräutern, aber auch seine alljährliche Bewirtschaftung erfordert eine sorgfältige Planung. Es hat wenig Sinn, einfach draufloszuwirtschaften. Die Vielzahl und die Art der angebauten Pflanzen wird hauptsächlich vom eigenen Bedarf bestimmt. Manch einer möchte vielleicht nur einige Salatköpfe und Küchenkräuter ziehen, ein anderer dagegen würde am liebsten vom Apfel bis zum Spargel alles selbst anbauen. Es ist nicht ganz leicht, den eigenen Bedarf selbst einzuschätzen. Man sollte auch bedenken, daß der Anbau von Obst und Gemüse Arbeit und Zeit erfordert. Erst mit der eigenen Erfahrung wächst die Freude am Nutzgarten und der Erfolg beim Anbau und bei der Ernte. Darum ein Rat an alle, die vor der Neuanlage ihres Nutzgartens stehen: Man sollte klein anfangen und zu Beginn von allen erwünschten Arten nur diejenigen anbauen, die nicht allzugroße Ansprüche an die Pflege und die Fachkenntnis stellen.
Neben dem persönlichen Bedarf spielen freilich auch noch einige andere Dinge eine Rolle, die man beachten sollte. So sind die Größe des Grundstücks und die jeweiligen Standortbedingungen wichtig. Um die geeignete

Artenauswahl treffen zu können, sollte man den Platzbedarf und die Ansprüche an Boden und Klima sowie andere Eigenschaften der gewünschten Pflanzenart kennen. Auch wenn diese von Art zu Art verschieden sind, lassen sich doch einige allgemeine Ratschläge zum Standort und zur Pflege der Nutzpflanzen geben.

Standorttip:

- Alle Nutzpflanzen brauchen Licht und Wärme. Man sollte den sonnigsten Platz im Garten auswählen. Daher ist es auch zweckmäßig, den Obstgarten vom Gemüse- bzw. Kräutergarten zu trennen. Die Obstbäume werfen im Alter zu viel Schatten. Eine separate Obstwiese ist immer die beste Lösung. Ein Obstspalier als Windschutz am Rande des Gemüsegartens kann dagegen sehr sinnvoll sein.
- Am besten gedeihen Gemüse und Kräuter auf in alter Kultur stehenden Gartenböden. Solche Böden sind tiefgründig gelockert, nährstoffreich, reich an Lehm und haben einen guten Wasserhaushalt. Staunässe, sehr trockene oder sehr flachgründige Böden sind ungeeignet und erfordern intensive Bodenverbesserungsmaßnahmen. Bei richtiger Bewirtschaftung des Nutzgartens auf normalen Gartenböden kann man davon ausgehen, daß der Boden von Jahr zu Jahr immer etwas besser wird.

Pflegetip:

- Der pflegeintensivste Bereich des Nutzgartens ist der Gemüsegarten. Die Arbeiten beginnen bereits im Februar/März mit Aussaaten unter Glas (Frühbeet oder Schalen im Haus). Die Zeit vom Frühjahr bis zum Sommer wird in der Regel von Bodenvorbereitung, Aussaat, Versetzen der Jungpflanzen und Unkrautbekämpfung bestimmt. Die Zeit für Folgesaaten und Aussaat von Wintergemüse reicht bis August/September. Geerntet wird unter Umständen bereits im Mai (frühe Gemüsesorten oder Wintergemüse, die im vergangenen Herbst gesät wurden). Die »Saison« geht kurz vor den ersten stärkeren Frösten mit der Ernte und Lagerung der späten Sorten, Winterschutzvorkehrungen für Wintergemüse und der Bodenbearbeitung und -verbesserung fürs nächste Jahr zu Ende. Die Aussaat-, Pflanz- und Erntearbeit wird begleitet durch ständige, unter Umständen tägliche kleinere Pflegearbeiten, wie Bewässerung an warmen Tagen, Unkrautbekämpfung, Bodenlockerung, Düngung und ähnlichem.

- Die Hauptarbeit im Obstgarten steht im Winter an, je nach Witterung erfolgt meist im Februar der Obstbaumschnitt. Bis zur Ernte, die bei den frühen Obstarten bereits Ende Mai beginnen kann (Kirschen), und bis Oktober/November andauert (Winteräpfel) sind nur kleinere Arbeiten (Düngung, Bewässerung, Schädlingskontrolle und -bekämpfung, Sommerschnitt bei Formobst) notwendig.

Ist man sich über Anzahl und Arten der gewünschten Nutzpflanzen und den zu erwartenden Arbeitsaufwand im klaren, kann mit der genaueren Planung und der Anlage seines Nutzgartens beginnen. Dazu einige Tips:

- Am besten stellt man eine Liste mit allen Arten bzw. Sorten auf, die man anbauen möchte. Sie kann später als Einkaufs-, bzw. Bestelliste beim Fachhändler dienen. Auf dieser Liste kann man sich gleich Ansprüche, Aussaatzeitpunkt, Platzbedarf, Erntetermin und Besonderheiten vormerken. Man sollte sich auch überlegen, an welcher Stelle im Nutzgarten jede Art angebaut wird und mit welchen anderen sie benachbart wird. Vor der Neuanlage des Nutzgartens kann dabei ein kleiner Plan sehr hilfreich sein, da man darauf den Platzbedarf besser abschätzen kann.

- Möchte man sich einen Gemüsegarten ganz neu anlegen, so sollte man schon im Jahr vor der ersten Ansaat damit beginnen. Man steckt die auf dem Plan eingezeichneten Beete mit Pflöcken ab, legt die Wege an und bereitet den Boden vor. Fängt man frühzeitig damit an, hat man Zeit genug für die Ansaat von Gründüngungspflanzen, die Düngung mit Mist und anderen Bodenverbesserungsmaßnahmen. Auch ein Ausstecken der geplanten Standorte für Obstbäume kann sinnvoll sein, weil man so die richtigen Abstände genau ausmessen kann.

- Bei Planung und Anlage des Nutzgartens sollte man ganz besonders auf Zweckmäßigkeit achten. Die Anlage sollte klar mit Wegen gegliedert werden. Alle Beetflächen müssen gut erreichbar sein. Beetbreiten von 1 m bis 1,20 m sind sinnvoll. Sehr wichtig ist die Nähe zu einer Wasserstelle. Ebenso hat es Vorteile, wenn sich in der Nähe der Gemüsebeete ein Gartenschuppen befindet und man alle Werkzeuge, Düngersäcke, Eimer und Körbe gleich zur Hand hat. Früher wurden Gemüse- und Kräutergarten auch als »Küchengarten« bezeichnet, weil sie in nächster Nähe zur Küche angelegt waren.

- Nutz- und Ziergarten müssen nicht als zwei getrennte Teile des Gartens gesehen werden. In jedem Nutzgarten können einige bunte Blumenbeete angelegt werden und ein Flieder oder einige Rosensträucher stehen. Sie dürfen die Nutzpflanzen lediglich nicht bedrängen, beschatten oder gar durch Übertragung von Krankheiten gefährden.

Der Nutzgarten ist eine sehr lebendige Anlage. Vom Frühling bis zum Herbst ändert er ständig sein Gesicht. Aber auch über die Jahre hinweg gesehen, gibt es Veränderungen. Wenn ausreichend Platz vorhanden ist, sollte man sich die Möglichkeit für Erweiterungen offen lassen, z.B. für den Kartoffel- oder Spargelanbau. So kann man von Jahr zu Jahr die bisher gemachten Erfahrungen mit einbringen, die Anbaufläche vergrößern und immer mehr Pflanzenarten mit aufnehmen. Allmählich entwickelt sich der Nutzgarten dann zu einer gut auf die jeweilige Familie abgestimmten Anlage, die wertvolle Erträge und viel Freude bringt.

Der Boden und seine Pflege

Der Boden ist der Träger und Ernährer aller Pflanzen. Er soll im Garten nicht nur dem Anbau von Gemüse dienen, um die Küche das ganze Jahr damit zu versorgen. Auch die Blumen- und Zierpflanzen sollen in ihm zur Freude aller gedeihen. Jede Pflanzenart stellt andere Ansprüche an den Boden. Nicht allein die Kenntnis aller Kulturen führt zum Erfolg, sondern ebenso eine Kenntnis des Gartenbodens. Man muß seine Zusammensetzung, die Untergrund- und Wasserverhältnisse erforschen, um ihn verbessern und einen wirklichen Kulturboden schaffen zu können.
Wir unterscheiden die vom Menschen beeinflußten Kulturböden von den Naturböden, die sich selbst überlassen sind. Einen guten Kulturboden im Garten herzustellen, muß das erste Ziel sein. Das erreicht man nur mit einer durchdachten und verständnisvollen Bodenbearbeitung, Humuszu-

fuhr und Düngung, kurz: einer guten Bodenpflege.
Die Hauptbestandteile unseres Bodens sind Sand, Ton, Humus und Kalk. Der Sand- bzw. Tongehalt bestimmt die »Schwere« des Bodens. Der reine Sandboden ist genauso unfruchtbar wie der reine Tonboden. Der Kalk ist bestimmend für den Säuregrad des Bodens und der Humusgehalt für die wasserhaltende Kraft. In Lehmböden findet sich eine ideale Vermengung der vier Hauptbestandteile. Sie sind deshalb die besten Gartenböden überhaupt. Um nun einen guten Gartenboden zu erzielen, müssen die vorgefundenen Verhältnisse so beeinflußt werden, daß die schlechten Eigenschaften vermindert, die guten gefördert werden. Die wichtigsten Bodenarten sollen hier kurz beschrieben werden.

Leichte, sandige Böden erwärmen sich sehr rasch, da durch die lockere Lagerung der kleinen Bodenteilchen die Luft leicht eindringen kann. Auf Grund dieser Eigenschaft geht jede Zersetzung, z.B. von Stall- oder Gründung, verhältnismäßig schnell vor sich. Man bezeichnet diese Böden deshalb als rege. Da sie keine wasserhaltende Kraft besitzen, trocknen sie sehr schnell aus, und die Nährstoffe werden rasch ausgewaschen. Solche Bodenarten sind deshalb ewig hungrig und ausgesprochene Düngerfresser. Durch reichliche Humuszufuhren in Form von Stalldung, Gründüngung, Torfmull und Kompost sind sie verhältnismäßig einfach zu verbessern. Da sie meist sauer reagieren, sollten sie regelmäßig gekalkt werden. Sie sind fast bei jedem Wetter zu bearbeiten. Dadurch und durch ihre leichte Erwärmung eignen sie sich ganz besonders zur Kultur von Frühgemüse.

Tonböden sind kalt, undurchlässig und feucht. Jede Zersetzung geht nur sehr langsam vor sich, man bezeichnet sie deshalb als träge. Die Nährstoffe werden sehr lange festgehalten, so daß sie für die Pflanzen nur beschränkt zugänglich sind. Man kann sie sehr schwer durch reichliche Sand- und Humuszufuhren verbessern. Bei diesen Böden ist eine häufige und gründliche Lockerung unbedingt notwendig, vor allen Dingen müssen sie im Herbst in grober Scholle gegraben werden, um kräftig durchfrieren zu können. Nur so kann man mit einer einigermaßen guten Krümelung rechnen. Da diese Böden naß und kalt sind, lassen sie sich im Frühjahr erst spät bearbeiten. Sie eignen sich nicht für den Anbau von Wurzelgemüse.

Sauzahn

Lehmböden sind tätige Böden, deren Hauptbestandteile Sand und Ton sind. Je nach den Anteilen von Sand oder Ton sind es lehmige Sand- oder sandige Lehmböden. Sie weisen eine ausgezeichnete wasserhaltende Kraft auf, sind locker, gut durchlüftet und erwärmen sich rasch. Sie waschen nicht leicht aus und sind deshalb außerordentlich nährstoffreich. Bei guter Pflege stellen sie die idealen Gartenböden dar. Zu dieser guten Pflege gehört natürlich auch die regelmäßige Lockerung sowie die Humus- und Nährstoffzufuhr.

Kalkböden sind hitzig, trocken und arm an Nährstoffen. Sie sind nur sehr schwer durch reichliche Humus- und Kompostgaben zu verbessern. Sie kommen jedoch bei uns in Deutschland seltener vor.

Humusböden sind sauer und sehr frostempfindlich. Sie sind durch intensive Bearbeitung bzw. Sand- und Lehmzufuhren zu verbessern. Wir finden sie in Moor- und Heidegegenden.

Keine Bodenbearbeitung bei noch nassem Boden

Die wichtigsten Vorgänge der Bodenbearbeitung sind das Graben und das Hacken.

Graben

Die beste Zeit zum Graben ist der Herbst. Ganz wichtig dabei ist, daß man tiefgehend und grobschollig gräbt. Die vom Spaten fallende Erdscholle wird dabei nicht mehr zerkleinert. Man nützt die Kraft des winterlichen Frosts aus. Er soll möglichst tief in den Boden eindringen. Durch die Einwirkung des Frosts auf den Boden werden die Bodenbedingungen im Frühjahr entscheidend verbessert. Die groben Schollen zerfallen und werden feinkrümelig, die Nährstoffe des Bodens sind leichter für die Pflanzen verfügbar. In der Regel gräbt man mit dem Spaten einen Spatenstich tief um.

Im biologischen Gartenbau wird der Boden nicht umgegraben, sondern mit einem sogenannten Sauzahn gelokkert und hierdurch in der Tiefe belüftet.

Unter »Holländern« versteht man ein zwei Spatenstich tiefes und unter »Rigolen« ein drei Spatenstich tiefes Umgraben. Diese Methoden werden heutzutage in den verhältnismäßig kleinen Hausgärten kaum noch angewandt. Bei einem verdichteten Untergrund sind sie jedoch empfehlenswert.

Der herbstlichen Bodenbearbeitung folgt eine Nacharbeit im Frühjahr. Die groben Schollen zerfallen von selbst, der Frost hat sie in einen für die Pflanzen nahezu idealen Zustand gebracht. Man durchzieht den Boden 10 bis 15 cm tief mit dem Grubber. Die Erde behält danach ihre Winterfeuchtigkeit besonders lange und ist sehr gut durchwurzelbar. Keinesfalls sollte man mit den Arbeiten in den Beeten beginnen, solange die Bodenfeuchtigkeit noch zu hoch ist. Die Erde darf nicht am Grabegerät oder an den Schuhen kleben bleiben.

Wurde die herbstliche Grabearbeit versäumt, und man muß doch im Frühjahr graben, so sollte man dies nur mit der Grabegabel oder einem Sauzahn tun. Man lockert so nur die oberen Bodenschichten, ohne Würmern und anderen nützlichen Bodentieren viel Schaden zuzufügen. Die Schollen müssen jetzt sehr fein zerkrümelt werden. Man zieht dazu entlang der umzugrabenen Beetfläche eine Grabenfurche von etwa 1 Spatenbreite. Zur Zerkleinerung der Schollen bearbeitet man die fertig umgestochene Fläche mit einem Holzrechen. Große, feste Klumpen zieht man damit in die Furche, wo man sie gut zerstoßen kann. Mit dem Eisenrechen zieht man die fertig umgegrabene Beetfläche schließlich glatt.

Hacken

Das Hacken des Bodens in den Beeten dient der regelmäßigen Lockerung, Belüftung und der Unkrautbekämpfung. Man verwendet dazu eine Hakke, einen Grubber, einen Krümmer, einen Lüfter oder einen Krail. Die beste Zeit zum Hacken ist nach einem Regen. Das in den Boden gesickerte Wasser kann danach nicht so schnell wieder verdunsten und bleibt länger für die Pflanzen verfügbar. Die gehackte Oberschicht trocknet rasch ab und wirkt wie eine Isolierschicht für das Wasser, durch die es nicht nach oben steigen kann. Man schneidet ihm gewissermaßen den Rückweg ab und spart sich dadurch viel Bewässerungsarbeit.

Die Bodenbearbeitung in Kürze zusammengefaßt:

- Spatentiefes, grobscholliges Umgraben im Herbst zum Auffangen der Winterfeuchtigkeit.
- Aufreißen des Bodens im Frühjahr zum Festhalten der Feuchtigkeit.
- Regelmäßiges Lockern der oberen Bodenschicht während der gesamten Vegetationszeit zur besseren Belüftung des Bodens, zur Unkrautbekämpfung und zum Halten der Bodenfeuchtigkeit.

Kultivator

Humuszufuhr

Für die Anreicherung des Bodens mit Humus ist Torf ein gutes, vielseitiges und vielverwendetes Mittel. Er erhöht die Wasserhaltefähigkeit durchlässiger Böden und wirkt in undurchlässigen Böden lockernd, darf aber nur in gut angefeuchtetem Zustand verarbeitet werden. Er bringt aber auch gewisse Nachteile mit sich, wie die Ansäuerung eines Bodens. Ähnliche Eigenschaften wie Torf besitzt Rindenhumus oder Rindenkompost. Es werden bereits eine Vielzahl von Rindenprodukten im Fachhandel angeboten, die den Torfbedarf senken helfen. Sie können wie der Torf zu jeder Zeit beim Graben eingearbeitet oder nur aufgestreut und eingeharkt werden.

Es gibt auch noch zahlreiche andere Möglichkeiten der Humuszufuhr, die gegenüber Torf Vorteile haben. Dies sind z.B.:

- Mulchen (= Bedecken) der Bodenoberfläche mit Laub oder Mähgut (ohne Samen)
- Ansäen von Gründüngerpflanzen
- Einarbeiten von Stallmist
- Einarbeiten von Kompost

Krümmer

Im Gegensatz zu Torf, der keine Nährstoffe enthält, erfüllen diese Arten der Bodenverbesserung noch eine andere sehr wichtige Aufgabe für Boden und Pflanzen. Sie sorgen für die Zufuhr von Nährstoffen, die Düngung. Sie werden deshalb im Anschlußkapitel »Nährstoffe und Düngung« genauer behandelt.

Sternfräser

Kalken

Kalk, genauer gesagt Kalzium, ist kein Pflanzennährstoff. Kalk wird zur Bodenverbesserung verwendet, in Form von kohlensaurem Kalk, den es in gekörnter, leicht auszubringender Form im Fachhandel als Düngekalk zu kaufen gibt. In erster Linie dient er zur Bindung der im Humus vorhandenen

Säuren und damit zur Erhöhung des pH-Wertes. Kalk entsäuert den Boden, dient der besseren Krümelstruktur, mobilisiert festgelegte Nährstoffe und verhindert Eisenchlorose. Man bringt ihn am besten im Herbst aus. Die Hälfte der Kalkmenge streut man vor Beginn des Grabens, den Rest während des Grabens.
Kalk sollte immer flach eingearbeitet werden. Bei der Bodenbearbeitung im Frühjahr verteilt man ihn zwangsläufig. Auch dann ist eine Kalkung noch möglich. Die verwendete Menge hängt vom jeweiligen Boden ab.

Wichtig: Kalk darf nicht zusammen mit Stallmist und ammoniakhaltigen Düngern sowie Superphosphat aufgebracht werden, sondern 8 – 14 Tage vorher. Kohlensaurer Kalk ist leicht auszubringen und im Garten am besten einzusetzen.

Nährstoffe und Düngung

Eine Bodeneigenschaft ist neben den bisher beschriebenen für alle Pflanzen von ganz entscheidender Bedeutung: Der Gehalt an Nährstoffen. Jede Pflanze nimmt mit dem Wasser auch darin gelöste Nährstoffe auf. Sie benötigt diese für das Wachstum, die Blütenbildung und die Fruchtentwicklung. Die wichtigsten Nährstoffe sind Stickstoff (N), Phosphor (P) und Kalium (K), auch Kali genannt. Nicht zu vergessen ist auch die wichtige Bedeutung der Spurenelemente (z.B. Eisen, Magnesium, Kupfer).

Ausbringen von Dolomit-Gesteinsmehl

Im Nutzgarten wird auf relativ kleinem Raum in kurzer Zeit viel Pflanzenmasse produziert. Das erfordert eine große Menge an Nährstoffen, die der Boden bereithalten muß. Er wird das auf die Dauer nur können, wenn man ihm zurückgibt, was ihm entzogen wurde. Da der natürliche Kreislauf, vom Beginn des Wachstums an, das mit Nährstoffentzug verbunden ist, bis zum Absterben und Verrotten der Pflanze, das für den Boden eine Nährstoffzufuhr bedeutet, durch unsere Ernte unterbrochen wird, müssen wir auch dafür sorgen, daß er sich wieder schließt. Wir müssen dem Boden die Nährstoffe, die er in der Natur durch Laub und andere absterbende Pflanzenteile wiederbekommt, in anderer Form zuführen. Dazu dient die Düngung. Ohne Düngung wäre der Boden bald so verarmt, daß kein Anbau von Nutzpflanzen mehr möglich wäre.
Es gibt zwei Arten von Düngung, die organische Düngung und die Mineraldüngung.

Organische Düngung

Als organischen Dünger kann man alle pflanzlichen und tierischen Abfallstoffe verwenden, die auch in der Natur dem Boden als »Dünger« zugeführt werden. Dazu gehören noch nicht zersetzte Pflanzenteile, wie Laub oder Gras, bereits verrottete Pflanzenteile, z.B. in Form von Kompost, Lauberde oder ähnlichem oder auch tierische Abfallstoffe, wie Stallmist, Jauche, Guano (Vogelmist) oder andere. Der Hauptunterschied zum Mineraldünger besteht darin, daß die Nährstoffe im organischen Dünger noch gebunden vorliegen. Sie müssen im Boden durch die Tätigkeit von

Kleinstlebewesen erst frei werden, um von den Pflanzen aufgenommen werden zu können. Organische Dünger wirken daher langfristiger als Mineraldünger. Es gibt eine Vielzahl von Möglichkeiten, organisch zu düngen. Die wichtigsten sind das Mulchen, die Gründüngung, der Kompost, der Stallmist und die organischen Handelsdünger.

Mulchen bedeutet das Bedecken des Bodens zwischen den Pflanzen mit organischem Material. Es ist keine Düngung im eigentlichen Sinne, sondern eine Form der Bodenpflege. Die damit verbundene Nährstoffzufuhr ist ein gewünschter Nebeneffekt und vom Mulchmaterial abhängig. Ziel beim Mulchen ist es, das starke Austrocknen der Bodenoberfläche zu vermeiden und dadurch die Feuchtigkeit im Boden zu halten, das Bodenleben anzuregen und damit eine gründliche Lockerung und eine gute Struktur des Bodens zu fördern und zudem die Ansiedlung von Unkraut zu verhindern.

Die Wirkung der Mulchdecke entspricht also der des Hackens. Verwendet man Stroh, Torf, Holzwolle oder Rindenspäne zum Mulchen, wie man es beispielsweise bei Strauch- oder Staudenpflanzungen tut, so bedeutet das für den Boden keine Nährstoffzufuhr, ebensowenig wie bei Plastikfolien, die man bei Erdbeeren auslegt. Zur Düngung der Beete sollte man den Boden mit krankheits- und schädlingsfreien Gemüseabfällen, auch abgemähtem Gras oder gejätetem Unkraut (beide müssen ohne Samen aufgebracht werden) oder Mist bedecken. Besonders gut eignen sich derartige Mulchdecken für Kohl, Sellerie, Salat und Erdbeeren.
Das Mulchen ist eine der wichtigsten Pflegearbeiten im Nutzgarten, mit der man 3 Arbeitsgänge auf einmal erledigt: Bodenpflege, Düngung und Unkrautbekämpfung.

Unter **Gründüngung** versteht man den Anbau bestimmter Pflanzen, die nicht geerntet, sondern vor ihrer

Kleingeräte

Mulchen

Gründüngung mit Tagetes

Gründüngung mit Bienenfreund

Gründüngung mit Gartensenf

Samenreife als organischer Dünger untergegraben werden. Besonders geeignet sind dazu die Schmetterlingsblütler (Leguminosae). Sie haben kleine Knöllchen an ihren Wurzeln, in denen sogenannte Stickstoffbakterien den Stickstoff aus der Luft aufnehmen, in eine für die Pflanze verfügbare Form umwandeln und speichern. Nach dem Absterben der Pflanze verbleibt der Stickstoff im Boden. Die absterbenden restlichen Pflanzenteile stellen eine Humuszufuhr dar.

Auch der »Bodenmüdigkeit«, die meist von pflanzenschädlichen Bodenorganismen verursacht wird, können bestimmte gründüngende Arten entgegenwirken. Dazu gehören einige Sommerblumen wie Tagetes oder Ringelblumen.

Gründüngerpflanzen kann man auf alle Beete säen, die frühzeitig abgeerntet sind, wie beispielsweise nach Salat, Spinat, Erbsen, frühen Bohnensorten oder Frühkartoffeln. Auch bei der Neuanlage von Gemüsebeeten sollte im Jahr vor dem Anbau Gründünger gesät werden. Die Aussaat kann je nach Art ab Juni oder Juli erfolgen. Auch spätere Aussaaten sind noch sinnvoll, selbst wenn dann nur geringere Blattmassen gebildet werden. Meist ist es am besten, mehrere verschiedene Arten anzusäen. Geeignete Mischungen sind im Fachhandel erhältlich. Die Pflanzen werden vor den ersten Frösten im Herbst niedergetreten und mit untergegraben.

Die wichtigsten Gründüngungspflanzen:

Stickstoffsammler (Schmetterlingsblütler):
Bitterlupine (Lupinus-Arten), besonders gut für leichte Böden geeignet, Aussaat bis Ende August möglich
Erbsen (Pisum sativum)
Kleearten (Trifolium-Arten), auch gute Futterpflanzen
Luzerne (Medicago sativa)
Platterbse (Lathyrus-Arten)
Puffbohne (Vicia faba major)
Wicke (Vicia-Arten)

Sommerblumen, die gegen Nematoden wirken:
Ringelblume (Calendula officinalis)
Tagetes (Tagetes-Arten)

Sonstige Gründüngungspflanzen:
Bienenfreund (Phacelia tanacetifolia), wertvolle Bienenfutterpflanze, auch in Mischungen mit den genannten Sommerblumen verwendbar, Aussaat März – Juli
Buchweizen (Fagopyrum esculentum), gute Bienenfutterpflanze
Raps (Brassica napus) und Gartensenf, Ackersenf (Sinapis arvensis), dürfen nicht unmittelbar als Vorkulturen vor Kohl und anderen Kreuzblütlern angesät werden; nicht anbauen, wenn vorher Kohlhernie aufgetreten ist.

Komposterde ist der wertvollste organische Dünger und zugleich das beste Bodenverbesserungsmittel. Jeder Hobbygärtner sollte seine Bodenpflege und Düngung in erster Linie auf Kompost aufbauen und auf andere Möglichkeiten nur zusätzlich bei Bedarf zurückgreifen. Der Komposthaufen im Garten sorgt dafür, daß wirklich nichts – außer den verzehrten Pflanzenteilen – verloren geht, sondern stattdessen dem Boden früher oder später wieder zugeführt wird und ermöglicht dadurch ein bodenpflegliches und umweltgerechtes Gärtnern. Jeder auch noch so kleine Garten sollte seinen Komposthaufen haben. Er trägt auch dazu bei, das Müllproblem besser in Griff zu bekommen, das in Städten und dichtbesiedelten Gegenden heute so schwer zu lösen ist. Alle leicht verrottbaren Abfälle kommen auf den Komposthaufen und füllen nicht mehr die Mülltonnen. Dazu gehören alle organischen Küchenabfälle wie Obstschalen, Gemüseabfälle, Essensreste, Eierschalen, Kaffeesatz, Holzasche in begrenzten Mengen, Ernteüberreste wie Wurzeln, Strünke, Blätter, Laub, feinzerkleinerte Schnittabfälle von Sträuchern und Stauden, Rasenschnittgut und Unkraut, soweit es nicht zum Mulchen verwendet wird. Eichen- und Kastanienlaub verrottet schlecht, es muß gut mit anderen Abfällen vermischt werden. Beim abgemähten Gras (vorher zumindest leicht antrocknen lassen) und beim Unkraut sollte man möglichst darauf achten, daß noch keine Samen angesetzt sind. Die Komposterde verunkrautet sonst später zu stark. Muß man samentragende Pflanzen auf den Komposthaufen werfen, so sollte man sie in die Mitte einarbeiten, wo die unerwünschten Keimzellen am ehesten abgetötet werden. Klärschlamm sollte in keinem Fall auf den Kompost gebracht werden; er ist stark mit den verschiedensten Giften (z.B. mit Schwermetallen) belastet. Kranke oder von Schädlingen befallene Pflanzenteile dürfen keinesfalls auf den Komposthaufen geworfen werden.

Der Komposthaufen sollte nicht höher als 1 m und nicht breiter als 2 m bei beliebiger Länge sein, weil bei größeren Haufen die Gefahr von Luftmangel und Fäulnis besteht. Für eine gute Verrottung der Abfälle sind Sauerstoff, Feuchtigkeit und Wärme notwendig.

Standorttip:

- Der Komposthaufen gehört an einen halbschattigen Platz, damit er nicht austrocknet, aber sich doch etwas erwärmen kann und eine gute Verrottung aller Abfallstoffe gewährleistet ist. Man kann ihn gut mit Holundersträuchern oder auch mit an den Rand des Haufens gesetzten Kürbissen oder Zucciniplfanzen beschatten. Der Komposthaufen muß immer auf offenem Boden angelegt werden.

Pflegetip:

- Bei der Benutzung des Komposthaufens sollte man darauf achten, daß stickstoffreiche, grüne Pflanzenteile und stickstoffarme, getrocknete Abfälle gemischt werden. Es sollten keine dicken Schichten aus nur einer Abfallart, z.B. Laub oder Rasenschnitt aufgebracht werden, weil es darin leicht zu Fäulnis kommen kann.
- Schnittabfall von Bäumen, Sträuchern und Stauden, Zweige und kleine Äste, sorgen für eine gute Durchlüftung im Komposthaufen. Unverrottbare Stoffe (Glas, Folie, Draht, Blechdosen usw.) haben auf dem Kompost nichts verloren.

- Ist der Komposthaufen zu trocken, so gießt man, ist er zu naß, muß man schleunigst für Belüftung sorgen und Luftlöcher bohren und Zweige oder Reisig einarbeiten.
- Die Oberfläche des Komposthaufens wird mit Gras oder Stroh abgedeckt.
- Es gibt eine Reihe von Stoffen, die man dem Kompost beim Umsetzen zugeben kann, um den Rottevorgang zu beschleunigen. Die einfachsten Mittel sind das Beimengen vom vorjährigen Kompost oder Harnstoff. Auch Brennesseln wirken rottebeschleunigend. Im Fachhandel gibt es eine Anzahl guter, biologischer Mittel, die die Verrottung beschleunigen. Auch wiederholtes Umsetzen fördert den Verrottungsvorgang.

Stapelbare Kompostsilos

Düngung mit Kompost

Düngung mit Mist

● Stinkt der Komposthaufen, so muß er sofort umgesetzt werden. Man muß bei der Neuschichtung für bessere Durchlüftung sorgen. Ein »gesunder« Komposthaufen riecht nie unangenehm.

● Die fertige Komposterde sollte vor der Verwendung gesiebt werden, wobei noch schlecht verrottete, größere Pflanzenteile, z.B. Zweige, aussortiert werden können. Sie werden erneut in den Haufen geworfen.

● In kleinen Gärten empfiehlt es sich, Kompostbehälter oder Silos anzuschaffen. Wer etwas Geschick besitzt, kann diese aus Holzbohlen selbst anfertigen.

Stallmist ist nach wie vor ein wichtiger Stickstoff und Humuslieferant für den Boden. Für die meisten Gartenbesitzer ist er recht schwierig zu beschaffen. In ländlichen Gegenden dürfte es etwas einfacher sein. Besonders hochwertig ist Pferdemist, den man von Reitschulen, Reitvereinen oder anderen Pferdehaltern bekommen kann. Geflügeldung darf auf keinen Fall in frischer Form in den Garten kommen. Er muß vorher kompostiert werden.

Bei der Verwendung von Mist ist folgendes zu beachten:

● Eine Düngung mit Stallmist sollte immer im Herbst vorgenommen werden. Man gräbt ihn flach unter. Im Frühjahr eingearbeiteter Mist verrottet bis zur Aussaat oder Pflanzung nicht mehr gut, und die strohigen Bestandteile können Schädlinge anziehen.

● Stallmist eignet sich besonders für stark zehrende Gemüsearten, die viel Stickstoff benötigen, wie z.B. Kohl. Man sollte alle 3 Jahre im Herbst die Beete mit Mist düngen, auf denen im Frühjahr die entsprechenden Arten angebaut werden. Wenn möglich verwendet man auf leichten Böden Rinder- und Schweinemist, auf schweren Böden Pferde- und Schafmist.

● Da der Mist eine einseitige Stickstoffdüngung darstellt, sind zusätzliche Gaben mineralischer Phosphor- und Kalidünger erforderlich.

Die im Fachhandel angebotenen **organischen Düngemittel** sind alle rein tierischen Ursprungs. Sie haben einige große Vorteile: Man kann sie gut dosieren und sie wirken milde und langanhaltend.
Die wichtigsten organischen Handelsdünger und die darin enthaltenen Nährstoffe sind:
Blutmehl: Stickstoff (10 %), Phosphorsäure (1,2 %), schnellwirkend, ca. 60 % organische Substanz
Guano (= Vogelmist): Stickstoff (6 %), Phosphor (12 %), Kalium (2 %), ca. 50 % organische Substanz
Hornspäne/Hornmehl: Stickstoff (10 bis 14 %), Phosphor (5,5 %)
Knochenmehl: Phosphorsäure (12 bis 18 %).

Mineraldüngung

Im Mineraldünger werden den Pflanzen mehr oder weniger rasch verfügbare Nährstoffe zugefügt. Das wichtigste beim Gebrauch von Mineraldünger ist die richtige Dosierung. Besonders eine Überdüngung kann schlimme Folgen haben: Überdüngte Pflanzen sind anfällig für Krankheiten und Schädlinge und qualitativ geringwertiger, als optimal ernährte Pflanzen. Nur eine gezielte, vorschriftsmäßige Düngung ist von Nutzen. Die überschüssigen Nährstoffe werden außerdem ausgewaschen und geraten so an Stellen, wo man sie gar nicht haben möchte. Verschmutztes Wasser in Flüssen ist sehr oft eine Folge von eingeschwämmten Nährstoffen, z.B. aus der Landwirtschaft. Sie bewirken übermäßiges Pflanzenwachstum und nehmen dem Wasser seine Selbstreinigungskraft. Nur beim richtigen und gezielten Gebrauch werden Mineraldünger ihren Zweck erfüllen und zum Pflanzenwachstum, einer reichen Ernte und der Bodenpflege beitragen.
Entsprechend den 3 wichtigsten Nährstoffen gibt es Stickstoff-, Phosphor- und Kaliumdünger. Sie sind in leichtlöslichen und in schwerlöslichen Formen erhältlich. Leichtlösliche Dünger wirken rasch und halten nicht lange vor. Man benötigt sie z.B. für die sogenannte Kopfdüngung. Als Kopfdüngung bezeichnet man Handelsdüngergaben, die der Pflanze während ihrer Wachstumszeit verabreicht werden. Die Nährstoffe müssen also rasch verfügbar sein. Kopfdünger wird möglichst vor einem Regenschauer ausgestreut und leicht eingehackt. Schwerlösliche Dünger eignen sich dafür nicht. Sie müssen bereits vor dem Bestellen der Beete ausgestreut werden. Sie wirken langsamer, aber länger anhaltend.

Stickstoffdünger
Viel Stickstoff benötigen diejenigen Pflanzen, die in kurzer Zeit viel Blattmasse entwickeln müssen. Dazu gehören z.B. Kohl und Rhabarber. Zu stark mit Stickstoff gedüngte Pflanzen wirken auch aufgedunsen, sind krankheits- und fäulnisgefährdet und blühen kaum.
Zu den leichtlöslichen Stickstoffdüngern gehören die verschiedenen »Salpeter«-Verbindungen, z.B. Natronsalpeter oder Kalksalpeter. Man gibt nur kleine Mengen davon, aber in Abständen von etwa 6 Wochen. Schwerlösliche Stickstoffdünger sind beispielsweise Kalkstickstoff und schwefelsaures Ammoniak.

a: Stickstoff
b: Kalium
c: Phosphor

Phosphordünger
Phosphor trägt zur reichen Blütenbildung und zur Festigkeit der Früchte

bei. Er fördert neben vielen anderen Dingen auch die Faserwurzelbildung und die Bodenfruchtbarkeit und ist besonders wichtig für Blumen, für Fruchtgemüse wie Bohnen, Erbsen, Tomaten, Gurken und für Obst, wie Erdbeeren, Johannisbeeren und Stachelbeeren. Wichtige Phosphordünger sind das leichtlösliche Superphosphat, das etwas langsamer wirkende Rhenaniaphosphat und Thomasphosphat, besser bekannt als Thomasmehl. Superphosphat reagiert sauer; deshalb sollen die Böden vorher gekalkt werden. Rhenaniaphosphat und Thomasmehl sind nicht wasserlöslich und können somit als gute Vorratsdünger eingesetzt werden. Da beide einen hohen Kalkanteil haben, kann mit ihnen der pH-Wert von sauren Böden angehoben werden.

Kalidünger
Kalium ist für die Stabilität der Pflanze, für Festigkeit der Stengel, Standfestigkeit und Widerstandsfähigkeit gegen Krankheiten und Schädlinge wichtig. Es fördert darüber hinaus die Frostwiderstandsfähigkeit, die Ausbildung der Früchte, Farbe, Aroma und Lagerfähigkeit. Alle Pflanzen benötigen daher Kali, besonders beispielsweise die Obstbäume, aber auch die Erdbeeren für Bildung von straffen Stielen. Der säuernden Wirkung von Kalidüngern sollte mit einer Kalkung entgegnet werden (1 kg Kali: 1 kg Branntkalk oder 2 kg kohlensauren Kalk). Die Kalidünger sind leichtlöslich, halten aber recht lange vor. Leichtlöslich und schnellwirkend ist Patentkali (schwefelsaures Kali-Magnesia), das sich für Kopfdüngungen eignet. Kainit löst sich schwer, wirkt langsam und wird daher im Herbst gestreut. Er sollte nur auf leichten Böden und für Sellerie, Mangold, Rüben, Spargel und Möhren verwendet werden. Vorsicht! Hoher Chlorgehalt.

Mischdünger
Mischdünger enthalten 2 oder alle 3 Nährstoffe (Volldünger). Die Nährstoffe stehen in einem bestimmten Verhältnis zueinander, das dem jeweiligen Verwendungszweck entspricht (z.B. Rasendünger). Mischdünger sind überwiegend leicht löslich und als Kopfdünger verwendbar. In der Regel wird man im Garten hauptsächlich Misch- oder Volldünger verwenden, zumal sie einfacher im Gebrauch und wesentlich genauer zu dosieren sind als Einzeldünger. Deshalb ist in kleineren Gärten die Anwendung von Volldüngern und Spezialdüngern vorzuziehen. Diese sind auf die Ansprüche der Pflanzen abgestimmt und Fehler beim Düngen können kaum passieren.

Die Versorgung des Gartens mit Wasser

Nährstoffe im Boden nützen den Pflanzen nichts, wenn nicht auch Wasser vorhanden ist, mit dem die Nährstoffe von den Pflanzen aufgenommen werden können. Bei Wassermangel leidet die Pflanze immer auch an Nahrungsmangel. Für alle Nutzpflanzen ist daher eine gleichmäßige Wasserversorgung wichtig. An Tagen, an denen die natürliche Wasserversorgung durch den Regen ausfällt, müssen wir natürlich dafür aufkommen.
Ein Wasseranschluß im Nutzgarten, besonders in nächster Nähe des Gemüsegartens, ist daher sehr wichtig. Gartenschläuche helfen dabei, weitere Entfernungen zu überbrücken.

Das frische, kalte, oft »harte« Leitungswasser bekommt den Pflanzen allerdings gar nicht so gut. Regenwasser ist ihnen zuträglicher. Dabei muß man aber beachten, das Regenwasser in städtischen Ballungsräumen oder in Industriegebieten oft so schmutzig ist, daß es die Pflanzen schädigen kann. Man sollte es grundsätzlich immer erst 1 bis 2 Stunden regnen lassen, bevor man Regenwasser zum Gießen auffängt. Die Luft ist dann bereits etwas sauberer.
Auch beim Gießen selbst sollte man den Pflanzen zuliebe auf einige Dinge achten. Dafür ein paar Ratschläge.

Pflegetip:

- Die beste Zeit zum Gießen ist am frühen Morgen oder am Abend. In der Mittagssonne würde das Gießwasser sehr rasch verdunsten. Eine gute Methode ist es, abends die Beete sehr gründlich zu gießen und diese am nächsten Morgen kurz durchzuhakken, damit das Wasser nicht zu rasch verdunstet. Erwärmt die Sonne den Boden, so stehen die Pflanzen feucht und warm und haben ideale Wachstumsbedingungen. Dabei ist es wichtig, wirklich reichlich zu gießen, da das Wasser sonst verdunstet, bevor es die Wurzeln erreicht hat.
- Beim Gießen mit dem Gartenschlauch sollte man immer einen Brausekopf verwenden und den Schlauch so halten, daß das Wasser nicht im harten Strahl auf die Beete fällt.
- Gießt man mit der Gießkanne, so hält man diese in geringer Entfernung vom Boden, damit die Tropfen nur ein kurzes Stück fallen und nicht hart herunterprasseln.

Der grüne Kniff:

- Gießen nach Nachtfrösten kann Schäden an den Pflanzen vermeiden helfen. Die Pflanzen werden am frühen Morgen, wenn die Sonne aufgeht und beginnt, die Eiskristalle abzutauen, gründlich überbraust. Dadurch taut die Pflanze langsamer auf und das Zellgewebe wird wenig stark geschädigt.

In Industriegebieten ist das Regenwasser schmutzig

Aussaat, Pflanzung und Ernte

Im Mittelpunkt der Arbeit im Nutzgarten steht die Anzucht der Pflanze von der Aussaat bis zur Ernte.

Aussaat

Sämereien für die Anzucht von Gemüse und Kräutern sollte man immer nur im Fachgeschäft besorgen.

Der grüne Kniff:

- Viele Samen behalten bei sachgemäßer Lagerung ihre Keimkraft während einiger Jahre. Hat man noch Samen vom Vorjahr übrig, so kann man vor der Aussaat ganz leicht testen, ob sie noch keimfähig sind.

Für eine Keimprobe legt man abgezählte Samenkörner auf Fließpapier oder in eine Schale mit Sand, die gleichmäßig warm und feucht gehalten wird. Schon nach wenigen Tagen kann man auszählen, mit wieviel Prozent der Samen keimt und dann die Aussaat später entsprechend dichter vornehmen, bzw. neues Saatgut beschaffen, wenn die Keimfähigkeit unter 50 % liegt.

Keimprobe

Samen muß kühl und absolut trocken gelagert werden. Weder die Gartenlaube noch der Geräteschuppen sind geeignete Lagerräume.
Der richtige Aussaatzeitpunkt ist für die gute Entwicklung der Pflanze

Vorbereiten des Beets für die Aussaat

Saatrillen ziehen

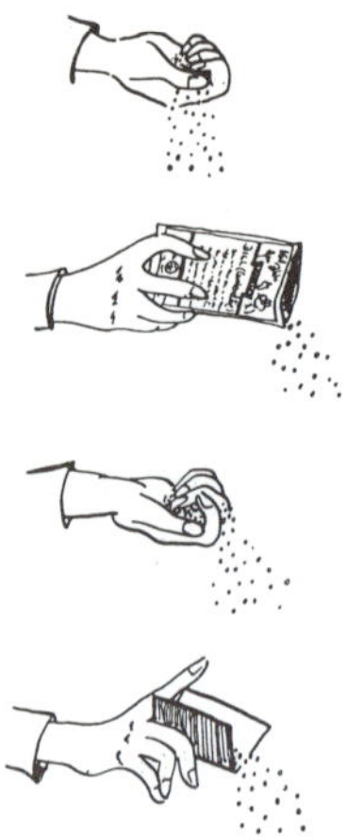

Unterschiedliche Aussaatmethoden

wichtig. Er ist je nach Art und Sorte unterschiedlich. Bei vielen Gemüsearten unterscheidet man frühe, mittlere und späte Sorten. Gleichgültig, ob die Aussaat im Frühjahr oder im Herbst erfolgt, die Beetfläche muß vorher nochmals gut vorbereitet werden. Sie wird durchgehackt, so daß eine feinkrümelige Struktur entsteht, und glatt gerecht. Bei der Aussaat sollte man sehr sorgfältig zu Werke gehen.

Aussaattip:

- Man sollte grundsätzlich in Reihen säen. Das erleichtert beim Aufgehen der Aussaat ganz entscheidend die Unkrautbekämpfung. Bei sehr langsam keimenden Arten kann man ein paar Radieschensamen als Markiersaat mit einstreuen, die frühzeitig aufgehen und das Jäten erleichtern.
- Die Saatrillen zieht man am besten mit Hilfe eines 1 cm starken Vierkantholzes, das man leicht in die Erde drückt und einmal hin und her schiebt. Die Entfernung der so entstehenden Rillen richtet sich nach der jeweiligen Pflanzenart. Im Früh- oder Saatbeet reichen 5 cm aus, da die Jungpflanzen ja, sobald sie eine bestimmte Größe erreicht haben, versetzt werden. Der Samen wird in die flache Rille gestreut.
- Der größte und häufigste Fehler beim Aussäen ist eine zu dichte Saat. Man sollte grundsätzlich dünn säen. Auch bei Pflanzen, die später versetzt werden, ist das wichtig, damit im Aussaatbeet keine Fäulnis entsteht.
- Um den Samen mit Erde zu bedekken, verwendet man am besten ein engmaschiges Kastensieb. Dabei gilt immer die Regel: Alle Sämereien werden in Samenkornstärke mit Erde bedeckt. Manche Pflanzen sind Lichtkeimer. Sie werden gar nicht abgedeckt.
- Zum Schluß werden die bedeckten Samen gut angedrückt, damit sie fest in der Erde liegen. Am besten verwendet man dazu ein Brettchen. Das Andrücken ist auch bei den Lichtkeimern sehr wichtig.

- Jede Reihe wird mit einem Etikett, auf dem der Name der jeweiligen Art und Sorte steht, gekennzeichnet. Diese Etiketten bereitet man am besten schon im Winter vor.
- Die frische Aussaat wird mit einem sehr feinen Brausevorsatz an der Gießkanne vorsichtig, aber gründlich angegossen.
- Zur Keimung brauchen alle Samen ganz gleichmäßige Feuchtigkeit und Wärme. Die Samen empfindlicher Sorten können in der feuchten Erde faulen, wenn es an Wärme fehlt. Andererseits muß man bei Sonnenschein trocken gewordene Stellen immer sofort gießen. Ein einmaliges Trockenwerden während der Keimung kann einen völligen Mißerfolg nach sich ziehen.
- Sobald der Samen aufgegangen ist, muß auf gleichmäßige Feuchtigkeit geachtet werden. Vor starker Sonneneinstrahlung sollten die Sämlinge durch Beschattung geschützt werden. Das geht am besten im Saat- oder Frühbeet.
- Zu dicht gesäte Keimlinge werden verzogen.

Um die Keimbedingungen für die Samen zu verbessern und die Vegetationszeit zu verlängern, kann man sich einiger Hilfsmittel bedienen. Das beste ist freilich ein Gewächshaus im Garten. Aber auch im »Kleinen« können die gleichen Wirkungen erzielt werden.

Aussaat im Zimmer

Bei vielen Pflanzen, angefangen beim Salat bis hin zu Blumen, ist es möglich, die Aussaat schon frühzeitig in Töpfen oder Schalen im Haus vorzunehmen. Vor allem wärmeliebende Arten, die hohe Keimtemperaturen benötigen, keimen dann sicherer. Um die Aussaat gleichmäßig warm und feucht zu halten, bedeckt man die Schalen mit einer Glasscheibe oder stülpt eine Klarsichtfolie über die Töpfe. Die gekeimten Sämlinge müssen sehr hell stehen. Starke Wärme bekommt ihnen nicht.

Aussaat im Zimmer

Aussaat ins Frühbeet

Ein Frühbeet ermöglicht es, die Vegetationszeit früher beginnen zu lassen und bereits zu einer Zeit die Aussaat vorzunehmen, in der sie im Freien noch nicht gelingt.

Standorttip:

- Das Frühbeet braucht die sonnigste Stelle im Garten. Seine Fenster stehen nach Süden oder Südwesten geneigt. Nach Norden sollte es gegen kalte Winde geschützt werden. Es gibt fertige Frühbeetkästen zu kaufen, aber auch das Selberbauen eines Frühbeets ist nicht schwer.

Wie wird's gemacht?

- Hat man einen geeigneten Platz gefunden, so hebt man eine Grube von 30 cm Tiefe in den Ausmaßen des geplanten Frühbeets aus. Dabei sollte man sich nach den erhältlich genormten Mistbeetfenstern richten. Das deutsche Mistbeetfenster mißt 1 m × 1,50 m, das »Holländerfenster« 80 cm × 1,50 m.
- In die Grube setzt man einen Holzrahmen aus Brettern so ein, daß die hintere Seite 25 cm und die vordere 10 cm aus der Erde ragt (ca. 15 cm Neigung bei einer Beetbreite von ca. 1,50 m).
- Das Frühbeet füllt man mit gut abgelagerter Komposterde, die mit Torf und Sand vermischt wurde. Die Erdoberfläche sollte 15 cm Abstand zur Fenstermitte haben, damit ein gutes Aufgehen der Samen gewährleistet ist. Je nach Witterung kann das Frühbeet oft schon im Februar in Betrieb genommen werden. Dazu holt man die Fenster aus dem Überwinterungs-

Frühbeet

Gießen und Lüften des Frühbeets

Lüfthölzer

Abdecken des Frühbeets

Folientunnel

raum und legt sie auf den Rahmen. Die Sonnenwärme sammelt sich unter dem Glas im Kasten und die Erde darin taut bald auf. Das Auftauen wird noch beschleunigt, wenn man die Kästen über Nacht zudeckt (mit Strohmatten, Decken, Brettern oder anderen Materialien, die über den Kastenrand reichen). Sobald die Erde aufgetaut ist, wird das Beet vorbereitet und gedüngt. Mit der Aussaat kann man in der Regel nach knapp 2 Wochen beginnen. Hierbei richtet man sich nach dem örtlichen Klima und den gegebenen Witterungsverhältnissen.

Der grüne Kniff:

- Um seitliches Eindringen von Frost oder Zugluft in das Frühbeet zu verhindern, packt man Mist, Laub oder Torf in einer Breite von 50 cm außen an den Frühbeetrahmen.

Bis die Saat aufgeht, werden die Frühbeetfenster geschlossen gehalten und am Abend, sobald die Sonne nicht mehr gut wärmt, zugedeckt. Entdeckt man trockene Stellen im Beet, besonders am oberen Rand des Beets, so muß man gießen. Dabei werden nur die trockenen Flächen gründlich und nur mit erwärmtem Wasser gegossen. Der beste Zeitpunkt ist der Vormittag, wenn sich die Erde bereits etwas erwärmt hat. Das Frühbeet darf niemals austrocknen. Sobald die Saat aufgegangen ist, beginnt man bei frostfreiem Wetter zu lüften. Dazu klemmt man Lufthölzer unter die Fenster, anfangs nur quer, später dann hochgestellt. Bei starker Mittagssonne sollte man die Frühbeetfenster schattieren. Ehe die Sonne am Nachmittag ihre Kraft verliert, wird das Fenster geschlossen, damit Wärme für die Nacht gespeichert wird. Gegen Ende März/Anfang April, sofern es die Witterung erlaubt, kann man beginnen, die Fenster tagsüber herunternehmen. Ist mit einer frostfreien Nacht zu rechnen, so läßt man sie auch nachts weg, um die Pflanzen auf die rauhe Wirklichkeit im Freiland vorzubereiten. Die gut abgehärteten Pflanzen werden schließlich auf die Beete ausgepflanzt. Das Frühbeet ist dann frei für andere Zwecke, z.B. den Anbau von Gurken.

Mit Gartenfolien kann man empfindliche Aussaaten und Jungpflanzen schützen oder Gemüse verfrühen.

Hier nochmal in Kürze, was bei der Aussaat zu beachten ist:

- Es darf nicht zu dicht gesät werden
- Die Samen dürfen nicht zu tief in der Erde liegen, Erdschichtdicke über Samenkorn = Samenkornstärke
- Der Samen muß fest in der Erde liegen, die Aussaat wird angedrückt
- Die Reihenaussaat erleichtert die Unkrautbekämpfung
- Zur Keimung ist für gleichmäßige Feuchtigkeit und Wärme zu sorgen.

Die Pflanzung

Der Aussaat folgt das Verpflanzen der Jungpflanzen. Sobald sie kräftig genug sind, werden sie erst einmal in Kästen vereinzelt oder direkt ins Beet gesetzt. Manche Pflanzenarten werden nicht aus Samen vermehrt, wie z.B. großfruchtige Erdbeeren. Man kauft fertige Pflänzchen und setzt sie gleich an ihren festen Platz. Die Pflanzzeit ist von Art zu Art verschieden. Manche Pflanzen dürfen erst nach den Eisheiligen ins Freie, andere werden entsprechend ihrer Aussaat im Spätsommer verpflanzt. Damit die Pflanzen auch gut anwachsen, sollte man einige Dinge beachten.

Pflanztip:

- Man sollte nur bei trübem Wetter –

oder an schönen Tagen in den Abendstunden – pflanzen, damit die Pflanzen nicht zu stark welken.

- Die Pflanzen sollten möglichst in feuchte Erde gesetzt werden. Trockene Beete gießt man vor der Pflanzung gut an.
- Sehr wichtig ist das Einhalten ausreichender Pflanzabstände. Nur ausreichend weit gesetzte Jungpflanzen entwickeln sich optimal. Der richtige Abstand kann sich von Art zu Art unterscheiden.
- Die Wurzeln der Pflanzen müssen senkrecht ins Pflanzloch kommen und dürfen nicht geknickt werden. Die Wurzelspitzen dürfen getrost abgekniffen werden.
- Um die Pflanzen festzudrücken, stößt man das Pflanzholz etwa 3 – 4 cm neben dem Setzling in die Erde und drückt es gegen die Wurzeln, so daß sich das Pflanzloch schließt. Das neu entstandene Loch wird mit dem Pflanzer zugedrückt.
- Nach dem Pflanzen wird vorsichtig angegossen.

Beim Bepflanzen der Beete sollte man sich genau überlegen, welche Arten man zusammenpflanzt. Größere Zwischenräume, z.B. zwischen Kohl, kann man beispielsweise mit Salatpflanzen auffüllen. Zwischen den an Stäben angebundenen Tomaten ist Platz für Kräuter oder niedriges Blattgemüse.

Solche »Mischkulturen« sind aber nicht nur platzsparend, sondern auch eine bodenpflegliche Art der Bewirtschaftung. Durch die dichte Pflanzendecke schafft man eine gute Bodenbedeckung, die, wie das Mulchen, einen Schutz gegen Verunkrauten und Austrocknen darstellt. Zugleich werden aber dem Boden nicht völlig einseitig Nährstoffe entzogen. Die Mischkultur stellt auch eine gute Vorbeugemaßnahme gegen einen Befall durch Schädlinge und Krankheiten dar. Manche Pflanzen wirken sogar ausgesprochen abschreckend auf bestimmte Schädlinge, z.B. Zwiebel, Knoblauch, Meerrettich, Petersilie oder andere Kräuter oder einige Sommerblumen wie die Ringelblume oder die Kapuzinerkresse, die man als Beeteinfassung pflanzen kann. Einige Pflanzenarten »beschützen« sich gegenseitig, so hält z.B. die Zwiebel die Möhrenfliege von der Möhre ab, die Möhre ihrerseits die Zwiebelfliege von der Zwiebel und vom Lauch. Auch auf der Baumscheibe von Obstbäumen, in die direkte Nähe des Stamms gepflanzt, wirken einige Sommerblumen, Gemüse- oder Kräuterarten vorbeugend. Befallen einmal Schädlinge oder Krankheiten die Pflanzen, so breiten sie sich in einer Mischkultur nie so verheerend aus, wie in Beeten mit nur einer Pflanzenart. Beispiele für geeignete Kombinationen von Nutzpflanzen werden in den folgenden Kapiteln an verschiedenen Stellen angeführt.

Die Vorteile der Mischkultur sollen hier in Kürze noch einmal genannt werden:

- Platzersparnis in den Beeten
- Bodenpflegende und arbeitssparende Gartenbewirtschaftung durch lückenlose Bodenbedeckung und Vermeiden eines einseitigen Nährstoffentzugs
- Vorbeugung gegen Schädlings- und Krankheitsbefall
- Abschwächung der Auswirkungen eines Schädlingsbefalls oder einer Krankheit
- Durch die Bodendeckung werden Unkräuter schon im Keim erstickt: weniger Pflegearbeit und kein Nahrungsentzug durch Unkräuter
- Ertragssteigerung als Folge aller genannten Vorteile.

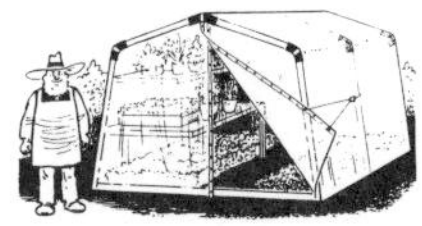

Foliengewächshaus

Ausdünnen der Sämlinge

Mischkultur: Wurzelgemüse eignen sich als Nachfrucht zu Blattgemüse

Die Ernte

Die Ernte ist die Belohnung für die Arbeiten im Garten. Manche Gemüsearten können schon ganz jung geerntet und verspeist werden, z.B. die Blattgemüse, Fruchtgemüse wie Zucchini oder Gurken oder die Kräuter, deren Blätter verwendet werden. Andere Arten (z.B. Obst und einige Fruchtgemüse wie Tomate, Kürbis, Melone) sind nur voll ausgereift wirklich schmackhaft und genießbar.
Man sollte schon mit der Aussaat und Sortenauswahl dafür sorgen, daß die Erntezeit sich möglichst über einen langen Zeitraum erstreckt. Das ist möglich, wenn man die angebauten Arten und Sorten sorgfältig aufeinander abstimmt. Es gibt frühe, mittelfrühe und späte Gemüsesorten sowie frostharte Wintergemüse, die im Winter und im zeitigen Frühjahr für Vitamine sorgen. Durch Neuzüchtungen kommen fast jährlich neue Sorten mit anderen oder verbesserten Eigenschaften in den Handel. Die große Auswahl altbekannter und bewährter sowie neuer Sorten kann in diesem Buch natürlich nicht vorgestellt werden. Um seine auf die jeweiligen Verhältnisse und Bedürfnisse abgestimmte Auswahl treffen zu können, sollte man sich in guten Fachgeschäften beraten lassen.
Manche Arten sind zudem gut lagerfähig, so daß sie noch lange nach der Ernte frisch verwendet werden können. Die Konservierung ist heute nur selten ein Problem, weil viele Obst- und Gemüsearten auch gut eingefroren werden können.
Für die Aufbewahrung von Äpfeln, Kartoffeln, Zwiebeln und Kohlköpfen eignet sich ein frostfreier, luftiger und kühler Kellerraum.

Das Unkraut und seine Bekämpfung

Alle Wildkräuter, die sich selbst und unbeabsichtigt in einem Beet ansiedeln, nennen wir Unkraut. Sie stehen dort in Konkurrenz zu unseren Nutzpflanzen und nehmen diesen Licht, Wasser und Nährstoffe weg. Darum müssen wir sie bekämpfen. Die Grenze zwischen Unkraut und Nutzpflanze ist allerdings fließend: Früher wurde der Gute Heinrich, die Brennessel, der Spitzwegerich und viele andere Unkräuter noch in der Küche oder in der Hausapotheke verwendet. Die Kamille ist auch heute noch eine bedeutende Heilpflanze. Sogar der Löwenzahn wird von Feinschmeckern als Salat besonders geschätzt. Die unscheinbare Vogelmiere ist ein Leckerbissen für den Wellensittich. Andererseits kann so manche Nutzpflanze leicht zum Unkraut werden, wie z.B. Meerrettich und Topinambur. Besinnt man sich ein wenig darauf, so wird man vielleicht mit manch einem lästigen Kraut etwas anfangen können.

Beachtet man einige Ratschläge, dann ist die sonst mühselige Unkrautbekämpfung sehr einfach:

Pflegetip:

- Zunächst sollte man so gut wie möglich gegen Unkraut vorbeugen. Dabei hilft ein Mulchen des Bodens und die Verwendung von samen- und wurzelfreier Komposterde.
- Das wichtigste bei der Unkrautbekämpfung ist, alle unerwünschten Pflanzen so klein wie möglich zu entfernen. Kleine Unkrautpflanzen lassen sich leicht herausziehen und können die Nutzpflanzen noch kaum schädigen.
- Man jätet am besten nach einem Regen, weil sich Unkräuter danach besser aus der Erde ziehen lassen.
- Tiefwurzelnde Unkrautarten (so z. B. Löwenzahn, Distel, Wegwarte) müssen sorgfältig ausgegraben werden, damit sie sich nicht immer wieder ausbreiten.
- Chemische Unkrautbekämpfungsmittel (Herbizide) können im Nutzgarten nur sehr beschränkt verwendet werden. Dabei ist die jeweilige Gebrauchsanweisung genau zu beachten, sonst ist der Schaden weit größer als der Nutzen. Da im Garten auf engem Raum viele Pflanzenarten wachsen, dürfen nur wenige Mittel, und diese nur ganz gezielt eingesetzt werden. Besser wäre es in den meisten Fällen, ganz auf sie zu verzichten.

Beim Unkrautjäten sollte man stets die Augen offen halten und sich bemühen, die Unkrautarten genau kennenzulernen. Jedes Unkraut sagt nämlich etwas über den Boden aus, auf dem es steht. Brennesseln beispielsweise zeigen einen stickstoffreichen, guten Gartenboden an. Die Beachtung der Unkräuter kann eine gute Möglichkeit zur richtigen Bodenpflege und Düngung bieten.

Die häufigsten Unkräuter und ihre Bedeutung als »Zeigerpflanzen«:

Ackerdistel *(Cirsium arvense)*: auf gutem, tiefgründigen, lehmigen Böden, tiefwurzelnd und hartnäckig; Herausziehen nach Regenfällen mit der ganzen Wurzel

Ackerschachtelhalm *(Equisetum arvense)*: auf kalkarmen, steinigen oder schweren Böden, hartnäckig, Zeigerpflanze für Staunässe und schlechte Stickstoffversorgung; kann durch regelmäßige Kalkung des Bodens wirksam bekämpft werden

Reihenaussaat erleichtert die Unkrautbekämpfung

Ackersenf *(Sinapis arvensis)*: auf kalkreichen Böden; leicht zu jäten, wenn dies rechtzeitig geschieht

Ackerstiefmütterchen *(Viola arvensis)*: auf kalkarmen, leicht sandigen Böden; leicht zu jäten, wenn dies rechtzeitig geschieht

Ackerwinde *(Convolvulus arvensis)*: besonders häufig auf guten, nährstoffreichen, kalkhaltigen Böden, umrankt alle Pflanzen und kann sie leicht unterdrücken, ausläufertreibend und besonders hartnäckig; nur durch intensives Hacken und Jäten zu bekämpfen

Ampfer *(Rumex obtusifolius)*: auf stickstoffreichen, verdichteten, schlecht durchlüfteten Böden, tiefgehende Wurzeln, im Garten selten; schwer zu jäten

Breitwegerich *(Plantago major)*: auf verdichteten, nährstoffarmen Böden z.B. in Fahrspuren oder Trampelpfaden in der Wiese, stört selten

Brennessel *(Urtica dioica)*: auf stickstoffreichen, feuchten Böden, ausgedehnte unterirdische Ausläufer; nie Pflanzen zur Blüte und Fruchtreife kommen lassen, bei der Bodenbearbeitung alle Wurzelstöcke aufsammeln und vernichten

Ehrenpreis *(Veronica arvensis)*: stickstoffreiche, lockere, meist leicht sandige Böden (Sand, Lehm); leicht zu jäten, wenn rechtzeitig begonnen wird

Franzosenkraut *(Galinsoga parviflora)*: auf kalkhaltigen, nährstoffreichen Sand- und Lehmböden, tritt vor allen Dingen auf abgeernteten Beeten auf und muß sofort ausgerottet werden, schon die blühenden Pflanzen streuen in großen Mengen Samen aus und verbreiten sich so sehr schnell über den ganzen Garten

Gänseblümchen *(Bellis perennis)*: in Wiesen, am liebsten auf humosen, nahrhaften Böden, stört meist nicht

Scharfer Hahnenfuß *(Ranunculus acris)*: auf stickstoffreichen, feuchten Böden, ausläufertreibend aus Wurzelstock, sehr lästig, wächst gern im Schatten und tritt deshalb unter Beeren- und Ziersträuchern auf; nicht ungestört wuchern lassen, sondern auch an unbeachteten Stellen restlos entfernen, denn sonst wächst er immer wieder in die Beete und Rabatten

Hederich *(Raphanus raphanistrum)*: auf sauren Lehm- und Sandböden, hartnäckig; nur durch intensives und gewissenhaftes Hacken und Jäten zu vernichten, abgeerntete Beete unbedingt unkrautfrei halten

Hirtentäschel *(Capsella bursa-pastoris)*: hauptsächlich auf nährstoffreichen Böden, aber auch auf trockenen und armen Plätzen; leicht zu jäten (vor der Blüte)

Echte Kamille *(Matricaria chamomilla)*: auf kalkarmen, sandigen Böden und Ödland, Heilpflanze, auch andere Arten

Strahlenlose (wilde) Kamille *(M. matricarioides)*: auf stark beanspruchten Böden

Löwenzahn *(Taraxacum officinale)*: auf allen, besonders auf tiefgründigen, stickstoffreichen Böden, Tiefwurzler; schwer zu jäten, nicht zur Blüte kommen lassen und möglichst mit Wurzeln entfernen

Quecke *(Agropyron repens)*: auf fast allen Böden, sehr lästig und hartnäkkig; sehr schwierig zu bekämpfen, vor allen Dingen in Dauerkulturen und Staudenbeeten darauf achten, daß sie sich dort nicht einnistet, bei der Bodenbearbeitung muß man sich die Mühe machen, jedes Wurzelstück aufzusammeln

Rainfarn *(Chrysanthemum vulgare)*: auf trockenen, kalkarmen Böden, in der Schädlingsbekämpfung verwendbar, Ausläufer, kann sich stark ausbreiten, im Garten selten

Großer Sauerampfer *(Rumex acetosa)*: feuchte, nährstoffreiche Wiesen, säuerlich schmeckendes Wildgemüse, Tiefwurzler, tritt seltener im Garten auf; ausgraben
Kleiner Sauerampfer *(Rumex acetosella)*: saure, nährstoff- und kalkarme Böden; regelmäßig jäten
Spitzwegerich *(Plantago lanceolata)*: auf allen Böden, meist aber auf sauren, feuchten und verfestigten Böden, Heilpflanze; jäten oder ausstechen
Taubnessel *(Lamium album)*: auf stickstoffreichen Böden; jäten oder ausgraben und bei der Bodenbearbeitung alle Wurzeln entfernen
Vogelmiere, Vogelsternmiere *(Stellaria media)*: auf guten, nährstoffreichen, feuchten Böden, sehr häufig, breitet sich gerne auf abgeernteten Beeten aus; das sollte man verhindern, denn im Frühjahr ist das Unkraut in Aussaaten schwer zu bekämpfen; leicht zu jäten
Wegwarte, Wilde Zichorie *(Cichorium intybus)*: auf trockenen und stickstoffreichen Plätzen, auf Schutt; jäten oder hacken.

Schädlinge und Krankheiten und ihre Bekämpfung

Nur weitgehend ungeschädigtes Obst und Gemüse hat auch einen hohen gesundheitlichen Wert für den Menschen, nur von Schädlingen und Krankheiten verschonte Zierpflanzen tragen wirklich zur Zierde von Haus und Garten bei. Deshalb ist es eine wichtige Aufgabe für den Gärtner und Pflanzenliebhaber, Schädlinge und Krankheiten frühzeitig zu erkennen, ihnen durch geeignete Maßnahmen vorzubeugen und sie, wo möglich, zu bekämpfen.

Tierische Schädlinge

Wo so ein verlockendes Angebot an Eßbarem auf kleinstem Raum herrscht wie im Obst- und Gemüsegarten, da stellen sich natürlich immer auch unerwünschte Nutznießer ein. Gerade hier gibt es unzählige, sehr »spezialisierte« tierische Schädlinge, die oft nur an einer einzigen Art große Schäden anrichten können, z.B. Apfelwickler, Brombeermilbe, Kartoffelkäfer, Möhren- oder Spargelfliege. Daneben begegnet man manchen anderen Schädlingsarten immer wieder an fast allen Nutz- und Zierpflanzen, wie z.B. den Älchen, den Blattläusen, den Erdflöhen, den Spinnmilben, den Springschwänzen, dem Blasenfuß (Thrips) und vor allem Wühlmäusen und Schnecken.
Mit Schadtieren im Nutzgarten muß man grundsätzlich immer rechnen. Deshalb sollte man die Pflanzen regelmäßig daraufhin kontrollieren, um rechtzeitig etwas dagegen unternehmen zu können.

Schneckenfraß

Wühlmaus

Krankheiten

In der Regel wirken Krankheiten, die von Pilzen, Bakterien oder Viren verursacht werden können, noch schlimmer als tierische Schädlinge. Stärker erkrankte Pflanzen sind unbrauchbar, die Nachbarpflanzen werden rasch angesteckt, oft ist das ganze Beet verseucht.
Relativ einfach zu bekämpfen sind die Pilzkrankheiten, wie z.B. der Falsche und der Echte Mehltau, der Rost, Schorfkrankheiten, der Grauschimmel.

Kohlweißling

Viel schwieriger ist die Bekämpfung von Bakterienkrankheiten, wie z.B. Feuerbrand, oder Viruskrankheiten, wie dem Dahlienvirus oder der Mosaikkrankheit. Die Pflanzen kümmern, ohne daß man zunächst so recht weiß, woran das liegt. Viren und Bakterien werden häufig von Läusen oder durch Gartengeräte übertragen. Häufig müssen von solchen Krankheiten befallene Pflanzen restlos vernichtet werden.
Die Erkennungsmerkmale und Bekämpfungsmöglichkeiten der einzelnen Krankheiten können an dieser Stelle nicht beschrieben werden. Gezielte Hinweise hierzu finden sich immer bei den Pflanzenbeschreibungen unter dem jeweiligen Pflanzennamen und im Lexikon unter der jeweiligen Krankheitsbezeichnung.

Vorbeugung

Man sollte es Schädlingen und Krankheiten von vorneherein so schwer wie möglich machen und durch eine geeignete Gartengestaltung und -bewirtschaftung gegen ihren Befall vorbeugen. Dazu hat man eine ganze Reihe guter Möglichkeiten, die viel Ärger ersparen helfen.

Gute Wachstumsbedingungen
Achtet man auf eine gute Bodenpflege, ausgewogene Düngung, richtige Aussaat, Verpflanzung und Ernte sowie auf die notwendige Unkrautbekämpfung, so sorgt man damit schon für gesunde Verhältnisse im Garten. Hungrige, kümmernde, geschwächte oder überdüngte Pflanzen werden viel schneller ein Opfer von pilzlichen und tierischen Schädlingen als gesunde Pflanzen. Hierzu einige Beispiele:

Zwiebel- und Lauchgewächse wirken hemmend auf manche Schädlinge

- Zu dicht stehende Pflanzen sind anfälliger gegen Krankheit und Schädlinge. Hinzu kommt, daß die Bekämpfung erschwert ist.
- Trockenheit und stauende Wärme können das Auftreten von Blattläusen und Spinnmilben begünstigen.
- Einseitig mit Stickstoff (Stalldung) gedüngte Pflanzen werden leicht ein Opfer von Pilzkrankheiten.
- Große Feuchtigkeit ohne ausreichende Belüftung (z.B. bei zu dichtem Stand) fördert Pilzkrankheiten, wie Mehltau oder Grauschimmel.
- Mist, abgestorbene Pflanzenteile oder auch die Triebspitzen von Zweigen bieten Aufenthaltsmöglichkeiten für Schädlinge und Krankheitserreger. Man sollte daher nie erst im Frühjahr mit Mist düngen, Erntereste immer beseitigen und die Triebspitzen bei Obst oder Rosen im Herbst etwas einkürzen.
- Manche Krankheiten wirken ansteckend, daher muß man Reste wie Laub, Stengel, Strünke, Wurzeln und Schnittabfall erkrankter Pflanzen immer restlos vernichten (wenn möglich verbrennen) und keinesfalls zum Mulchen verwenden oder auf den Komposthaufen werfen.

Mischkultur
Einige Beispiele für günstige »schädlings- und krankheitsfeindliche« Pflanzenkombinationen:
Gegen **Läuse und Ameisen:** Kräuter wie Rosmarin, Lavendel, Thymian, Ysop zu Rosen und Gemüsepflanzen, Bohnenkraut und Borretsch zu Bohnen.
Gegen **Blutläuse:** Kapuzinerkresse als Beeteinfassung oder auf die Baumscheibe der Obstbäume.
Gegen **Erdflöhe und Kohlfliegen:** Wermut, Pfefferminze, Salat als Nebensaat zu Kohl.
Gegen verschiedene **andere Schädlingsinsekten:** Tagetes, Senf, Salbei,

Thymian, Weinraute für Gemüse und auf die Baumscheibe der Obstbäume.

Gegen **Wurzelälchen:** Ringelblume als Beeteinfassung zu Rosen, Kartoffeln oder Tomaten oder auf die Baumscheibe von Obstbäumen.

Gegen **Mäuse:** Knoblauch, Wolfsmilch, Steinklee an Gemüsebeeten.

Gegen **Schnecken:** Petersilie, Salbei zu Gemüse.

Gegen **Möhrenfliege:** Zwiebel, Porree, Salbei, Kresse zu Möhren.

Gegen **Zwiebelfliege:** Möhren zu Porree, Zwiebeln.

Gegen **Kohlweißlinge:** Salbei zu Kohl.

Gegen **Mehltau,** eine pilzliche Erkrankung, die von verschiedenen Erregern hervorgerufen wird, hilft Mischkultur leider nicht.

Mischkultur

Natürliche Feinde

Eine gute Methode der Schädlingsbekämpfung besteht darin, die Arbeit anderen zu überlassen. Fördert man in seinem Garten die natürlichen Feinde der Schädlinge, so beugt man damit sicher und natürlich gegen Schadtiere vor. Dazu muß man eigentlich nichts anderes tun als seinen Garten so zu gestalten, daß sich nützliche Tiere darin wohlfühlen. Man muß ihnen Unterschlupf und Nahrung anbieten.

Einige Beispiele für Wirkung und Förderung nützlicher Tiere:

- Vögel, wie Meisen, Grasmücke, Rotkehlchen, Rotschwänzchen, Specht fressen zahlreiche Schadinsekten. Um sie in unseren Gärten anzusiedeln, ist es wichtig, einheimische und fruchtende Gehölze und Hecken zu pflanzen, in denen sie Nahrung und Nistgelegenheit finden. Geeignete Arten sind Wildrosen, Schlehen, Liguster, Weißdorn, Schneeball, Holunder, Hasel und viele andere. Zusätzlich kann man Nistkästen im Obstgarten anbringen.

- Der Igel fängt Wühlmäuse und Schnecken. Für ihn bilden Laub- oder Reisighaufen in einer Gartenecke einen geeigneten Unterschlupf. Als Leckerbissen läßt man unbrauchbares Fallobst für ihn liegen.
- Die Kröte ernährt sich beispielsweise von den lästigen Nacktschnekken, Asseln, Raupen und ähnlichem. Sie wird zum Teil in Gärtnereibetrieben ganz gezielt zur Schädlingsbekämpfung eingesetzt. Auch sie braucht einen Unterschlupf in Form eines Laub- oder Steinhaufens.
- Der Maulwurf macht sich mit seinen bekannten Erdhügeln vor allem im Frühling deutlich bemerkbar. Er leistet im Boden gute Arbeit und frißt Schädlingslarven. Man darf ihn keinesfalls töten, sondern lediglich vertreiben. Es heißt, daß der Maulwurf sehr geräuschempfindlich sei. Aus diesem Grund steckt man zu seiner Vertreibung Flaschen (mit dem Hals nach oben) in die Erde, in denen dann der Wind pfeift.

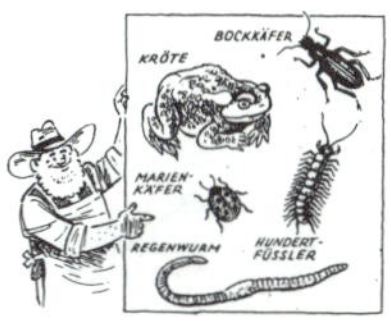

- Marienkäfer sind Blattlausvernichter. Sie kommen von selbst in den Garten. Man sollte sie, wenn man sie entdeckt, auf verlauste Pflanzen setzen.

Ohrwurmhäuschen

- Auch Ohrwürmer fressen Blattläuse. In den Obstbäumen aufgehängte, umgekehrte Blumentöpfe mit Holzwolle gefüllt, sind als Ohrwurmwohnung altbekannt. Im Fachhandel gibt es auch kleine Ohrwurmhäuschen zu kaufen.
- Schlupfwespen bekämpfen wirkungsvoll den Kohlweißling, viele Schadinsekten und gefährliche Parasiten. Sie finden Unterschlupf im Brennholzstapel oder in unbehandelten oder schon leicht angewitterten Zäunen und Holzwänden.

Vogelscheuche

Bekämpfung

Treten trotz vorbeugender Maßnahmen Schädlinge und Krankheiten auf, dann müssen sie gezielt bekämpft werden. Jede Bekämpfung ist leichter, wenn man die Schädlinge frühzeitig erkennt. Deshalb sollte man stets sorgfältig auf den Zustand seiner Pflanzen achten. Stellt man ein Kümmern oder andere Wachstumsstörungen fest, so kann das auch andere Gründe haben, wie z.B. mangelnde Bodenfeuchtigkeit, Nährstoffmangel, schlechte Bodeneigenschaften (verdichteter, steiniger, staunasser Boden und andere).

Bei der Bekämpfung von Schädlingen und Krankheiten sollte man immer mit der harmlosesten Methode beginnen und erst, wenn kein Erfolg spürbar ist, »härtere« Mittel einsetzen.

Absammeln und Fernhalten

Bierfalle für Schnecken

Gerade solange der Befall noch gering ist, kann man viele Schädlinge, z.B. Schnecken und Raupen, einfach absammeln. Sogar Läuse lassen sich manchmal abwaschen.
Auch vom Mehltau oder Rost befallene Blätter pflückt man bei geringem Befall einfach ab.
Zusätzlich kann man abschreckende Materialien im Nutzgarten verwenden: Ein Weg aus Rindenmulchen ist von Schnecken nicht benutzbar. Im Fachhandel gibt es zudem spezielle Schneckenzäune zu kaufen. Ähnlich wirkt auch ein Streifen aus Tannennadeln, Holzasche, Steinmehl um die Beete oder Pflanzen.
In frisch angesäten Beeten oder im Beerenobstgarten kommt schließlich die gute alte Vogelscheuche, die man am besten den Kindern in Auftrag gibt, nach wie vor zu Ehren, ähnlich wie Streifen aus Stanniolpapier oder die bunten »Habichtskugeln« aus Glas. Kirschen sollten, wenn möglich, mit Netzen vor den hungrigen Amseln geschützt werden.

Hausmittel

Unter Hausmitteln in der Schädlingsbekämpfung werden hier einfache und für Menschen und Nutztiere unschädliche Bekämpfungsmethoden verstanden, die schon lange vor den chemisch hergestellten Präparaten Verwendung fanden.
In letzter Zeit kamen insbesondere die aus verschiedenen Kräutern angesetzten Brühen und Tees wieder ins Gespräch, vor allem in der Biogärtnerei. Man darf von diesen Ansätzen keine Wunder erwarten. Für bestimmte Bekämpfungszwecke und vor allem zur Stärkung der befallenen Pflanzen sind sie oft ausgezeichnet geeignet. Ihr großer Vorteil besteht darin, daß man sie leicht selber herstellen kann, und daß sie völlig unschädlich für Boden und alle anderen Pflanzen sind, in der Regel sogar günstig wirken. Wichtig ist, daß sie vorbeugend angewandt werden und nicht erst dann, wenn die Pflanzen schon stark befallen sind. Dann nämlich helfen solche Mittel nicht mehr.
Hier einige Beispiele:

Brennesselbrühe (Brennesseln in Wasser angesetzt): unterstützt die Abwehr von Schadinsekten, hilft bei Läusebefall und stärkt die Abwehrkraft der Pflanzen; Brühe oder Tee (nur handwarm verwenden)
Ackerschachtelhalmbrühe: stärkt die Pflanze bei Pilzbefall (Mehltau, Rost, Schorf) und wehrt Spinnmilben ab
Brühe oder Tee aus Rainfarn: bewahrt Beerenobst vor tierischen Schädlingen, Rost und Mehltau
Wermuttee: vertreibt Blattläuse und Milben.

Um den Gebrauch dieser Hausmittel zu erleichtern, bieten gute Fachgeschäfte (Samenhandlungen, Gartencenter) heute bereits Brennessel- oder Schachtelhalmpulver aus getrockneten Blättern an. So können auch Gartenfreunde, die keine Gelegenheit haben, die jeweiligen Kräuter zu sammeln, diese Mittel anwenden.

Schädlings- und pilztötende Mittel (Insektizide, Fungizide)
Auch der umweltbewußte und gegenüber chemischen Präparaten skeptische Gartenfreund kann einmal vor der Notwendigkeit stehen, seine mühsam gehegten Nutzpflanzen durch den Gebrauch von sicheren und rasch wirkenden Mitteln zu retten. Freilich ist dabei äußerste Vorsicht geboten! Mittel, die Insekten oder Pilze töten, können auch nützlichen Tieren oder den Menschen gefährlich werden.
Deshalb sollte man sich vor dem Einsatz solcher Mittel genau informieren, um welche Krankheit oder welchen Schädling es sich handelt und nur die dafür vorgesehenen Mittel einsetzen. Diese dürfen jedoch nur ganz genau nach der auf jeder Packung abgedruckten Gebrauchsanweisung ausgebracht werden. Ganz wichtig ist es, die Wartezeiten einzuhalten. Auch diese sind grundsätzlich auf den Pakkungen angegeben. Dabei handelt es sich um die Tage, die zwischen Behandlung und Ernte liegen müssen, d.h. in dieser Zeit sind die gefährlichen Stoffe abgebaut und für Menschen nicht mehr gefährlich.

Bei der Verwendung von schädlings- und pilztötenden Mitteln sollte man auf folgendes achten:
- Insektizide und Fungizide sollten immer nur ganz gezielt eingesetzt werden (wenn die Anwendung unbedingt erforderlich ist).
- Chemische Schädlingsbekämpfungsmittel dürfen immer nur genau nach Herstellervorschrift angewandt, aufbewahrt und vernichtet werden.
- Die gefährlichen Nebenwirkungen von schädlings- und pilztötenden Mitteln sollten stets bedacht werden. Man sollte sie soweit als möglich ausschließen und jeweils ungefährlichere Mittel verwenden.
- Nachbarpflanzen und Boden bei der Behandlung nach Möglichkeit abdecken.
- Beim Ausbringen chemischer Bekämpfungsmittel – und auch am Tage danach – müssen Kinder und Haustiere ferngehalten werden.
- Wurden im Nutzgarten Insektizide und Fungizide angewandt, dann müssen geerntete Pflanzen vor dem Verzehr gründlich gewaschen, Kernobst am besten auch geschält werden.
- Bei blühenden Pflanzen sind möglichst bienenungefährliche Mittel anzuwenden. Die Verpackungen der Pflanzenschutzmittel tragen hierfür entsprechende Hinweise.
- Bei windigem Wetter sollten chemische Bekämpfungsmittel grundsätzlich nicht ausgebracht werden.
- Sprühstaub darf nicht auf andere Pflanzen oder in Nachbargärten gelangen.

Wespenfalle im Obstgarten

- Spritzbrühen sollten nur in der jeweils benötigten Menge angesetzt und dann restlos verbraucht werden.
- Flaschen und Behälter, deren Etikett unlesbar geworden ist, werden zur nächsten Annahmestelle für Sondermüll gebracht. Dies gilt selbstverständlich auch für leere oder teilweise leere Behälter, die vernichtet werden sollen. Solche Behälter gehören auf keinen Fall in die Mülltonne. Die Adresse der Sondermüll-Abgabestellen erfährt man bei den örtlichen Gemeindeverwaltungen.
- Chemische Schädlingsbekämpfungsmittel sollten grundsätzlich unter strengem Verschluß in einem geeigneten Schrank aufbewahrt werden. Nur hierdurch kann verhindert werden, daß Kinder damit spielen.
- Chemische Schädlingsbekämpfungsmittel sollten nur in ihren Originalverpackungen aufbewahrt werden. Durch ein Umfüllen in andere Behältnisse (z.B. Getränkeflaschen) sind schon sehr viele Menschen zu unsachgemäßen Gebrauch verleitet worden.
- Beim geringsten Verdacht auf Vergiftungen sollte sofort der nächste Arzt aufgesucht werden. Die Behandlung von Vergiftungen gehört ausschließlich in die Hand des erfahrenen Arztes, nur er kann die notwendigen Maßnahmen treffen. Erkennung und zutreffende Behandlung von Vergiftungen können wesentlich erleichtert werden, wenn man beim Arztbesuch gleich die Verpackung des Schädlingsbekämpfungsmittels mitbringt.

Der Obstgarten

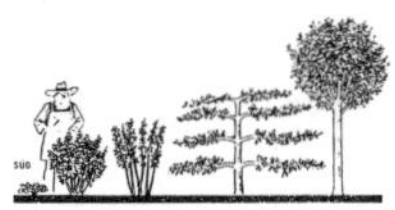

Der eigene Obstgarten liefert Früchte für viele selbstgemachte, süße Leckereien, angefangen bei Obstkuchen, Kompott und Marmelade bis hin zu Saft, Most, Wein oder Likör. Obstbäume oder Beerensträucher sehen aber auch sehr schön aus, besonders zur Blütezeit. Ein blühender Kirschbaum kann mit jedem Ziergehölz mithalten. Zudem ist Obst sehr vielseitig verwendbar: Während ein Apfel- oder Birnbaum schon etwas Platz braucht, kann man ein Johannis- oder Stachelbeerhochstämmchen im kleinsten Garten pflanzen. Die Hauswand läßt sich mit einem Obstspalier begrünen, und die als Beetumrandung gepflanzten Monatserdbeeren liefern den ganzen Sommer lang Früchte zum Naschen.
Neben den zahlreichen Obstsorten, unter denen sich für jeden Verwendungszweck die richtige finden läßt, sollte man den Wert der robusten Wildfrüchte nicht vergessen. Auch Heckenrosen, Schlehen oder der Holunder tragen Früchte, die sich in der Küche zu schmackhaften und gesunden Nahrungsmitteln verarbeiten lassen. Zudem brauchen sie kaum Pflege. Und über Früchte, die man nicht erntet, freuen sich die Singvögel.

Beerenobst

Die Beeren gehören zu den ersten Früchten im Garten, die geerntet werden können. Im Frühling bereits freut man sich auf die Erdbeeren, die die ersten Marmeladengläser im Regal füllen oder den Rumtopf »eröffnen«. Zudem braucht Beerenobst nicht viel Platz im Garten und eignet sich bestens zum Naschen – besonders auch für kleine Kinder.

Pflanztip:

- Beerensträucher beanspruchen, je nach Sorte, wenig Platz. Man kann sie deshalb ohne weiteres sogar im Ziergarten unterbringen. Bei Heidelbeeren und Johannisbeeren erzielt man bessere Erträge, wenn man 2 bis 3 Sträucher beieinander stehen hat. Hochstämmchen von Stachel- und Johannisbeeren beanspruchen erheblich weniger Platz als Büsche.

Der grüne Kniff:

- Alle Beeren werden auch gerne von Vögeln genascht, besonders die leuchtend roten Johannisbeeren. Feinmaschige Netze, wie es sie im Fachhandel zu kaufen gibt, stellen dagegen einen wirksamen Schutz dar.
- Beeren lassen sich sehr gut in der Tiefkühltruhe einfrieren. Da sich die Früchte nicht besonders lange halten und nach der Ernte am besten sofort verzehrt oder verarbeitet werden, ist das ein großer Vorteil.

Brombeere

(Rubus fruticosus)

Rankende und aufrechtwachsende Sorten im Handel, selbstfruchtbar, Reife: ab Juli/August, je nach Sorte. Rosengewächse *(Rosaceae)*

Dornenlose Brombeersorte

Die bei uns heimische wilde Brombeere gedeiht an Waldrändern und auf warmen Lichtungen. Für den Garten kann man aus einer Reihe früh oder spät reifender, rankender oder aufrechtwachsender, dorniger oder dornenloser Sorten auswählen.

Standorttip:

- Brombeeren, besonders die anspruchslosen, rankenden Sorten, kann man sehr gut an der vollsonnigen Wand des Gartenschuppens oder am Zaun ziehen.
- Die meisten Sorten gedeihen auch noch auf trockenen, sandigen Böden. Gegen Kalk im Boden sind besonders die aufrechtwachsenden Sorten empfindlich.

Pflanztip:

- Für die aufrechtwachsenden Sorten sollte man den Boden vor der Pflanzung gut mit Torf vorbereiten. Man setzt sie 10 cm tief in die Erde und hält einen Abstand von 80 cm – 1,20 m zwischen den einzelnen Pflanzen ein. Rankende Sorten werden im Abstand von 2,50 – 3 m gepflanzt.
- Bei der Pflanzung schneidet man die Brombeerruten auf 20 cm zurück. Danach wird angegossen und wie bei Rosen angehäufelt, bis sich Triebe gebildet haben. Dann erst entfernt man die Erde.

Bewurzelung von Himbeerruten

Pflegetip:

- Alte, abgetragene Ruten werden bis zum Boden ausgeschnitten. Junge Ruten dürfen bis zu 2 m Länge und mehr wachsen. Sie werden nicht gekürzt und brauchen nicht angebunden zu werden, man legt sie einfach über den Zaun oder den gespannten Draht. Die Seitentriebe (Geiztriebe) werden im Sommer bis auf 3 – 5 Augen zurückgeschnitten.
- Frostempfindliche Sorten sollte man im Winter mit etwas Tannenreisig schützen oder anhäufeln.

Brombeere

Der Pflanzendoktor:

- Recht häufig an Brombeeren kommt die kleine Brombeerlaus vor, die auf Blättern und Früchten sitzt und am gekräuselten Laub zu erkennen ist. Man bekämpft sie wie Blattläuse.
- Reifen die Früchte nicht recht aus, sondern bleiben rot und verkümmern, ist die Brombeermilbe der Übeltäter. Man bekämpft sie bereits während des Austriebs der Pflanze mit milbentötenden, aber unbedingt bienenungefährlichen Mitteln.
- Pilze sind die Ursache der gefährlichen Brombeerkrankheit, die an rötlichen Flecken an den Ranken zu erkennen ist. Durch rechtzeitiges Hoch-

legen oder Binden der Ranken, kann man ein wenig dagegen vorbeugen. Bei starkem Befall sollte ein pilztötendes Mittel eingesetzt werden.

Erdbeere

(Fragaria ananassa)

Ausläufertreibende und nicht ausläufertreibende Sorten im Handel, Reife: ab Mai/Juni, je nach Sorte, immertragende Sorten bis Oktober. Rosengewächse *(Rosaceae)*

Die Erdbeeren gehören mit zu den am vielseitigsten verwendbaren Früchten. In der Regel baut man sie mit im Gemüsegarten außerhalb des Fruchtwechsels an. Die kleinfruchtigen Monatserdbeeren eignen sich auch gut als Beeteinfassung, da sie keine Ausläufer treiben. Sie stammen von der Walderdbeere (F. vesca) ab und liefern den ganzen Sommer über bis in den Herbst hinein ihre kleinen, sehr aromatischen Früchte. Die Sortenvielfalt ist außerordentlich groß: Es gibt früher oder später reifende und mehrmals tragende Sorten.

Standorttip:

- Die Erdbeere gedeiht in jedem guten Gartenboden. Wichtig ist, daß er locker, humus- und nährstoffhaltig ist. Um die notwendige Frische zu erhalten, sollte man zwischen den Reihen mulchen.

Aussaat-/Pflanztip:

- Die beste Pflanzzeit für Erdbeeren ist im August oder Anfang September. Bei späterer Pflanzung erfolgt keine ausreichende Wurzelbildung.
- Schon 1 Jahr vor der Pflanzung sollte der Boden im Herbst tief umgegraben und mit Kompost gedüngt werden. Vor der Pflanzung wird das Beet mit der Grabegabel nochmals gut durchgearbeitet.
- Trocken gewordene Erdbeerpflanzen stellt man vor der Pflanzung 1 Stunde ins Wasser, damit sie sich gut vollsaugen können.
- Erdbeeren pflanzt man in Reihen (Abstand der Reihen 60 cm, bei Monatserdbeeren 30 – 35 cm) mit einem Abstand von 25 cm (20 cm bei Monatserdbeeren) von Pflanze zu Pflanze. Bei engerer Pflanzung kommt nicht mehr genug Licht an die Erdbeeren, die Früchte entwickeln sich nicht so gut. Nach der Pflanzung wird gut eingeschlämmt.
- Erdbeeren werden flach gepflanzt, damit das junge Herzblatt unbedingt frei bleibt. Wird es mit Erde zugeschüttet, stirbt die Jungpflanze ab.
- Das frischbepflanzte Erdbeerbeet wird vor Winterbeginn grob durchgehackt (nicht umgraben!) und mit strohhaltigem Mist, Torfmull oder Mähgut bedeckt.

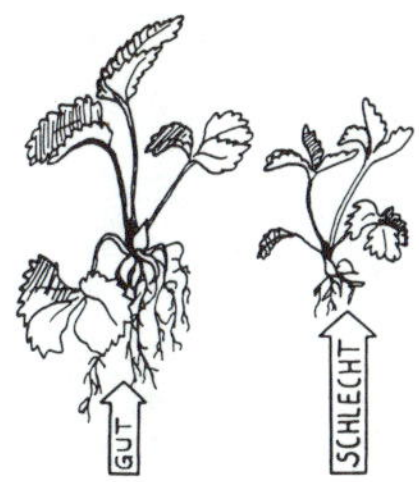

Bewurzelung

Pflegetip:

- Wichtig für das gute Gedeihen der Erdbeeren ist eine gleichmäßige Bodenfeuchtigkeit. An warmen Tagen muß man gießen, besonders frischgepflanzte Erdbeeren und während Blüte und Fruchtbildung.

Pflanzenkragen

- Eine richtige Düngung steigert die Blühwilligkeit und die Festigkeit der Früchte: Im Frühjahr (Februar/März) gibt man, nach dem Ausputzen der Pflanzen, nur ein wenig Voll- oder Erdbeerspezialdünger (ca. 20 g pro qm), den man gut einharkt. Die Hauptdüngung führt man erst nach der Ernte durch (30 – 40 g pro qm). Im Herbst düngt man beim Durchharken der Beete am besten nochmals organisch wie nach der Pflanzung.

Erdbeerernte

- Sehr zu empfehlen ist ein regelmäßiges Abdecken des freien Raums

Erdbeeren sollen nur drei Jahre auf demselben Beet stehen

zwischen den Reihen. Dadurch verhindert man starkes Verunkrauten oder Austrocknen des Bodens. Zum Mulchen verwendet man Stroh, Mähgut (ohne Blüten!), Holzwolle oder eine spezielle, perforierte, schwarze Folie aus dem Fachhandel.

Der grüne Kniff:

- Etwa zur Zeit der Erdbeerreife erscheinen die ersten Ausläufer. Sie werden mit einem scharfen Messer abgeschnitten, da sie den Mutterpflanzen zu viel Nahrung wegnehmen. Da diese aber selten länger als 3 Jahre befriedigende Erträge bringen, lohnt es sich, die besonders reich tragenden und gesunden Pflanzen zu vermehren. Die Ranken dieser Pflanze (kennzeichnen!) entfernt man nicht, sondern wartet ab, bis sich bewurzelte Jungpflanzen gebildet haben. Sie werden abgetrennt und auf ein gut vorbereitetes Beet gesetzt. Besonders günstig ist es, jeweils ein Beet mit ein-, mit zwei- und dreijährigen Erdbeeren zu haben. Im zweiten und im dritten Jahr tragen die Pflanzen am besten. Nach einigen Jahren sollte man den Bestand mit neuen Sorten auffrischen.

Erdbeermehltau

Die in Fachkatalogen als geschützt gekennzeichneten Erdbeersorten dürfen nicht von eigenen Beständen vermehrt werden.

Der Pflanzendoktor:

- Erdbeeren können hin und wieder das Opfer vor allem von Pilz- oder Viruskrankheiten werden (Grauschimmel, Erdbeerkräuselkrankheit, Erdbeerwurzel- oder Fruchtfäule, Erdbeermehltau, Erdbeerwelke). Wichtig ist deshalb, pilzresistente und virusfreie Jungpflanzen aus anerkannten Zuchten zu kaufen und nur völlig gesunde Pflanzen zu vermehren, auf ausreichenden Pflanzabstand zu achten und nach Möglichkeit die Beete zu mulchen, die Bestände nicht älter als 3 Jahre werden zu lassen und danach die Anbaufläche zu wechseln. Kranke Pflanzen werden vernichtet (nicht auf den Komposthaufen werfen).

Grauschimmel

Heidelbeere

Heidelbeere

(Vaccinium corymbosum)

Strauch, selbstfruchtbar, Reife: ab Juli/August, etwa 4 – 6 Wochen lang (Beeren reifen nicht gleichzeitig). Heidekrautgewächse *(Ericaceae)*

Die aus Nordamerika stammende Kulturheidelbeere ist eine größere Verwandte unserer Waldheidelbeere (V. myrtillus). Ihre Früchte färben nicht so stark wie die der heimischen Heidelbeere. Das Fruchtinnere ist weiß. Es gibt zahlreiche Sorten mit unterschiedlich großen Früchten und unterschiedlicher Reifezeit.

Standorttip:

● Die Heidelbeere ist äußerst kalkfeindlich und hat dieselben Ansprüche wie andere Moorbeetpflanzen, z.B. die Rhododendren. Ihr Anbau im Garten erfordert daher spezielle Bodeneigenschaften. Im Gegensatz zu den übrigen Moorbeetpflanzen liebt sie jedoch volle Sonne.

Pflanztip:

● Vor der Pflanzung der Heidelbeere muß man die Anbaufläche gründlich vorbereiten und für sauren Boden (pH-Wert 3,5 – 5,5) sorgen. Auf sehr durchlässigen Sandböden sollte man ein Moorbeet anlegen, wie es im Kapitel »Moorbeetpflanzen« beschrieben ist. In der Regel genügt es jedoch, eine 40 bis 50 cm tiefe, 1 × 1 m breite Pflanzgrube pro Strauch auszuheben und diese mit Torf, verrottetem Laubwald- oder Nadelwaldhumus aufzufüllen.

● Wie alle Moorbeetpflanzen wird die Heidelbeere recht flach gesetzt.

Pflegetip:

● In ihren Pflegeansprüchen entspricht die Heidelbeere den anderen Moorbeetpflanzen, d.h. sie braucht als Flachwurzler gleichmäßige Bodenfeuchte (nur »weiches« Gießwasser verwenden), verträgt nur kalkfreie Dünger (Rhododendrondünger) in sparsamer Dosierung oder Humusauflagen (z.B. Rhodohum) im zeitigen Frühjahr und nach der Ernte.

● Zur regelmäßigen Ansäuerung des Bodens eignet sich Aluminiumsulfat. Man gibt dazu im Frühjahr, Sommer, Herbst und Winter jeweils ca. 2 Eßlöffel pro Pflanze.

● Ab dem zweiten Jahr nach der Pflanzung sollte man die Jahrestriebe um etwa ⅓ zurückschneiden und dabei den Strauch etwas auslichten.

Himbeere *(Rubus idaeus)*

Rankende und aufrechtwachsende Sorten im Handel, selbstfruchtbar, Reife: ab Juli – August, je nach Sorte, mehrmalstragende und herbsttragende Sorten: Juli – Oktober. Rosengewächse *(Rosaceae)*

Die aromatischen Himbeeren eignen sich sehr gut für den Anbau im Hausgarten. Dort kann man die so transportempfindlichen Früchte immer ganz frisch ernten. Die unterschiedlichen Sorten stammen von unserer wilden Himbeere ab. Im Garten muß man den Himbeeren freilich etwas mehr Pflege angedeihen lassen, um eine reiche Ernte für Eingemachtes, Gelees, Marmeladen, Säfte und den süßen Nachtisch zu bekommen.

Himbeerspalier

Standorttip:

● Himbeeren bevorzugen wind- und frostgeschützte Plätze und eignen sich für Zäune oder auch als Hecke. Für

Himbeere

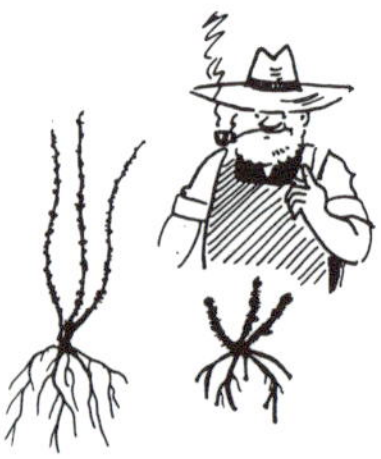

Pflanzschnitt bei Himbeeren

größere Erträge zieht man die Sträucher am besten am Drahtspalier.

● Wichtig ist ein gleichmäßig feuchter und ausreichend nahrhafter, etwas lehmhaltiger Boden, der nicht zu kalkreich sein darf.

● Himbeeren sind ursprünglich Waldpflanzen und Flachwurzler. Deshalb sollte man den Boden beschatten und grundsätzlich nur sehr flach bearbeiten.

Pflanztip:

● Vor der Pflanzung schneidet man die Himbeerruten auf etwa 15 cm (4 Augen) zurück. Himbeeren treiben nicht am alten Holz, sondern aus dem Wurzelstock. Deshalb ist flache Pflanzung wichtig.

● Den Boden sollte man gut mit Torf verbessern und wenn möglich mit einer Humusauflage versehen.

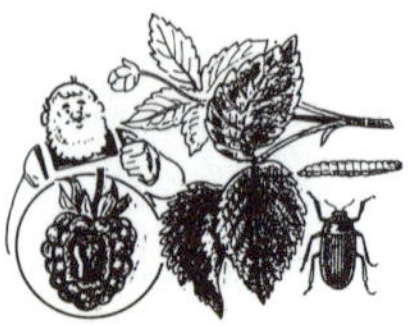

Himbeerkäfer

● Man pflanzt die Sträucher nicht zu tief mit einem Abstand von 40 – 50 cm in Reihen, die ihrerseits jeweils 1,20 m voneinander entfernt sind. Im zweiten Jahr zieht man entlang jeder Reihe ein Spalier aus 3 übereinander gespannten Drähten (Drahtabstand 50 cm, Gesamthöhe 1,50 m) und bindet die Himbeerruten an. Manche Sorten, z.B. »Romy«, brauchen keine Rankhilfe.

Pflegetip:

● An trockenen Sommertagen muß man die Himbeeren gründlich wässern.

Johannisbeeren

● Im Herbst düngt man mit Kompost oder Mist, den man zwischen den Reihen einarbeitet. Verwendet man handelsübliche Mineraldünger, gibt man 50 – 70 g pro qm (keine kalkhaltigen Dünger verwenden). Mehrmals tragende Sorten düngt man öfter.

● Besonders wichtig für reiche Himbeerernte ist die richtige Schnittpflege: Sofort nach der Ernte werden die abgetragenen Ruten bis auf den Wurzelstock ausgeschnitten. Schwache Triebe entfernt man ganz und läßt nur 3 – 4 der kräftigsten an einer Pflanze stehen; denn nur diese bringen im nächsten Jahr eine gute Ernte. Bei herbsttragenden Sorten werden die Ruten in der Zeit nach der Ernte bis zum Frühjahr weggeschnitten. Himbeeren tragen am einjährigen Holz.

Der Pflanzendoktor:

● Eine typische und schlimme Krankheit der Himbeeren ist die Himbeerrutenkrankheit, die an blauvioletten Flecken an den Ruten erkenntlich ist. Im Spätsommer führt sie zum Absterben der Rinde, welche aufplatzt und die Pilzsporen entläßt. Deshalb ist es besonders wichtig, nach der Ernte die abgetragenen Ruten sofort zu entfernen und zu vernichten. Um das Auftreten dieser Krankheit zu verhindern, ist auf eine ausgewogene Düngung zu achten. Einseitige Stickstoffgaben (Stalldung) fördern die Anfälligkeit, außerdem ein zu dichter Stand und Überalterung. Bei einer Bekämpfung muß man insekten- und pilztötende Mittel kombiniert anwenden.

Johannisbeere *(Ribes)*

Als Strauch oder Hochstämmchen im Handel, selbstfruchtbar (Ausnahme: einige schwarze Sorten), Reife: Juni – August. Steinbrechgewächse *(Saxifragaceae)*

Die weißen, roten und schwarzen Johannisbeeren (R. rubrum, R. nigrum) gehören neben den Erd- und Stachelbeeren wohl mit zu den beliebtesten Obstarten im Hausgarten. Besonders hübsch, zudem platzsparend und sehr gut abzuernten sind die auf Hochstämme veredelten Johannisbeeren. Es empfiehlt sich, 2 oder mehrere Sorten für einen besseren Fruchtansatz zu pflanzen.

Standorttip:

- Johannisbeeren sind, was den Boden betrifft, recht genügsam. Die größten Ansprüche stellen die schwarzen Sorten: Sie bevorzugen lockere, leicht saure Erde und sind etwas frostgefährdeter als rote und weiße Sorten.

Pflanztip:

- Der Abstand zwischen 2 Sträuchern sollte mindestens 1,50 m betragen, um über Jahre hinweg reiche Erträge zu sichern. Enger gepflanzte Sträucher sind schädlings- und krankheitsgefährdeter.
- Vor der Pflanzung schneidet man die Sträucher kräftig zurück: Man läßt nur ca. 5 Triebe stehen und kürzt die starken auf 5, die schwachen auf 3 Augen ein.
- Schwarze Sorten erfordern eine gründliche Bodenvorbereitung mit Torf oder Rhododendronerde (Rhodohum). Sie werden 15 cm tiefer gesetzt als sie in der Baumschule gestanden haben. Man muß mindestens 2 Sorten pflanzen, da einige Sorten der schwarzen Johannisbeere sich sehr schlecht selbst befruchten. Johannisbeerhochstämmchen sollten, wie alle Hochstämmchen, bei der Pflanzung immer einen Stützpfahl bekommen, der vor dem Einsetzen des Hochstamms eingeschlagen wird.

Pflegetip:

- Alle paar Jahre sollte man die Sträucher etwas auslichten und alte Äste herausnehmen. Diese werden bis auf den Wurzelstock entfernt. Die Triebe von Johannisbeeren werden nicht eingekürzt.

Der Pflanzendoktor:

- Gelegentlich können insbesondere 2 tierische Schädlinge den Johannisbeeren, besonders den schwarzen Sorten, zu schaffen machen: Die Johannisbeerblattgallmücke und die Johannisbeergallmilbe, die oft die Ursache für die sogenannte »Brennesselkrankheit« an Johannisbeeren ist. Man erkennt sie an den tiefgezähnten Blatträndern. Befallene Triebe werden umgehend entfernt oder man bekämpft die Schädlinge mit insekten- bzw. milbentötenden (aber bienenungefährlichen!) Mitteln. Die Johannisbeergallmilbe wird meist nicht rechtzeitig erkannt. Schon im unbelaubten Zustand sind die runden, stark angeschwollenen Knospen auszumachen, die möglichst sofort ausgebrochen werden müssen. Oft wird es sogar notwendig, daß ganze Zweige entfernt werden müssen.
- Eine recht oft auftretende Pilzkrankheit ist der Johannisbeersäulenrost, den man an braunen Flecken oder Belägen auf der Blattunterseite erkennt. Kiefern sind die Wirtspflanzen dafür. Man bekämpft ihn mit einem handelsüblichen pilztötenden Mittel. Abgefallenes Laub muß sorgfältig entfernt und vernichtet werden.

Beerensträucher als Windschutzhecke

Stachelbeere

(Ribes uva-crispa)

Als Strauch und Hochstämmchen im Handel, selbstfruchtbar, Reife: ab Juni. Steinbrechgewächse *(Saxifragaceae)*

Auslichtungsschnitt

Die haltbarsten Früchte unter allen Beeren liefern die Stachelbeeren, nahe Verwandte der Johannisbeeren. Genau wie bei diesen gibt es auch Stachelbeeren, die auf Hochstämmchen

Stachelbeerhochstamm

Stachelbeersorte mit unbehaarten Beeren

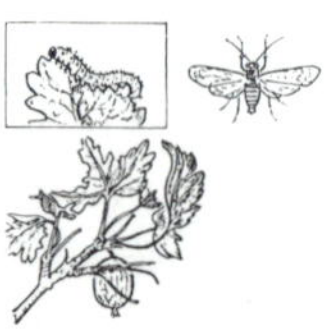

Stachelbeerblattwespe

veredelt sind. Sie sind platzsparend und liefern in der Regel besonders schöne, große Beeren. Man kann sich in guten Fachgeschäften beraten lassen und unter zahlreichen grünen, weißen, gelben oder roten, groß- und kleinfrüchtigen Stachelbeersorten mit glatten oder behaarten Beeren und mehr oder weniger zahlreichen Dornen auswählen.

Standorttip:

- Stachelbeeren lieben kalkhaltige, ausreichend feuchte und humusreiche Böden. Sie kommen aber mit ungünstigen Bodenverhältnissen und auch im rauhen Klima noch gut zurecht.

Pflanztip:

- In Pflanzung und Pflege entsprechen die Stachelbeeren den Johannisbeeren.
- Bei Stachelbeerhochstämmchen kann es wegen des schweren Fruchtbehangs notwendig werden, die Zweige vor dem Abbrechen zu schützen, indem ein Teil der Früchte grün gepflückt wird.

Erntetip:

- Eine Besonderheit der Stachelbeeren besteht darin, daß sie schon halbreif geerntet werden können: Besonders an reich tragenden Büschen pflückt man die Hälfte der Beeren vorzeitig und macht sie ein. Die restlichen Früchte reifen danach besonders gut aus und schmecken frisch äußerst lecker.

Der Pflanzendoktor:

- Ein gefährlicher Stachelbeerschädling ist die Stachelbeerblattwespe, die ihre Eier auf die Blattunterseite legt. Die raupenähnliche Larve frißt den Strauch von innen her kahl. Das geschieht oft über Nacht, weil man den farblich gut angepaßten Schädling leider meist zu spät bemerkt. Es können nur Mittel mit kurzer Wartezeit eingesetzt werden, die für Bienen ungefährlich sind.

Stachelbeere

- Ein grauer, filziger Belag auf Blättern oder Früchten zeigt den Stachelbeermehltau (= amerikanischer Mehltau) an, der auch die Schwarze Johannisbeere befallen kann. Vorbeugend wirkt ein Entfernen und Vernichten der Triebspitzen im Herbst, weil dort der Erreger, ein Pilz, überwintert, und eine Anwendung von Schwefelmitteln im zeitigen Frühjahr gleich nach dem Austrieb. Die Spritzungen müssen wiederholt erfolgen. Vorsicht! Nicht alle Sorten vertragen Schwefel.
- Auch der sogenannte Stachelbeerspanner kann den Pflanzen mit seinen gefräßigen, schwarz-weiß gefleckten Raupen gefährlich werden. Bei geringem Befall sollten die Raupen einfach abgesammelt werden.

Kernobst und Steinobst

Was wäre der herbstliche Garten ohne die reifenden Äpfel, Birnen, Zwetschen oder Nüsse, die dem Gartenfreund das Ende der Vegetationszeit und den Beginn des Winters versüßen? Die Obstbäume waren lange die wichtigsten Gartenbäume überhaupt und scheinen jetzt auf dem Weg zu sein, es erneut zu werden. Sie liefern nicht nur gesundes Obst für die Familie, auch vielen nützlichen Tieren ist gedient, wenn wir wieder mehr Obst pflanzen. Bienen und andere Insekten finden zur Blütezeit reiche Nahrung und belohnen das mit emsiger Bestäubungsarbeit. Der Igel freut sich über das Fallobst.

Man teilt die Obstbaumarten in Kernobst (Apfel, Birne, Quitte), Steinobst (Aprikose, Pfirsich, Pflaume und Zwetsche, Sauer- und Süßkirsche) und Schalenobst (Eßkastanie, Hasel-, Walnuß) ein. Die zahlreichen heute bekannten Obstsorten stammen von Wildobstarten ab, wie z.B. dem Holzapfel, der Holzbirne, der Vogelkirsche oder der Weichsel. Sie entstanden durch lange Züchtungsarbeit. Die Sortenechtheit bei der Vermehrung aus Samen ist allerdings nicht gewährleistet, d.h. ein aus Samen gezogener Obstbaum hat nicht die gleichen Eigenschaften wie die Muttersorte, von der die Samen kommen. Daher wird Obst durch Veredelung vermehrt. Dabei werden Triebe der jeweiligen Sorte, sogenannte »Edelreiser«, auf einen Stamm einer robusten »Unterlage« aufgesetzt, z.B. Sorten der Süßkirsche auf die Vogelkirsche. Die Unterlagen haben ganz bestimmte Eigenschaften, die für den Obstanbau von ausschlaggebender Bedeutung sind.

Kern- und Steinobst wird in folgenden Formen angeboten:

Der Hochstamm hat eine Stammhöhe von 1,60 – 1,80 m (bei Birnen bis 2,20 m). Hochstämme sind besonders schön und auch gute Schattenspender, unter denen man sitzen oder spielen kann, erfordern aber reichlich Platz. Für einen Kernobsthochstamm (Apfel oder Birne) muß man mindestens 80 qm Bodenfläche rechnen, damit auch alte Bäume noch gute Erträge erzielen können.

Die Stammhöhe des Halbstammes beträgt 1 – 1,20 m. Halbstämme von großen Obstarten benötigen 60 – 80 qm Gartenfläche und einen Pflanzabstand von 6 – 8 m. Es werden auch sogenannte Viertelstämme mit einer Stammhöhe von 0,80 – 1 m angeboten.

Beim Buschbaum verzweigen sich die Äste schon 50 – 60 cm über der Erde. Je nach Art und Sorte muß man eine notwendige Fläche von 20 – 40 qm berechnen und im Abstand von 4 – 6 m pflanzen. Der Spindelbusch, eine Sonderform des Buschbaumes, der regelmäßigen Formschnitt erfordert, ist die kleinste freiwachsende Obstbaumform. Man läßt ihn nicht höher als 2 – 3 m werden. Seine Stammhöhe beträgt 40 – 60 cm. Spindelbüsche pflanzt man im Abstand von 3 – 4 m.

Obstbäume an Drahtspalieren wie im Erwerbsobstbau oder an der Hauswand werden in den unterschiedlichsten Formen gezogen: Man unterscheidet beispielsweise den senkrechten Kordon oder den Schrägkordon, bei denen nur ein Haupttrieb gezogen wird, den zweitriebigen, waagrechten Kordon oder die U-Form, die bei Spalierobst sehr häufige Spindelform oder die Palmette. Für einen richtigen Obstformschnitt ist es in jedem Fall wichtig, sich genau beraten zu lassen oder ein spezielles Fachbuch zur Hand zu nehmen.

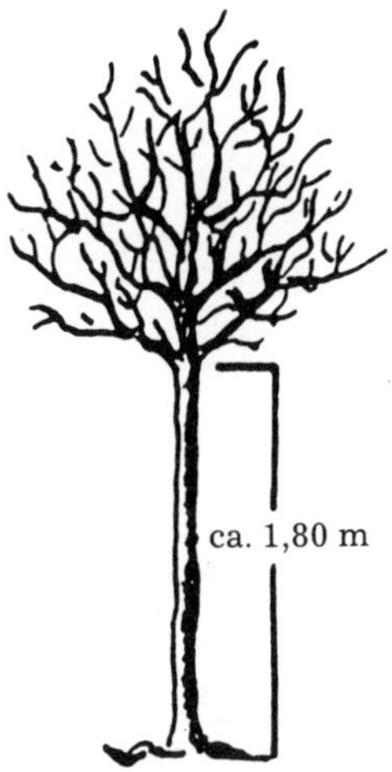

Hochstamm

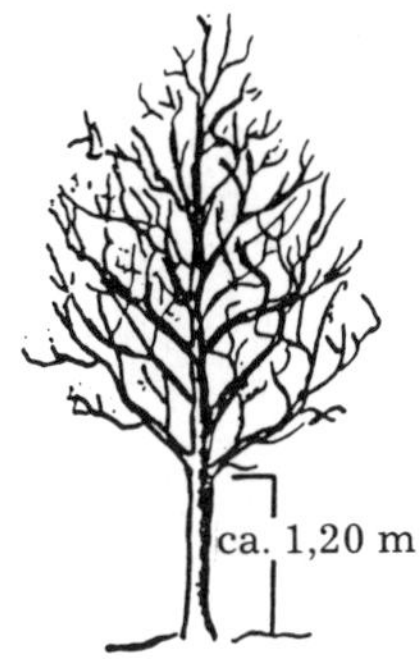

Halbstamm

Buschbaum

Spalierobst

Pflanzschnitt der Wurzel

Pflanzschnitt der Krone

Wässern frisch gepflanzter Bäume

Ein ähnlich kniffeliges Kapitel wie die Baumformen ist die Fruchtbarkeit des Obstes. Man muß unterscheiden zwischen selbstfruchtbaren Sorten, die auch einzeln stehend Früchte tragen und selbstunfruchtbaren Sorten, die immer eine andere Sorte als Pollenspender in der Nähe brauchen. Viele Sorten bringen sogar nur dann Vollernten, wenn sie den Pollen ganz bestimmter anderer Sorten bekommen haben. Schon bei der Planung und Bepflanzung des Obstgartens muß man die Befruchtungsverhältnisse berücksichtigen. Beim Kauf der Bäume erkundigt man sich genau nach den jeweiligen Pollenspendern und stellt danach die Sorten zusammen. In ländlichen Gegenden, wo schon alte Obstbäume vorhanden sind, sollte man sich mit den Nachbarn unterhalten und vom örtlichen Obstbauverein beraten lassen. Die Übertragung der Pollen kann grundsätzlich durch den Wind erfolgen, die Hauptarbeit aber werden immer Bienen und Hummeln leisten. Ein Bienenvolk in der Nachbarschaft hilft im Obstgarten entscheidend mit.

Standorttip:

● Alle Obstbäume lieben volle Sonne. In ihren Bodenansprüchen unterscheiden sich die einzelnen Arten und Sorten. Es ist auch hier ratsam, mit ortsansässigen Obstbauern zu reden.

● Wichtig bei der Obstbaumauswahl ist ganz besonders der Platzbedarf der einzelnen Formen. Kernobsthochstämme eignen sich nur für größere Gärten oder als Einzelbaum in Hausnähe (soweit Pollenspender in der Nachbarschaft vorhanden sind). Eine Unterpflanzung der Obstbäume mit anderen Nutzpflanzen ist in der Regel nicht mehr erfolgversprechend.

● Eine Obsthecke bzw. ein freistehendes Spalier aus Spanndrähten pflanzt man immer in Nord- und Südrichtung.

Pflanztip:

● Obstgehölze pflanzt man im wesentlichen wie andere sommergrüne Laubgehölze auch. Die Pflanzgrube sollte ausreichend groß sein, das Erdreich gut bewässert werden (keinen frischen Stallmist verwenden).

● Die notwendigen Stützpfähle schlägt man vor der Pflanzung ein, um die Wurzeln später nicht zu verletzen. An den wenig standfesten Busch- und Spindelbäumen bleibt der Pfahl die gesamte Standzeit stehen. Er muß ausreichend hoch sein, so daß er auch viele Jahre nach der Pflanzung noch in die Krone hineinragt. Er steht immer auf der Windseite des Baumes.

● Vor der Pflanzung werden die Obstbäume einige Stunden ins Wasser gestellt. Die Wurzeln schneidet man wie bei anderen sommergrünen Laubgehölzen.

● Die Krone besteht aus einem Haupt- oder Mitteltrieb und 4 – 5 Seitentrieben. Der Haupttrieb wird auf ca. 40 cm gekürzt, die Seitentriebe auf 20 – 25 cm. Das letzte Auge am Trieb soll immer nach außen bzw. unten zeigen.

● Obstbäume werden flach gesetzt. Die bei Formen mit niedrigem Stamm tiefsitzende verdickte Veredelungsstelle darf nie in der Erde stehen, weil sonst das Holz der aufgepfropften Edelsorte Wurzeln treiben könnte und »sich freimacht«, wie der Fachmann sagt. Das hätte nachteilige Auswirkungen auf den Fruchtansatz.

● Nach der Pflanzung wird der Baum mit einem Kokosstrick am Pfahl angebunden, der in der Form einer Acht um Pfahl und Stamm geschlungen wird. Man bindet den Baum erst nach ein paar Tagen, wenn er sich gesetzt

hat, richtig fest. Der Strick darf nie so eng um den Stamm liegen, daß er einschneidet (regelmäßig auswechseln).

Pflegetip:

● Blühende und stark tragende Obstbäume brauchen an trockenen Tagen eine ausreichende Bewässerung, sonst werfen sie leicht Blüten oder angesetzte Früchte ab. Dazu schlägt man am besten einen zugespitzten Vierkantbalken (ein runder Pfahl würde die Wurzeln stärker beschädigen) im Bereich der Kronentraufe (nicht in Stammnähe!) in die Erde und läßt die Löcher mit dem Schlauch voll Wasser laufen. Man kann dazu Dränagerohre, die man in jeder guten Baustoffhandlung kaufen kann, in die Löcher einsenken. Der Fachhandel bietet auch spezielle Wurzelbewässerungssysteme an.

● Im ersten Jahr nach der Pflanzung sollten Obstbäume nicht gedüngt werden. Im zweiten Jahr kann kurz vor Aufbrechen der Blüten erstmals Handelsdünger verabreicht werden. Organisches Material in Form von Stallmist, Laub oder ähnlichem bringt man im Herbst auf der Baumscheibe auf und arbeitet es im Frühjahr ins Erdreich ein.

Düngung mit Mist

Werkzeuge

● Besonders wichtig für reiche Obsternten ist der regelmäßige Schnitt der Bäume. Dazu gehört vor allem der Kronenaufbau in den ersten 4 Jahren, der später durch jährliche Schnittmaßnahmen erhalten wird. Ziel beim Schnitt freiwachsender Obstbäume ist es immer, die Krone so zu formen, daß Licht und Luft gleichmäßig an alle Äste kommen können und alle Früchte gleich gute Bedingungen haben. Dazu werden nach innen wachsende oder zu eng aneinander stehende Äste und Zweige herausgenommen. Auch die sogenannten Wassertriebe, die schnurgerade nach oben wachsen, und abgeknickte oder abgestorbene Zweige werden entfernt. Die Seitenäste der Obstbaumkrone sollten weitausladend nach außen wachsen, die Spitzen schneidet man in der Regel nicht. Die Wuchsrichtung der Äste kann man bei jungen Bäumen mit eingeklemmten Hölzchen beeinflussen. Die richtige Zeit für den Schnitt ist, wie bei anderen Gehölzen, in der Zeit nach dem Laubabwurf bis vor dem Neuaustrieb. Nicht an Frosttagen schneiden. Bruchgefahr!

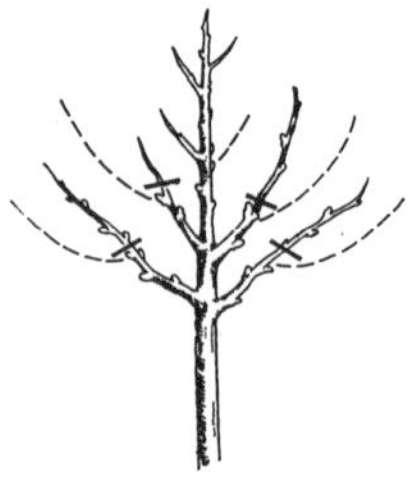

Obstbaumschnitt

● Bei Spalierobst dient der Schnitt der Erhaltung der Wuchsform. Dazu ist ein Sommer- und Winterschnitt notwendig: Im Sommer werden die jungen Seitentriebe, sobald sie 10 bis 15 cm lang sind, gekürzt, so daß nur noch 50 cm stehen bleiben. Im Winter kürzt man die tragenden Haupttriebe des Formobstes auf die gewünschte Länge. Obstbaumschnitt, insbesondere die Schnittpflege von Formobst, ist ein schwieriges Gebiet, das Fachkenntnis und Erfahrung erfordert. Steinobst verkraftet Schnittfehler noch schwerer als Kernobst.

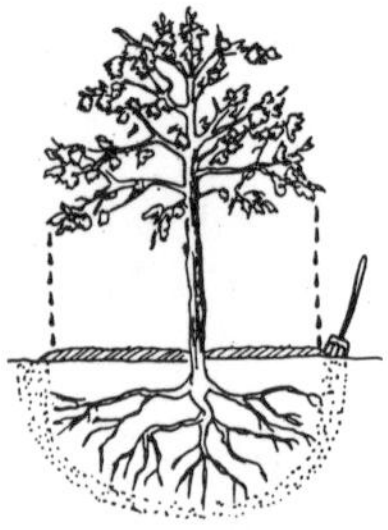

Baumscheibe freihalten

● Gebrochene oder abgestorbene Äste werden abgesägt, ohne daß ein Stumpf stehen bleibt. Die Schnittstelle wird mit Baumwachs verstrichen.

Äste stützen

● Besonders bei jungen Obstbäumen ist es vorteilhaft, wenn man die Baumscheibe bis zur Kronentraufe immer von Unkraut und Grasbewuchs freihält.

● Ein Entfernen abgestorbener Rindenteile durch regelmäßiges Abkratzen des Stamms beugt Schädlingsbefall vor.

Erntetip:

● Im dritten Jahr nach der Pflanzung ist die erste größere Ernte möglich. Werden bereits im ersten Jahr Früchte gebildet, so entfernt man diese, sobald man sie erkennt. Im zweiten Jahr dürfen einige wenige Früchte ausreifen.

● Zum Frischverzehr bzw. zur Lagerung bestimmtes Obst sollte erst voll ausgereift geerntet werden. Beim Steinobst erkennt man die Vollreife leicht an Farbe und Geschmack der Früchte, bei Kernobst ist das schwieriger. Frühe Sorten läßt man am Baum ausreifen und erntet erst, wenn die ersten Früchte von selbst fallen. Zu frühe Ernte kann die Haltbarkeit verschlechtern. Späte Sorten pflückt man, sobald sie sich leicht durch eine Drehbewegung lösen lassen. Sie bekommen Geschmack und Farbe erst im Lager. Möchte man das Obst transportieren, erntet man kurz vor der Vollreife.

● Überreich tragende Äste können unter der Last der Früchte brechen. Man sollte rechtzeitig eine Stütze anbringen.

● Obst wird grundsätzlich nur nebeneinanderliegend aufbewahrt. Beschädigte, faulige oder wurmige Früchte werden sofort verbraucht und nicht gelagert, weil sie andere anstecken könnten. Deshalb sollte man das Obstlager auch regelmäßig kontrollieren. Der Lagerraum muß kühl, aber frostfrei (5° C ist optimal) und luftig sein.

Der grüne Kniff:

- Möchte man selbst versuchen, Obst zu veredeln, so sollte man sich vorher gründlich mit dem Thema beschäftigen. Fachbücher und erfahrene Obstgärtner können dabei helfen. Wichtig ist auch, die Handgriffe mit Probereisern oder -augen zu üben. Es gibt 2 Methoden der Veredelung: Das Pfropfen und das Okulieren. Beim Pfropfen werden Edelreiser auf Stämme aufgesetzt, um dort die neue Krone zu bilden. Die alte, »echte« Krone der Unterlage wird vorher fast vollständig entfernt. Man kann auf diese Art auch Pollenspender in Obstbaumkronen setzen. Gepfropft wird im Frühjahr, im April oder Mai. Beim Okulieren, das vor allem bei Steinobstsorten und Rosen von Bedeutung ist, werden keine Zweige, sondern nur Augen in die Unterlage eingesetzt, die beste Zeit dafür ist im Juli. Veredelungsstellen müssen vor eindringendem Wasser, vor starker Sonne und vor Vögeln, die sich auf die Zweige setzen, geschützt werden.

Der Pflanzendoktor:

- Frostschäden können bei Obstgehölzen zu empfindlichen Verlusten führen. Frostrisse und Frostplatten an den Stämmen entstehen meist Ende des Winters, wenn sehr kalte Nächte sonnigen, warmen Tagen folgen. Deshalb sind Bäume in Südlagen besonders gefährdet. Ein Kalkanstrich der Stämme verhindert die rasche Erwärmung und kann so viel zur Verhütung von Frostschäden beitragen. Sind trotzdem die Stämme geschädigt, dann müssen sie so schnell wie möglich behandelt werden, denn in den Verletzungen siedeln sich rasch Krankheitserreger an. Die Wunden werden sauber ausgeschnitten und mit Baumwachs verstrichen. Frostplatten erkennt man an verfärbten, eingesunkenen Rindenteilen. Auch sie werden bis ins gesunde Holz ausgeschnitten und mit Baumwachs verstrichen.
- Gefährliche und lästige Obstbaumschädlinge sind die Blutläuse, die man an den weißen, watteartigen Nestern erkennt. An den Saugstellen, die sie verursachen, entstehen Anschwellungen, die die Rinde zum Platzen bringen und Krebsstellen verursachen können. Stark befallene Äste und Zweige entfernt man, die Wunden schneidet man glatt. Wichtig zur Vorbeugung ist das Säubern der Rinde. Kapuzinerkresse, auf die Baumscheibe gepflanzt, bietet einen gewissen Schutz vor Blutläusen. Im Fachhandel werden zudem verschiedene Mittel zur Bekämpfung der Befallsstellen angeboten.
- Der Apfelwickler, ein kleiner, braungrauer Schmetterling, legt seine Eier auf Blätter und Früchte von Apfel- und Birnbäumen. Seine raupenähnliche Larve, die Obstmade, frißt sich bis ins Kerngehäuse durch. Man kann sie mit einem Fanggürtel aus Wellpappe, den man ab Juni um den Stamm legt und öfter erneuert, abfangen. Wichtig ist auch das Abkratzen der abgestorbenen Rindenschuppen, wo die Larve überwintert.
- Zeigen die Früchte dunkle, rissige Flecken und wird auch das Laub samtig fleckig und fällt ab, so sind dies die Zeichen der Schorfkrankheit, gegen die eine ganze Reihe Mittel entwickelt wurden. Geschädigtes Laub und befallene Früchte muß man vernichten. Durch Freihalten der Baumscheibe von Unkraut und sorgfältiges Entfernen des abgefallenen Herbstlaubes kann man dagegen vorbeugen. Im Frühjahr vorbeugend wiederholte Spritzungen mit einem pilztötenden Mittel vornehmen.

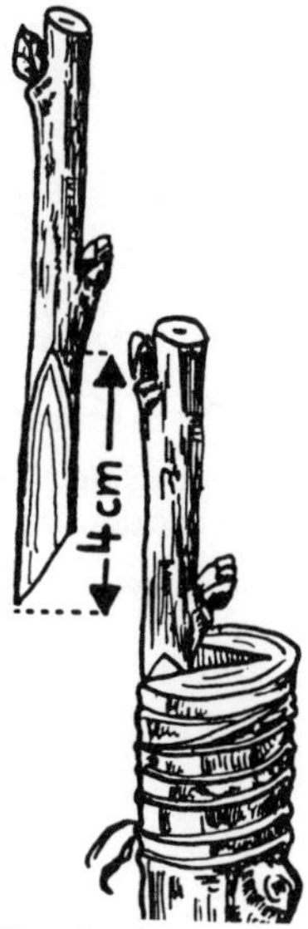

Pfropfen

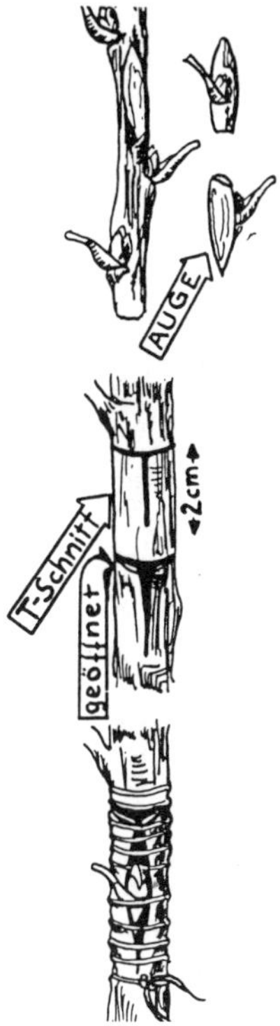

Okulieren

Fanggürtel für den Apfelwickler

Abkratzen der Rinde

Obstbaumkrebs

Apfel

● Eine bekannte Obstbaumkrankheit ist der Krebs, auch Brand genannt, der leicht an den Geschwülsten und offenen Wunden erkennbar ist. Die Krebsstellen werden bis auf das gesunde Holz herausgeschnitten. Die Schnittstellen bestreicht man mit Baumwachs oder Krebstinktur. Um Krebs zu vermeiden, sollte man nur frostharte Sorten aussuchen, einen Schutzanstrich im Herbst vornehmen und für guten Wasserabzug im Boden sorgen. Krebs bildet sich vorzugsweise an Wunden, die deshalb so schnell wie möglich versorgt werden müssen.

● Am Baum faulende Früchte und schon im Frühsommer eingetrocknete Triebspitzen sind ein deutliches Zeichen für Moniliabefall. Diese Krankheit wird durch einen Pilz verursacht, dessen Erreger in den faulen Früchten, den sogenannten Fruchtmumien, überwintert. Deswegen müssen sie sorgfältig entfernt und vernichtet werden. Das gilt auch für die abgefallenen Früchte.Die eingetrockneten Triebspitzen werden bis ins gesunde Holz ausgeschnitten und vernichtet.

Kernobst und Steinobst von A – Z

Apfel *(Malus silvestris)*

Als Hochstamm, Halbstamm oder Buschform im Handel, für Spaliere geeignet, selbstunfruchtbar, Reife: September – November, früheste Sorten ab Juli. Rosengewächse *(Rosaceae)*

Schon seit Jahrtausenden werden wohlschmeckende Auslesen der wild vorkommenden Apfelarten (M. communis, silvestris, pumila) gepflanzt. Je nach Reifezeit kann man Sommeräpfel, Herbstäpfel und die besonders lange lagerfähigen Winteräpfel unterscheiden.

Standorttip:

- Der Apfel liebt als Flachwurzler einen leicht lehmigen und humusreichen, durchlässigen, aber immer ausreichend feuchten Boden. Gegen Staunässe ist er ebenso empfindlich wie gegen Trockenheit (z.B. an Südhängen). In der Nähe größerer Gewässer bei entsprechend hoher Luftfeuchtigkeit gedeiht er besonders gut.

Aprikose, Marille
(Prunus armeniaca)

Überwiegend als Buschbaum im Handel, bis auf wenige Ausnahmen selbstfruchtbar, Reife: Juli – August, geschützter Standort, frostempfindlich. Rosengewächse *(Rosaceae)*

Die Aprikose stammt ursprünglich aus China, wo sie seit Jahrtausenden angebaut wird. Ihre Früchte sind nicht ganz so druckempfindlich wie Pfirsiche und vielseitig für Marmeladen, Säfte, in der Konditorei, als Dörrobst, für Liköre und Schnäpse verwendbar.

Standorttip:

- Die Aprikose braucht einen warmen, wind- und spätfrostgeschützten Platz auf humus- und nährstoffreichen Böden (z.B. sandiger Lehmboden).

Pflegetip:

- Die Aprikose sollte einen Winterschutz sowie einen winterlichen Schutzanstrich bekommen. Hierdurch kann auch eine frühzeitige Blütenbildung verhindert werden. Das ist notwendig, weil die sonst sehr früh erscheinenden Blüten leicht ein Opfer von Nacht- oder Spätfrösten werden.
- Die Baumscheibe der Aprikose wird nicht freigehalten. Sie möchte möglichst fest im Boden stehen. Anbau- und pflegemäßig gleichen Aprikosen den Pfirsichen.

Erntetip:

- Aprikosen sollte man erst dann ernten, wenn sie voll ausgereift sind. Es kommt häufig vor, daß nicht voll ausgereift, gepflückte Aprikosen gar nicht mehr richtig reifen und nie ihren vollen Wohlgeschmack entwickeln.

Blutläuse

Apfelwickler

Birne *(Pyrus communis)*

Erntehilfen

Als Hochstamm, Halbstamm und Buschbaum im Handel, selbstunfruchtbar, Reife: Juli/August bis Oktober je nach Sorte. Rosengewächse *(Rosaceae)*

Entsprechend ihrer Reifezeit kann man die Birnensorten in Sommerbirnen, Herbstbirnen und Winterbirnen einteilen. Besonders gute Eßbirnen sind die sogenannten Butterbirnen. Die meisten alten Birnensorten aus dem 18. und 19. Jahrhundert, als die Birnenzüchterei eine große Leidenschaft der Gärtner war, sind auch heute noch empfehlenswert.

Schorf

Standorttip:

- Die Birne verträgt als Tiefwurzler Trockenheit etwas besser als der Apfelbaum. Auf hohen Grundwasserstand reagiert sie dementsprechend empfindlich. Der Boden sollte tiefgründig, durchlässig und nährstoffreich, aber nicht zu kalkhaltig sein. Birnen gibt es auch als Flachwurzler auf Quittenunterlage (nicht für kalkreiche Böden).
- In warmen Lagen und Gegenden mit mildem Klima gedeihen Birnbäume am besten.

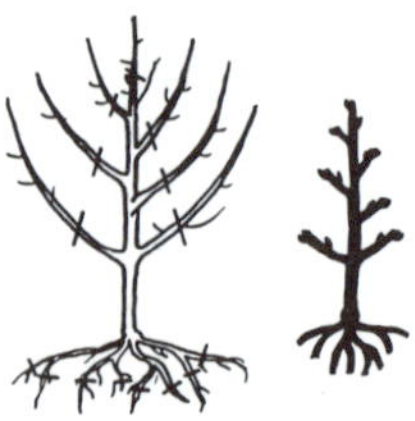

Pflanzschnitt beim Pfirsich

Der grüne Kniff:

- Birnen werden leicht zu hoch. Man zieht sie daher häufig als Spindelbüsche. Allerdings sollte man die schöne Wirkung eines vollentwickelten Birnbaums nicht vergessen und ruhig einmal den Hoch- oder Halbstamm einer robusten Sorte als Schatten- und Hausbaum pflanzen. Einzeln stehende Birnbäume tragen nicht; sie brauchen einen Nachbarbaum als Pollenspender.

Pfirsich

Pfirsich *(Prunus persica)*

Hauptsächlich als Buschbaum, seltener als Halbstamm im Handel, bis auf wenige Ausnahmen selbstfruchtbar, Reife: Juni – September, je nach Sorte, nach 15 Jahren meist keine befriedigenden Erträge mehr, geschützter Standort, frostempfindlich und anspruchsvoll. Rosengewächse *(Rosaceae)*

In Asien wird der Pfirsich seit Jahrtausenden angebaut. Inzwischen ist er auch in Südeuropa so beliebt geworden, daß heute weit über den Bedarf hinaus Pfirsiche geerntet werden. Das gilt vor allen Dingen für die frühreifenden Sorten. Besonders süß schmecken die sogenannten Nektarinen mit ihrer glatten Haut, die bei uns allerdings nur im Weinbauklima gedeihen.

Standorttip:

- Der Pfirsich ist sehr frostempfindlich. In Wintern mit Temperaturen zwischen –15° und –20° C nimmt er immer Schaden. Ein Platz vor einer Südwand eignet sich am besten. Der

Boden sollte nährstoff- und humusreich und leicht kalkhaltig und warm sein. Zu hoher Kalkgehalt wird schlecht vertragen.

Pflanztip:

- Unmittelbar nach der Pflanzung, egal ob im Frühjahr oder im Herbst gepflanzt wird, bindet man den Pfirsich mit Stroh oder ähnlichem lockeren Material ein, das erst zu Beginn des Austriebs wieder entfernt wird. Der Haupttrieb wird jetzt auf 75 bis 120 cm gekürzt. Die Seitentriebe müssen radikal auf wenige (3 – 5) gut entwickelte Augen zurückgeschnitten werden. Dieser Schnitt darf erst erfolgen, wenn die Knospen schwellen, je später, desto besser!
- Pfirsiche verlieren ihr Laub sehr spät, sie werden daher erst im Spätherbst (oder Frühjahr) gepflanzt.

Pflaume, Zwetsche, Reneklode

(Prunus domestica)

Als Hochstamm, Halbstamm oder Busch im Handel, selbstfruchtbare und selbstunfruchtbare Sorten, Reife: August – Oktober. Rosengewächse *(Rosaceae)*

Die Zwetsche gehört zu den unempfindlichsten Obstsorten. Die zahlreichen Sorten wurden aus der Hauszwetsche entwickelt. Man unterscheidet die runden, gelben Mirabellen, die sehr saftigen und weichen Rundpflaumen, die rot, blau oder gelb bzw. gelbrot gefärbt sein können, die Renekloden und Eierpflaumen, die meist etwas fester als die Rundpflaumen sind, und schließlich die länglichen, dunkelblauen, festen und würzig schmeckenden Zwetschen.

Standorttip:

- Die unterschiedlichen Pflaumen- bzw. Zwetschenarten sind sehr vielseitig verwendbar. Die härtesten sind die Zwetschen. Reneklоden und Mirabellen dagegen können in strengen Wintern Schaden nehmen.
- Die Pflaumen und Zwetschen sind Flachwurzler und lieben daher leicht feuchte Böden. Zudem sollten diese nicht zu humus- und zu nährstoffarm und leicht sauer bis neutral sein (pH-Wert 6,0 – 7,0). Auch auf recht ungünstigen Plätzen werden Zwetschen noch gedeihen, wenn auch keine Rekordernten zu erwarten sind.

Schüttelernte

Erntetip:

- Halbreif geerntete Zwetschen reifen nicht mehr aus. Man sollte deshalb mit der Ernte unbedingt bis zur Vollreife warten. Zwetschen eignen sich gut für die »Schüttelernte«, da sie beim Herabfallen vom Baum wenig Schaden nehmen.

Hauszwetsche

Quitte *(Cydonia oblonga)*

Überwiegend als Buschbaum im Handel, selbstfruchtbar, Ernte: September – Oktober/November. Rosengewächse *(Rosaceae)*

Apfel- und Birnenquitte

Die aus Asien stammende Quitte zählt vor allem zur Blüte- und Erntezeit zu den schönsten Obstgehölzen in unseren Gärten. Man kann sie gut in Fruchthecken, z.B. zusammen mit der Hasel und der Schlehe pflanzen. Ihre Früchte eignen sich, weil sie hart sind, nicht zum Frischverzehr. Sie lassen sich aber zu leckeren Gelees, Marmeladen, zu Süßmost oder auch zu Heilmitteln verarbeiten. Man teilt die Quittensorten in Apfelquitten (C. obl. maliformis) und Birnenquitten (C. obl. piriformis) ein.

Standorttip:

- Quitten lieben warme, geschützte Plätze und gedeihen nahezu in jedem einigermaßen guten Boden. Lehmböden, die nicht zu trocken und ausreichend nahrhaft sind, sagen ihnen besonders zu. Jegliche Staunässe vertragen sie schlecht.

Auslichtungsschnitt

Pflegetip:

- Die Quitte erfordert weniger Pflege als das übrige Kern- und Steinobst: Sie braucht auf normalem Gartenboden nur selten bzw. sehr sparsam gedüngt und auch nicht regelmäßig geschnitten werden. Ein Auslichtungsschnitt, den man in Abständen von etwa 3 Jahren vornimmt, sowie das Entfernen erfrorener Zweige und Äste im Frühjahr reichen in der Regel aus.

Erntetip:

- Nach der Ernte sollte man die Früchte erst 1 – 2 Wochen lagern, bevor man sie verwertet.

Sauerkirsche

(Prunus cerasus)

Als Hochstamm, Halbstamm und Buschbaum im Handel, selbstfruchtbare und wenige selbstunfruchtbare Sorten, Reife: Mitte Mai bis Juli, je nach Sorte. Rosengewächse *(Rosaceae)*

Schon seit dem 17. Jahrhundert teilt man die Kirschsorten in Süß- und Sauerkirschen ein. Die Sauerkirschsorten untergliedert man in 4 Gruppen, in die Amarellen, die Weichselkirschen, deren Saft stark färbt, die Süßweichselkirschen und die Glaskirschen.

Standorttip:

- Sauerkirschen sind überwiegend recht anspruchslos. Sie gedeihen auf trockenen und armen Böden noch gut, sind frosthart und unempfindlich. Nur schlechte Bodendurchlüftung und Staunässe vertragen sie schlecht. Lehmige Sandböden eignen sich besonders gut.

Der grüne Kniff:

- Bei der Auswahl der Sauerkirschen muß man sich genau erkundigen, ob die jeweilige Sorte selbstfruchtbar oder selbstunfruchtbar ist. Auch Übergänge sind möglich.

Süßkirsche

(Prunus avium)

Als Hochstamm und Halbstamm im Handel, selbstunfruchtbar mit einer Ausnahme (Sorte »Stella«), Reife: Mai – Juli, abhängig von Sorte und klimatischen Verhältnissen, warmer und geschützter Standort. Rosengewächse *(Rosaceae)*

Schattenmorelle

Schutzanstrich bei Süßkirschen

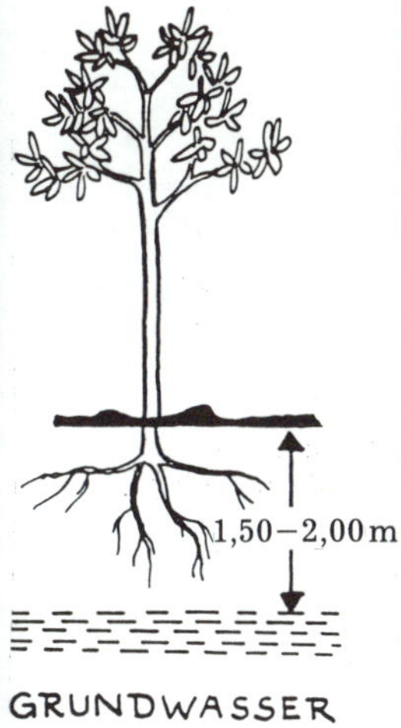

Süßkirschen brauchen niedrigen Grundwasserstand

Moniliabefall an Kirschen: Blüteninfektion und Fruchtfäule

Die Süßkirschen gehören sicherlich mit zu den beliebtesten Obstarten. Die Stammutter der verschiedenen Sorten ist die heimische Vogelkirsche. Es gibt eine nahezu unüberschaubare Anzahl von Süßkirschensorten. Man teilt sie ein in Herzkirschen (weich, gefärbter Saft, süß und aromatisch) und Knorpelkirschen (fest, weniger aromatisch, aber haltbarer).

Standorttip:

- Die Kirschblüte ist empfindlich gegen Spätfröste. Wintertemperaturen unter −20° C können zu Holzschäden führen (Schutzanstrich!).
- Der Boden für die tiefwurzelnden Süßkirschen sollte tiefgründig sein, der Grundwasserstand nie höher als 1,50 m unter der Erdoberfläche. Am besten eignen sich warme, sandige Lehmböden bzw. lehmige Sandböden an Südhängen. Ein gewisser Kalkgehalt im Boden wird gut vertragen. Auch die Steinweichsel (P. mahaleb), eine veredelte Süßkirsche, eignet sich für flachgründige, steinige Böden, ist aber selten.

Der Gemüsegarten

Der Gemüsegarten ist der Teil des Nutzgartens, der sein Gesicht laufend verändert sowohl innerhalb einer Vegetationszeit als auch über Jahre hinweg. Bis auf wenige ausdauernde Ausnahmen werden die Gemüsearten jedes Jahr aufs neue gesät und geerntet. Die zahlreichen auf relativ kleinem Raum gezogenen Pflanzen beanspruchen den Boden hier ganz besonders. Darum ist gerade im Gemüsegarten planvolles und bodenpflegliches Wirtschaften notwendig. Dazu gehört das Einhalten einer Fruchtfolge. Sinn der Fruchtfolge ist es, den Boden nicht über Jahre hinweg anhaltend mit starkzehrenden Gemüsearten zu beanspruchen. Die unterschiedlichen Nährstoffansprüche der einzelnen Arten werden dabei genutzt. Eine einfache Grundregel für die Fruchtfolge besagt, daß niemals Gemüsearten der gleichen Pflanzenfamilie zwei oder mehr Jahre hintereinander auf der gleichen Fläche stehen sollten. Zur Fruchtfolge teilt man die Gemüsebeete wie folgt ein:

- Nur ein Teil der Beete wird im Herbst vor der Pflanzung mit Stallmist oder Schnellkompost gedüngt. Diese Beete stehen in erster Tracht, wie der Fachmann sagt. Hier werden im ersten Jahr der Fruchtfolge die starkzehrenden Blatt- und Fruchtgemüsearten angebaut. Im wesentlichen gehören diese zur Familie der Kreuzblütler (Cruciferae), wie z.B. der Kohl, zur Familie der Kürbisgewächse (Cucurbitaceae), wie z.B. Kürbis, Gurke oder Melone oder zur Familie der Nachtschattengewächse (Solanaceae), wie die Tomate oder die Kartoffel. Aus dieser Fruchtfolge läßt sich erklären, daß man vor dem Anbau von Kohl keinen Senf als Gründünger säen sollte, da dieser, wie der Kohl, zur Familie der Kreuzblütler gehört.
- Im zweiten Jahr folgen dann vorwiegend Wurzelgemüse oder weniger stark zehrende Blattgemüsearten. Diese gehören überwiegend zu vier Pflanzenfamilien: zu den Doldenblütlern (Umbelliferae), wie z.B. die Karotte, zu den Korbblütlern (Compositae), wie z.B. der Salat, zu den Liliengewächsen (Liliaceae), wie z.B. die Zwiebel und zu den Gänsefußgewächsen (Chenopodiaceae), wie der Spinat.
- Im dritten Jahr schließlich, wenn die Nährstoffe schon weitgehend verbraucht sind, werden Stickstoffsammler angebaut, wie die Bohne und die Erbse, die zur Familie der Schmetterlingsblütler (Leguminosae) gehören. Nun steht das Land in dritter Tracht.

Diese Fruchtfolge »rutscht« jedes Jahr eine Fläche weiter, so daß man in erster, zweiter und dritter Tracht stehende Beete oder Pflanzenreihen nebeneinander hat. In den folgenden Pflanzenbeschreibungen ist die richtige Stellung der jeweiligen Art in der Fruchtfolge angegeben.

Ein Beispiel für eine sehr wirkungsvolle Anwendung der Fruchtfolge in Verbindung mit Mischkultur ist das Hügelbeet, das auf kleinem Raum besonders gute Wachstumsbedingungen für die Gemüsepflanzen bietet.

Im Aufbau ähnelt das Hügelbeet einem Komposthaufen, der aus verschiedenen Schichten nährstoffreicher, organischer Materialien besteht.

➡ **Der grüne Kniff:**

- Ein Hügelbeet sollte immer in Nord-Südrichtung verlaufen. Die Hügelform wählt man, weil sich dadurch eine gute Besonnung und eine größere Anbaufläche ergibt.
- Als erstes wirft man Äste, Zweige, Schnittabfall von Stauden und andere sparrige Pflanzenteile zu einem kleinen Wall zusammen.
- Darüber werden Grassoden oder eine Schicht Gartenerde gelegt.
- Auf die Grassoden schichtet man eine dicke Schicht aus Laub (vor allem von Obstbäumen), vermischt diese mit etwas Komposterde, mit Pflanzenresten aus dem Gemüsegarten oder Küchenabfällen.

- Über die Laubschicht deckt man eine Lage Kompost, der noch grob und teilweise unzersetzt sein kann.
- Das fertige Hügelbeet wird mit einer 15 – 20 cm dicken Schicht guter Gartenerde bedeckt.
- Alle erdehaltigen Schichten können zusätzlich mit organischen Handelsdünger (Blutmehl, Hornmehl, Knochenmehl) gedüngt werden.

Die Bepflanzung des Hügelbeets entspricht der Fruchtfolge: In den ersten Jahren werden Gemüsearten angebaut, die viele Nährstoffe benötigen.

Den Rücken des Beets bepflanzt man mit Tomaten oder Gurken, um ihnen volle Sonne zu geben, daneben kommen Kohlarten, Sellerie und andere Gemüse. Auf den geneigten Randbereich des Beets sät man Spinat und Radieschen.

Im zweiten Jahr baut man vorwiegend Wurzelgemüse wie Zwiebeln und Karotten, die man eng benachbart pflanzt und sät, und Blattgemüse wie Salat an.

Im dritten Jahr sollen Hülsenfrüchte und Stickstoffsammler, wie Bohnen und Erbsen, zusammen mit einigen Wurzelgemüsen wie Pastinaken, Schwarzwurzeln oder ähnlichem gepflanzt werden.

Im vierten Jahr kann man das Hügelbeet mit Erdbeeren bepflanzen. Nach 4 – 6 Jahren ist das »Kraftpaket« verbraucht. Man sollte daher mehrere Hügelbeete unterschiedlicher Altersstufen haben, auf denen man dann alle Pflanzen säen und pflanzen kann, die man benötigt.

1. Tracht: stark zehrende Gemüse

2. Tracht: Wurzelgemüse

3. Tracht: Stickstoffsammler

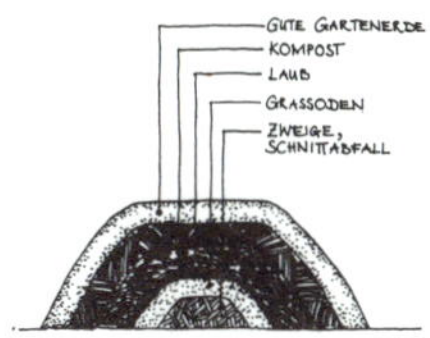

Schnitt durch ein Hügelbeet

Gemüse von A – Z

Auf den folgenden Seiten finden Sie die wichtigsten Gemüse in der Reihenfolge von A – Z. Die den Pflanzennamen nachgestellten Kästen enthalten Angaben über die Wuchshöhe, die Aussaat-, Pflanz- und Erntezeit, über die Fruchtfolge und den jeweils günstigsten Standort. Am Ende der Kästen finden Sie den deutschen und den lateinischen Familiennamen der Pflanzen. In den Pflanzenbeschreibungen werden in der Regel keine Sorten genannt, da es bei den Gemüsen ebenso wie bei den Obstarten fast jedes Jahr Neuheiten gibt. In guten Fachgeschäften und Samenhandlungen kann man sich nach den jeweils besten Sorten erkundigen.

Bohnen sind Stickstoffsammler

Andenbeere
(Physalis edulis)

Fruchtgemüse, Aussaat: ab Februar unter Glas, Ernte: September bis November, erste Tracht. Nachtschattengewächse *(Solanaceae)*

Die Andenbeere ist eine Verwandte der Lampionblume (Ph. franchettii). Ihre mirabellengroßen, gelben Früchte sitzen in lampionähnlichen Kapseln. Sie schmecken fruchtig und aromatisch und eignen sich für die Zubereitung von Kompott und Marmelade.

Pflegetip:

- Die Andenbeere wird genau wie die Tomate gesät und gepflegt. Die Seitentriebe werden im Gegensatz zur Tomate nicht entfernt. Die Fruchtreife ist verhältnismäßig spät. Deshalb sollte man in rauhen Lagen die Pflanzen mit Folie vor den ersten Nachtfrösten schützen.

Bohne *(Phaseolus, Vicia)*

Bohnen lassen sich einfach ziehen und stellen an den Boden geringe Ansprüche. Als Stickstoffsammler spielen sie im Gemüsegarten für die nachfolgenden Kulturen eine wichtige Rolle. An den Wurzeln gebildete Knöllchen mit Stickstoffbakterien sammeln den Stickstoff aus der Luft.

Aussaattip:

- Bohnen legt man mit Ausnahme der Puffbohne, die schon im zeitigen Frühjahr in die Erde kommt, nie vor dem 9. Mai. Sie werden flach gesteckt (etwa 3 cm tief).

Erntetip:

- Bohnen sollten vorsichtig gepflückt werden, da man die flachwurzelnden Pflanzen leicht herausreißen bzw. im Boden lockern kann (Stengel festhalten). Pflückreif sind Bohnen erst dann, wenn sie beim Biegen brechen.

Der Pflanzendoktor:

- Runde, schwarzrandige, etwas eingesunkene Flecken auf den Bohnen sind das Zeichen der Brennfleckenkrankheit, die besonders häufig an Wachsbohnen auftritt. Diese Krankheit wird durch einen Pilz verursacht, dessen Vermehrung feuchtwarme Witterung sehr begünstigt. Die frei im Wind hängenden Stangenbohnen sind etwas weniger gefährdet als Buschbohnen. Gegen die Brennfleckenkrankheit gibt es eine Reihe von Pilzbekämpfungsmitteln, die aber niemals mehr nach der Blüte angewendet werden dürfen. Vor allem sollte man auf einen ausreichend großen Pflanzabstand achten.

Stangenbohnen

- Treten auf den Blättern zunächst hellgelbe, später schwarzbraune Flecken auf, so sind die Bohnen vom Rost befallen. Erkrankte Blätter muß man sofort nach dem ersten Erkennen abpflücken.
- Die Johanniskrankheit läßt die Pflanzen von unten her absterben. Tritt sie sehr stark auf, so sollte man einige Jahre auf den Anbau von Bohnen und Erbsen verzichten.

Buschbohnen

(Phaseolus vulgaris var. nanus)

Höhe: 30 – 50 cm, Aussaat: Mai bis Mitte Juli ins Freiland (Spätaussaat mit raschwachsenden Sorten), Ernte: Juli – September, dritte Tracht. Schmetterlingsblütler *(Leguminosae)*

Aussaattip:

- Zur Aussaat der Buschbohnen zieht man Rillen von 5 cm Tiefe im Abstand von 1,20 m. In diese legt man im Abstand von 40 cm Häufchen zu je 4 Bohnen. Danach werden diese mit Erde bedeckt und gut angedrückt. Sobald die Bohnen groß genug sind, häufelt man sie an.

Brennfleckenkrankheit

Feuerbohnen

(Phaseolus coccineus)

Höhe: 2 – 3 m, hochkletternd, Aussaat: Mai – Mitte Juni ins Freiland, Blüte: rot oder zweifarbig, Juni bis September, Ernte: Juli – Oktober, dritte Tracht. Schmetterlingsblütler *(Leguminosae)*

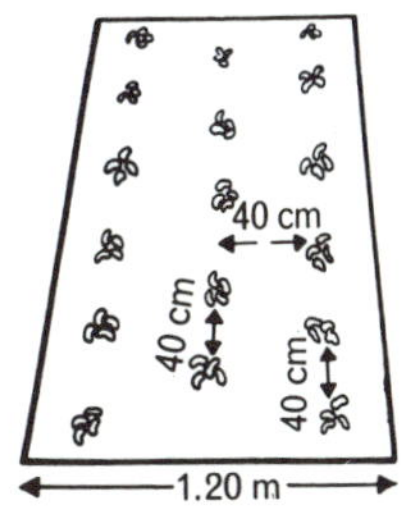

Aussaat von Buschbohnen

Feuerbohnen eignen sich wegen ihrer leuchtend gefärbten Blüten auch gut als Zierpflanze für Zaun oder Balkon. Ihre Bohnenkörner sind rosa gefärbt und dunkel gefleckt. Man zieht sie genau wie Stangenbohnen. Feuerbohnen gedeihen auch in rauheren Lagen noch gut, wo sich andere Bohnenarten nicht mehr ganz so wohl fühlen.

Erntetip:

- Die Hülsen der Feuerbohnen sind rauh und kräftig. Man pflückt sie möglichst jung, weil sie rasch hart werden (sobald sie sich zerbrechen lassen).

Feuerbohnen

Puffbohnen

Puffbohnen, Dicke Bohnen

(Vicia faba major)

Höhe: 80 cm – 1,20 m, Aussaat: März (so früh wie möglich) ins Freiland, Ernte: Juni – September, dritte Tracht. Schmetterlingsblütler *(Leguminosae)*

Die Puffbohne ist auch unter dem Namen Ackerbohne, Pferdebohne, Saubohne und Große Bohne bekannt. Sie enthält viele Vitamine und Eiweiß und gehört daher zu den besonders nahrhaften Gemüsearten. Sie unterscheidet sich von allen anderen Bohnen durch besonders frühe Aussaat.

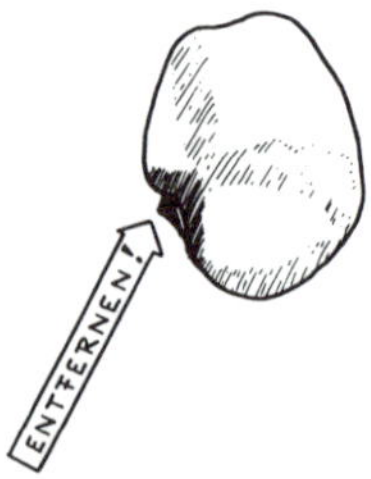

Der »Nabel« von Puffbohnen sollte vor der Verwendung entfernt werden

Der Pflanzendoktor:
Ein häufiger Schädling der Puffbohne ist die Schwarze Wickenblattlaus. Zur Vorbeugung ist es wichtig:

- keinesfalls in frischgedüngten Beeten auszusäen
- die Bohnen schon so früh wie möglich legen
- mindestens 40 cm Reihenabstand einzuhalten, da dicht gepflanzte Bestände besonders gefährdet sind
- die Triebspitzen auszukneifen, sobald die Hülsen angesetzt sind
- Puffbohnen in Mischkultur mit Zwiebeln zu pflanzen.

Aussaat von Puffbohnen

Stangenbohnen

(Phaseolus vulgaris var. vulgaris)

Höhe: 2 – 3 m, hochkletternd, Aussaat: Mai – Anfang Juli (5. Juli letzter Aussaattermin), Ernte: Juli bis Oktober, je nach Aussaat, dritte Tracht. Schmetterlingsblütler *(Leguminosae)*

Ausaat von Stangenbohnen

Aussaattip:

- Vor der Aussaat der Bohnen steckt man im Beet 2 Reihen Stangen schräg gegeneinander und verbindet sie oben durch eine weitere Stange. Die Entfernung der Stangen beträgt in der Reihe 60 cm, die Entfernung der Reihen voneinander 70 cm. Um jede Stange steckt man 5 – 6 Bohnen. Sind die Bohnen so groß, daß sie zu ranken beginnen können, finden aber die Stange nicht, so legt man sie an der Stange an. Man muß beachten, daß sie gegen den Uhrzeigersinn ranken.

Erbse *(Pisum sativum)*

Man teilt die Erbsen in Markerbsen, Schalerbsen und Zuckererbsen ein. Von jeder Art gibt es kleinere und größere, früher oder später reifende Sorten.

Aussaattip:

- Die Aussaat von Erbsen erfolgt, je nach Art, von März – Juni, nach einer alten Regel am besten am 100. Tag des Jahres, also am 10. April.
- Um die Keimung der Samen zu erleichtern, kann man die Körner vor der Aussaat einige Stunden (höchstens 12 Stunden) ins Wasser legen.
- Für kleinere, bis 60 cm hoch werdende Sorten, zieht man auf einem 1 m breiten Beet vier 6 cm tiefe Rillen, in die man die Körner im Abstand von 3 – 5 cm legt. Die Rillen werden zugehackt und festgeklopft. Sind die Pflanzen 15 cm hoch, so häufelt man die Reihen an.
- Bei größeren Sorten hält man einen Reihenabstand von 40 – 50 cm ein, nach jeder zweiten Reihe etwa 60 cm. Die höheren Sorten werden gereisert, d.h. man gibt ihnen eine Rankhilfe.

Der Pflanzendoktor:

- Der Blattrandkäfer frißt häufig die Blätter von Erbsen an. Besonders niedrigere Sorten sind gefährdet. Das beste Mittel dagegen ist reichliches Gießen, damit die Pflanzen recht schnell hochwachsen.
- Mehltau kann auch Erbsen befallen. Meistens hilft dagegen nur eine frühzeitige Behandlung mit Spezialmitteln sowie vorbeugend intensive Unkrautbekämpfung und ein weiter und lockerer Stand.

Markerbsen

(Pisum sativum convar. medullare)

Höhe: 40 cm – 1,30 m, Aussaat: ab April, Ernte: Juni/Juli – September, dritte Tracht. Schmetterlingsblütler *(Leguminosae)*

Markerbsen erkennt man an ihren runzeligen Samenkörnern. Die jungen, großen, frisch ausgehülsten Erbsenkörner schmecken süß. Deswegen wird die Markerbse manchmal mit der Zuckererbse verwechselt.

Schalerbsen

(Pisum sativum convar. sativum)

Höhe: 40 cm – 1,40 m, Aussaat: März – Mai, Ernte: Mai – September, dritte Tracht. Schmetterlingsblütler *(Leguminosae)*

Die Schalerbse, auch Palerbse, Auslöseerbse, Kneiferbse und Brockelerbse genannt, unterscheidet sich von der Markerbse durch ihre runden, glatten Samenkörner. Die Erbsen werden ausgeschält und wie üblich zubereitet. Jung gepflückt schmecken sie am besten.

Zuckererbsen

(Pisum sativum convar. axiphium)

Höhe: 70 cm – 1,40 m, Aussaat: März – Juni, Ernte: Mai – September, dritte Tracht. Schmetterlingsblütler *(Leguminosae)*

Die Hülsen der Zuckererbsen sind so zart, daß man sie ähnlich wie die Bohnen mitkochen kann. Die Erbsen werden nicht ausgeschält.

Gemüsefenchel

Fenchel, Gemüsefenchel

(Foeniculum vulgare var. azoricum)

Knollengemüse (Knollen = Blattstiele), Aussaat: ab März/April unter Glas, ab Juni – Juli ins Freiland (schoßfeste Arten auch im April ins Freiland), Ernte: Oktober, zweite Tracht. Doldenblütler *(Umbelliferae)*

Der Gemüse- oder Knollenfenchel ist eine sehr feinschmeckende Gemüseart. Zudem fördert er eine gute Verdauung. Er ist gedünstet oder roh als

Zuckererbse

Markerbse

Schalerbse

Blattrandkäfer

Salat zubereitet verwendbar. Verzehrt werden die zu einer Knolle verdickten Blattstiele. Das zarte Fenchelkraut wird fein gehackt und als Würze verwendet.

Erntetip:

- Kurz vor der Ernte häufelt man die Fenchelpflanzen an. Geerntet wird spät, aber vor den ersten stärkeren Frösten. Man kann danach die Knollen im frostfreien Keller lagern. Überflüssiges Laub wird entfernt.

Gurke *(Cucumis sativus)*

Gurke

Rankendes Fruchtgemüse, Aussaat: ab Ende März unter Glas, ab Mai ins Freiland, Ernte: Juli bis September, erste Tracht. Kürbisgewächse *(Cucurbitaceae)*

Gurken sind eine sehr beliebte Gartenfrucht, besonders für frische Salate, zum Schmoren, aber auch zum Einlegen. Gurkensaft hilft bei Brustleiden und Fieber und erhält eine reine Haut.

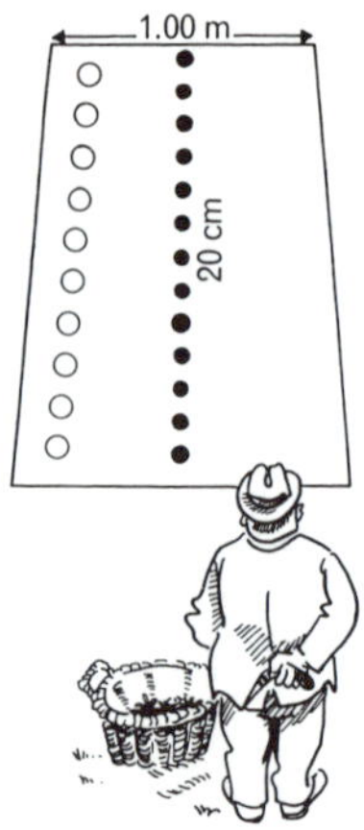

Gurkenaussaat mit Zwischenkultur

Standorttip:

- Die Gurken kommen aus Hinterindien und brauchen daher Wärme und Feuchtigkeit. Sie lieben humus- und nährstoffreichen Boden (Pferdemist ist günstig) in sonniger, geschützter Lage. Im Schutz von Stangenbohnen oder Mais gedeihen sie besonders gut. In rauhen Lagen sollte man sie vor späten Nachtfrösten mit Gartenvlies oder Lochfolie schützen.

Aussaat-/Pflanztip:

- Gurken dürfen erst nach dem 5. Mai ins Freie gesät werden. Pro Reihe rechnet man einen Platzbedarf von 1 m Breite. Es werden je 3 – 4 Samenkörner 3 cm tief im Abstand von je 20 cm in die Erde gelegt. Als Zwischenkultur können Salat oder Radieschen gesät werden, die das Beet schnell räumen.
- Für die Gurkentreiberei im Frühbeet steckt man Ende März je 1 Korn in kleine Töpfchen und zieht sie im Zimmer vor. Die Pflänzchen werden ins Frühbeet gesetzt, sobald Platz ist. Man rechnet 2 Pflanzen auf 1,5 qm.

Pflegetip:

- Sobald die jungen Gurken zu ranken beginnen, bekommen sie eine Volldüngung (40 g pro qm).
- Wichtig ist reichliches Gießen, besonders auch im Frühbeet. Bei starker Sonneneinstrahlung muß schattiert werden.

Erntetip:

- Gurken sollten vorsichtig mit einem Messer abgeschnitten werden, da man die flachwurzelnden Pflanzen leicht herausreißen kann. Für Einmachzwecke erntet man die Gurken sehr klein (6 – 9 cm Länge), solange sie fleischig und fast kernlos sind.
- Schmecken die Gurken bitter, so ist das die Folge einer Wachstumsstokkung, die durch kühle Nächte, Wassermangel und Nährstoffmangel oder zu kaltes Gießwasser an warmen Tagen verursacht werden. Es gibt jetzt zahlreiche Sorten, die keine Bitterstoffe bilden. Man sollte diesen den Vorzug geben.

Der grüne Kniff:

- Nach dem Erscheinen des dritten Blattes sollte man bei Jungpflanzen die Spitze auskneifen. Das sorgt für bessere Tragranken.
- Gurken lassen sich gut lagern, wenn man sie mit dem Stielansatz nach unten in einen Topf mit Wasser stellt, so daß mindestens ⅓ herausschaut und sie in den dunklen Keller bringt.

Einlege- und Salatgurke

Gurkenernte mit einem Messer

Eingelegte Gurken

Zur Lagerung stellt man Gurken in einen Topf mit Wasser

● Das Taubblühen der Gurken ist völlig normal. Nur aus den weiblichen Blüten, die gegenüber den männlichen in der Minderzahl sind, entwikkeln sich Früchte.

Der Pflanzendoktor:

● Weiße Flecken auf der Oberseite und gelblichbraune Flecken auf der Unterseite der Gurkenblätter sind die Zeichen des Falschen Mehltaus, der besonders bei langanhaltendem, feuchtem Wetter auftritt. Der Echte Mehltau dagegen wird durch Wärme und Trockenheit begünstigt. Er bildet einen geschlossenen mehligen Überzug. An Mehltau erkrankte Pflanzen müssen vernichtet werden (keinesfalls auf den Komposthaufen werfen).

● Ein Schmarotzerpilz verursacht die Gurkenkrätze, die an den schorfigen, rissigen Flecken und einer samtig dunklen oder gummiartigen Ausscheidung an den Befallsstellen erkennbar ist.

● Kranke Gurken werden sofort mit ihren Wurzeln vernichtet, da der Pilz in allen Pflanzenteilen überwintert. Während der nächsten Jahre dürfen auf dem Beet keine Gurken mehr angebaut werden, im Frühbeet sollte stets neue Erde verwendet werden.

Karotte, Möhre

(Daucus carota ssp. sativus)

Karotten

Wurzelgemüse, Aussaat: Februar/März – Juli, Herbstaussaat im September – Oktober, Ernte: Mitte Juli bis Oktober, Mai – Juni (Herbstaussaat), zweite Tracht. Doldenblütler *(Umbelliferae)*

Es gibt eine Vielzahl rundlicher oder langgestreckter Karottensorten. Besonders bei einer Herbstaussaat sollte man auf die richtige Sortenauswahl achten (»Nantaise« und andere).

Standorttip:

- Damit die Karotten nicht krumm wachsen, sollte der Boden tiefgründig, locker und steinfrei sei. Sandiger Boden ist ideal.
- Karotten haben einen hohen Kalibedarf. Vor der Aussaat wird daher entsprechend gedüngt. Sie lieben sandigen, humosen Boden und gedeihen in lehmigen Böden schlecht.

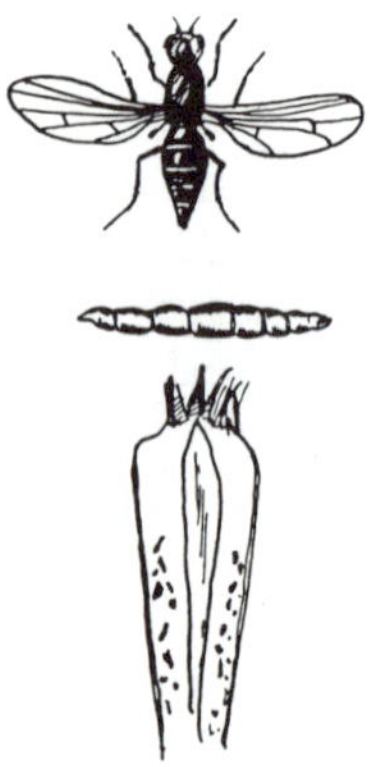

Möhrenfliege

Aussaattip:

- Die Möhrenaussaat beginnt, sobald die Böden frostfrei sind. Eine zweite Aussaat erfolgt ab Mai.
- Karotten dürfen nicht zu eng gesät werden. Der Reihenabstand beträgt 30 cm. Es wird ganz flach gesät. Sobald die Jungpflanzen 3 – 4 cm groß sind, werden sie vereinzelt, so daß Zwischenräume von 2 – 3 cm entstehen. Man kann zum Markieren der Reihen Radieschen- oder Salatsamen mit aussäen.

Mischkultur Zwiebeln/Karotten

Erntetip:

- Spätgesäte Karotten braucht man nicht schon im Herbst aus der Erde zu nehmen: Man bedeckt das Beet vor dem ersten Frost mit trockenem Laub oder Stroh und lüftet an frostfreien Tagen immer ein wenig.

Der Pflanzendoktor:

- Karotten können bei starker Wasserzufuhr nach langer Trockenheit platzen. Deshalb muß für ganz gleichbleibende Bodenfeuchtigkeit gesorgt werden.
- Ein dunkelvioletter Belag auf den Möhren ist das Zeichen einer Pilzkrankheit. Befallene Karotten müssen sofort entfernt werden. Auf dem Beet ist 3 Jahre lang kein Anbau von Wurzelgemüse mehr möglich, da der Erreger so lange lebensfähig bleibt. Der Boden sollte zudem reichlich gekalkt werden.
- Der schlimmste Möhrenschädling ist die Möhrenfliege. Man erkennt ihn erst, wenn die Maden sich schon tief in die Wurzeln eingefressen haben und die Blätter gelb und welk werden. Beschädigte Karotten müssen vernichtet werden. Der Möhrenfliege kann man vorbeugen, wenn man 2 Regeln befolgt:
- Möhren dürfen immer erst in zweiter Tracht angesät werden und nie auf frisch mit Mist gedüngte Beete, da die Möhrenfliege ihre Eier gerne in frischen Stallmist ablegt.
- Möhren sollte man in Mischkultur mit Zwiebeln anbauen, weil dann sowohl die Möhren- als auch die Zwiebelfliege in der Regel ausbleiben.

Kartoffel

(Solanum tuberosum)

Knollengemüse, Pflanzung: April, Ernte: ab Mitte – Ende Juni, erste Tracht. Nachtschattengewächse *(Solanaceae)*

Die aus Südamerika stammende Kartoffel ist heute aus der Küche nicht mehr wegzudenken. Ihr hoher Vitamingehalt, ihr Nährwert und ihre vielseitige Verwendbarkeit machen sie zu einer der am meisten verbrauchten Gemüsearten.

Pflanztip:

- Für den Kartoffelanbau besorgt man sich Saatkartoffeln von Sorten, die sich für Frühanbau eignen. Es sollten mittelgroße, besonders schöne und gesunde Knollen sein. Diese werden bis Januar kühl gelagert und dann in einem hellen, luftigen und trockenen Raum vorgekeimt. In der ersten Aprilhälfte setzt man sie im Abstand von 40 cm in Reihen (Reihenabstand 50 – 60 cm) etwa 10 cm tief in die Erde.

Pflegetip:

- Die Kartoffelanbaufläche sollte regelmäßig gehackt werden. Sind die Pflanzen etwa 10 cm hoch, häufelt man an. Bei Spätfrostgefahr mulcht man die Anbaufläche mit Stroh oder ähnlichem Material, das bei warmem Wetter wieder entfernt wird.

Erntetip:

- In der zweiten Junihälfte werden die Kartoffeln nach und nach mit der Grabegabel ausgegraben. Man nimmt je nach Bedarf zunächst die sich gelb färbenden Pflanzen und läßt die anderen noch wachsen. Die grünen Pflanzenteile wirft man nicht auf den Komposthaufen (Krankheiten), sondern vernichtet sie.

Der Pflanzendoktor:

- Ein bekannter Kartoffelschädling ist der schwarzgelbe Kartoffelkäfer, der an Blättern und Stengeln frißt. Gegen ihn sind zahlreiche Mittel im Handel, beispielsweise auch biologische »Pyrethrum«-Präparate.
- Um Kartoffelnematoden vorzubeugen, sollte man grundsätzlich nur nematodenresistente Kartoffelsorten verwenden.
- Kartoffelschorf äußert sich in dunklen, rissigen Schorfflecken auf den Knollen. Um dagegen vorzubeugen, sollte man den Fruchtwechsel einhalten.
- Besonders in Gebieten mit hoher Luftfeuchtigkeit können die Kartoffeln die sogenannte Kartoffelfäule, die braune Flecken an Blüten und Stengeln verursacht und auch die Knollen schädigt, bekommen. Man sollte möglichst resistente Sorten aussuchen und auf Fruchtfolge achten.

Vorkeimen von Frühkartoffeln

Knoblauch

(Allium sativum)

Zwiebel, aber nur einjährig gezogen, Pflanzung: ab März, Ernte: Juli bis September, zweite Tracht. Liliengewächse *(Liliaceae)*

Knoblauch wird zur Lagerung in Zöpfe geflochten

Standorttip:

- Der Knoblauch stammt aus Südeuropa und möchte sonnig und warm stehen. Trockene Böden verträgt er besser als zu feuchte.

Pflanztip:

- Ähnlich den Steckzwiebeln steckt man einzelne Knoblauchzehen im Abstand von 15 cm jeweils 4 cm tief in die Erde. Knoblauch ist z.B. als Beeteinfassung gepflanzt ein nützlicher Partner für andere Pflanzen, da er gegen Krankheiten und Schädlinge schützen kann.

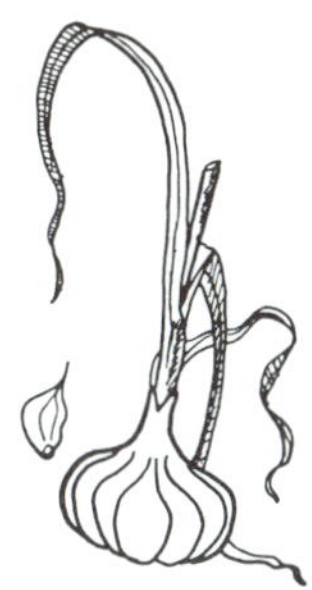

Knoblauch

Erntetip:

- Sobald das Laub im Herbst trocken geworden ist, zieht man die Knoblauchzwiebeln heraus und flechtet sie zu einem Zopf zusammen, den man an einem kühlen und luftigen Platz aufhängt.

Kohlfliege

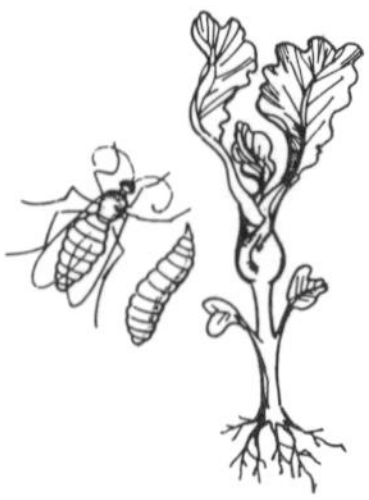
Kohldrehherz-
mücke

Kohlgallenrüßler

Kohl *(Brassica)*

Der altbekannte Kohl ist eine sehr nahrhafte Gemüseart. Er weist einen hohen Gehalt an Mineralstoffen, besonders an Kalium und Vitaminen auf. Es gibt viele verschiedene, sehr unterschiedlich verwendbare Kohlarten. Die meisten von ihnen gehören zu den nährstoffbedürftigsten Gemüsepflanzen überhaupt, die immer am Anfang der Fruchtfolge stehen. Ihr Anbau erfordert von der Aussaat an einige Sorgfalt. Geht man richtig vor, so kann man mit guten Erträgen rechnen.
Trotz einiger Unterschiede zwischen den einzelnen Kohlarten lassen sich einige gemeinsame Tips geben.

Standorttip:

- Im Herbst vor dem Kohlanbau lokkert man den Boden tiefgründig und düngt vor dem Graben zusätzlich zum Stallmist mit 50 g Thomasmehl und 50 g Kali pro qm. Auch im Januar/Februar ist eine Thomasmehl- und Kalidüngung noch möglich. Kalium und hohe Stickstoffgaben sind für alle Kohlarten sehr wichtig.

Aussaattip:

- Die Aussaat früher Kohlsorten nimmt man ab Februar/März in Kästen vor. Man sät nie zu dicht. Die Kästen werden ins Frühbeet gestellt. Sobald sich das erste Blatt entwickelt hat, vereinzelt man die Pflanzen in einem Abstand von 5 × 5 cm ins Frühbeet, das schon frühzeitig regelmäßig gelüftet werden muß.
- Sobald die Pflanzen kräftig genug sind, werden sie gepflanzt. Ein Abstand von 50 × 50 cm ist für alle Kohlarten richtig. Engere Pflanzung führt selten zu großen, festen Köpfen. Auch die späten Kohlarten sollten bis Ende Juni gepflanzt sein.

Pflegetip:

- Alle Kohlarten brauchen viel Wasser. An heißen Tagen sollte man die Beete tüchtig wässern.
- Ein regelmäßiges Hacken der Beetfläche ist für die Entwicklung schöner, fester Kohlköpfe wichtig. Man muß dabei aufpassen, daß man die Köpfe nicht verletzt.

Der Pflanzendoktor:

- Die Kohlfliege und die Kohldrehherzmücke legen ihre Eier in die Wurzel bzw. in die Herzblätter junger Kohlpflanzen. Die ausschlüpfenden Larven können die Pflanzen zum Absterben bringen bzw. zu Krüppelwuchs führen. Gegen beide Schädlinge hilft nur die vorbeugende Anwendung von Spezialmitteln.
- Beginnen einzelne Kohlpflanzen plötzlich zu welken und erkennt man an den herausgezogenen Pflanzen Wurzelverdickungen, so ist das entweder die gefürchtete Kohlhernie oder die Wurzelgalle des Kohlgallenrüßlers. Im zweiten Fall entdeckt man nach dem Aufschneiden der Verdikkung Fraßgänge, Larven oder Puppen des Schädlings. Man sollte daher schon beim Pflanzen auf kleine, millimeterstarke Verdickungen an den Wurzeln der Sämlinge achten. Alle befallenen Pflanzen müssen sofort vernichtet werden.
- Die Kohlhernie wird durch einen Bodenpilz verursacht und hat schon vielen Gärtnern den Anbau von Kohl verleidet. Alle Kreuzblütler können von dieser Krankheit befallen werden und sie auch verbreiten. Deshalb sollte nach dem Erkennen der Krankheit nicht nur auf den Anbau von Kohl für einige Jahre verzichtet werden, auch Radieschen, Rettich und Gründünger wie Ackersenf und Raps sollte man nicht aussäen.

Weißkohl

Kohlhernie

Blumenkohl

● Die Kohlhernie kann durch Kompost oder Stallmist übertragen werden und tritt oft schon im Saatbeet auf. Zum Entseuchen des Bodens wird Kalkstickstoff (1,5 kg/10m²) 5 – 10 cm tief eingegraben, das bedingt aber eine 4monatige Wartezeit. Alle Ernterückstände werden sorgfältig beseitigt. Gegen den Kohlgallenrüßler, der auch oft schon Setzlinge befallen hat, gibt es Spezialmittel.

● Ein bekannter und gefährlicher Schädling von Kohlpflanzen ist der Kohlweißling, ein Schmetterling, der seine Eier meist an der Unterseite der Blätter ablegt. Seine Raupen fressen die Kohlköpfe im Nu kahl.

Fliegen über den Kohlbeeten Kohlweißlinge herum, so sollte man die Blätter regelmäßig nach den gelben Eiablagen und den sich daraus entwickelnden gefräßigen Raupen absuchen. Beide lassen sich recht gut absammeln bzw. abkratzen.

Blumenkohl

(Brassica oleracea var. botrytis)

Aussaat: ab März unter Glas, April bis Anfang Mai ins Freiland (Winterblumenkohl: Juli), Ernte: ab Juli bis September (Winterblumenkohl: April – Mai), erste Tracht. Kreuzblütler *(Cruciferae)*

Beim Blumenkohl werden nicht die Blätter, sondern die zu einer Scheibe verwachsenen Blütenknospen verzehrt.

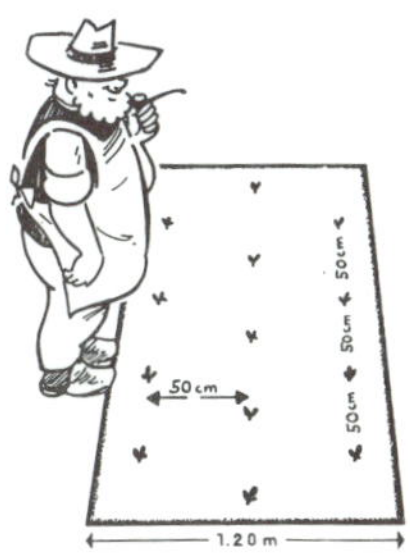

Blumenkohlpflanzung

Pflegetip:

● Um schönen, weißen Blumenkohl zu bekommen, bindet man die Blätter oben zusammen, so daß die Köpfe nicht der Sonne ausgesetzt sind, oder man knickt ein großes Blatt über die Kopfknospen. Man sollte aber ab und zu nachsehen, ob die Knospenscheibe noch fest ist.

Hochbinden von Blumenkohl

Brokkoli, Spargelkohl

(Brassica oleracea var. italica)

Aussaat: ab März unter Glas, ab Mitte Mai – Ende Juni ins Freiland, Ernte: ab Juni – Oktober, erste Tracht. Kreuzblütler *(Cruciferae)*

Grünkohl

Der Brokkoli ähnelt dem Blumenkohl im Aussehen und in den Ansprüchen, unterscheidet sich aber durch grüne Blütenstände von diesem. Zudem weist Brokkoli einen noch höheren Vitamingehalt auf.

Erntetip:

- Wenn sich der Blütenstand des Haupttriebs zu einem runden, festen Kopf entwickelt hat, wird er geerntet. Nach knapp 3 Wochen können auch die Seitensprossen mit einem etwa 10 cm langen Stiel abgeschnitten werden. Brokkoli geht bei warmem Wetter schnell in Blüte und eignet sich deshalb vor allen Dingen für den sehr frühen oder späten Anbau.

Ausschneiden der Blattschöpfe beim Rosenkohl

Butterkohl *(Brassica napus var. biennis pabularia)*

Aussaat: März – April im Frühbeet oder Freiland, nach 3 – 4 Wochen verpflanzen, Ernte: Oktober – Februar, erste Tracht. Kreuzblütler *(Cruciferae)*

Butterkohl schmeckt ähnlich wie Wirsing, jedoch ist er viel zarter und schmackhafter als dieser. Die leicht blasigen, gelbgrünen Blätter formen einen lockeren, großen Kopf, der sich nicht vollständig schließt.

Grünkohl, Blätterkohl

(Brassica oleracea var. sabellica)

Aussaat: Hohe Sorten ab Anfang April unter Glas, niedrige Sorten ab Mai ins Saatbeet, ab Juni ins Freiland, Ernte: ab September bis März, erste oder zweite Tracht. Kreuzblütler *(Cruciferae)*

Der Grünkohl, der auch Winter- oder Krauskohl genannt wird, ist anspruchsloser als die meisten anderen Kohlarten.

Aussaat-/Pflanztip:

- Die hohen Grünkohlsorten werden wie alle anderen Kohlarten gezogen.
- Die niedrigen als Nachfrucht verwendeten Sorten werden nach ihrer Aussaat im Mai auf freigewordene Beete gepflanzt (ein Abstand von 40 × 40 cm reicht hier aus). Wird das betreffende Beet nicht auf einmal abgeräumt, wie z.B. bei Kartoffeln, so kann man jede geerntete Einzelpflanze auch durch einen jungen Grünkohl ersetzen.

Erntetip:

- Grünkohl sollte möglichst lange auf den Beeten stehen. Die ersten Fröste verfeinern seinen Geschmack. Ist der Winter nicht allzu streng, so kann er bis zum Frühjahr auf den Beeten bleiben, und man bekommt den ganzen Winter über frisches Gemüse.
- Zur Ernte schneidet man lediglich die Blattschöpfe. Die abgeernteten Grünkohlstrünke bleiben stehen. Sie treiben oft im Frühjahr erneut aus und können dann nochmals abgeerntet werden. Diese sogenannten »Kohlkeimchen« schmecken sehr zart. Dafür eignen sich vor allem die halbhohen Sorten.

Rosenkohl

(Brassica oleracea var. gemmifera)

Aussaat: April – Anfang Mai aufs Saatbeet, Ernte: Oktober – Februar, erste Tracht. Kreuzblütler *(Cruciferae)*

Der Rosenkohl mit seinen an einem 60 bis 80 cm hohen Stiel sitzenden Blattröschen gilt als besonders feinschmeckende Kohlart. Er zählt zu den sogenannten Nachfruchtpflanzen, die man auf frühgeräumte Beete setzen kann.

Aussaattip:

- Die Aussaat von Rosenkohl sollte bereits im April erfolgen; denn die Entwicklung der Pflanze nimmt viel Zeit in Anspruch. Spätestens am 10. Juni muß Rosenkohl gepflanzt sein, wenn er eine normale Ernte bringen soll. Spätere Pflanzungen haben einen beträchtlich geringeren Ertrag zur Folge. Auch der Abstand von Pflanze zu Pflanze von 50 cm ist ausschlaggebend für eine gute Ernte. Ein zu dichter Stand hat zur Folge, daß die Röschen klein bleiben und locker sind.

Erntetip:

- Der Rosenkohl verträgt bis zu −15° C und kann bis in den Winter hinein stehen bleiben. Die Röschen schmekken am besten, wenn sie einige Male durchgefroren sind.
- Im September bricht oder schneidet man bei den spät gesäten Pflanzen die Spitze mit Blattschopf heraus, damit alle Kraft auf die Bildung der Rosen verwendet werden kann.
- Besonders winterharte Sorten können bis ins Frühjahr hinein im Beet bleiben. Das Spitzenbrechen entfällt dann.

Rotkohl, Blaukraut

(Brassica oleracea var. capitata f. rubra)

Aussaat: ab Februar unter Glas (Frühsorten), ab April ins Freiland, Ernte: ab August (Frühsorten) bis Oktober/September, erste Tracht. Kreuzblütler *(Cruciferae)*

Der Rotkohl ist dem Weißkohl ähnlich, unterscheidet sich aber im Geschmack deutlich. Sein violetter Blattfarbstoff färbt stark. Rotkohl ist ein wichtiges Blattgemüse zu Wild, Geflügel oder Schweinefleisch, läßt sich aber auch gut einsäuern.

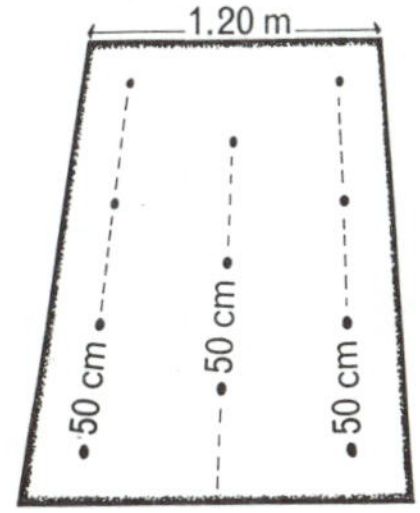

Pflanzabstand beim Rotkohl

Weißkohl, Weißkraut

(Brassica oleracea var. capitata f. alba)

Aussaat: ab Februar unter Glas (Frühsorten), ab April ins Freiland, Ernte: ab Juli (Frühsorten), September – Oktober, erste Tracht. Kreuzblütler *(Cruciferae)*

Der Weißkohl ist eine der wichtigsten Gemüsearten überhaupt. Aus ihm stellt man unter anderem Sauerkraut her, das einen hohen gesundheitlichen Wert besitzt.

Weißkohl

Wirsing

(Brassica oleracea var. capitata sabauda)

Aussaat: ab Februar unter Glas (Frühsorten), ab April ins Freiland, Adventswirsing: August, Ernte: ab Mai (Frühsorten und Adventswirsing), September – Oktober, erste Tracht. Kreuzblütler *(Cruciferae)*

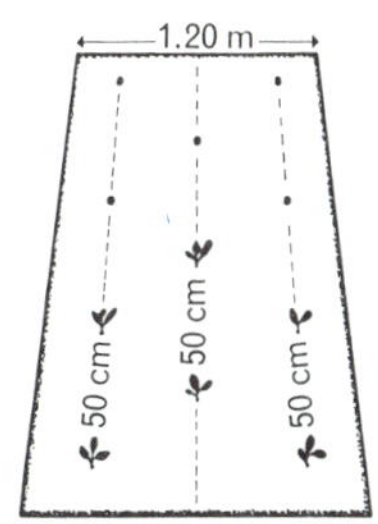

Pflanzabstand beim Wirsing

Kohlrabi

Der Wirsingkohl ist dem Weißkohl sehr ähnlich, hat aber weichere, gekrauste Blätter. Der Anbau erfolgt genau wie beim Weißkohl. Wirsing kann noch im Herbst gesät werden. Dafür eignet sich der sogenannte »Adventswirsing«. In strengen Wintern sollte man ihn mit Stroh schützen.

Kohlrabi nicht zu tief pflanzen

Kohlrabi

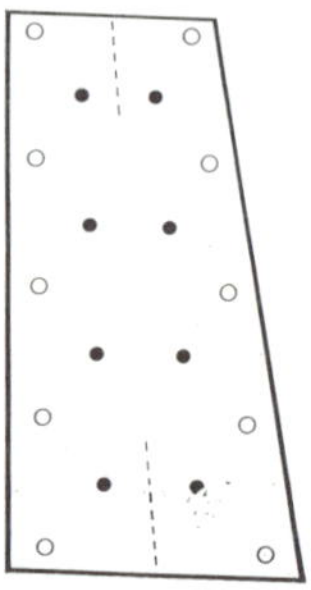
Kohlrabi als Zwischenfrucht

Kohlrabi

(Brassica alferaceae var. gongylodes)

Knollengemüse, Aussaat: ab Anfang März unter Glas, ab April ins Freiland, Ernte: Mai – Oktober, je nach Aussaat und Sorte, erste Tracht. Kreuzblütler *(Cruciferae)*

Der Kohlrabi ist ein guter Lückenfüller im Gemüsegarten. Er ist leicht anzubauen und wächst schnell. Dadurch eignet er sich gut als Zwischenfruchtpflanze zu Gurken, Kartoffeln, Tomaten oder jungen Beerensträuchern. Nicht nur die – auch roh gut schmeckenden – Kohlrabi, sondern auch die jungen Blätter werden in der Küche verwertet. Man verwendet sie als Suppengrün oder bereitet sie wie Spinat zu.

Bildung neuer Knollen nach Sparschnitt

Aussaat-/Pflanztip:

- Man muß auf die geeigneten Sorten für Früh- bzw. Spätanbau achten.
- Wichtig: Der Kohlrabi schießt, wenn die Jungpflanze Frost abbekommen hat. Das sollte man bei früher Aussaat und Pflanzung bedenken.
- Die richtige Pflanzweite für die Jungpflanzen beträgt 30 × 30 cm (40 × 40 cm bei Spätaussaat). Bei Misch- bzw. Zwischenkultur sollte man den Kohlrabi weiter setzen, damit den anderen Pflanzen nicht zu viel Nährstoffe und Platz weggenommen werden.

Erntetip:

- Die frühen Kohlrabisorten kann man ab einem Knollendurchmesser von 6 cm ernten (Blätter mitverwenden), die späten Sorten erntet man ab Mitte Oktober. Mit Wurzeln und Herzblättern im kühlen Keller eingeschlagen, bleiben sie lange Zeit frisch.
- Beim sogenannten Sparschnitt schneidet man die Knolle so ab, daß 2 bis 3 Blätter am Strunk bleiben. Es bilden sich dann neue Triebe, und man kann später nochmals jungen Kohlrabi ernten.

Kürbis *(Cucurbita pepo)*

Rankendes Fruchtgemüse, Aussaat: März/April unter Glas, ab Mai ins Freiland, Ernte: Juli – Oktober, je nach Aussaat, erste Tracht. Kürbisgewächse *(Cucurbitaceae)*

Der Riesenkürbis (C. maxima) liefert die größten und schwersten Früchte im Nutzgarten, die sich vielseitig zubereiten lassen. Sie eignen sich für süßes Kompott ebenso wie für pikante Gerichte (z. B. Kürbiseintopf, Kürbissuppe) und können auch süßsauer eingemacht werden.

Standorttip:

● Kürbisse sind sehr wärmebedürftig. Sie gedeihen am besten in langen, warmen Sommern.

● Der beste Platz für den Kürbis findet sich am Rand des Komposthaufens. Nicht direkt darauf pflanzen, er entzieht zu viel Nährstoffe. Die Ranken zieht man über den Haufen, um die Erde zu beschatten.

Pflegetip:

● Der Kürbis benötigt reichlich Wasser und zusätzliche Düngergaben mit einem Volldünger.

● Sobald die Früchte größer werden, legt man Bretter unter, damit sie nicht faulen. Zusätzlich überdeckt man sie mit Kürbisblättern oder Tüchern, um ein Aufreißen oder Platzen zu verhindern.

● Will man besonders große Kürbisse bekommen, so kürzt man die Ranken und läßt nur 2 – 3 Früchte hängen.

Speisekürbis

Erntetip:

● Kürbisse erntet man nur, wenn sie voll ausgereift sind. Ihre Schale ist dann hart und die Früchte klingen beim Anklopfen hohl.

● Der Kürbis wird der besseren Haltbarkeit wegen mit Stiel geerntet.

Speisekürbis

Mangold *(Beta vulgaris)*

Blattgemüse, Aussaat: ab Ende März – Juni ins Freiland, Ernte: ab Juli, im zeitigen Frühjahr, zweite Tracht. Geißfußgewächse *(Chenopodiaceae)*

Man unterscheidet Blattmangold, auch Beißkohl genannt (B. vulg. var. vulgaris) und Stiel- oder Rippenmangold (B. vulg. var. flavescens), dessen verdickte Blattstiele man genau wie Spargel zubereiten kann. Auch großstielige Sorten sind im Handel.

Unterlage mit Brettern

Aussaattip:

● Die Reihenweite beim Aussäen sollte bei dem Blattmangold 30 cm, bei dem Rippenmangold 40 cm betragen. Die Abstände der vereinzelten Pflanzen 20 bzw. 40 cm. Die Zwischenräume können mit Sommerspinat oder Radieschen gefüllt werden.

Erntetip:

● Bei wiederholter Nachsaat kann man fast den ganzen Sommer Mangold ernten. Man entfernt dabei nie mehr als ⅓ der Blattmasse und nimmt immer zuerst die äußeren Blätter.

● Will man erst im folgenden zeitigen Frühjahr Mangold ernten, so häufelt man die Pflanzen an oder bedeckt das Beet mit Laub. Die Mitte der Pflanze, das Herz, sollte aber frei bleiben, da sie sonst leicht faulen kann.

Mangold

Meerrettich

(Armoracia rusticana)

Wurzelgemüse, Pflanzung: Ende März – Anfang April, Ernte: im Sommer nach Bedarf, Oktober bis November den Wintervorrat, erste Tracht oder außerhalb des Fruchtwechsels. Kreuzblütler *(Cruciferae)*

Den Meerrettich findet man häufig verwildert. Er ist eine wichtige Würzpflanze und auch als Heilmittel wertvoll. Eine Aussaat des Meerrettich ist nicht möglich. Er kann ausschließlich durch Wurzelabrisse (Fechser) vermehrt werden.

Meerrettich

Pflanztip:

- Vor dem Pflanzen befreit man die Setzlinge, die man im Herbst nach der Ernte frostfrei im Keller aufbewahrt hat, von allen Nebenwurzeln, indem man sie mit einem Lappen abreibt. Danach werden sie schräg eingesetzt.

Pflegetip:

- Während des Sommers legt man die Meerrettichwurzel 2- bis 3mal frei und entfernt alle Seitenwurzeln, damit sich eine starke, glatte Hauptwurzel bildet.

Melone *(Cucumis melo)*

Rankendes Fruchtgemüse, Aussaat: April unter Glas, Ernte: August – September, erste Tracht. Kürbisgewächse *(Cucurbitaceae)*

Melonen sind leckere Früchte für heiße Sommertage. Sie schmecken saftig und erfrischend. Am besten reifen sie im Gewächshaus. Die Freilandmelonensorte »Zuckerkugel« eignet sich für die Freilandkultur.

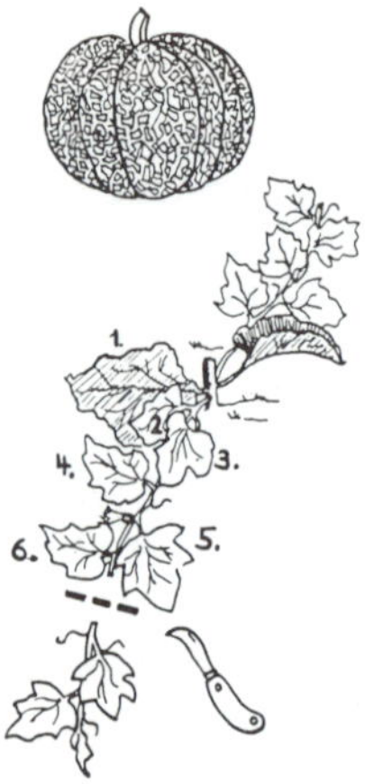

Stutzen der Melonentriebe

Wassermelone

Aussaattip:

- Man sät die Melonen zunächst in Saatschalen und verpflanzt sie dann in kleine Töpfe. Erst nach den Eisheiligen können sie auf ein sonniges, geschütztes, gut gedüngtes Beet im Abstand von 50 – 60 cm gesetzt werden. (Abstand der Reihen 80 – 100 cm.)

Pflegetip:

- Sobald die Melonen zu ranken beginnen, brauchen sie eine Düngung mit Volldünger (40 g pro qm).
- Melonen müssen geschnitten werden: Die Haupttriebe stutzt man nach dem sechsten Blatt, bei den neuen Ranken werden etwa nach dem dritten Blatt die Triebspitzen entfernt. Die Früchte entwickeln sich an den Seitentrieben zweiter Ordnung, die von diesen gekürzten Trieben abzweigen. Sie werden ein Blatt hinter dem Fruchtansatz abgeschnitten.
- Unter die Früchte werden wie beim Kürbis Bretter gelegt.

Erntetip:

- Melonen nur vollreif ernten. Zeichen für Reife sind der rissige Stielansatz und ein leichter Duft der Früchte.

Porree, Lauch

(Allium porrum)

Zwiebelgemüse, Aussaat: ab Februar/März unter Glas, ab März/April – Juni (Winterernte) aufs Saatbeet, Ernte: ab Juli/August, Winterernte: Oktober – Dezember, frostharte Sorten bis zum Frühjahr, zweite Tracht. Liliengewächse *(Liliaceae)*

Der Porree ist eine wichtige und beliebte Gemüseart, weil man ihn sowohl im Spätsommer als auch im Herbst und im Winter ernten kann. Er eignet sich gut als Nachfrucht auf früh freigewordenen Beeten.

Porree

Aussaat-/Pflanztip:

- Der im Frühbeet oder Saatbeet vorgezogene Porree kann ab Mai ins Freiland gepflanzt werden. Dazu zieht man in lockerer, tiefgründiger Erde 15 cm tiefe Furchen im Abstand von 20 cm. In diese setzt man die Jungpflanzen im Abstand von 15 cm. Im Laufe der Wachstumszeit werden die Furchen nach und nach zugefüllt und schließlich angehäufelt. So bekommt der Porree schöne weiße Schäfte.

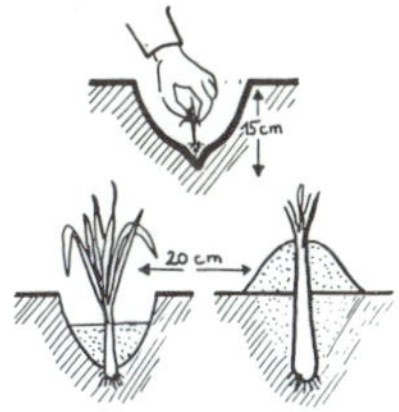

Pflanzung und Anhäufeln des Porree

Pflegetip:

- Während des Hoch- und Spätsommers sollte man dem Porreebeet eine Volldüngung verabreichen.

Der grüne Kniff:

- Schneidet man im Frühjahr bei Porreepflanzen, die den Winter über stehengeblieben sind, die Blüten laufend ab, so entwickeln sich an den Wurzeln kleine Brutzwiebeln, die man als Perlzwiebeln ernten und einlegen kann.

Brutzwiebeln am Porree

Der Pflanzendoktor:

- Neben Grauschimmel, Falschem Mehltau und Bodenschädlingen treten bei Lauch einige typische Krankheiten auf, wie die Purpurfleckenkrankheit, die Papierfleckenkrankheit oder der Porreerost. Um die Gefahr von Krankheiten zu verhindern, sollte man immer alle Ernterückstände sorgfältig vernichten.
- Porree kann von den meisten typischen Zwiebelschädlingen und -krankheiten befallen werden. Gegen die Zwiebelfliege beispielsweise beugt eine Mischkultur mit Karotten vor.

Radieschen

(Raphanus sativus var. sativus)

Wurzelgemüse, Aussaat: ab Mitte März – Anfang September an Ort und Stelle, Ernte: ab Mai – Oktober, zweite Tracht, Zwischenfrucht. Kreuzblütler *(Cruciferae)*

Aussaattip:

- Radieschen werden fast immer zu dicht gesät. Das hat zur Folge, daß sich keine schönen, runden Wurzeln entwickeln können und die Pflanzen

Radieschen

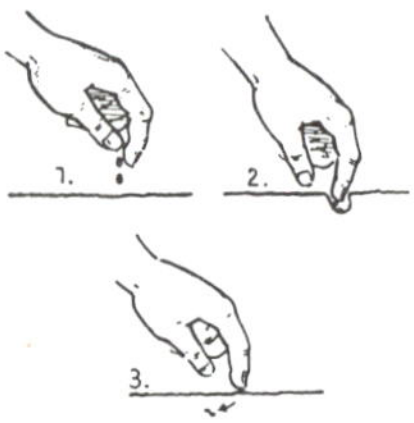

Radieschenaussaat „Dibbeln"

vorzeitig schießen. Um eine zu dichte Aussaat zu vermeiden, wird »gedibbelt«. Dazu streut man den Samen nicht direkt aus dem Tütchen, sondern schüttet ihn in ein Gefäß. Man nimmt ein paar Körner heraus und legt mit Daumen und Zeigefinger jeweils 2 Stück im Abstand von 5 cm auf die Erde. Danach drückt man die Körner leicht in den Boden.

Rettiche

Rettich

(Raphanus sativus var. nigra)

Wurzelgemüse, Aussaat: ab Ende März – Mitte Mai (Frührettich), Mitte Mai – Mitte Juli (Sommerrettich), Anfang Juli – Anfang August (Herbst- und Winterrettich), Ernte: ab Mitte Mai bis in den Spätherbst, zweite Tracht. Kreuzblütler *(Cruciferae)*

Aussaattip:

- Rettiche eignen sich ebenso wie Radieschen als Zwischenfrucht zu Bohnen, Erbsen, Spinat, Salat und Karotten. Man »dibbelt« die Samen im auf den Samentütchen angegebenen Abstand (von der Sorte abhängig).
- Die Aussaat von Winterrettichen sollte nicht vor Juli erfolgen, da sie sonst leicht schießen.
- Sät man in Sandböden, so erhält man feste, besonders scharfe Rettiche.

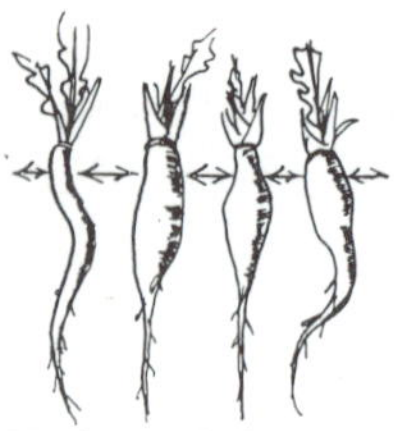
Nicht zu dicht säen

Erntetip:

- Winterrettiche sollten vor dem ersten Frost aus der Erde. Vom Frost getroffene Knollen beginnen leicht zu faulen.
- Zur Lagerung schneidet man die Blätter am Ansatz ab und schlägt die Rettiche im Keller in Sand ein. Geschädigte Knollen sollten sofort verbraucht werden.

Rhabarber

Der Pflanzendoktor:

- Die Rettichfliege verursacht madige Knollen. Der Schädling sucht vor allem frisch mit Mist gedüngte Beete heim. Rettiche sollten deshalb nur in zweiter Tracht angebaut werden.
- Hohle Knollen zeigen Stickstoffüberschuß an.
- Bitter schmeckende, pelzige und harte Rettiche sind die Folge eines zu langsamen Wachstums, z.B. auf Grund von Wassermangel. Während der Trockenzeiten muß man Rettiche daher ordentlich gießen.
- Kleine Knollen mit langen, dünnen Schwänzen entwickeln sich bei zu dichter Aussaat oder auch, wenn Winterrettiche zu früh gesät werden.

Rhabarber

(Rheum rhaponticum)

Ausdauernde Staude (8 – 10 Jahre), Pflanzung: März oder September/Oktober, Ernte: Mitte März bis Mitte Juni, außerhalb des Fruchtwechsels. Knöterichgewächse *(Polygonaceae)*

Standorttip:

- Der Rhabarber liebt einen tiefgründig umgegrabenen Boden (40 cm tief).
- Rhabarber gedeiht auch noch im leichten Schatten von Mauern und Bäumen. Dabei ist aber stets sein großer Wasser- und Nährstoffbedarf zu berücksichtigen.

Pflanztip:

- Die Wurzelstöcke werden ca. 3 cm tief gepflanzt.(Platzbedarf: 1 × 1 m).

Pflegetip:

- Der Rhabarber braucht viel Dünger: Im Herbst düngt man mit Stallmist, Kompost oder anderem organischen Material, das man im Frühjahr leicht untergräbt. Vor dem Austrieb und vor allem nach der Ernte zur Stärkung der Staude sollte man zusätzlich 40 g Volldünger pro Pflanze verabreichen.

Rhabarber

● Wichtig ist das Entfernen der sich im Mai bildenden Blütenstengel. Sie werden dicht über der Wurzel herausgerissen, so daß keine Stummel stehen bleiben. Bilden sich mehrere Blütenstengel gleichzeitig, reißt man sie jeweils im Abstand von einigen Tagen heraus, um die Pflanze nicht zu stark zu verletzen.

Erntetip:

● Zur Ernte bricht man die kräftigsten Blattstengel ohne verbleibenden Rest heraus (nicht schneiden). Man nimmt immer höchstens ⅓ der Stiele.

Der grüne Kniff:

● Zu alt gewordene Stöcke teilt man.

● Wer im Januar oder Februar bereits eine Kiste oder einen Kübel über die Staude stülpt und sie mit Säcken schützt, kann früher ernten.

Rhabarberpflanzung

Rote Rübe

(Beta vulgaris var. conditiva)

Aussaat: ab April (mit Folie vor Spätfrösten schützen), ab Mai ins Freiland, Ernte: Juni – September, je nach Aussaat, zweite Tracht. Geißfußgewächse *(Chenopodiaceae)*

Die Rote Rübe, Rote Bete oder Rahne ist wohl heute die beliebteste Rübenart. Man bereitet sie überwiegend als feines Salatgemüse zu. Ihr Saft eignet sich als natürlicher Farbstoff für Lebensmittel. Rote Rüben gelten als blutbildend.

Rote Rübe

Aussaat-/Pflanztip:

● Man sät die Rote Rübe mit einem Reihenabstand von 20 cm und steckt dabei am besten nur 2 Samenkörner auf 10 cm. So spart man sich das Verziehen. Die ausgezogenen Sämlinge kann man auf ein anderes Beet oder in etwaige Lücken pflanzen, sofern sie noch keinen Knollenansatz zeigen.

● Aprilaussaaten muß man vor Spätfrösten schützen. Erst ab 20. Mai ist die Freilandaussaat völlig unbedenklich.

Erntetip:

● Bei der Ernte muß man darauf achten, daß man die Rote Rübe nicht verletzt. Sie »verblutet« sonst. Auch das Kraut wird nicht glatt abgeschnitten, sondern lediglich abgedreht.

● Bei Roten Rüben ist es besonders wichtig, die Ernte vor den ersten Frösten einzubringen.

Salat

(Cichorium, Lactuca, Valeriana)

Grüner Salat ist ein wichtiger Vitaminspender. Ihn im eigenen Garten zu ziehen, ist kinderleicht. Trotzdem wird dabei immer wieder der gleiche Fehler gemacht: Man produziert am Bedarf vorbei und wird vom raschen Wachstum des Salates überrumpelt. Das Ergebnis sind bereits im Frühsommer viele geschossene und blühende Salatpflanzen, deren Blätter bitter schmecken und nicht mehr verwendet werden können.

Salat muß reichlich gegossen werden

Aussaat-/Pflanztip:

- Salat wird vom Frühjahr bis zum Herbst immer wieder neu ausgesät. Dazu benötigt man Früh-, Sommer- und Winterarten bzw. -sorten. Durch diese regelmäßigen Folgesaaten wird der Bedarf an Salat gleichmäßig gedeckt. Es reichen jeweils sehr kleine Mengen des feinen Saatguts. Reste können auch im nächsten Jahr verwendet werden.
- Salatsamen werden immer ganz flach gesät und angedrückt oder angeklopft, damit sie festliegen.
- Man kann mit der Salataussaat ab Februar im Frühbeet beginnen und ab März ins Freiland säen. Schon dabei achtet man auf ausreichende Abstände. In zu dichten Aussaaten entsteht leicht Fäulnis, so daß alle Mühe umsonst sein kann.
- Da der Salat so rasch wächst und verbraucht wird, eignet er sich gut als Zwischenkultur zwischen anderen Gemüsearten.
- Als Pflanzabstand rechnet man immer allseitig 25 – 30 cm. Wichtig ist, die Pflanze nicht zu tief zu setzen. Bei Früh- und Sommersalaten kann man je 3 Korn Radieschensamen zwischen 2 Salatpflanzen stecken, um den Platz zu nutzen.

Feldsalat

Pflegetip:

- Gut genährter Salat schießt nicht so leicht wie hungriger. Wichtig ist daher, Salatpflanzen reichlich zu gießen. Zusätzlich ist eine Düngung mit 40 g Volldünger pro qm, die etwa 2 Wochen vor dem Auspflanzen auf das Salatbeet gebracht wird, ratsam. Wintersalat bekommt die gleiche Menge Volldünger im März. Stalldünger ist für Salat ungeeignet.

Kopfsalat

Feldsalat, Rapunzel

(Valerianella locusta)

Aussaat: ab Juli/August (Sommer- und Herbstbedarf), September (Winter- und Frühjahrsbedarf), Ernte: ab September, den ganzen Winter lang, dritte Tracht. Baldriangewächse *(Valerianaceae)*

Der feinschmeckende Feld- oder Ackersalat gehört zu den wichtigsten Wintersalaten. Er ist in Europa heimisch und daher völlig frosthart. Besonders ergiebig sind die gefüllten Sorten.

Kopfsalat

(Lactuca sativa var. capitata)

Aussaat: ab Januar/Februar unter Glas (Treibsalat), ab Mitte März bis Anfang August (Früh- und Sommersalat), August – September (Wintersalat), Ernte: 8 – 10 Wochen nach der Aussaat, ab April/Mai (Wintersalat), zweite Tracht. Korbblütler *(Compositae)*

Der Kopfsalat ist bei jedem bekannt und beliebt. Er fehlt in keinem Garten. Sorten mit besonders knackigen Blättern bezeichnet man als Eissalat, Eisbergsalat oder Krachsalat.

Aussaattip:

- Man sollte immer Früh-, Sommer- und Wintersorten hintereinander aussäen (richtige Aussaatzeit beachten). Zu spät gesäte Frühsorten schießen leicht.
- Auch beim Wintersalat sollte man 2 Folgesaaten durchführen. Die Jungpflanzen setzt man in eine 15 cm tiefe, in Ost-West-Richtung verlaufende Bodenfurche, um sie vor der Wintersonne zu schützen. In rauhen Gegenden gibt man einen Winterschutz aus Tannenreisern. Sehr spät gesäter Wintersalat bleibt stehen und wird im Frühjahr vereinzelt.

Eissalat

Schnittsalat

(Lactuca sativa var. secalina)

Aussaat: Februar/März unter Glas, ab März – August ins Freiland, Ernte: ab April – Oktober, zweite Tracht. Korbblütler *(Compositae)*

Der Schnittsalat, der manchmal auch als Stech- oder Blattsalat bezeichnet wird, bildet kleine Köpfe. Man schneidet nur seine Blätter ab.

Aussaattip:

- Schnittsalat sät man am besten alle 4 Wochen nach. Schon nach 5 Wochen kann man zum ersten Mal ernten (das erste Mal nicht zu tief schneiden).

Hochbinden von Endiviensalat

Sommerendivie, Römischer Salat

(Lactuca sat. var. longifolia)

Aussaat: ab Februar/März unter Glas, April – Mitte Juli ins Freiland, Ernte: ab Mai – Juni (Frühaussaat), bis Oktober, zweite Tracht. Korbblütler *(Compositae)*

Die Sommerendivie kann als Salat oder Gemüse zubereitet werden.

Der grüne Kniff:

- Um den natürlichen, leicht bitteren Geschmack der Endivie zu mildern, werden die Köpfe gebleicht. Das Bleichen dauert 14 Tage. Entsprechend seinem Bedarf bindet man jeweils nur wenige Köpfe zusammen. Der Salatkopf darf dabei nicht feucht sein.

Zichoriensalat

Winterendivie, Endiviensalat

(Cichorium endivia)

Aussaat: Juni/Juli, Ernte: Oktober (vor den ersten, stärkeren Frösten), zweite Tracht. Korbblütler *(Compositae)*

Unter Endiviensalat versteht man meist die Winterendivie. Es gibt glattblättrige und krausblättrige Sorten (Var. latifolium, var. crispum). Die Winterendivie eigenet sich gut als Nachfrucht für abgeerntete Beete.

Der grüne Kniff:

- Sobald die Blätter das Beet (bei einer Pflanzweite 30 × 30 cm) nahezu vollständig bedecken, wird wie bei der Sommerendivie mit dem Bleichen begonnen. Zur Lagerung kann man die eingebundenen Köpfe in Sand im Keller einschlagen. Wichtig dabei ist, daß der Salat und der Sand völlig trocken sind.

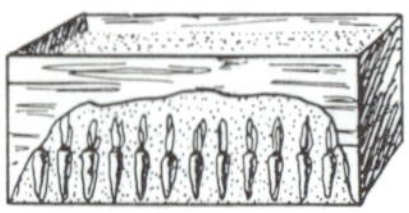

Bleichen von Chicoree

Zichoriensalat

(Cichorium intybus var. foliosum)

Aussaat: Mai bis Juni/Juli, Ernte: ab September, je nach Art, zweite Tracht. Korbblütler *(Compositae)*

Der Zichoriensalat ist eine sehr vielgestaltige Salatart. Zu ihm zählen so unterschiedliche Salattypen wie der rotblättrige Radicchio, der Zuckerhut oder der Chicoree, der im Haus angetrieben und den ganzen Winter lang geerntet wird.

Schwarzwurzeln

Der grüne Kniff:

- Im Spätherbst holt man die Chicoreewurzeln aus der Erde, schneidet die Blätter auf etwa 3 cm zurück, setzt die Wurzeln in Töpfe oder Kisten mit feuchtem Sand oder Torf und bringt sie in den Keller. Ältere Sorten müssen völlig mit Erde bedeckt und dunkel gehalten werden, damit sie bleichen. Die neueren Sorten bekommen auch unbedeckt die typische gelblichweiße Farbe.

Schwarzwurzel

(Scorzonera hispanica)

Wurzelgemüse, Aussaat: März bis April oder Herbstaussaat August/ September, Ernte: August – Oktober oder erst im Winter, zweite Tracht. Korbblütler *(Compositae)*

Die Schwarzwurzel wird auch als »Spargel des Winters« bezeichnet. Mit ihrem ganz typischen Geschmack ist sie jedoch nicht mit dem Spargel zu vergleichen. Schwarzwurzelgemüse ist besonders fein, bekömmlich und kalorienarm und eignet sich für Zuckerkranke und Übergewichtige.

Standorttip:

- Schwarzwurzeln brauchen einen lockeren, sehr tiefgründigen Boden. Er sollte im Herbst vor dem Anbau tief umgegraben werden.
- Schwarzwurzeln eignen sich gut als Folgekultur nach Gurken, Kartoffeln oder Kohl.

Aussaattip:

- Zur Aussaat zieht man 3 cm tiefe Rillen im Abstand von 25 cm. In diese legt man alle 2 cm 1 – 2 Samen. Die Saat wird bedeckt und gut angedrückt. Später muß man die Jungpflanzen auf 8 cm Abstand verziehen.
- Nach der Aussaat düngt man mit 50 g Volldünger pro qm. Auch eine spätere, leichte Düngung ist empfehlenswert.

● Nach einer Herbstaussaat ist es besonders wichtig, die Beete gleichmäßig feucht zu halten, bis die Samen aufgehen. Auch nach Frühjahrsaussaaten muß bei Trockenheit gründlich gegossen werden.

Erntetip:

● Schwarzwurzeln erntet man mit der Grabegabel. Man muß tief einstechen, damit die Wurzeln beim Anheben nicht brechen. Zur Lagerung schlägt man sie im Keller in Sand ein.

● Ein Teil der Wurzeln kann gut über den Winter in der Erde bleiben. Um weiterhin ernten zu können, bedeckt man den Boden mit einer dicken Schicht von Laub oder Stroh, damit er nicht durchfriert.

● Unter ungünstigen Wachstumsbedingungen bleiben die Wurzeln oft klein. Man kann sie dann noch 1 Jahr stehenlassen. Einjährige Wurzeln sind aber bedeutend zarter, weil die Pflanzen nicht zur Blüte kommen. Die Herbstaussaat hilft, diese Schwierigkeit zu überbrücken. Die Wurzeln sind länger in der Erde, blühen aber nur selten.

● Eine mangelhafte, verzweigte Wurzelqualität ist meist auf einen steinigen, harten und nicht sorgfältig vorbereiteten Boden zurückzuführen.

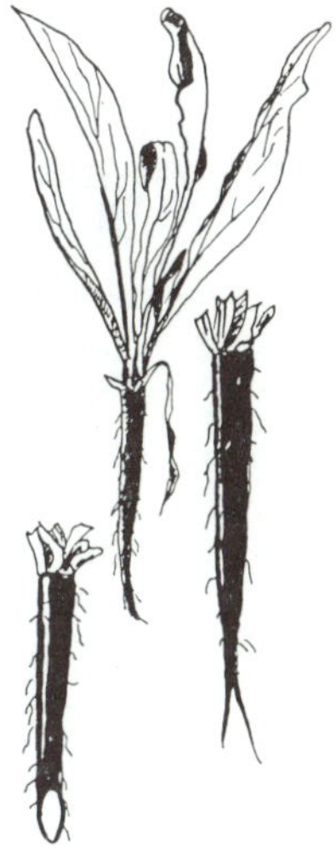

Ernte von Schwarzwurzeln

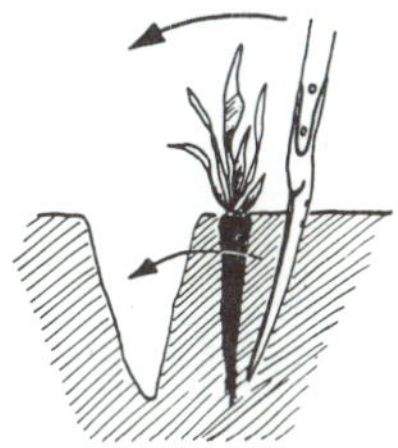

Sellerie *(Apium graveolens)*

Sellerie ist eine vielseitig verwendbare Gemüseart. Er wirkt harntreibend und ist besonders gesund für Gicht- oder Rheumakranke. Man unterscheidet Knollen-Wurzelsellerie und Bleich- oder Stangensellerie.

Standorttip:

● Sellerie zählt zu den starkzehrenden Gemüsearten mit hohem Nährstoffbedarf. Im Herbst düngt man die Beete, auf die der Sellerie im nächsten Jahr kommen soll, mit Stallmist (nie im Frühjahr aufbringen) oder Kompost sowie mit 50 g Kali und 40 g Thomasmehl pro qm.

● Sellerie verlangt einen stickstoffhaltigen Boden. Er verträgt auch schwach saure Böden (pH-Wert 6,0 – 7,5).

Knollensellerie

(Apium graveolens var. rapaceum)

Wurzelgemüse, Aussaat: ab Februar unter Glas, Ernte: September bis November, erste Tracht. Doldenblütler *(Umbelliferae)*

Die runden Wurzelknollen des Knollensellerie lassen sich gut lagern. Man kann sie den Winter über immer wieder frisch zubereiten oder auch einen Teil einmachen. Das getrocknete Laub dient als Gewürz.

Aussaat-/Pflanztip:

● Sellerie wird frühzeitig in Schalen gesät. Die Jungpflänzchen vereinzelt man sobald wie möglich in einen Kasten. Dabei muß man bedenken, daß Selleriesamen oft sehr unterschiedlich lange keimen, und muß daher die Saatschale auch nach dem ersten Pikieren noch warm und feucht halten. Meistens keimt dann erst der größte Teil des Samens.

● Den Kasten mit den Jungpflanzen setzt man später ins Frühbeet. Vor Spätfrösten muß er sorgfältig geschützt werden. Erst nach den Eisheiligen darf Sellerie ausgepflanzt werden.

● Man setzt die Selleriepflanzen mit einem Abstand von 35 – 40 cm in Reihen mit einem Abstand von 50 cm. Sellerie darf nie zu tief gepflanzt

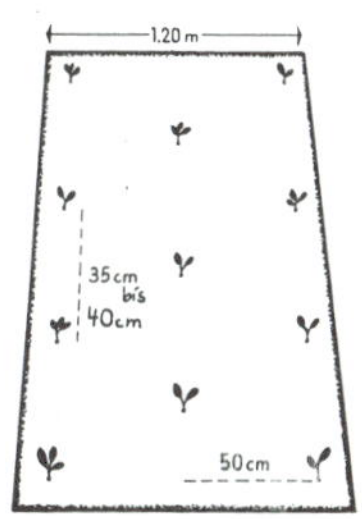

Pflanzabstand bei Knollensellerie

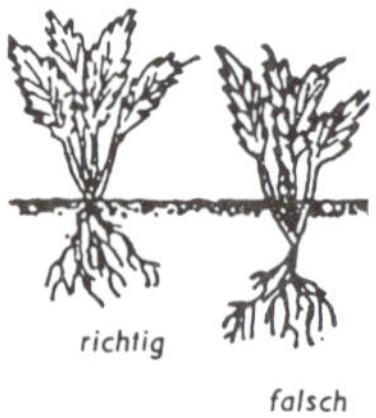

Pflanzung von Knollensellerie

Sellerieschorf

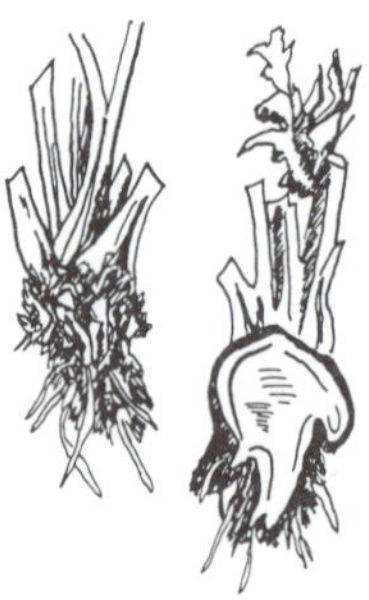

Knollensellerie

werden. Er kommt nur bis an den Wurzelhals in die Erde. Fallen die Blätter nach außen, so macht das nichts aus. Sie richten sich wieder auf. Zu tief gepflanzter Sellerie bringt keine Knollen.

Pflegetip:

- Sellerie sollte regelmäßig gehackt und stets reichlich gegossen werden.
- Die Ansicht, man müsse die Pflanzen entblättern oder die Wurzeln von den Knollen abstechen, ist irrig.
- Schosser sind eine Folge von Wachstumsstockungen, die durch Kälteschocks, Wasser- und Nährstoffmangel verursacht werden.

Erntetip:

- Der Sellerie wird so spät wie möglich, aber vor den ersten stärkeren Frösten geerntet. Makellose Knollen kann man im Keller, in Sand eingeschlagen, lagern. Beschädigte Knollen verarbeitet man möglichst bald.

Der Pflanzendoktor:

- Dunkle, scharf abgegrenzte Flecken auf den Blättern und Stengeln sind die Zeichen der Blattfleckenkrankheit, die durch einen Pilz verursacht wird. Das alte, äußere Laub wird zuerst befallen. Erkennt man die Krankheit rechtzeitig, so kann man die kranken Blätter entfernen. Bei stärkerem Befall muß man zu pilztötenden Mitteln greifen, um die Knollen zu retten. Da die Pilzsporen an Laub- und Wurzelresten überwintern, werden diese bei der Ernte sorgfältig entfernt und restlos vernichtet.
- Der Sellerieschorf verursacht zunächst kleine, bräunliche Flecken unter der Haut der Knolle, bildet aber

bald eine braune Kruste. Nach der Ernte fault die Knolle schon bald. Schorf wird durch einen im Boden lebenden Pilz verursacht. Deshalb sollte man Beete, auf welchen die Krankheit beobachtet wurde, mindestens 4 Jahre nicht mit Sellerie bepflanzen. Alle Ernteabfälle müssen sorgfältig entfernt und vernichtet werden.

Bleichsellerie

(Apium graveolens var. dulce)

Blattgemüse, Aussaat: ab Februar unter Glas, Ernte: ab Mitte August bis Mitte November, erste Tracht. Doldenblütler *(Umbelliferae)*

Bleichsellerie bildet keine Knollen. Seine Blätter und Blattstiele ergeben feine Rohkostsalate oder Gemüsegerichte (Zubereitung wie Spargel).

Der grüne Kniff:
Die Anzucht des Bleichselleries erfolgt wie beim Knollensellerie. Für das Auspflanzen und Bleichen gibt es 2 unterschiedliche Methoden:

- Der Bleichsellerie wird im Abstand von 50 × 50 cm und nicht zu tief gesetzt. Das Bleichen beginnt, sobald die Blattstiele 1,5 bis 2 cm breit, aber die inneren Herzblätter noch von den äußeren umschlossen sind: Die Pflanzen werden mit Stroh oder Papier umwickelt. Am Rand der Beete stellt man Bretter auf, über die man mit dunkler Folie bespannte Rahmen legt.
- Man hebt 30 cm tiefe und 50 cm breite Gräben aus, düngt den Boden mit Kompost und setzt die Pflanzen in 2 Reihen hinein. Die Blätter zusammenbinden. Um die Blattstiele wikkelt man Papier oder Tücher. Zunächst häufelt man 15 cm hoch an, nach 2 Wochen dann so hoch, daß nur noch die Blattspitzen zu sehen sind.

Spargel *(Asparagus officinalis)*

Ausdauernde Gemüsepflanze (Bleichspargel: bis 20 Jahre, Grünspargel: 10 – 15 Jahre), Aussaat: zur Anzucht der Jungpflanzen möglich, März/April, Pflanzung: Mitte April, Ernte: ab drittem Kulturjahr, Ende April/Anfang Mai bis Juni, außerhalb der Fruchtfolge. Liliengewächse *(Liliaceae)*

Bleichsellerie

Spargel gehört unumstritten zu den Delikatessen unter den Gemüsearten. Neben dem bekannten Bleichspargel ist der Grünspargel ganz besonders gut für den Hausgarten geeignet, weil er etwas weniger Arbeit erfordert und nicht unbedingt einen sandigen Boden verlangt. Er ist aufgrund seines höheren Vitamingehalts sogar gesundheitlich noch wertvoller als der Bleichspargel.
Spargelpflanzen lassen sich auch aus Samen ziehen. Vor allem bei Grünspargel gelingt die Aussaat problemlos. In der Regel wird man sich aber Pflanzen besorgen. Man sollte aber immer einjährige Pflanzen nehmen, auch wenn man sich bis zum Erntejahr noch gedulden muß. Sie wachsen besser als zwei- oder dreijährige.

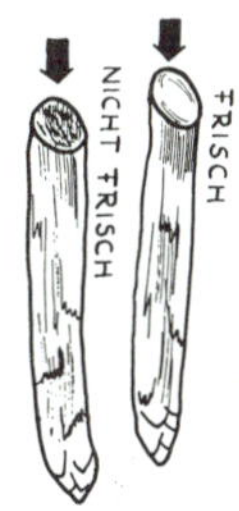

An der Schnittstelle erkennt man frischen Spargel

Bleichspargel

Standorttip:

- Spargel liebt frischen, kalkhaltigen Sandboden oder sandigen Lehmboden. Das Erdreich muß durchlässig und tiefgründig sein, der Grundwasserspiegel darf nicht höher als 1 m unter der Erdoberfläche stehen.
- Nachdem man den Platz für den Spargel ausgesucht hat, wird der Standort bereits im Herbst durch tiefe Bodenbearbeitung und Einarbeiten

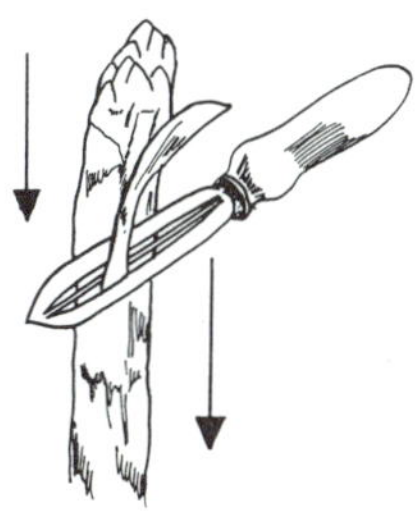

Spargel schälen

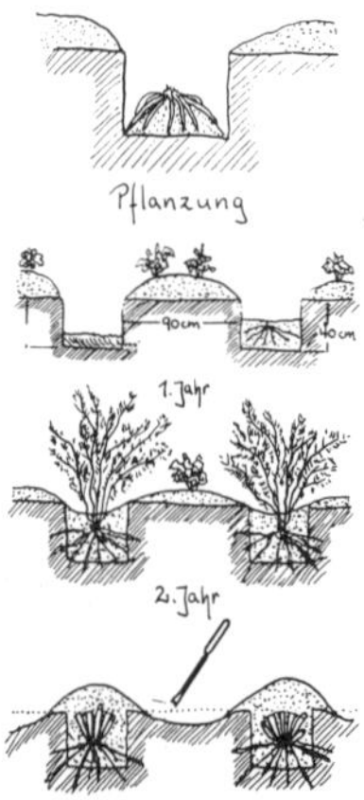

Spargelpflanzung

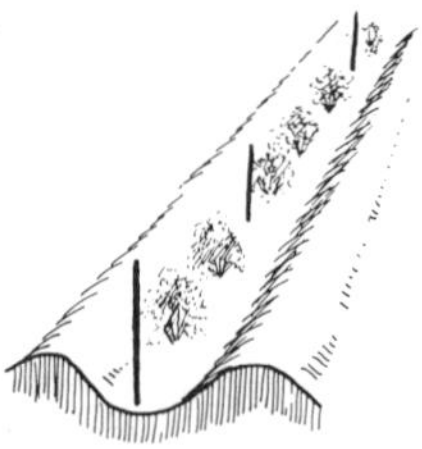

Kennzeichnen ausgefallener Spargelpflanzen

von Kalk vorbereitet. Man rechnet 750 g kohlensauren Kalk pro qm. Schwere Böden verbessert man mit Kompost oder Sand.

Pflanztip:

- Im Frühjahr steckt man mit Stäben Streifen von 45 cm Breite (Beetreihen) und 90 cm Breite (Zwischenräume) aus. Die 45 cm breiten Steifen hebt man zu 40 cm tiefen Gräben aus. Den Aushub schichtet man auf die Zwischenräume. In die Grabensohle arbeitet man gut verrotteten Stalldung ein und deckt ihn mit einer Schicht abgelagerter Komposterde ab.
- Zur Pflanzung formt man mit der Hand kleine, etwa 5 cm hohe Erdhügel im Abstand von 40 cm, auf die man die Spargelpflanzen so setzt, daß die fleischigen Wurzeln nach allen Seiten gleichmäßig über den Erdhügeln liegen. Man bedeckt sie dann mit Erde und drückt sie gut an. Danach wird so viel Erde aufgefüllt, so daß die Triebspitzen der Spargelpflanzen mindestens 5 cm stark bedeckt sind. Die zwischen den Gräben liegenden Bänke kann man mit Erbsen oder Buschbohnen bepflanzen.

Pflegetip:

- Nach der Pflanzung werden die Spargelbeete den Sommer über regelmäßig gejätet und sauber gehalten.
- Im Juni verabreicht man eine Volldüngergabe.
- Im Herbst, wenn das Laub abgestorben ist, verabreicht man eine Vorratsdüngung mit 60 g Kali und 50 g Thomasmehl je laufenden Meter. Ausgebliebene Pflanzen werden mit einem Stab gekennzeichnet, damit man sie im Frühjahr nachpflanzen kann.
- Im zweiten Jahr werden die Gräben weiter aufgefüllt, damit die Spargelpflanzen tiefer zu stehen kommen. Gedüngt wird wie im ersten Jahr. Etwaige Lücken werden mit Jungpflanzen bepflanzt. Die nachgepflanzten Spargelpflanzen bleiben gekennzeichnet, da sie ja im nächsten Jahr noch nicht geerntet werden können.

Erntetip:

- Sobald im Frühjahr des dritten Jahres der Boden abgetrocknet ist, schaufelt man 30 cm hohe Dämme über den Spargelreihen auf. Die Erde muß feinkrümelig und steinfrei sein. Mit der Schaufel klopft man die Dämme gut ab.
- Sobald die Spargelstangen durchstoßen, wird geerntet. Dazu legt man die Stangen sorgfältig frei und sticht sie dicht über dem Wurzelhals mit einem Spargelmesser ab. Hierbei darf man weder den Wurzelstock noch die oft sehr dicht daneben treibenden Triebe verletzen. Im ersten Jahr wird nur bis Anfang Juni gestochen, später bis zum Johannistag (24. Juni).
- Nach der Ernte werden die Dämme eingeebnet, damit sich die erschöpften Spargelpflanzen wieder erholen können. Sehr wichtig ist jetzt eine Düngung mit etwa 100 g Volldünger pro qm.

Grünspargel

Standorttip:

- Grünspargel ist anspruchsloser als Bleichspargel. Der Boden muß lediglich locker und durchlässig sein. Man gräbt im Herbst vor der Pflanzung 40 cm tief um und arbeitet bei einer Fläche von 10 qm etwa 100 l Torf, 2 kg Düngekalk und ½ kg Thomasphosphat ein.

Pflanztip:

- Für eine Reihenpflanzung, die aber beim Grünspargel nicht zwingend ist, hebt man einen 40 cm breiten und 25 cm tiefen Graben aus, macht im Abstand von 33 cm (3 Pflanzen pro Meter) mit feuchter Erde einen spitzen Hügel, auf dem die Pflanze mit gleichmäßig ausgebreiteten Wurzeln gesetzt wird. Der Wurzelkopf der Pflanze sollte 15 cm unter der gewachsenen Erdoberfläche sitzen. Man füllt dann feuchten, lockeren Boden an, bis die Pflanzen etwa 5 cm tief im Erdreich stehen, und drückt gut an. Die Grabenkante wird abgestochen, so daß eine runde Mulde entsteht.

Grünspargel

Pflegetip:

- Nach der Pflanzung und Ende Juni düngt man jeweils mit 50 g Volldünger pro qm. Eine dünne Torfmullschicht über der Pflanzenreihe erhält dem Boden die Feuchtigkeit.
- Im Frühjahr und gegen Ende Juni des zweiten Kulturjahres wird wieder gedüngt. Die Pflanzen sammeln jetzt Kraft für die erste Ernte.

Erntetip:

- Im Gegensatz zum Bleichspargel wird der Grünspargel erst bei einer Länge von 20 cm über dem Boden geschnitten. Er braucht nicht ausgegraben zu werden. Durch Abdecken der Anbaufläche mit einer dünnen, durchsichtigen Folie kann man die Ernte bis zu 2 Wochen verfrühen.
- Auch beim Grünspargel beendet man die Ernte im ersten Erntejahr am 1. Juni.

Stechen von Bleichspargel

Grünspargel

Der Pflanzendoktor:

- Der schlimmste Schädling des Spargels ist die Spargelfliege, die im April/Mai ihre Eier hinter die Schuppen der gerade geschossenen Spargelköpfe legt. Die Maden fressen sich bis in den Wurzelstock hinunter. Beim Bleichspargel kann man die Dämme zur Vorbeugung mit einem Vlies überdecken, beim Grünspargel geht das freilich nicht. Wichtig ist auch, das Spargelkraut im Herbst sorgfältig und so tief wie möglich abzustechen und völlig zu vernichten, weil sich darin die Schädlinge häufig zur Überwinterung aufhalten.
- Der Spargelrost, der die Pflanzen rostgelb färbt, tritt überwiegend im Frühherbst auf. Die Pflanze stirbt vorzeitig ab. Ein rechtzeitiges Abschneiden und Vernichten des Krauts ist auch hier ein gutes Gegenmittel.

Spargelfliege

Spinat *(Spinacia oleracea)*

Blattgemüse, Aussaat: März bis Mai (Sommerbedarf), August bis Oktober (Frühjahrsbedarf), Ernte: Mai – September, April – Mai (Herbstaussaat), zweite Tracht. Geißfußgewächse *(Chenopodiaceae)*

Spinat

Der Spinat gilt als sehr gesundes Gemüse. Er enthält 4 Vitamine (A, B1, B2, C) und viele Mineralstoffe. Seine Anzucht ist denkbar einfach. Friert man entsprechende Vorräte ein, so kann man die Familie das ganze Jahr über mit diesem wertvollen Gemüse versorgen.

Aussaattip:

- Spinat wird immer gleich an Ort und Stelle gesät (Reihenabstand 20 bis 25 cm). Stehen die Pflanzen zu dicht, so wird ausgedünnt. Ein Verpflanzen ist nicht möglich.
- Herbstaussaaten nimmt man am besten im Abstand von 3 Wochen vor. Bei schönem Wetter gibt es oft eine Späternte vor Wintereinbruch. Wird der Herbst kalt, dann kommen die frühen Aussaaten am besten durch den Winter. In rauhen Lagen ist ein Winterschutz angebracht.

Der Pflanzendoktor:

- Bekommt der Spinat gelbe Blätter, so findet er zu wenig Stickstoff im Boden.
- Zahlreiche Schosser sind eine Folge von Nährstoff- oder Wassermangel. Oft ist aber auch die falsche Sortenwahl dafür verantwortlich.

Tomate

(Solanum lycopersicum)

Spaliertomate

Fruchtgemüse, Aussaat: ab Februar/März unter Glas, Ernte: August – Mitte Oktober, erste oder zweite Tracht, geschützter Standort. Nachtschattengewächse *(Solanaceae)*

Noch im 17. Jahrhundert galt die Tomate als Seltenheit und wurde hoch bezahlt. Bis zum Anfang dieses Jahrhunderts wurde sie nur als Zierpflanze angebaut, weil man sie für giftig hielt. Heute ist sie aus der Küche nicht mehr wegzudenken. Es gibt eine Vielzahl von Sorten, aus denen man für jeden Zweck die richtige auswählen kann: Spaliertomaten haben kleine, süßschmeckende Früchte und können auch gut in Töpfen gezogen werden. Die großen Fleischtomaten sind die besten Salattomaten. Die Buschtomaten wachsen strauchig ohne Stütze. Ihre Seitentriebe brauchen nicht entfernt zu werden.

Aussaat-/Pflanztip:

- Die in Töpfen, im Frühbeet oder im Gewächshaus vorgezogenen Pflanzen dürfen erst nach dem 20. Mai ins Freie gepflanzt werden. Vorher werden sie sorgfältig abgehärtet. Gedrungen wachsende Pflanzen versprechen den größten Erfolg. Man sucht für sie einen besonders warmen und geschützten Platz aus, pflanzt im Abstand von 80 – 100 cm und gibt den Tomaten einen Stützstab.

Pflegetip:

- Tomaten brauchen reichlich Wasser und sollten während des Sommers ab und zu mit flüssigem Volldünger gedüngt werden.
- Wichtig ist es, alle Seitentriebe der Tomate auszubrechen, damit sie alle Kraft in die Früchte steckt. Bei Busch- und Balkontomaten entfällt diese Maßnahme.
- Häufelt man die Pflanze nach und nach an, so bilden sich junge Faserwurzeln am Wurzelhals, die Pflanze kann mehr Nahrung aufnehmen und bringt reichere Erträge.

Erntetip:

- Bei drohender Frostgefahr im Herbst kann man die Pflanzen mit praktischen Reifehauben aus Folie vor den ersten Frösten schützen.

Tomate

Der grüne Kniff:

● Gesunde, noch nicht voll ausgereifte Tomaten halten sich einige Zeit frisch, wenn man sie in einer Kiste mit trockenem Torfmull einschlägt. Die Früchte sollten sich nicht berühren.

Der Pflanzendoktor:

● Beim Gießen sollte man möglichst das Laub der Tomaten nicht benetzen. Das fördert die Blattfleckenkrankheiten, unter welchen die Tomaten in naßkalten Jahren sehr leiden.

● Beim Unterglasanbau von Tomaten ist es wichtig, die richtige Sorte, nämlich eine Treibtomate, zu wählen. Hier ist es besonders wichtig, für gute Belüftung zu sorgen und beim Gießen darauf aufzupassen, daß nur der Boden durchdringend befeuchtet wird.

● Das Ausgeizen, also das Ausbrechen der Seitentriebe, sollte nur mit der Hand vorgenommen werden. Beim Abschneiden der Seitentriebe werden häufig mit dem Messer Bakterien- und Viruskrankheiten übertragen.

Rankhilfen für Tomaten

Ausgeizen bei Tomaten

Reifehauben

In Torfmull eingeschlagene Tomaten

Zucchini, Gurkenkürbis

(Cucurbita pepo var. giromontiina)

Zucchini

Gurkenähnliche Fruchtpflanze, Aussaat: April – Anfang Mai in Töpfe, Mitte – Anfang Juni ins Freiland, Ernte: ab Ende Juni bis Anfang Oktober, erste Tracht, geschützter Standort. Kürbisgewächse *(Cucurbitaceae)*

Die Zucchini ist aus Südeuropa nach Deutschland gekommen und findet seit einigen Jahren in hiesigen Küchen großen Anklang. Deshalb wird die inzwischen wohl bekannte, mild schmeckende, gurkenähnliche Frucht schon in vielen Gärten geerntet.

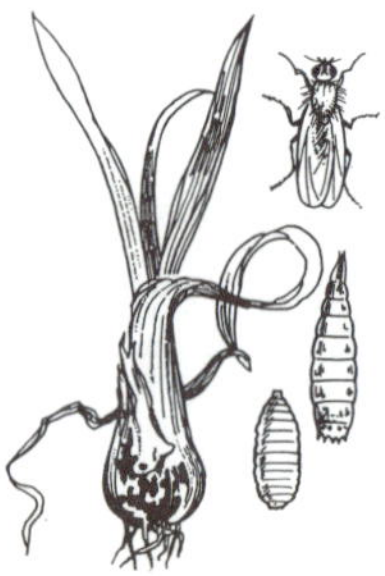

Zwiebelfliege

Standorttip:

- Die Zucchini liebt geschützte, warme Plätze auf nährstoffreichen Böden. Am Rande des Komposthaufens gedeiht sie prächtig.

Zucchini

Mischkultur Zwiebeln/Karotten

Aussaat-/Pflanztip:

- Ab Mitte April steckt man 2 – 3 Samenkörner in Töpfe und hält sie warm und feucht. Nach den Eisheiligen kann man die Jungpflanzen nach sorgfältiger Abhärtung ins Freie setzen (Abstand 1 m).

Erntetip:

- Die gurkenähnlichen Früchte werden mit einer Länge zwischen 12 und 20 cm geerntet. Zucchini bringt im allgemeinen sehr hohe Erträge, deshalb sollte man sich mit wenigen Pflanzen begnügen.

Zwiebel *(Allium)*

Die Zwiebel gehört zu den ältesten und am vielseitigsten verwendbaren Gewürz- und Gemüsepflanzen. Auch als innerlich und äußerlich angewandtes Heilmittel hat sie große Bedeutung.

Standorttip:

- Zwiebeln brauchen keinen so tiefgründigen Boden wie andere Wurzelgemüse.
- Der Boden sollte nicht zu stickstoffhaltig sein. Die Zwiebel braucht viel Kali und Phosphor. Eine entsprechende Düngung sollte 2 Wochen vor der Aussaat oder Pflanzung erfolgen.

Der Pflanzendoktor:

- Auf zu stickstoffreichen, zu feuchten oder zu tiefgründigen Böden kann die Zwiebel nicht ausreifen.
- Blaugrünes, beuliges Zwiebellaub ist die Folge des Zwiebelbrands, einer gefährlichen Pilzkrankheit. Die in den Beulen sitzenden Sporen verseu-

Weiße Zwiebel

chen die Erde. Befallene Zwiebeln müssen vernichtet werden. In den darauffolgenden Jahren sollten auf dem Beet keine Zwiebeln mehr angebaut werden.

- Ein schlimmer Schädling der Zwiebel ist die Zwiebelfliege, die ihre Eier am Grund der Pflanzen ablegt. Ihre Maden fressen sich ins Innere der Zwiebel. Eine Mischkultur mit Karotten schützt vor dem Befall.

Küchenzwiebel

(Allium cepa)

Aussaat: Mitte März – Mitte April, August (Frühlingszwiebel), Pflanzung (mit Steckzwiebeln): Juli, Ernte: September/Oktober, Mai/Juni (Frühlingszwiebel), zweite Tracht. Liliengewächse *(Liliaceae)*

Für die Küchenzwiebel gibt es 2 verschiedene Anbaumethoden. Man kann sie aus Samen oder aus Steckzwiebeln ziehen.

Aussaat-/Pflanztip:

- Zwiebeln sät man flach und nicht zu dicht im zeitigen Frühjahr (Reihenabstand 20 cm). Es dürfen nicht mehr als 5 – 7 mm Erde über dem Samen liegen. Nach der Aussaat klopft man die Erde mit dem Schaufelrücken gut an (das Saatgut muß innig mit dem Erdreich verbunden sein). Die aufgegangene Saat wird auf Abstände von 10 cm vereinzelt.
- Um im folgenden Jahr bereits im Frühling Zwiebeln ernten zu können, sät man im Herbst. Frühlingszwiebeln werden in Abständen von 5 – 7 cm verpflanzt. Den Winter über ist ein Schutz aus Tannenreisig notwendig.
- Steckzwiebeln, die man im folgenden Jahr zur Zwiebelanzucht verwenden möchte, sät man im Mai recht dicht, damit die Zwiebeln klein bleiben. Die geernteten Steckzwiebeln werden geputzt und getrocknet und bis zur Pflanzung im nächsten Frühjahr aufbewahrt. Man steckt sie im Abstand von 10 – 12 cm (Reihenabstand 20 cm), so daß die Spitze noch zu sehen ist. Aus Steckzwiebeln gezogene Zwiebeln reifen früher.

Winterheckezwiebel

Küchenzwiebel

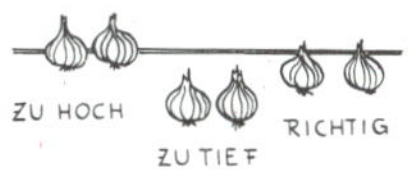

So pflanzt man Zwiebeln

Zwiebelernte

● Meist werden im Frühjahr die Steckzwiebeln als kleine Zwiebelchen gekauft. Hierbei ist es wichtig zu wissen, daß die kleinsten Zwiebeln die beste Qualität haben. Aus diesen erzielt man von der Anzahl und später von der Zwiebelqualität her die besten Erträge.

Pflegetip:

● Beim Hacken des Zwiebelbeets muß man aufpassen, daß man die flachsitzenden Knollen nicht verletzt.

● In naßkalten Jahren reifen Zwiebeln oft sehr spät. Um den Reifeprozeß zu beschleunigen, kann man mit einer Grabegabel die Reihen von einer Seite her leicht anheben. So reißt ein Teil der Wurzeln ab, die Nährstoff- und Wasserzufuhr wird reduziert und die Reifung gefördert.

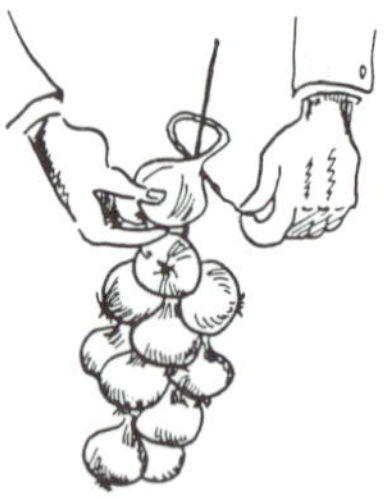

Erntetip:

● Die Reife der Zwiebeln erkennt man an den gelben Blättern und am Festwerden der Knolle. Der richtige Erntezeitpunkt ist sehr wichtig, da unreife Zwiebeln nicht lange halten und zu spät geerntete wieder zu treiben beginnen.

● Geerntete Zwiebeln hängt man zur Lagerung an den Blättern auf. Diese werden nie abgeschnitten, sondern immer abgedreht.

Perlzwiebel

(Allium ampeloprasum f. holmense)

Pflanzung: August – September, Ernte: Juli – August des nächsten Jahres, zweite Tracht. Liliengewächse *(Liliaceae)*

Die kleinen Perlzwiebeln eignen sich vor allem für süß-sauer Eingemachtes. Man verwendet dazu immer die größeren der geernteten Zwiebeln. Die kleineren dienen als Brutzwiebeln und werden neu gesteckt. Perlzwiebeln lassen sich auch vom Porree gewinnen.

Pflanztip:

● Brutzwiebeln für Perlzwiebeln werden in Häufchen von 6 – 10 Stück im Abstand von 10 cm gesteckt.

Rote Steckzwiebel

Schalotte

(Allium ascalonicum)

Pflanzung: Februar – März, September – November, Ernte: Juli, Mai – Juni (»Johannisschalotte« nach Herbstpflanzung), zweite Tracht. Liliengewächse *(Liliaceae)*

Schalotten sind kleine, besonders mild schmeckende Zwiebeln, die man gut einlegen, aber auch wie Küchenzwiebeln verwenden kann. Sie können nur aus Steckzwiebeln gezogen werden (Abstand: 15 × 20 cm).

Der Kräutergarten

Für eine gesunde Ernährungsweise spielen Kräuter eine sehr wichtige Rolle. Es ist leicht zu erklären, warum in einer Zeit, in der sich so viele Menschen bemühen, gesünder zu leben und zu essen, viele beinahe vergessene Gewürz- und Heilkräuter wieder Einzug in Gärten und Küchen halten. Kräuter erleichtern den Verzicht auf Salz und auf scharfe Gewürze, die unserem Organismus oft schlecht bekommen. Bei vielen Beschwerden können uns Heilkräuter meist helfen, und das ohne Nebenwirkungen, mit denen man bei der Einnahme anderer Medikamente oft rechnen muß. Der Kräutergarten wird zu einer kleinen Apotheke.

Viele Kräuter können sogar auf dem Balkon oder im Zimmer gezogen werden. Auf jedem kleinen Grundstück läßt sich ein Kräutergarten mit allen wichtigen Arten anlegen. Die folgenden Tips sollten bei der Verwendung der Kräuter helfen.

Standorttip:

- Viele unserer Küchen- und Heilkräuter kommen aus den Mittelmeerländern. Sie brauchen, wie auch die meisten heimischen Kräuter, einen warmen, sonnigen Platz im Garten, bis auf ganz wenige Ausnahmen (Waldmeister) entfalten alle Kräuter ihr Aroma am besten an voller Sonne.
- Auch wenn vom Kräutergarten die Rede ist, brauchen Kräuter nicht unbedingt ein eigenes Quartier im Garten. Im Gegenteil, viele Arten beugen als Nachbarn anderer Nutz- oder Zierpflanzen im Gemüse- oder Rosenbeet oder auch im Steingarten Schädlingen und Krankheiten vor oder wirken sogar ertragssteigernd.
- Die Bodenansprüche der Kräuter sind im allgemeinen gering. Einige Arten gedeihen auf trockenen und mageren Böden noch gut. Staunässe vertragen sie nicht.

Aussaat-/Pflanztip:

Für die Anlage des Kräutergartens oder den Anbau der Kräuter im Gemüsegarten spielen einige Eigenschaften der Kräuter eine Rolle: Die Wuchshöhe und der Platzbedarf, die Lebensdauer (einjährig, zweijährig, mehrjährig) und die Verwendbarkeit.

- Man muß verhindern, daß hohe Arten, wie der Liebstöckel, kleineren Arten Luft, Licht und Platz wegnehmen. Manche ausdauernden Kräuter, wie z.B. die Pfefferminze, breiten sich stark aus und können ihre Nachbarn arg bedrängen. Sie werden etwa alle 2 – 3 Jahre geteilt.
- Diejenigen einjährigen Kräuter, die jedes Jahr gleich an Ort und Stelle gesät werden, trennt man von den ausdauernden Stauden, um die Aussaat zu erleichtern. In Töpfen oder im Frühbeet gezogene einjährige Kräuter, die als Jungpflanzen in den Kräutergarten gesetzt werden, können dagegen Lücken zwischen den ausdauernden Kräutern füllen.

● Manche Kräuter werden in größeren Mengen benötigt, z.B. Schnittlauch, Dill und Petersilie. Solche Arten zieht man aus Samen selbst. Von anderen reicht eine Pflanze völlig aus, z.B. vom Liebstöckel und der Weinraute. Diese Arten kann man sich gut als Jungpflanze in einer Staudengärtnerei besorgen.

● Bei der Aussaat und Pflanzung von Kräutern gilt im allgemeinen, was bereits zu den Stauden und Sommerblumen gesagt wurde. Es ist wichtig zu wissen, ob das jeweilige Kraut ein »Lichtkeimer« ist. Die Lichtkeimer werden nach der Aussaat lediglich gut angedrückt, aber nicht mit Erde bedeckt. In diese Gruppe gehören Basilikum, Bohnenkraut, Estragon, Majoran, Thymian und Zitronenmelisse.

Pflegetip:

● Kräuter brauchen im allgemeinen wenig Pflege. Die meisten Arten vertragen sogar kurzzeitige Trockenheit noch gut. Eine Düngung ist in der Regel auf normalem Gartenboden nicht notwendig.

● Immergrüne oder halbimmergrüne Arten (Thymian, Rosmarin) sollte man in rauheren Gegenden den Winter über mit etwas Tannenreisig schützen.

Erntetip:

● Bei den meisten Kräutern werden die Blätter verwendet. Für den Frischverbrauch in der Küche kann man sie ständig in kleinen Mengen ernten. Zum Trocknen größerer Mengen schneidet man die Stengel zu Beginn der Blützeit ab und hängt sie gebündelt an einem schattigen und luftigen Platz auf. Von den getrockneten Zweigen streift man die Blätter ab und bewahrt sie in gut verschließbaren Dosen auf. Man kann die frischen Stengel oder die kleingehackten Blätter einiger Arten auch einfrieren. Manche Kräuter (Estragon, Ysop, Zitronenmelisse) eignen sich gut zum Konservieren in Essig oder Öl.

● Bei manchen Heilpflanzen wird die Wurzel benötigt (Eibisch). Man gräbt im Herbst einige Wurzeln aus, säubert sie gründlich, schneidet sie in kleine Stücke und trocknet sie.

Der Pflanzendoktor:

● Im allgemeinen sind Kräuter nicht anfällig gegen einen Befall durch tierische oder pflanzliche Schädlinge. Muß man tatsächlich einmal Läuse, Rost oder Mehltau bekämpfen, so sollte man im eigenen Interesse grundsätzlich keine chemischen Pflanzenschutzmittel verwenden. Die »Biogärtnerei« hält eine Menge von Rezepten für ungiftige Spritzbrühen, z.B. aus Brennesseln oder Schachtelhalm, bereit, die hier zum Einsatz kommen können. Auch ein radikaler Rückschnitt kann manchmal helfen.

Gewürz- und Heilkräuter von A – Z

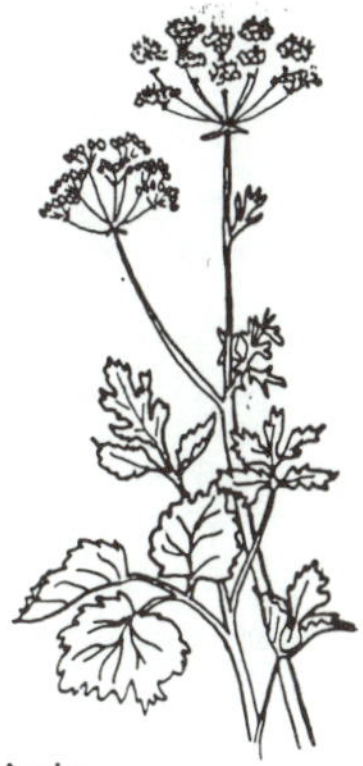

Anis

Anis *(Pimpinella anisum)*

Höhe: 40 – 50 cm, einjährig; Ernte: Samen (ab August); Vermehrung: Aussaat (März/April). Doldenblütler *(Umbelliferae)*

Die in Dolden stehenden Körner der Anispflanze werden als Gewürz für Brot und Backwaren oder beim Einmachen süßsaurer Früchte, wie Kürbis, Gurken oder Birnen verwendet. Ein aus ihnen bereiteter Tee hilft bei Erkältungskrankheiten, Magen- und Darmbeschwerden und schlechtem Schlaf.

Erntetip:

- Ab Juni – September schneidet man die reifen Fruchtdolden und hängt sie gebündelt auf. Sobald sie getrocknet sind, streift man die Samenkörner ab und füllt sie in gut verschließbare Dosen.

Basilikum

(Ocimum basilicum)

Höhe: 30 – 60 cm, einjährig; Ernte: Blätter (kurz vor der Blüte); Vermehrung: Aussaat (März, unter Glas). Lippenblütler *(Labiatae)*

Basilikum gehört mit zu den wichtigsten Küchenkräutern. Besonders aromatisch schmeckt es frisch im Salat, in der Kräuter- und Rahmsoße, in der Kräuterbutter, in Pasteten, zu Bohnen oder Fisch. Den Winter über wird es getrocknet verwendet.

Aussaat-/Pflanztip:

- Basilikum ist frostempfindlich und sollte in Töpfen oder im Frühbeet vorgezogen werden. Erst nach den Eisheiligen pflanzt man es ins Kräuterbeet an einen warmen, geschützten Platz.

Erntetip:

- Kurz vor der Blüte schneidet man die Basilikumzweige zum Trocknen ab. Das getrocknete Kraut wird zerrieben.

Basilikum

Beifuß *(Artemisia vulgaris)*

Höhe: 1 – 1,50 m, mehrjährig; Ernte: Blüte (kurz vor Erblühen); Vermehrung: Aussaat (April), Teilung. Korbblütler *(Compositae)*

Beifuß findet man wild an Wegrändern. Trotzdem lohnt sich der Anbau des vielseitigen Heil- und Gewürzkrauts auch im Garten. Man verwendet ihn vor allem zu Gänse-, Enten- und Schweinebraten. Als Tee zubereitet wirkt er belebend, stärkend und stoffwechselregulierend.

Erntetip:

- Die Ernte erfolgt kurz vor dem Erblühen der Pflanzen. Dabei werden

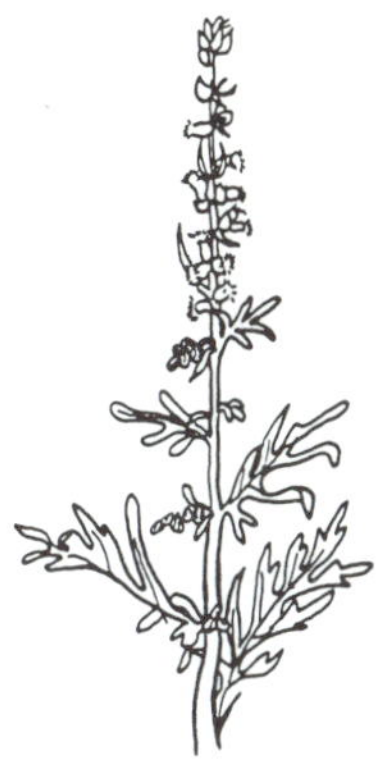

Beifuß

Bohnenkraut

Dill

Borretsch

die kleinen Blättchen gezupft. Man kann auch die ganzen Triebe schneiden und trocknen und die Blättchen später abreiben.

Bohnenkraut *(Satureja)*

Höhe: 30 – 40 cm, einjährig (S. hortensis), mehrjährig (S. montana); Ernte: Blätter (kurz vor der Blüte); Vermehrung: Aussaat (März – Mai), Teilung (S. montana). Lippenblütler *(Labiatae)*

In ihrer Verwendung gleichen sich das ausdauernde Bohnenkraut (S. montana) und das einjährige (S. hortensis): Beide Arten eignen sich frisch oder getrocknet als Beigaben zu Gemüsearten wie Kohl oder Bohnen. Diese werden durch das Bohnenkraut leichter verdaut. Zudem würzt es Salate, Pilzgerichte, Kartoffeln, und Soßen.
Ein Tee aus zerriebenen, getrockneten Bohnenkrautblättern beruhigt und stärkt die Nerven, wirkt gegen Blähungen und Magenbeschwerden.

Erntetip:

- Um auch im Winter frisches Bohnenkraut verwenden zu können, pflanzt man im Herbst einige Pflanzen der ausdauernden Art (S. montana) in einen Topf und stellt ihn an ein sonniges Fenster.

Borretsch *(Borago officinalis)*

Höhe: 40 – 50 cm, einjährig; Ernte: junge Blätter (den ganzen Sommer über); Vermehrung: Aussaat (März bis April). Borretschgewächse *(Boraginaceae)*

Borretschblätter werden am besten frisch verwendet. Sie schmecken erfrischend in allen Salaten und auch zu Eiern, zu Bohnen und Kohl. Borretsch verbessert Geschmack und Farbe von Spinat oder Mangold.

Aussaattip:

- Um immer junge Borretschblätter zur Verfügung zu haben, nimmt man 2 oder 3 Folgesaaten vor.
- Borretsch samt sich leicht selbst aus. In Einzelfällen kann er sogar lästig werden. Man sollte ihn dann nicht zum Blühen kommen lassen.

Dill *(Anethum graveolens)*

Höhe: 60 – 100 cm, einjährig; Ernte: Blätter (kurz vor der Blüte), Samen (kurz vor der Vollreife); Vermehrung: Aussaat (März und Mai). Doldenblütler *(Umbelliferae)*

Jeder kennt den Gartendill, dessen feines Kraut ein fast unentbehrliches Gewürz für alle Salate, Kräutersoßen, Kräuterquark, Fisch und Suppen ist. Die in Dolden stehenden Samen werden zum Einlegen von Gurken gebraucht.
Dilltee wirkt wassertreibend, hilft bei Blähungen und schlechtem Schlaf.

Aussaattip:

- Um den ganzen Sommer über frischen Dill und zur Einmachzeit ausreichend Samendolden zu haben, sät man zweimal, im März und im Mai, an Ort und Stelle aus.

Eberraute
(Artemisia abrotanum)

Höhe: 80 – 100 cm, mehrjährig; Ernte: Triebspitzen (den ganzen Sommer über); Vermehrung: Teilung oder Stecklinge. Korbblütler *(Compositae)*

Anis

Basilikum

Beifuß

Bohnenkraut

Borretsch

Engelwurz

Estragon

Fenchel

Kamille

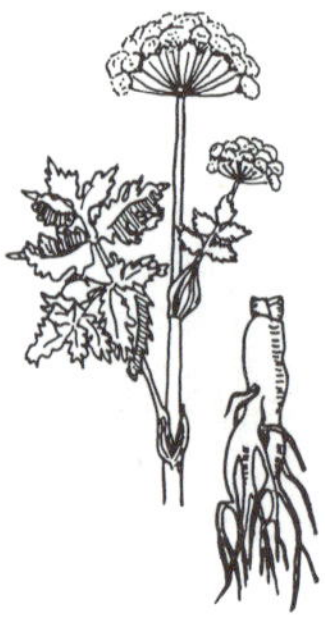

Engelwurz

Estragon

Die zarten Blätter an den holzigen Trieben der Eberraute würzen Fleischgerichte und Soßen.

Pflegetip:

- Im Winter sollte man über die wärmeliebende, aus dem Mittelmeerraum stammende Staude schützendes Tannenreisig legen.

Eibisch *(Althaea officinalis)*

Höhe: 1 – 1,50 m, mehrjährig; Ernte: Wurzel (im Herbst), Blätter und Blüten (Mai – Juni); Vermehrung: Teilung. Malvengewächse *(Malvaceae)*

Der Eibisch ist ein Verwandter der Malven und Stockrosen. Mit seinen großen weißen, rosa überhauchten Blüten ist er eine der schönsten Arten im Kräutergarten und eine wichtige Bienenweide. Der Eibisch enthält besonders im Wurzelstock reizlindernde Schleimstoffe. Ein kalter Aufguß getrockneter Wurzelstöcke (Kochen würde Inhaltsstoffe zerstören) lindert Reizhusten und Magenkrämpfe, bei äußerlicher Anwendung auch Hautentzündungen. Der Tee aus Eibischblüten ist wohlschmeckend und hilft bei Bronchitis. Die Blätter füllt man in ein Kräuterkissen, das man auf Furunkel auflegt.

Erntetip:

- Im Herbst gräbt man Teile der Wurzel aus, säubert und trocknet sie an einem sehr luftigen Platz. Schimmelige Wurzeln werden weggeworfen, sie sind wertlos.
- Zur Gewinnung von Blättern und Blüten werden die Zweige im Juni, wenn die Blüte gerade ausbricht, geschnitten und zum Trocknen aufgehangen.

Engelwurz

(Angelica archangelica)

Höhe: 1 – 2 m, mehrjährig; Ernte: Wurzel (im Herbst), Blätter (Juli/August); Vermehrung: Aussaat (Herbst, Frostkeimer). Doldenblütler *(Umbelliferae)*

Die Engelwurz nennt man auch Brustwurz oder Zahnwurzel. Die getrocknete Wurzel zerstößt man zu einem Pulver, von dem geringe Mengen die Verdauung anregen und bei Magen- und Gallenbeschwerden Linderung verschaffen.

Aussaattip:

- Die Engelwurz ist ein Frostkeimer und wird im Herbst gesät. Am besten steckt man ein paar Körner zwischen Wintersalat oder Spinat und pflanzt später um.

Erntetip:

- Erst 2 Jahre nach der Aussaat kann man beginnen, Teile der Wurzel auszugraben.

Estragon

(Artemisia dracunculus)

Höhe: 1 – 1,20 m, mehrjährig; Ernte: Blätter und Triebspitzen (den ganzen Sommer über, zum Trocknen zu Beginn der Blüte); Vermehrung: Aussaat (März/April): Russischer Estragon; Teilung: Deutscher Estragon. Korbblütler *(Compositae)*

Estragon ist ein besonders vielseitiges Gewürz, das zusammen mit Dill, Basilikum, Bohnenkraut, Majoran und Thymian im Kräuteressig, in Marinaden, zu Spargel, Fleischgerichten und Salat und zur Geschmacksverbesserung der Speisen bei salzloser Diät Verwendung findet.

Aussaattip:

- Estragon wird auf ein Saatbeet gesät und später verpflanzt. Nur eine Form des Estragons, der Russische Estragon, kann aus Samen gezogen werden. Der noch aromatischere, aber auch etwas wärmebedürftigere und frostempfindlichere Deutsche Estragon kann nur durch Stockteilung vermehrt werden.

Fenchel *(Foeniculum vulgare)*

Höhe: 1 – 1,20 m, zweijährig; Ernte: Blätter (den ganzen Sommer über), Samendolden (kurz vor der Reife); Vermehrung: Aussaat (Frühjahr oder Herbst). Doldenblütler *(Umbelliferae)*

Gewürzfenchel bildet keine Knolle wie der Gemüsefenchel. Seine Blätter und Samen werden als Gewürz zu vielen Gerichten verwendet. Die Samendolden fügt man eingelegten Gurken oder Sauerkraut bei, mit den einzelnen Körnern oder dem kleingehackten Kraut würzt man Gebäck, Mehl- und Eierspeisen, Suppen- und Fischgerichte oder selbstgemachte Liköre. Die heilende Wirkung des Fencheltees bei Erkältungskrankheiten und Magen- und Darmstörungen wird nach wie vor sehr geschätzt. Man gibt ihn Säuglingen und Kleinkindern bei Blähungen. Äußerlich wird er für Augenspülungen oder zum Gurgeln bei Mundgeruch und Halsentzündungen angewendet.

Erntetip:

- Die Fencheldolden schneidet man kurz bevor sich die Samenkörner verfärben. Sie sollten noch grün sein.

Kamille

(Matricaria chamomilla)

Höhe: 20 – 40 cm, einjährig; Ernte: Blütenköpfe (Mai – September); Vermehrung: Aussaat (Frühjahr oder Herbst). Korbblütler *(Compositae)*

Kamillentee wirkt wohltuend bei Übelkeit, Magenkrämpfen und Koliken. Äußerlich wird er zur Wundbehandlung, bei eitrigen Hautentzündungen, Pickeln, Furunkeln oder als Augenspülung bei Bindehautentzündung angewendet.

Aussaattip:

- Die Kamille gehört zu den Lichtkeimern. Die Samen dürfen nicht mit Erde bedeckt werden.

Erntetip:

- Den ganzen Sommer über werden regelmäßig die gelben Blütenköpfe gepflückt und getrocknet.

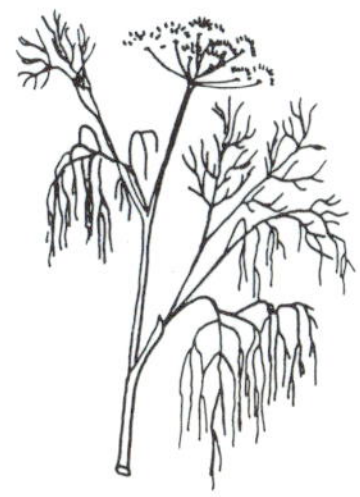

Fenchel

Kerbel *(Anthriscus cerefolium)*

Höhe: 30 cm, einjährig; Ernte: Blätter (den ganzen Sommer über bei Folgesaat); Vermehrung: Aussaat (ab März – September). Doldenblütler *(Umbelliferae)*

Der Kerbel ähnelt der Petersilie. Er schmeckt besonders in Kräuterquark, in Salat, in Tunken, zu Braten, in Suppen oder zusammen mit Schnittlauch auf dem Butterbrot. Ein Tee aus getrockneten Kerbelblättern unterstützt blutreinigend die Frühjahrskur.

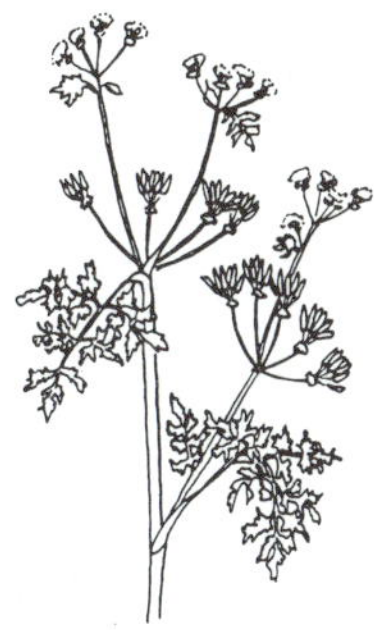

Kerbel

Aussaattip:

- Kerbel wird ab März/April alle 5 bis 6 Wochen neu ausgesät, weil er sehr schnell Samen bildet. Herbstaussaaten sorgen für frischen Kerbel im Frühjahr. Auch in Töpfen oder im Balkonkasten kann man das Kraut heranziehen.

Koriander

Koriander

(Coreandrum sativum)

Höhe: 40 – 60 cm, einjährig; Ernte: Samen (sobald Früchte hell werden); Vermehrung: Aussaat (April). Doldenblütler *(Umbelliferae)*

Koriander würzt Wild, Hammel- und Rindfleisch sowie selbstgemachte Wurst. Die jungen Blättchen können für Suppen und Fleischgerichte verwendet werden.

Erntetip:

• Die Ernte erfordert etwas Sorgfalt, weil die kugeligen Früchte sehr leicht abfallen. Am besten schneidet man die Pflanze am Morgen, solange die Dolden noch feucht vom Tau sind. Die Zweige werden nicht aufgehängt, sondern zum Trocknen in eine leere Vase gestellt. Zum Transport verwendet man Tücher, damit nicht zu viele Früchte verloren gehen. Die getrockneten Körner werden im Ganzen verwendet, gemahlen oder im Mörser fein zerstoßen.

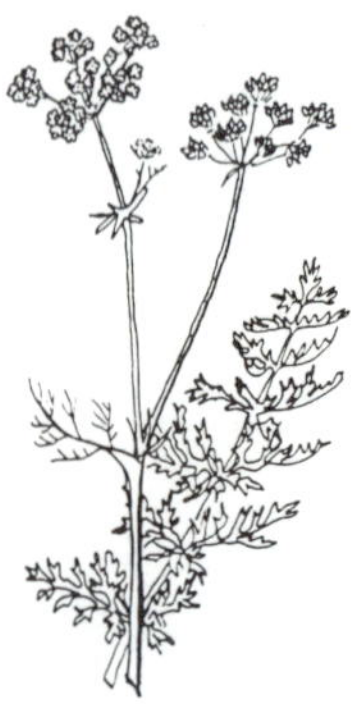

Kümmel

Kresse, Gartenkresse

(Lepidium sativum)

Höhe: 7 – 10 cm, einjährig; Ernte: junge Blätter (3 – 4 Wochen nach Aussaat im Freiland, bei Hausaussaaten nach wenigen Tagen, bei ständiger Aussaat das ganze Jahr über); Vermehrung: Aussaat (ab Februar im Zimmer, ab März im Garten). Kreuzblütler *(Cruciferae)*

Die bekannte Gartenkresse, die in Salaten, Suppen, im Spinat oder auf dem Butterbrot so gut schmeckt, ist reich an Vitamin C und ein gutes Mittel gegen Frühjahrsmüdigkeit und Abgespanntheit.

Aussaattip:

• Um ständig frische Kresse verwenden zu können, sät man sie alle paar Wochen neu an. Man kann sie im Zimmer in flache Schalen säen. Nach 5 Tagen geht die Saat auf und ist nach 2 – 3 Tagen erntereif.

Erntetip:

• Sobald die Kresse etwa 5 cm hoch ist, schneidet man sie mit der Schere und verwendet sie frisch.

Kümmel *(Carum carvi)*

Höhe: 1 – 1,50 m, zweijährig; Ernte: Samen (Juni – Juli des zweiten Jahres); Vermehrung: Aussaat (ab März/April). Doldenblütler *(Umbelliferae)*

Mit Kümmel würzt man Brot, Salzkartoffeln, Käse, Quark und Fleischgerichte, besonders Hammel- und Kaninchenbraten. Die Wirkung stark blähender Gemüsegerichte wie Weißkohl oder Wirsing schwächt der Kümmel ab. Die jungen Blätter schmecken ähnlich wie die Samen und können zum Verfeinern von Salaten und Suppen verwendet oder wie Spinat zubereitet werden (»Kümmelkohl«). Schließlich spielt der Kümmel in der Schnapsbrennerei und als Hausmittel eine Rolle. In Milch gekocht wirkt er gegen Blähungen, Koliken und Bauchschmerzen.

Erntetip:

• Die Kümmeldolden schneidet man

Koriander

Kümmel

Lavendel

Liebstöckel

Majoran

Pfefferminze

Salbei

Thymian

Zitronenmelisse

im zweiten Jahr, sobald sie beginnen, braun zu werden. Bei zu später Ernte fallen die Samen leicht aus. Man läßt sie nachreifen, trocknen und klopft oder reibt die Samen heraus.

Der Pflanzendoktor:

- Kümmel und Fenchel dürfen im Kräuterbeet nicht eng benachbart stehen. Sie können einander nicht leiden und beginnen zu kümmern.

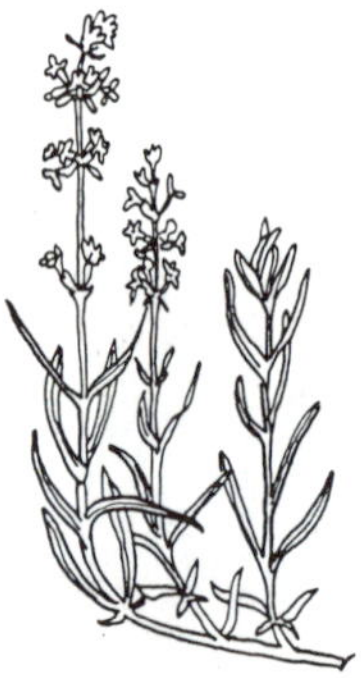

Lavendel

Lavendel

(Lavandula officinalis)

Höhe: 50 – 60 cm, mehrjährig; Ernte: Blätter und Blüten (Juli – August); Vermehrung: Aussaat (im März unter Glas). Lippenblütler *(Labiatae)*

Der blaublühende Lavendel wird wegen seines Wohlgeruchs schon lange gesammelt und verwendet. Getrocknet und in ein kleines Kräuterkissen eingenäht, sorgt er im Kleiderschrank für wohlriechende Wäsche und hält die Motten ab. Verbände mit frischen Lavendelblättern lindern die Schmerzen bei Verrenkungen und Quetschungen.

Standorttip:

- Lavendel liebt trockene, warme Plätze. Auf feuchten Böden braucht er einen Winterschutz. Ungeeignet sind stickstoffgedüngte Beete.

Liebstöckel

Liebstöckel

(Levisticum officinale)

Höhe: 2 m und mehr, mehrjährig; Ernte: Blatt (Sommer), Wurzel (Herbst); Vermehrung: Aussaat (Frühjahr unter Glas), Teilung. Doldenblütler *(Umbelliferae)*

Der Liebstöckel fällt durch seine beachtliche Größe im Kräutergarten auf. Eine Staude reicht für den Bedarf einer Familie bei weitem aus. Die Blätter spielen in der Küche bei der Zubereitung von Suppen, Soßen, Gemüse und Braten eine wichtige Rolle. Die große Würzkraft in kleinsten Mengen bleibt beim Kochen voll erhalten. Der Tee aus getrockneter Wurzel gilt als wassertreibend bei Nieren- und Blasenkrankheiten, hilft bei Blähungen und regt die Magensaftproduktion an.

Erntetip:

- Die Blätter des Liebstöckels erntet man im Sommer frisch. Eine entsprechende Menge wird als Wintervorrat getrocknet.
- Die Wurzeln gräbt man im Herbst aus (keine Angst, die Staude verkraftet das Verkleinern ihrer Wurzeln problemlos). Sie werden gesäubert, geflochten und getrocknet.

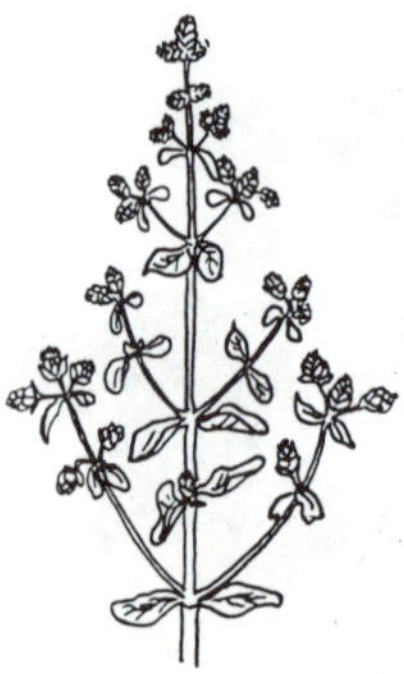

Majoran

Majoran *(Oreganum majorana = Majorana hortensis)*

Höhe: 20 – 30 cm, einjährig; Ernte: Blätter (zu Beginn der Blütezeit, Juli); Vermehrung: Aussaat (ab März unter Glas, ab April ins Saatbeet). Lippenblütler *(Labiatae)*

Man verwendet die Blätter des Majoran zu Salaten, Suppen und Soßen, Braten, Sellerie, Fisch und in der salzarmen Diätküche. Viele Speisen werden durch Zugabe von Majoran bekömmlicher. Auch die Heilwirkung des Krauts ist vielfältig. Ein Tee aus den getrockneten Blättern wirkt nervenstärkend und krampflösend, lindernd bei Husten und Darmkoliken und beseitigt Mundgeruch.

Aussaattip:

• Der Majoransamen ist ein Lichtkeimer und wird im Frühling nur auf der Erdoberfläche gesät und leicht angedrückt, aber nicht mit Erde bedeckt. Beim Verpflanzen setzt man 2 – 3 Jungpflanzen zusammen.

Erntetip:

• Zum Trocknen schneidet man Majoran, sobald die ersten Blüten aufblühen, 5 cm über dem Boden ab und hängt ihn in kleinen Bündeln in einem trockenen, luftigen Raum auf.

Petersilie

(Petroselinum crispum)

Höhe: 30 cm, zweijährig; Ernte: Blätter (den ganzen Sommer hindurch: Schnittpetersilie); Wurzel (Oktober: Wurzelpetersilie); Vermehrung: Aussaat (März – Mai). Doldenblütler *(Umbelliferae)*

Jeder weiß, wie vielseitig die krause oder glatte Schnitt- und die Wurzelpetersilie verwendet werden können. Ihre Wirkung als Heilkraut ist vielleicht weniger bekannt: Ein Tee aus Petersilienwurzeln wirkt entwässernd und harntreibend und wird daher bei Blasenschwäche, Wassersucht und Nierenleiden erfolgreich angewendet. Man sollte aber höchstens zwei Tassen pro Tag davon trinken.

Aussaat-/Pflanztip:

• Petersilie wird ab März in Reihen von 20 cm Abstand ausgesät. Da sie sehr langsam keimt, ist das Beimischen von Radieschensamen empfehlenswert.

Der grüne Kniff:

• Um im Winter frische Petersilie zur Verfügung zu haben, pflanzt man einige kräftige Pflanzen in Töpfe oder Balkonkästen und stellt sie ans Küchenfenster. Man kann auch das Gartenbeet abdecken und dadurch die Erntezeit verlängern.

Pfefferminze

(Mentha piperita)

Höhe: 50 – 70 cm, mehrjährig; Ernte: Blätter (den ganzen Sommer über); Vermehrung: Teilung (Frühjahr oder Herbst). Lippenblütler *(Labiatae)*

Pfefferminztee gehört zu den altbekannten Hausmitteln, die bei vielen kleineren und größeren Beschwerden helfen. Für Bienen ist sie eine wichtige Nährpflanze.

Erntetip:

• Die Pfefferminze vermehrt sich rasch durch Wurzelausläufer. Sie darf jedoch keine Samen ansetzen, weil sie dadurch ihr Aroma verliert.

Rosmarin

(Rosmarinus officinalis)

Höhe: 50 – 80 cm, mehrjährig, immergrün; Ernte: Blätter (das ganze Jahr über); Vermehrung: Aussaat (März in Töpfe), Winterschutz. Lippenblütler *(Labiatae)*

Rosmarin wird zu gebratenen Fleischgerichten und zu Kräuteressig verwendet. Rosmarintee wirkt anregend bei niedrigem Blutdruck und Appetitlosigkeit.

Aussaat-/Pflanztip:

• Rosmarinsamen brauchen 30 Tage, bis sie aufgehen. Man sät daher immer in Töpfe.

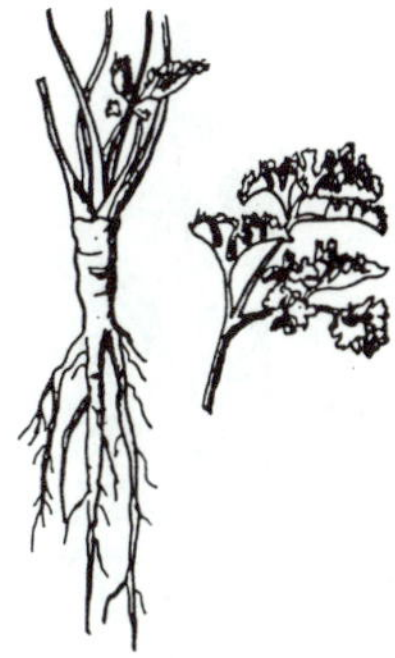

Wurzel- und Schnittpetersilie

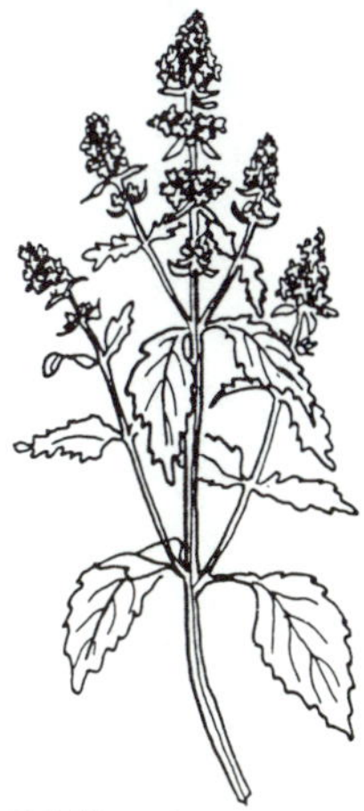

Pfefferminze

Rosmarin

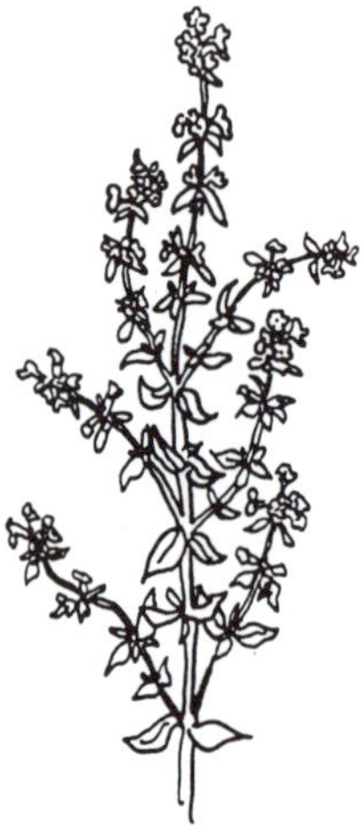
Thymian

Salbei *(Salvia officinalis)*

Höhe: 40 – 60 cm, mehrjährig, immergrün; Ernte: Blätter (vor der Blüte); Vermehrung: Aussaat (ab April ins Frühbeet, im Mai ins Saatbeet), Teilung. Lippenblütler *(Labiatae)*

Frische oder getrocknete Salbeiblätter verleihen Fleisch- oder Fischgerichten, Bohnen, Erbsen, Soßen und Einlegebeizen einen typischen geschmacklichen Reiz. Salbeitee hilft bei Husten und Halsschmerzen (auch als Gurgelmittel), Magenverstimmung und Durchfällen.

Erntetip:

- Salbei wird vor der Blüte geschnitten und dann zum Trocknen aufgehangen. Er wächst nach und kann im Laufe des Sommers öfter geerntet werden.

Zitronenmelisse

Schnittlauch
(Allium schoenoprasum)

Höhe: 20 – 30 cm, mehrjährig; Ernte: Blätter (das ganze Jahr über); Vermehrung: Aussaat (ab April), Teilung (Frühjahr, Herbst). Liliengewächse *(Liliaceae)*

Neben der Petersilie ist der Schnittlauch das bekannteste, beliebteste und am häufigsten verwendete Küchenkraut.

Erntetip:

- Man sollte bei jeder Schnittlauchpflanze nie mehr als ⅔ der Röhrchen auf einmal schneiden.
- Im Herbst setzt man einige Pflanzen in Töpfe, um den Schnittlauch auch im Winter verwenden zu können.

Thymian *(Thymus vulgaris)*

Höhe: 20 – 30 cm, mehrjährig, immergrün; Ernte: Triebspitzen, Blätter (Juni – August); Vermehrung: Aussaat (ab März/April in Töpfe), Teilung (Frühjahr). Lippenblütler *(Labiatae)*

Der Thymian ist eines der vielseitigsten Heil- und Würzkräuter. Die Blätter geben Fleisch und Geflügel, Salaten, Pasteten, Suppen und Soßen eine feine, aromatische Würze. Wegen seiner desinfizierenden Wirkung hilft Thymiantee bei Erkältungskrankheiten, Husten, Magen- und Darmkrankheiten und, äußerlich angewandt, bei schlecht heilenden Wunden.

Erntetip:

- Zum Trocknen schneidet man die blühenden, unverholzten Triebenden.

Zitronenmelisse
(Melissa officinalis)

Höhe: 60 – 70 cm, mehrjährig; Ernte: Blätter (vor und zu Beginn der Blüte, als frisches Würzkraut den ganzen Sommer hindurch); Vermehrung: Aussaat (April/Mai), Teilung (alle 3 Jahre). Lippenblütler *(Labiatae)*

Die Zitronenmelisse würzt Salate, Pilz-, Fisch- und Fleischgerichte, Obstsuppen und Kräuterquark. Melissentee wirkt beruhigend und krampflösend, regt die Herztätigkeit an und hilft bei Übelkeit in der Schwangerschaft.

Erntetip:

- Die Melisse wird kurz vor der Blüte geschnitten und in Bündeln aufgehangen.

Der praktische Gartenkalender

Kleines Lexikon der Pflanzenkrankheiten und Schädlinge

Januar

Der Januar ist der kälteste Monat des Jahres. Ob außer Schneeschaufeln noch andere Arbeiten im Garten erledigt werden können, hängt von der Witterung ab. Bei schlechtem Wetter oder strengem Frost bleibt man lieber im Warmen und repariert Gartengeräte oder entwirft den Gartenplan. An frostfreien Tagen dagegen gibt es draußen einiges zu tun.

Pflegearbeiten

- Kontrolle der eingelagerten Vorräte und Blumenzwiebeln. Faule und schimmelige Stücke werden sofort entfernt. Regelmäßiges Lüften des Lagerraums.
- Im Haus überwinterte Balkon- und Kübelpflanzen werden regelmäßig, aber sparsam gegossen, gelb gewordenes Laub wird entfernt. Nur Geranien und Sukkulenten (z.B. Agaven) dürfen zeitweise völlig trocken stehen.
- Bei Zimmerpflanzen in stärker geheizten Räumen ist besonders jetzt auf Schädlingsbefall zu achten. Für ausreichende Luftfeuchtigkeit sorgen.
- Für die Treiberei im Zimmer eingesetzte Blumenzwiebeln werden ins Warme geholt und am hellen Fensterbrett angetrieben.
- Beim Schneeräumen sollte man darauf achten, daß man nicht gerade über Staudenrabatten hohe Schneeberge aufhäuft. Lockerer Schnee ist ein guter Winterschutz, unter verdichteten Schneemassen können die Stauden jedoch Schaden nehmen. Streusalz sollte den Pflanzen zuliebe im Gartenbereich nicht verwendet werden.
- Große Schneemengen auf den Ästen immergrüner Gehölze schüttelt man ab, damit die Äste nicht brechen. An sonnigen, frostfreien Tagen, wenn die immergrünen Pflanzen beginnen, Wasser zu verbrauchen, muß man wässern.
- Überprüfung des Winterschutzes frostempfindlicher Arten, besonders bei Kahlfrösten in schneearmen Wintern. Wiedereinsetzen hochgefrorener Pflanzen.
- Winterschnitt an Obst- und Ziergehölzen (nie bei starken Frösten). Geschnittene Zweige eignen sich als Edelreiser oder zum Antreiben in der Vase. Der restliche Schnittabfall wird zerkleinert und kompostiert.
- Schutzanstrich bei Obstbäumen (Gefahr von Frostschäden im Frühjahr besonders groß).
- Umsetzen des Komposthaufens.

Aussaat und Pflanzung

- Vorbereitung der ersten Frühsaaten im Februar: Keimproben bei übrigen vorjährigen Samen (auf Löschpapier legen und warm und feucht halten, Hülsenfrüchte in Sand legen), Anschaffung neuer Samenvorräte.

Februar

Im Februar kann sich der Gartenfreund oft schon ein wenig auf das nahende Frühjahr einstimmen. Die winterliche Ruhezeit der Pflanzen geht allmählich zu Ende. Die ersten Frühlingsboten, wie Kornelkirsche und Schneeglöckchen, zeigen oft jetzt schon ihre Blüten. Trotzdem kann der Februar mit seinen scharfen Nachtfrösten den Pflanzen noch einmal recht gefährlich werden.

Pflegearbeiten

- Sorgfältige Pflege der überwinterten Balkon- und Kübelpflanzen. Vorsicht, Geranien schimmeln leicht, wenn sie zu feucht stehen.
- Kontrolle und Säubern der überwinterten Zwiebeln und Knollen. Begonien, Gloxinien und Canna werden in Kisten vorgetrieben.
- Kontrolle des Winterschutzes bei Stauden, Rosen und anderen Pflanzen. Jetzt ist für sie die gefährlichste Zeit (sonnige Tage, eiskalte Nächte).
- Das Wässern der immergrünen Pflanzen an frostfreien Tagen darf jetzt nicht vergessen werden.
- Beenden des Obstbaum- und Ziergehölzschnitts sowie notwendiger Rodungsarbeiten. Letzte Gelegenheit für Schutzanstrich an Obststämmen.
- Sieben der Komposterde. Für Frühsaaten unter Glas und das Umtopfen der Zimmerpflanzen wird ein Erdevorrat in einen frostfreien Raum gebracht.

Aussaat und Pflanzung

- Vorbereitung des Frühbeets und Auflegen der Fenster.
- Erste Aussaaten im Frühbeet (wenn Erde unter Glas aufgetaut ist), im Gewächshaus oder im Zimmer: Porree und Sellerie; gegen Ende des Monats: Frühkohl, Blumenkohl, Salat, Tomaten und Sommerblumen, wie z.B. Löwenmäulchen, Salvien, Verbenen, Petunien und Lobelien. In rauheren Gegenden wartet man besser noch eine Weile damit, da die Jungpflanzen noch lange nicht ausgepflanzt werden können und zu groß werden. Jungpflanzen dürfen nicht zu warm stehen. Lüften und Schattieren des Frühbeets und Gewächshauses an warmen, sonnigen Tagen.
- Vorkeimen von Frühkartoffeln in Kisten.
- An frostfreien Tagen ist bereits Rosenpflanzung möglich.
- Aussaat von Kresse und Keimsprossen auf der Fensterbank.

März

Im März beginnt nach dem Kalender der Frühling. Jetzt setzt die Gartenarbeit so richtig ein, auch wenn man immer noch mit Frost und Schnee rechnen muß. Sobald sich der Boden wieder bearbeiten läßt, beginnt die Pflanzzeit, und die ersten Freilandaussaaten können erfolgen. Bäume und Sträucher beginnen auszutreiben, und die Frühlingszwiebeln blühen.

Pflegearbeiten

- Begonien, Canna und Gloxinien werden eingetopft und angetrieben, Balkonpflanzen und, wenn nötig, auch Zimmer- und Kübelpflanzen topft man um und beginnt, wieder mehr zu gießen und regelmäßig zu düngen.
- Lüften und Schattieren des Frühbeets und Gewächshauses, Gießen und sorgfältige Pflege der Frühsaaten.
- Bodenbearbeitung: Vorbereiten der Beete mit Grubber und Eisenrechen. Umgraben würde Bodengare zerstören. Wurde im Herbst nicht ausreichend umgegraben, so sollte eine Grabegabel oder ein Sauzahn verwendet werden. Niemals noch nassen Boden bearbeiten.
- Entfernen des Winterschutzes bei Stauden und Rosen gegen Ende des Monats. Abhäufeln und Schneiden der Rosen.
- Vorsichtiges Lockern der Erdbeer-, Stauden- und Rosenbeete (noch nicht alle Stauden sind sichtbar), Ausschneiden vertrockneter Teile, Teilung der Stauden, Düngung insbesondere bei Rosen und Erdbeeren.
- Vorbeugende Pflanzenschutzmaßnahmen bei Obstgehölzen müssen vor dem Anschwellen der Knospen beendet sein, die Veredelung von Steinobst vor Ende des Monats.
- Beginn der Rasenpflege: Ausharken mit Vertikutierrechen oder -roller zur Moosentfernung und Belüftung sowie zur Lockerung des Bodens.

Aussaat und Pflanzung

- Rechtzeitiges Pikieren der Frühsaaten, in wärmeren Lagen und bei entsprechender Witterung bereits Auspflanzung von Frühgemüse und Kohlrabi ins Freiland. Mit Folientunnel und Sonnenhüten für Schutz vor Frost sorgen.
- Erste Freilandaussaaten sind jetzt möglich: Möhren, Spinat, Radieschen, Schwarzwurzeln, Puffbohnen, Schnittsalat, Zwiebeln, Petersilie; gegen Ende des Monats Maierbsen, Mairüben, Mangold, Pflücksalat, Dill, Kresse, Sommerrettich; in milden Gegenden auch bereits Sommerblumen. Wichtig: Nur in trockenen, erwärmten Boden säen, sonst Fäulnisgefahr. In rauheren Gegenden mit der Aussaat besser noch bis April warten.
- Pflanzung von Steckzwiebeln und Frühkartoffeln.
- Pflanzung von Gehölzen und Stauden.

April

Der Frühling setzt sich nun mehr und mehr gegen den Winter durch. Im wechselhaften Aprilwetter erleben wir das deutlich mit. An den Osterfeiertagen kann durchaus noch Schnee fallen. Die Gartenarbeit ist jetzt umfangreich. Die Hauptaussaatzeit hat begonnen. Gegen Ende des Monats treiben auch in rauheren Gegenden die Bäume aus.

Pflegearbeiten

- Gießen, Lüften und Schattieren des Frühbeets und Gewächshauses.
- Entfernen der letzten Winterschutzreiser.
- Hacken, Jäten und Düngen der Staudenbeete und des Steingartens, Gießen (bei Bedarf) und Hacken der Gemüsebeete.
- Ausschneiden abgeblühter Zwiebelblüten, deren Laub man nicht entfernen, sondern absterben lassen sollte.
- Mulchen der Erdbeerbeete mit Stroh, Laub oder ähnlichem Material.
- Wässern der Obstbäume in Trockenzeiten und Düngung. Beenden der Kernobstveredelung.
- Aufwerfen der Spargeldämme.
- Die Balkonpflanzen werden leicht gestutzt und gedüngt.

Aussaat und Pflanzung

- Für Freilandaussaat der meisten Sommerblumen und aller Gemüsearten, mit Ausnahme von Bohnen, Gurken, Kürbisarten und Melonen, ist jetzt der richtige Zeitpunkt.
- Folgesaaten von Salat und Radieschen.
- Auspflanzung von Kohl und Salat aus dem Frühbeet. Wichtig: Sorgfältiges Abhärten der Jungpflanzen vor dem Auspflanzen und Bereithalten von Deckmaterial für eventuelle Nachtfröste.
- Ab Mitte April Aussaat von Gurken und Kürbissen ins Frühbeet, sobald darin wieder Platz ist.
- Ab Mitte April ist Spargelpflanzung möglich.
- Neuansaat von Rasen bei günstigen Witterungsbedingungen. Die Erde sollte gut erwärmt sein.

Mai

Im Mai geht mit den Tagen der Eisheiligen die kalte Jahreszeit endgültig zu Ende. Auch frostempfindliche Pflanzen dürfen gegen Ende des Monats, wenn keine Nachtfröste mehr zu erwarten sind, ins Freie. Obstbäume und frühblühende Ziersträucher erfüllen den Garten mit Blütenduft. Die ersten Ernten im Obst- und Gemüsegarten belohnen gärtnerischen Fleiß.

Pflegearbeiten

- Gießen, Düngen, Jäten und Hacken (nach Regen) aller Beete. Gießen und Düngen sind wichtig für ein zügiges Wachstum der Pflanzen.
- In der ersten Monatshälfte Schutz der frisch ausgepflanzten Setzlinge vor Nachtfrösten (mit Folientunnel, Gartenfolie, Blumentöpfen, Sonnenhüten).
- Gießen, Lüften und Schattieren des neu bepflanzten Frühbeets.
- Bereits abgeblühte Staudenblüten werden abgeschnitten, meist blühen die Stauden danach ein zweites Mal. Das gelb gewordene Laub der Frühjahrszwiebeln wird entfernt.
- Der Rasen wird zum ersten Mal gemäht.
- Nach dem Abfallen der Obstblüten sind eventuell notwendige Pflanzenschutzmaßnahmen möglich. Kontrolle frischer Veredelungen.
- Kübelpflanzen können nach den Eisheiligen ins Freiland geräumt werden (Abhärtung, Verhinderung von »Sonnenbrand«).

Aussaat und Pflanzung

- Ausdünnen und Vereinzeln früherer Aussaaten.
- Ab dem 5. Mai ist Gurkenaussaat, ab dem 9. Mai Bohnenaussaat möglich.
- Folgesaaten von Kohlrabi, Salat, Spinat, Möhren. Ab jetzt Sommersorten verwenden. Aussaat von Kürbis und späten Markerbsensorten.
- Nach den Eisheiligen Auspflanzung von Tomaten, Auberginen, Paprika und Sellerie (schießt leicht, wenn er Frost abbekommt).
- Verpflanzen der Sommerblumen vom Saatbeet an die vorgesehenen Stellen.
- Pflanzung von Dahlien, Gladiolen, Canna. Bepflanzen der Balkonkästen nach den Eisheiligen (Kästen vorher gründlich säubern).
- Bis Anfang Mai können noch unballierte Gehölze gepflanzt werden. Wichtig: Kräftiger Rückschnitt (eventuell entlauben) und gründliches Wässern.

Ernte

- Beginn des Spargelstechens, Ernte von Frühgemüse (frühe Salatsorten, Radieschen, Mairüben, Maierbsen), in milden Gegenden Reife der Erdbeeren und früher Süßkirschensorten.

Juni

In den Juni fällt der Sommeranfang. Oft gibt es jetzt schon sehr warme Tage. Im Garten ist die Frühlingsblüte vorbei, die Sommerblumen setzen die ersten Knospen an. Die Rosenblüte beginnt (Juni = »Rosenmonat«). Pflegearbeiten sind jetzt besonders wichtig. Erdbeeren, Kirschen, Spargel, Frühkartoffeln und verschiedene Frühgemüse bereichern den Küchenzettel.

Pflegearbeiten

- Wässern der Beete und Gehölze, regelmäßiges Hacken und Jäten der Beete. Auf Schädlingsbefall sollte man achten, besonders bei Rosen und Erdbeeren. An heißen Tagen ist das Besprengen des Rasens notwendig.
- Erneuerung der Raupenleimringe an Obstbäumen, Einsammeln und Beseitigen von Fallobst (Verbrennen oder in die Mülltonne geben).
- Abschneiden abgeblühter Blüten (besonders bei Rosen), Aufbinden hoher, windempfindlicher Stauden.
- Ausschneiden der Rhabarberblüten.
- Ausgeizen der Tomatenpflanzen.
- Anhäufeln des Porree, gegen Ende des Monats Aufbinden der Sommerendivien zum Bleichen.
- Aus dem Boden genommene Blumenzwiebeln werden geputzt und kühl und trocken gelagert.

Aussaat und Pflanzung

- Anfang des Monats sollten sämtliche Spätgemüse ausgepflanzt werden: Wirsing, Weißkohl, Rotkohl, Blumenkohl, Rosenkohl (bis 10. Juni).
- Auf bereits leergewordene Beete werden wieder Salat, Spinat, Kohlrabi, Radieschen, Grünkohl und Buschbohnen gesät; ab Ende Juni auch Winterrettich, Knollenfenchel, Zichoriensalat, Winterendivien und Brokkoli.
- Staudenaussaat ist jetzt noch möglich, Maisaaten werden vereinzelt.
- Ab Anfang Juni Pflanzung der Sumpf- und Wasserpflanzen auch in rauheren Gegenden möglich.

Ernte

- Am 24. 6. (Johannistag) Beenden der Spargelernte, keinesfalls noch länger stechen. Danach werden die Dämme eingeebnet und die Pflanzen gedüngt.
- Ernten der Erdbeeren (Mulchdecke wichtig, damit Früchte nicht verschmutzen, schimmeln oder faulen), Kennzeichnen reichtragender Pflanzen zur Vermehrung, Entfernen der Ausläufer bei den übrigen Pflanzen.
- Ernte der Frühkartoffeln.

Juli

Jetzt zieht der Sommer in den Garten ein: Die Beerensträucher und auch spätere Kirschsorten tragen leuchtende Früchte, die Sommerblumen beginnen zu blühen, und die Heil- und Gewürzkräuter bilden üppige Büsche. Die Einmachzeit hat begonnen.

Pflegearbeiten

- Reichliches Wässern und Rasensprengen, Jäten und Hacken (besonders günstig nach Regen) aller Beete.
- Düngung aller stark zehrenden Gemüsearten (in vierzehntägigem Rhythmus) sowie der Blumen und Knollen. Dahlien und Gladiolen werden ab Ende Juli nicht mehr gedüngt, damit die Knollen bis zum Herbst gut ausreifen.
- Schneiden von Blumen für die Vase und von abgeblühten Stauden- und Rosenblüten sowie geknickten Stengeln.
- Pflege des Komposthaufens: Unkrautjäten und Wässern bei Trockenheit.
- Regelmäßiges Ausgeizen der Tomaten.
- Einbinden des Blumenkohls, sobald weiße Blütenscheibe sichtbar wird. Stützen stark tragender Obstbaumäste, Einsammeln und Vernichten von Fallobst, ab Mitte Juli Schnittpflege an Süßkirschen möglich.
- Veredelung von Rosen und Flieder.

Aussaat und Pflanzung

- Aussaat von Winterendivien und Teltower Rübchen, bis 10. Juli ist noch die Aussaat von Buschbohnen möglich, ebenso die Nachsaat von Salat, Kohlrabi und Radieschen.
- Vereinzeln und Auspflanzen ausgesäter Stauden, Vereinzeln zweijähriger Sommerblumen wie Stiefmütterchen, Marienglockenblumen, Bartnelken auf leere Gemüsebeete (Auspflanzung im Herbst).
- Nachsaat von Gewürzkräutern.

Ernte

- Beerenobsternte: Reich tragende Stachelbeersträucher werden bereits halb abgeerntet und eingemacht, wenn die Beeren noch unreif sind, Johannisbeeren müssen voll ausreifen, abgeerntete Himbeerruten werden entfernt.
- Einfrieren von Gemüsevorräten, Bepflanzen der abgeernteten Beete.
- Ernten und Trocknen oder Einfrieren von Heil- und Gewürzkräutern.
- Pflege der abgeernteten Erdbeerpflanzen: Abranken, Ausschneiden kranker Blätter, Hacken und Jäten des Beets. Wenn nachgepflanzt werden soll, ist es sinnvoll, schon jetzt an die Pflanzenbeschaffung zu denken.

August

Der August ist der wärmste Monat und die arbeitsreichste Zeit im Gartenjahr: Die Ernte im Gemüsegarten ist in vollem Gange, auch einige Steinobst- und die frühesten Kernobstsorten reifen schon. Vorräte werden eingekocht und eingefroren. Daneben dürfen verschiedene Pflegearbeiten und die Aussaat von Wintergemüse nicht vergessen werden.

Pflegearbeiten

- Regelmäßiges Wässern der Blumen- und Gemüsebeete und der Obst- und Ziergehölze; Rasenberegnung.
- Gemüsebeete werden jetzt nicht mehr gedüngt. Späte Wurzelgemüse wie Sellerie und Rote Rübe erhalten eine letzte Düngung gegen Ende August.
- Entspitzen und regelmäßiges Ausgeizen der Tomaten.
- Kohlköpfe sollten möglichst nicht platzen. Wachstum unterbrechen.
- Heckenschnitt (Hainbuche, Liguster, Thuja und andere Heckengehölze). Auch Schnitt der Beerensträucher ist jetzt möglich.
- Erneuern der Raupenleimgürtel an den Obstbaumstämmen.
- Regelmäßiges Gießen von Balkon- und Topfpflanzen. Geranienstecklinge werden jetzt geschnitten und eingesetzt.

Aussaat und Pflanzung

- Aussaat von Radieschen, Wintersalat, Adventwirsing, Schwarzwurzeln, Frühlingszwiebeln, Winterspinat, Winterkarotten (möglichst bis 20. 8.).
- Auspflanzen von Winterendivien; Pflanzen der zweijährigen Sommerblumen auf freigewordene Stellen im Blumenbeet (Goldlack, Bartnelken und andere Sommerblumen).
- Erdbeerpflanzung
- Gegen Ende des Monats wird auf die Beete, die nicht mehr bepflanzt werden können, Gründünger ausgesät.

Ernte

- Vorsichtiges Ernten von Bohnen, Erbsen und Gurken, damit die Pflanzen nicht gelockert werden.
- Zwiebeln werden, sobald das Laub gelb geworden ist, aus der Erde genommen und zum Trocknen aufgehangen.
- Schneiden und Trocknen von Sommerblumen und Kräutern.
- Ernte der frühesten Kernobstsorten. Das Obst dieser Sorten ist in der Regel schlecht zu lagern und sollte sofort verbraucht werden.

September

Obwohl im September nach dem Kalender der Herbst beginnt, kann man meist noch viele sehr warme Tage genießen. Der Garten leuchtet jetzt in den warmen Farben der Spätsommerblüher. Im Obstgarten fängt die Haupternte jetzt erst richtig an.

Pflegearbeiten

- Wässern an trockenen Tagen (besonders wichtig bei Wurzelgemüsen).
- Falls frühe Fröste zu erwarten sind, sollte schützendes Deckmaterial (Folien) für Tomaten, Auberginen und Paprika bereitgehalten werden.
- Entfernen abgeblühter oder von Krankheiten oder Schädlingen befallener Sommerblumen (möglichst keine Spritzung in blühenden Beeten), Rückschnitt abgeblühter Stauden, Teilung von Blütenstauden und Rhabarber.
- Sorgfältige Beseitigung aller Ernterückstände und Unkräuter auf den Beeten. Kranke oder befallene Pflanzenteile kommen in die Mülltonne.
- Für den Komposthaufen fällt im September viel Material an. Seine gute Pflege ist jetzt besonders wichtig: Wässern bei zu großer Trockenheit, Einarbeiten aufkommender Unkräuter, bevor diese blühen, unter Umständen Zusatz von Kompostiermitteln.
- Zu lange Triebspitzen bei Sauerkirschen können jetzt geschnitten werden.

Aussaat und Pflanzung

- Noch immer können Spinat, Feldsalat, Wintersalat und Schwarzwurzeln gesät werden.
- Beginn der Pflanzzeit für Stauden und immergrüne Pflanzen.
- Auspflanzen von Herbstblühern, wie z.B. Chrysanthemen, auf abgeräumte Sommerblumenbeete.

Ernte

- Ernte von Weißkohl für die Sauerkrautherstellung.
- Chicoree wird aus dem Boden genommen und in den Keller gebracht.
- Wurzelgemüse sollten noch nicht geerntet werden. Sie bleiben so lange wie möglich im Boden.
- Die Zwiebelernte wird beendet. Um die Reife zu beschleunigen, kann man ab Anfang des Monats die Zwiebeln mit der Grabegabel etwas anheben.
- Ernte von Pflaumen und späteren Pfirsichsorten (Steinobst gut ausreifen lassen) sowie der mittelfrühen Kernobstsorten. Walnüsse werden aufgelesen, nicht vom Baum geschlagen.
- Für die bevorstehende Ernte der gut lagerfähigen, späten Kernobstsorten werden die Lagerräume und Gestelle sorgfältig gereinigt.

Oktober

Im Oktober geht mit den ersten Nachtfrösten die Vegetationszeit zu Ende. Im Garten gibt es noch einmal viel zu tun: Die letzten Ernten werden eingebracht, Obst und Gemüse müssen verarbeitet oder eingelagert werden, die herbstliche Hauptpflanzzeit beginnt, der Boden muß gepflegt und für das nächste Jahr vorbereitet werden.

Pflegearbeiten

- Kübel-, Zimmer- und Balkonpflanzen werden rechtzeitig vor den ersten Nachtfrösten in das Haus gebracht. Frostempfindliche Zwiebeln und Knollen wie Canna, Begonien, Gladiolen und Dahlien gräbt man aus, läßt sie gut abtrocknen und bringt sie in das Winterlager im Keller.
- Reichliches Wässern der immergrünen Gehölze an trockenen Tagen.
- Nach der Ernte werden alle Beete grobschollig umgegraben oder aufgerissen. Die Flächen, auf denen im nächsten Jahr die stark zehrenden Gemüsearten stehen, werden mit einer Vorratsdüngung versorgt.
- Anhäufeln und Abdecken der Rosen, Einpacken der Rosenhochstämme.
- Düngung der Obstbäume, Entfernen noch am Baum hängender Früchte (Fruchtmumien), in denen der Moniliaerreger überwintert (Verbrennen oder in die Mülltonne geben).
- Anlegen frischer Leimringe an Obstbäume.
- Hyazinthenzwiebeln für die Zimmertreiberei werden auf Gläser gesetzt und im Keller aufgestellt (möglichst nicht in Lagerräumen für Obst).

Aussaat und Pflanzung

- Ab Mitte Oktober Beginn der Pflanzzeit für sommergrüne Laubgehölze.
- Pflanzung der Stauden sollte bis Ende des Monats abgeschlossen sein.
- Auspflanzen der Augustaussaaten.
- Pflanzung von Blumenzwiebeln.
- Eintopfen einiger Schnittlauch- und Petersilienpflanzen für Winterbedarf.

Ernte

- Ernte und Einschlagen von Wintergemüse. Wurzelgemüse sollten bis Ende des Monats im Boden bleiben. Porree, Rosenkohl, Schwarzwurzeln und Grünkohl läßt man auf den Beeten.
- Ernte und Lagerung von Winteräpfeln, Winterbirnen und Quitten. Fallobst und wurmstichige oder faulige Früchte werden sofort verbraucht.
- Tomatenpflanzen werden vor dem ersten Nachtfrost herausgezogen und aufgehangen, damit die Früchte ausreifen können.
- Ernte von Kürbissen, Zierkürbissen und Kalebassen für Zimmerschmuck.

November

Die Hauptarbeit im November besteht darin, den Garten für den kommenden Winter vorzubereiten, alle empfindlichen Pflanzen vor Frost und Wintersonne zu schützen und notwendige Aufräumarbeiten zu erledigen. Auch die Erntezeit ist noch nicht ganz vorüber.

Pflegearbeiten

- Entfernen aller Erntereste, Kompostieren gesunder Pflanzenteile. Bohnenstangen und Tomatenstützen werden herausgezogen und gesäubert.
- Vorbereitung der Beete für das nächste Jahr: Umgraben oder Aufreißen des Bodens und Düngung. Mist wird gleich eingearbeitet.
- Rückschnitt abgeblühter Stauden. Herbstblüher kann man stehen lassen, da die Blüten im Rauhreif sehr zierend aussehen. Winterschutz sollte möglichst spät aufgelegt werden, weil sich unter dem Deckreisig oder Laub bei warmem Wetter Schädlinge ausbreiten können.
- Entleeren von Schöpfbecken, Planschbecken und Leitungen.
- Herausnehmen, Umsetzen oder Schützen frostempfindlicher Sumpf- und Wasserpflanzen.
- Schutz der Obst- und Ziergehölze vor Wildverbiß, Überprüfen des Zauns, Kontrolle der Leimringe.
- Putzen und sorgfältiges Lagern von Zwiebeln und Knollen (Canna mit Erdballen), Aussortieren faulender oder schimmeliger Knollen.
- Kontrolle des eingelagerten Wintergemüses.

Aussaat und Pflanzung

- Beenden der Pflanzung von Blumenzwiebeln.
- Gehölze können weiterhin gepflanzt werden. Feste Verankerung mit Pfählen ist jetzt besonders wichtig. Gründliches Wässern.

Ernte

- Ernte und Einlagern des Wurzelgemüses.
- Für Beete, die im Winter abgeerntet werden sollen, hält man Folientunnel bereit oder baut einen Bretterverschlag als Schneeschutz. Rosenkohl sollte jetzt bald geerntet werden. Feldsalat, Spinat, Grünkohl und Porree können den Winter über stehen bleiben.
- Ernte und Einlagerung der späten Kernobstsorten, eventuelle Verarbeitung von Mostobst.

Dezember

Der Dezember ist wohl derjenige Monat, in dem man am wenigsten an den Garten denkt. Das Weihnachtsfest rückt näher, das alte Jahr geht zu Ende. Auch im Winter kann der Garten Schmuck für das Haus liefern: Tannenzweige und -zapfen für den Weihnachtsschmuck und nach dem Barbaratag, dem 4. 12., auch Zweige von frühblühenden Gehölzen (Kornelkirsche, Forsythie, später Kirsche) für das Antreiben in der Vase.

Pflegearbeiten

- Reparatur und Pflege der Gartengeräte, Streichen der Frühbeetfenster.
- Beginn des Winterschnitts an Gehölzen gegen Ende des Monats möglich.
- Schneiden von Barbarazweigen: Zweige werden über Nacht ins warme Wasser gestellt, Schnittstelle mit Hammer breitschlagen.
- Wässern der immergrünen Gehölze an frostfreien Tagen. Abschütteln von Schnee nach starken Schneefällen. Eingerollte Blätter bei Rhododendren stellen einen natürlichen Verdunstungsschutz dar und sind kein Grund zur Beunruhigung.
- Gehölze in Balkonkästen oder Kübeln brauchen besonderen Frostschutz und müssen an frostfreien Tagen gegossen werden.
- Kontrolle der eingelagerten Obst- und Gemüsevorräte und der Knollen und Zwiebeln.
- Im Keller aufgestellte Treibhyazinthen werden ins Zimmer geholt, sobald die Wurzeln den Glasboden erreicht haben (langsam an Wärme gewöhnen).
- Zimmerpflanzen brauchen jetzt eine besonders sorgfältige Pflege: In beheizten Räumen müssen sie ausreichend gegossen und, wenn möglich, auch besprüht werden. Im Haus überwinternde Kübelpflanzen stellt man kühl und hell und gießt sie nur sparsam. Sie können jetzt leicht von Schädlingen befallen werden (Schildläuse an Oleander und Dracaena-Arten).

Aussaat und Pflanzung

- Auch im Dezember können noch Gehölze gepflanzt werden. Für die Frühjahrspflanzung können bei aufgetautem Boden jetzt bereits Baumgruben ausgehoben werden.
- Das Gewächshaus wird aufgeräumt und für frühe Aussaaten vorbereitet.

Kleines Lexikon der Pflanzenkrankheiten und Schädlinge

Apfelwickler. Der Apfelwickler ist ein besonders häufiger Schädling, der ab etwa Mitte Juli seine Eier auf jungen Äpfeln ablegt. Nach dem Ausschlüpfen der Raupen fressen sich diese in den jungen Apfel hinein; der Apfel fällt vor seiner Reife ab. Um einem weiteren Befall durch das Verpuppen dieser Schädlinge vorzubeugen, sollten herabgefallene Äpfel rechtzeitig eingesammelt werden. Zwei Spritzungen 3 – 4 Wochen nach der Blüte im Abstand von 2 – 3 Wochen mit entsprechenden Präparaten gegen die Obstmade sind unerläßlich.

Bakterienkrankheiten (Bakteriosen) sind meistens an Welkerscheinungen, Fleckenbildung auf den Blättern oder Wucherungen zu erkennen. → Feuerbrand, eine der gefährlichsten Bakteriosen, ist meldepflichtig! Durch biologische Maßnahmen, z.B. Gründüngung, können die Pflanzen gegenüber einem Befall gestärkt werden. Kranke Pflanzen sollte man entfernen. Eine direkte chemische Bekämpfung von Bakteriosen ist zur Zeit noch nicht möglich. Die Wissenschaftler arbeiten an der Erfindung von Antibiotika für Pflanzen. Deshalb steht zur Vermeidung von Bakterienerkrankungen die Pflanzenhygiene an erster Stelle: Übermäßige Feuchtigkeit, Verletzungen an den Pflanzen und verseuchte Erden müssen vermieden werden. Kulturgefäße und Gartengeräte sollten sauber sein.

Blasenfuß → Thrips

Blattfallkrankheit bei Johannis- und Stachelbeeren wird durch einen Pilz hervorgerufen. Häufig wird das Abfallen der Blätter fälschlich der Hitze und Trockenheit zugeschrieben. Die Blätter zeigen zuerst dunkle, vertrocknete Flecken, die nach und nach ineinander laufen. Sie werden dann gelb und fallen ab. Hierdurch stehen die Sträucher häufig schon im Sommer ohne Laub. Die Folge ist, daß die Früchte notreif werden und ebenfalls abfallen. In den meisten Fällen muß die Bekämpfung mit einem pilztötenden Mittel erfolgen. Die Anwendung des Mittels ist gleich nach der Ernte noch einmal zu wiederholen. Abgefallenes Laub muß unbedingt eingesammelt und verbrannt werden, damit sich der Pilz nicht auf andere Pflanzen überträgt.

Blattfleckenkrankheiten äußern sich in unterschiedlichsten Flecken auf den Blättern befallener Pflanzen: Die Flecken können mehr oder weniger groß, eingesunken, erhöht und unterschiedlich gefärbt sein. Sie können durch Bakterien oder Pilze hervorgerufen werden. Durch pilzliche Erreger hervorgerufene Blattfleckenkrankheiten können mit speziellen, pilztötenden Mitteln bekämpft werden.
Im Gegensatz zu diesen teilweise vertrockneten Blättern äußern sich

durch Bakterien hervorgerufene Blattflecken durch häufig schleimige Stellen, die auch auf Stengel und Blüten übergreifen können. Kranke Pflanzen sollten vernichtet werden.

Blattkäfer legen ihre Eier meist an der Blattunterseite ab. Die später schlüpfenden Larven und auch die Käfer fressen an den Blättern, Knospen und Trieben und richten dabei große Schäden an. Dazu gehören auch die → Erdflöhe, die viele Gemüsearten durch siebartigen Lochfraß schädigen.

Blattläuse. Im Zier- und Nutzgarten sind Blattläuse wohl eine der häufigsten Schädlingsarten. Sie treten in großen Mengen in Kolonien auf und sondern eine süßliche Flüssigkeit (Honigtau) ab, die für schädliche Pilze eine gute Nahrung bildet. Blattläuse übertragen durch die Einstiche und das Saugen an befallenen und gesunden Pflanzen auch schädigende Viruskrankheiten. Die Schädigung durch Pilze (sogenannte Rußtaupilze → Rußtau) besteht hauptsächlich in einer Wachstumshemmung der Pflanzen. Befallene Pflanzen haben gekräuselte Blätter und verkümmerte Triebe und Blütenstände. Wenn der Blattlausbefall nicht zu stark ist, hilft manchmal ein Abwaschen der Blätter mit einer schwachen Seifenlösung (3 bis 5 g Kern- oder Schmierseife pro l Wasser). Blattläuse haben jedoch auch viele natürliche Feinde. Hier sind insbesondere die Larven von Marienkäfern zu nennen, jedoch auch Schlupfwespen und Spinnen. Eine chemische Bekämpfung von Blattläusen an Gemüse darf nur mit solchen Mitteln vorgenommen werden, die eine sehr kurze → Wartezeit aufweisen. Sie sollten nur im Notfall eingesetzt werden. Befallenes Gemüse kann vor der Zubereitung leicht von Blattläusen gesäubert werden, wenn man dem Wasser etwas Essig und Salz zusetzt.

Blattwespen treten an vielen Nutzpflanzen auf. Ihr Schaden bleibt im allgemeinen gering, kann jedoch bei bestimmten Arten auch so groß werden, daß auf eine chemische Bekämpfung nicht mehr verzichtet werden kann. Bekannt sind die Stachelbeer-, die Kirsch-, die Apfelblattwespe sowie die Pflaumensägewespe und verschiedene Gespinstblattwespen.

Blutläuse gehören zur Gruppe der Schildläuse. Die mit einer weißen, watteähnlichen Wachsschicht bedeckten Blutläuse sitzen vor allem an jungen Trieben, wo ihr Befall krankhafte Wucherungen (Blutlauskrebs) zur Folge hat. Eine chemische Bekämpfung sollte nur bei starkem Befall mit speziellen Blutlausmitteln erfolgen. Die Blutlaus befällt hauptsächlich Apfelbäume.

Chlorose (Bleichsucht) ist keine Krankheit, sondern meistens eine Mangelerscheinung von Eisen. Unter ihr können alle Pflanzen leiden. Das Blatt verfärbt sich von hellgrün bis goldgelb, wobei die Adern noch lange grün bleiben. Blüten werden nur schlecht oder gar nicht ausgebildet, es kann sogar zum Blattfall kommen.
Die Aufnahme von Eisen durch die Pflanze wird durch folgende Faktoren behindert: Zu hoher Kalkgehalt des Bodens (zu hoher pH-Wert), dadurch wird auch Phosphor nicht verfügbar, zu hoher Phosphorgehalt. Bodenverdichtung und -verschlämmung und Staunässe bedingen einen Sauerstoffmangel und Versauerung des Bodens. Hier zeigt sich, daß häufig Kulturfehler für die Chlorose verantwortlich sind, wie z.B. das Gießen mit hartem

Wasser. Der Einsatz eisenhaltiger Präparate kann nur zeitweiligen Erfolg haben, wenn die genannten Kulturfehler nicht vermieden werden.

Dickmaulrüßler und deren Larven sind gefräßige Schädlinge. Sie haben einen zum Rüssel verlängerten Kopf. Es gibt mehrere Arten von ihnen. Der Gefurchte Dickmaulrüßler und seine Larven sind durch sein häufiges Auftreten am bekanntesten. Der Käfer ist ca. 1,0 cm lang, schwarz, gelb gekörnt mit einer breiten Mittelfurche des Rüssels. Die hellen Larven sind ebenfalls ca. 1,0 cm lang, haben einen braunen Kopf und sind bauchwärts gekrümmt.
Der flügellose Käfer ist nachtaktiv (!), er ist durch den Buchtenfraß am Laub zu erkennen (zahnradartig gekerbt), oft tritt er auch an Hauswänden, Terrassen und Balkonen in großer Anzahl auf. Die Käfer befallen viele Stauden und Gehölze, besonders Rhododendren.
Die Larven befressen Wurzeln und Knollen, sogar die Rinde am Stammgrund (Rhododendron, Eibe, Rose, Flieder etc.). Hier helfen nur Gießmittel, um den Larven beizukommen. Die Käfer sind durch entsprechende Präparate zu bekämpfen.

Engerlinge → Maikäfer

Erdflöhe sind 2 bis 3 mm große, springende Blattkäfer. Ihr Rückenpanzer kann gelb, blau-schwarz oder schwarz gestreift sein. Als weitverbreitete, häufige Schädlinge rufen sie insbesondere bei Kreuzblütlern (z.B. Kohl) Schäden an den Sämlingen, aber auch an Blättern und Blüten hervor. Erdflöhe lieben Wärme und Trokkenheit. Auf feuchtgehaltenen und häufig gehackten Saatbeeten kommen sie seltener vor.

Erdraupen (Saateulen, Erdeulen) leben hauptsächlich unter der Erde und im bodennahen Bereich und fressen dort an Wurzeln und unteren Pflanzenteilen, vor allem an Porree, Salat, auch an Möhren. Die fettig glänzenden, grauen Raupen sind unverwechselbar daran zu erkennen, daß sie sich bei der geringsten Störung zusammenrollen. Neben einer Vernichtung der einzelnen Raupen bei geringem Befall beugt intensive Bodenbearbeitung einem stärkeren Befall vor. Bei starkem Befall ist der Einsatz von insektentötenden Mitteln bzw. der Verzicht auf die Ernte zu erwägen.

Fadenwürmer → Nematoden

Feuerbrand ist eine weltweit gefürchtete Bakterienkrankheit, die unbedingt meldepflichtig ist (bei dem nächsten Pflanzenschutzamt).
Beginn mit Welke befallener Teile (Blüten, Früchte, Blätter, Triebe). Schnell fortschreitende Braun- bis Schwarzfärbung der Blätter und Zweige mit hakenförmig nach unten geknickten Triebspitzen. Bei feuchtwarmer Witterung kann cremefarbener bis bräunlicher Bakterienschleim in Tröpfchenform abgesondert werden.
Das Bakterium dringt meist über die Blüten ein. Überträger sind: Wind, Regen, Insekten, Vögel, Bienen, Werkzeuge beim Obstschnitt und der Vermehrung.
Viele Pflanzenarten der Rosenfamilie können befallen werden (dazu gehören aber die Rosen selber nicht!). Gefährdet sind besonders: Apfel, Birne, Rot- u. Weißdorn, alle großblättrigen und raschwachsenden Cotoneaster-Arten, weiterhin Eberesche, Quitte, Felsenbirne und Feuerdorn.
Nicht befallen werden z.B. Steinobst und Nadelgehölze.

Es gibt z.Zt. keine wirksame chemische Bekämpfung. Befallene Pflanzen sofort roden und vernichten.

Frostspanner. Der kleine (grüne Raupen) und der große Frostspanner (kleine, gelb gezeichnete Raupen) sind ein häufiger Schädling auf allen Obstbaumarten. Die flugunfähigen Weibchen kriechen im Herbst am Stamm hinauf und legen ihre Eier in der Rinde der Äste ab. Die erst im Frühjahr schlüpfenden Raupen schädigen die Blüten. Die jungen Blätter und die jungen Früchte sind oft löffelförmig angefressen. Das sicherste Mittel gegen Frostspanner sind flache Leimgürtel, die das Heraufkriechen der Weibchen verhindern. Die Leimgürtel werden im Frühjahr vernichtet, wobei auch der Stamm unterhalb der Leimgürtel sorgfältig auf abgelegte Eier untersucht werden muß. Um zu verhindern, daß die Weibchen über eventuelle Stützpfähle dennoch in die Äste gelangen können, sollten diese ebenfalls mit einem Leimgürtel umgeben werden. Bei stärkerem Befall auch anderer Schadinsekten ist eine Austriebsspritzung im Frühjahr zu empfehlen.

Gummifluß (Gummosis) tritt häufig an Steinobst auf und äußert sich im Austreten einer gelbbraunen, klebrigen (gummiähnlichen) Masse an Ästen und Zweigen (besonders häufig an Kirschen). Er wird ausgelöst durch Borkenkäfer oder Pilzkrankheiten, durch zu starke Schnittmaßnahmen und Frostrisse sowie durch zu feuchte Standorte. Vermeidung durch richtigen Schnitt und Bekämpfung der auslösenden tierischen Schädlinge durch insektentötende Mittel. Auf saubere Wundränder achten und geeignete Wundverschlußmittel (Baumwachs) verwenden.

Kiefernschütte (Kiefernritzenschorf). Dieser Pilz zeigt sich durch rotbraune Flecken an den Kiefernadeln meist im zeitigen Frühjahr mit einer späteren völligen Rötung und einem Absterben der Kurztriebe. Befallen werden hauptsächlich die Krummholzkiefern (Pinus mugo) und deren Sorten, selten andere Kiefern. Junge Pflanzen erholen sich meist wieder. Bei feuchter Witterung ergibt sich eine neue Infizierung, so daß größere Bestände absterben können. Zu dichte Pflanzabstände und starken Unkrautwuchs vermeiden. Spritzungen mit entsprechenden Präparaten im Juli und späten August sind angebracht.

Kohlhernie, auch Kropfkrankheit genannt, wird durch einen Bodenpilz hervorgerufen und kann nicht mit chemischen Mitteln bekämpft werden. Sie ist erkennbar an dicken Knollen und Wucherungen, die an den Wurzeln von allen Kreuzblütlern (Kohlarten, Radieschen, Rettich) auftreten. Erstes Anzeichen für die Kohlhernie sind deutliche Wachstumsstockungen der Pflanzen. Sie lassen sich leicht aus dem Boden ziehen. Wenn man dieses Krankheitsbild in den Kohlbeeten erkennt, dann ist größte Vorsicht geboten. Kranke Pflanzen müssen mit dem Wurzelballen sofort entfernt und vernichtet werden. Sie gehören in die Mülltonne und keinesfalls auf den Kompost; denn mit infizierter Komposterde würde man im Frühjahr schon die darin ausgesäten Jungpflanzen anstecken. Beete, auf denen kranke Pflanzen standen, dürfen einige Jahre nicht mehr mit Kohl bepflanzt werden. Die Krankheit tritt vor allen Dingen in sauer reagierenden Böden auf, deshalb haben sich regelmäßige Kalkgaben als sehr vorteilhaft erwiesen. Eine Vorratsdüngung mit Kalkstickstoff im Winter oder zeitigen Frühjahr hat eine außerordentlich desinfizierende Wirkung auf den Boden und sollte nicht versäumt werden (siehe auch: Kapitel Nutzgarten, Kohl).

Kohlweißlinge sind gefährliche Schädlinge auf Kohlpflanzen, die ihre Eier meist auf der Unterseite der Blätter ablegen. Die sich in kurzer Zeit entwickelnden Larven und Raupen können die Kohlpflanzen vollständig kahl fressen. Deshalb sollten die Kohlpflanzen ständig auf das Auftreten dieses Schädlings hin kontrolliert werden. Die Bekämpfung erfolgt durch das Entfernen der Raupennester. Bei starkem Befall frühzeitig mit Präparaten sprühen, die eine kurze Wartezeit (Karenzzeit) aufweisen.

Kraut- und Braunfäule an Tomaten kann vorgebeugt werden durch ein wöchentliches Überbrausen mit Schachtelhalmbrühe. An schon erkrankten Pflanzen sollten die befallenen Blätter möglichst bald entfernt werden. Selbstverständlich ist, daß Spritzungen einer Pflanzenkrankheit zwar Einhalt gebieten können, die aufgetretenen Schäden werden aber nicht geheilt. Beschädigte Blätter und Früchte trocknen also auch trotz einer Spritzung ein und sind für die Pflanze wertlos. Man entfernt sie, damit von ihnen aus nicht Krankheitserreger auf gesunde Triebe übertragen werden. Notfalls müssen schon Jungpflanzen mit entsprechenden Präparaten gespritzt werden, und zwar in Abständen von 2 Wochen.

Maikäfer haben eine 5 Jahre dauernde Entwicklungszeit. Während dieser Zeit fressen sich ihre Larven, die sogenannten Engerlinge, durch die humusreichen Schichten im Boden. Bei starkem Auftreten können sie beträchtliche Schäden an den Wurzeln von Gemüsepflanzen, Erdbeeren, Rasengräsern und Gehölzen hervorrufen. Die weißlich-gelben Larven sind bis zu 3 cm lang. Sie werden meistens bei der herbstlichen Bodenbearbeitung entdeckt.

Mehltau ist eine pilzliche Erkrankung, die von zwei verschiedenen Pilzarten hervorgerufen wird: Echter Mehltau, am häufigsten zu beobachten auf vielen Nutz- und Zierpflanzen (z. B. Rosen, Stachelbeeren, Äpfeln, Astern), hinterläßt einen weißen, mehligen Belag auf den Blattoberseiten, den Stengeln, den Knospen und den Blüten. Falscher Mehltau (ein innenlebender Pilz), zu erkennen an braunen Flecken an der Blattoberseite und an einem weiß- bis violettgrauen Belag an der Blattunterseite, tritt hauptsächlich bei Zwiebeln, Kohl, Spinat, Salat, Gurken, Erbsen und an Zierpflanzen (z.B. Rosen) auf. Echter Mehltau kann mit Schwefelmitteln (Netzschwefel) bekämpft werden. Für die Bekämpfung des Falschen Mehltaus, aber auch des Echten Mehltaus, stehen eine Reihe anderer pilztötender Mittel zur Verfügung, bei deren Verwendung die Anwendungs- und Schutzvorschriften strengstens beachtet werden müssen. Vorbeugen: Vermeidung zu hoher Stickstoffgaben, zu enger Stände und zu hoher Luft- und Bodenfeuchtigkeit.

Minierfliegen. Die Larven der Minierfliegen bohren Fraßgänge in die Blätter vieler Gehölze und anderer krautiger Pflanzen. Die hellen Gänge (Minen) befinden sich zwischen Blattober- und -unterhaut, hier wird das Blattgrün zerstört. Beim ersten Auftreten helfen nur wiederholte Spritzungen mit entsprechenden Präparaten.

Miniermotten. Die Raupen dieser Mottenarten bohren und fressen Gänge unter der Blattoberhaut. Diese Fraßgänge (Minen) können geschlängelt oder fleckenartig sein. Im Gegensatz zur Minierfliege hinterlassen die Raupen in den Gängen einen körnigen Kot. Bekämpfung wie Minierfliegen.

Möhrenfliege. Die Maden der Möhrenfliege werden meist erst erkannt, wenn sie in die Möhren schon zahlreiche Fraßgänge hineingefressen haben. Die Möhrenfliege legt ihre Eier gerne in frischen Stallmist. Aus diesem Grund sollte man Möhren nie auf frisch mit Mist gedüngte Beete säen. Ein Anbau in Mischkultur mit Zwiebeln oder Lauch verhindert oft einen Befall mit der Möhrenfliege. Gleichzeitig werden Zwiebel und Lauch hierdurch vor einem Befall durch die → Zwiebelfliege geschützt.

Monilia ist eine pilzliche Erkrankung, die durch verschiedene Erreger hervorgerufen wird. Man unterscheidet zwischen Monilia-Fruchtfäule (Polsterschimmel) und Monilia-Spitzendürre (Blütenfäule). Die Spitzendürre, meist von den Blüten ausgehend, ist am Eintrocknen der Triebspitzen auch dann noch zu erkennen, wenn das Laub abgestorben ist. Es ist für diese Krankheit typisch, daß das trokkene Laub an den abgestorbenen Spitzen hängenbleibt. Sie ist eine Krankheit des Steinobstes (speziell der Sauerkirsche). Eine wichtige Maßnahme zur Bekämpfung der Spitzendürre ist daher, die eingetrockneten Triebspitzen bis auf das gesunde Holz zurückzuschneiden und die Abfälle dann zu vernichten. Vorbeugend kann während der Blüte bei naßkalter Witterung mit geeigneten Fungiziden gespritzt werden. Die Fruchtfäule ist daran zu erkennen, daß nach dem Fruchtfall festsitzende, aber völlig verfaulte Früchte an den Obstbäumen zu finden sind und die Zweige eintrocknen. Diese Früchte sind von Monilia befallen. Die Sporen dieses Pilzes sind zu Millionen in den sogenannten Fruchtmumien enthalten. Darum ist es sehr wichtig, daß man sie sorgfältig entfernt und vernichtet. Tritt Monilia in besonders starkem Maße auf, so müssen die Bäume im Frühjahr kurz vor der Blüte mit einem pilztötenden Mittel gespritzt werden. Eine vorbeugende Maßnahme ist die Bekämpfung von schädlichen Insekten und Schorf. Diese Fruchtfäule befällt vor allem Kernobst, beim Steinobst sind überwiegend die großfrüchtigen Arten gefährdet.

Nematoden (Fadenwürmer, Älchen) sind winzig kleine, wurmähnliche Lebewesen (ca. 1 mm lang), die im Inneren der Pflanze leben oder als wandernde Wurzelnematoden sich frei bewegen können. Bei starkem Befall verursachen sie Wachstumsstockungen und Welkerscheinungen. Neben dem stets mit aller Sorgfalt zu erwägenden Einsatz von chemischen Mitteln (Nematiziden), die wegen ihrer hohen Giftigkeit für den Gemüsebau immer ausfallen, sind Fruchtwechsel und die Auswahl widerstandsfähiger Sorten wirkungsvolle Vorbeugemaßnahmen. Von der Ringelblume und von der Sammetblume sagt man, daß sich in ihrer Nähe Älchen nicht gerne aufhalten.

Obstbaumspinnmilbe → Rote Spinne

Rost ist eine pilzliche Erkrankung, die von verschiedenen Pilzarten ausgelöst wird. Man unterscheidet sehr viele verschiedene Rostkrankheiten, die überwiegend das Laub befallen. Manchmal wird auch die Rinde der

Nadelgehölze angegriffen. Rost kann die verschiedensten Zier- und Nutzpflanzen befallen. Es gibt Rostpilze, die nur einen Wirt haben (Rosenrost), andere wiederum entwickeln sich auf einem Zwischenwirt (Birnengitterrost auf Tamariskenwacholder).
Die gefährlichen Pilze beeinträchtigen durch ihren Belag hauptsächlich die Assimilation der Pflanze. Bei starkem Befall breiten sie sich innerhalb weniger Tage überall aus. Sie sind oft an auffällig gefärbten und stäubenden Pusteln auf Blättern und anderen Pflanzenteilen zu erkennen. Dann ist die Anwendung eines pilztötenden Mittels meistens unerläßlich. Im Handel werden Mittel angeboten, die bienenunschädlich sind. In jedem Falle sollten bei der Anwendung von chemischen Pflanzenschutzmitteln die entsprechenden Schutzvorschriften unbedingt beachtet werden. Gut ernährte Pflanzen fallen weniger häufig dem Rost zum Opfer. Abgefallenes Laub sollte sofort aufgesammelt und vernichtet werden.

Rote Spinne (Spinnmilbe) ist ein besonders häufiger Schädling, der im Freiland hauptsächlich in trockenen Sommern auftritt. In gleichem Maße befällt jedoch die Rote Spinne auch Pflanzen im Frühbeet, im Gewächshaus, Balkon- und Zimmerpflanzen. Zu ihrer Ernährung saugt die Rote Spinne an den Blättern der Pflanze. Sie entzieht dem Laub das Chlorophyll (Blattgrünkörner). Dadurch zeigen die Blätter eine fahle rötlich- bis gelblich-braune Färbung. Die Blätter fallen vorzeitig ab. Bei starkem Befall ist bei Zierpflanzen und bei Zimmerpflanzen die Anwendung eines insektentötenden Mittels anzuraten. Da die Rote Spinne in einem frühen Stadium ihrer Entwicklung gegenüber einer Bekämpfung unempfindlich ist, sollte die Behandlung nach etwa 10 bis 12 Tagen wiederholt werden. Befallene Blätter von Zimmerpflanzen sollten vernichtet werden. Sehr stark befallene Pflanzen werden am besten ebenfalls vernichtet, damit sich die Rote Spinne von ihnen aus nicht auf andere Pflanzen überträgt. Meistens ist die Rote Spinne selbst nicht zu erkennen. Die befallenen Pflanzen weisen an der Unterseite ihrer Blätter immer ein feines Gespinst auf.

Rußtau ist ein schwärzlicher Pilz, der sich besonders auf den Ausscheidungen von Blatt- und anderen Läusen (Honigtau) ansiedelt. Vorbeugende Maßnahmen bestehen in einer Bekämpfung des Blattlausbefalls.

Schildlaus. Ein häufiger und besonders hartnäckiger Schädling ist die Schildlaus. Es werden 3 Gruppen unterschieden: Bei den Deckelschildläusen (z.B. San José Schildlaus) läßt sich der Deckel abheben; bei der Schalen- oder Napfschildlaus (z.B. Zwetschenschildlaus) ist der Deckel nicht abnehmbar. Die dritte Gruppe schließlich sind die Schmier- oder Wolläuse und die Blutläuse, die keinen Schild haben und mit einer watteähnlichen Wachsschicht bedeckt sind. Unter den Chitin-Panzern des abgestorbenen Muttertiers entwickeln sich die Jungtiere, die auf diese Weise einer rechtzeitigen Bekämpfung häufig entgehen. Schildläuse befallen sowohl Zierpflanzen als auch Obstgehölze. Beim ersten Erkennen sollte man sich sofort die Mühe machen, alle Tiere von den Stengeln oder Stämmen abzukratzen, sofern das möglich ist. Zusätzlich zu dieser ersten Maßnahme kann es notwendig sein, insektentötende Mittel einzusetzen. Die Stämme und größeren Äste von Obstgehölzen werden im Winter mit einer Drahtbürste kräftig abgebürstet. Im Freiland werden die Gehölze mit einem Austriebsmittel (Öle) behandelt (Winterspritzung), im Frühjahr und Sommer, wenn die Junglarven wandern, mit entsprechenden Präparaten. Eine Behandlung mit insektentötenden Mitteln sollte insbesondere bei Zierpflanzen und Zimmerpflanzen einige Male in Abständen von 10 bis 14 Tagen wiederholt werden.

Stachelbeerblattwespe. Wenn über Nacht die Stachelbeerbüsche fast kahl gefressen werden, dann war die Stachelbeerblattwespe, genauer gesagt, ihre Larve am Werk. Sowie man die der Farbe der Stachelbeerblätter haargenau angepaßten Raupen findet, sollte man zu ihrer Bekämpfung ein möglichst ungiftiges Mittel einsetzen. Der Fachhandel hält solche Mittel, die auf pflanzlicher Basis hergestellt sind und bei denen nur eine kurze Wartezeit von 3 Tagen eingehalten werden muß, bereit. Eine Bekämpfung durch Abklopfen (Packpapier unterlegen) ist nur dann erfolgversprechend, wenn sie in einem sehr frühen Stadium durchgeführt wird.

Sternrußtau (an Rosen), braune bis schwärzlich-violette, unregelmäßig runde Flecken mit gefransten Rändern auf der Blattoberseite. Dieser schädliche Pilz tritt meist in feuchten Sommern auf, die Blätter vergilben bei starkem Befall und fallen ab. Der neue Laubaustrieb kann nicht mehr ausreifen, es kommt daher oft zu Frostschäden. Abgefallenes Laub entfernen und ab Mai wiederholt mit Schorf-Mitteln spritzen.

Thrips (Blasenfuß) ist ein 1 bis 3 mm langes geflügeltes Insekt, das durch seine saugende Nahrungsaufnahme bei starkem Befall große Schäden an Nutz- und Zierpflanzen hervorrufen kann. Thripsbefall ist erkennbar an einem silbernen Glänzen der Blätter und an schwarzbraun glänzenden Kotflecken. Bei starkem Befall sollte ein für den Menschen möglichst wenig schädliches insektentötendes Mittel eingesetzt werden. Die entsprechenden Schutzvorschriften und die → Wartezeit sind dabei unbedingt einzuhalten. Befallen werden Zierpflanzen (vor allem Gladiolen) und Gemüsearten (Lauch, Zwiebel).

Vermehrungskrankheiten. Zu diesen, durch Bodenpilze hervorgerufenen Krankheiten, gehören: Wurzelbrand, Umfallkrankheiten, Schwarzbeinigkeit, Wurzelbräune, Auflaufkrankheiten und andere mehr. Diese pilzlichen Schaderreger können bei Stecklingen und Sämlingen aller Nutz- und Zierpflanzen sehr große Schäden anrichten. Zur besten Bekämpfung gehört eine strenge Hygiene = Desinfektion aller Materialien (Kästen, Schalen, Töpfe, Werkzeuge) sowie die Verwendung von entseuchter Erde und von sauberem Wasser. Weitere Maßnahmen: gebeiztes Saatgut gebrauchen, nicht zu früh und zu tief aussäen, für optimale Luft- und Bodentemperatur sorgen, zu engen Stand vermeiden. Die Pflanzen müssen tagsüber noch abtrocknen, sie dürfen nur »trocken in die Nacht gehen«. Ein frühzeitiges Überbrausen mit geeigneten Fungiziden ist zu empfehlen.

Wartezeit (Karenzzeit) ist die Zeit (in Tagen angegeben) zwischen der Anwendung eines Pflanzenschutzmittels für Nutzpflanzen und deren Ernte. Sie gilt nur für die zugelassene Aufwandmenge und das zugelassene Anwendungsverfahren. Die von der Biologischen Bundesanstalt für Land- und Forstwirtschaft verordneten

Wartezeiten sind auf jeder Packung aufgedruckt und müssen auf jeden Fall eingehalten werden.

Weiße Fliegen (auch Mottenschildläuse genannt) ähneln kleinen Motten, die mit einer schneeweißen Wachsschicht bedeckt sind. Ihre Größe beträgt 1–2 mm. Die Vollinsekten und ihre Larven saugen auf der Blattunterseite. Die Blätter vergilben, es kommt zu Wachstumsstockungen und zur Honigtau- und Rußbildung. Weiße Fliegen sind auch gefährliche Virusüberträger. Sie treten meist in großer Anzahl auf, besonders an sehr vielen Zimmerpflanzen, aber auch im Freiland (z.B. Rhododendron). Die Verseuchung ist stark temperaturabhängig, der Lebenszyklus beträgt bei ca. 8 °C 30 Tage, bei 30 °C nur 4 Tage. Daher sind wiederholte Spritzungen unerläßlich! 3–4mal alle 5 Tage bei 20 °C (Lebenszyklus ca. 3 Wochen!). Für die Bekämpfung im Gewächshaus haben sich auch Schlupfwespen und Gelbtafeln bewährt.
Als vorbeugende Maßnahmen: Lüften, engen Stand vermeiden, hohe Luftfeuchtigkeit vermeiden. Im Freiland: Unkrautbekämpfung (vor allem Vogelmiere – Stellaria media).

Wühlmaus (Schermaus). Lassen sich verwelkende Pflanzen besonders leicht aus der Erde ziehen und weist der Garten zahlreiche kleine, flache Erdhaufen auf, so ist die Wühlmaus am Werk. Im Fachhandel sind verschiedene, gut wirkende und ungiftige Vertreibungsmittel erhältlich, die dann aber auch in den Nachbargärten angewendet werden sollten.

Wurzelmilben sind bis zu 1 mm große weiße Milben, die in großer Anzahl die Wurzeln, Knollen und Zwiebeln verschiedener Pflanzen (z.B. Tulpen, Gladiolen, Lilien, Orchideen) befallen. An den unterirdischen Pflanzenteilen finden sich Fraßgänge mit braunem Fraßmehl; die Pflanzen beginnen zu kümmern. Verletzungen der Rhizome, Zwiebeln etc. möglichst vermeiden. Die unterirdischen Teile von Zierpflanzen können mit entsprechenden insektentötenden Mitteln behandelt werden.

Zwiebelfliege ist ein häufiger Schädling, der seine Eier an den Blättern von Zwiebeln und Lauch ablegt. Der Befall durch die weiblichen Fliegenmaden ist daran zu erkennen, daß die Pflanzen welken und sich leicht herausziehen lassen. Befallen werden neben Zwiebeln auch Schnittlauch, Porree, Knoblauch. Es heißt, daß Zwiebeln bei einer Mischkultur mit Möhren seltener von der Zwiebelfliege befallen werden. Als vorbeugende Maßnahmen kann man spezielle Streumittel oder Saatgutbehandlungsmittel gegen diesen Schädling einsetzen.

Register

der deutschen und lateinischen Planzennamen